Wu – Ein Deutscher bei den Meistern in China

AF155178

Maik Albrecht und Frank Rudolph

Wu

Ein Deutscher bei den Meistern in China

Palisander

Der Verlag dankt Dr. Sven Hensel, Dr. Janett Kühnert und Norbert Wölfel vom Chemnitzer Karateverein sowie Jens Regner, Chemnitz, für die fachliche Unterstützung bei der Redaktion.

Die Bildrechte wurden nach bestem Wissen recherchiert. Die Fotos des Buches stammen von Norman »Siddhartha« Gerhardt, Rainer Knoblauch, Maik Albrecht und Frank Rudolph bzw. sind lizenzfrei.

Erstausgabe
2. Auflage Dezember 2013
© 2011/2013 by Palisander Verlag, Chemnitz
Umschlaggestaltung: Anja Elstner, unter Verwendung eines Fotos von Brianna Laugher (Lushan – ein Berg in der chinesischen Provinz Jiangxi)
Lektorat: Frank Elstner
Redaktion & Layout: Palisander Verlag
Druck- und Bindearbeiten: Offizin Andersen Nexö Leipzig GmbH
Printed in Germany
ISBN 978-3-938305-12-6

www.palisander-verlag.de

Meister Li Zhenghua

Die Autoren

Maik Albrecht, Jahrgang 1981, praktiziert seit mittlerweile zwei Jahrzehnten die verschiedensten östlichen und westlichen Kampfkünste. Mit 20 Jahren ging er nach China und studierte dort chinesische Kampfkunst bei den letzten noch lebenden Meistern des alten Wushu.

2006 gewann er als einziger Ausländer in der chinesischen Profigruppe eine Goldmedaille bei der Wushu-Weltmeisterschaft in Zhengzhou. Im selben Jahr erhielt er den 4. Meistergrad (Wushu Duan) und war zu dieser Zeit der jüngste Ausländer mit einer solch hohen Graduierung. Albrecht besitzt einen Abschluss in Sinologie von der Universität Wuhan, die zu den besten der Welt gehört.

Maik Albrecht ist heute einer der führenden Chinaexperten und Kenner der chinesischen Kampfkünste weltweit. Er trainierte als einer der ersten Ausländer in China sogar Chinesen, unter anderem Mitglieder chinesischer SWAT-Einheiten.

Das ARD hat 2008 einen Dokumentarfilm über sein Leben in China gedreht: »Herr Albrecht macht Wushu – Ein Deutscher kämpft in China.« In China, wo er selbst von den Meistern der alten Generation als Kenner und Könner des Wushu anerkannt wird, gibt es zahlreiche Veröffentlichungen über ihn. 2009 drehte das chinesische Staatsfernsehen eine mehrteilige Dokumentation über sein Leben mit der Kampfkunst.

Maik Albrecht lebt in Wuhan, China. Er ist mit der Tochter seines Shifu (Lehrer-Vater) Li Zhenghua verheiratet.

Frank Rudolph, Jahrgang 1969. Nach mehreren Ausbildungen absolvierte er von 1993 bis 1996 ein Journalistikstudium. Tätigkeit als freier Mitarbeiter bei verschiedenen Zeitungen und Magazinen. Seit 1992 Veröffentlichungen über Philosophie, Geschichte, Kampfkunst und Kultur mit den Schwerpunkten Asien und vergleichende Geschichte. Mehrere Studienreisen führten ihn nach China. Er verfasst Belletristik, Lyrik und Essays, des weiteren Biographien und Fachtexte zu den unterschiedlichsten Themen. Er lebt in Wolfsburg.

Frank Rudolph praktiziert verschiedene europäische und asiatische Kampfkünste. Gemeinsam mit Maik Albrecht gründete er das Albrecht-Rudolph Institute of Martial Arts Research (ARIOMAR).

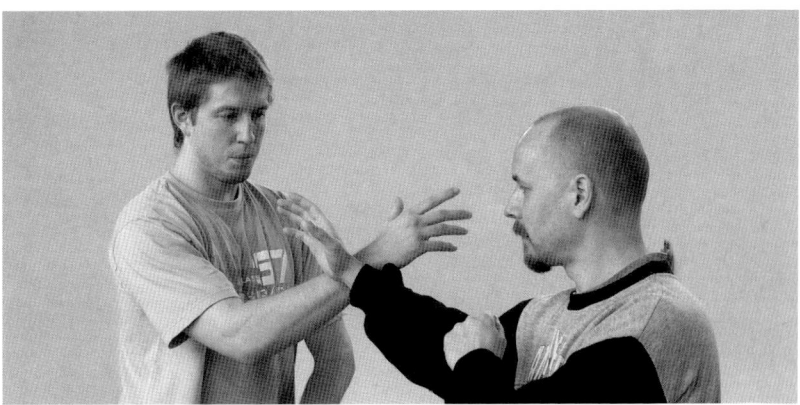

Maik Albrecht (links) und Frank Rudolph.

Inhaltsverzeichnis

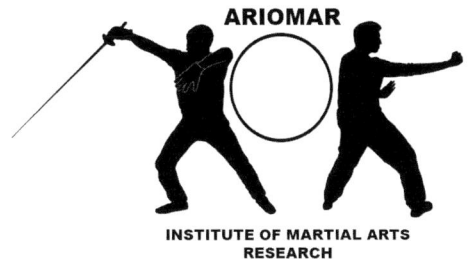

Vivere militare est.

Leben heißt kämpfen.

Geleitwort

武术起源中国，属于世界。
弘扬中华武术。
武术最高境界贡献于人类，和谐社会。

wu shu qi yuan zhong guo, shu yu shi jie.
hong yang zhong hua wu shu.
wu shu zui gao jing jie gong xian yu ren lei, he xie she hui.

Das *wushu* ist China entsprungen, es gehört jedoch der ganzen Welt.
Fördert die (chinesischen) Kampfkünste.
Die höchste Stufe der Kampfkunst ist es, einen Beitrag für die Mensch-
heit zu leisten, für eine ausgeglichene und harmonische Gesellschaft.

Li Zhenghua – 李正华, Wuhan, 1. Februar 2011

Hinter Mauern

Hinter einer Mauer wurde ich geboren und wuchs dort auf.[1] Als die Mauer zusammenbrach, stürzte ich mich gierig auf die Welt der Kampfkünste. Der Koautor dieses Buches machte mich noch hungriger auf die Kunst des Kämpfens. Er inspirierte mich und riss viele Mauern in mir ein.

Vor zehn Jahren reiste ich in ein großes Land, das die größte Mauer der Welt besitzt – China. Diese Mauer wird nicht einstürzen. Hinter diesem Wall lernte ich einiges. Vor allem, dass von den Menschen immer Mauern errichtet werden, die alles voneinander trennen, alle Wissenschaften, alle Kampfkünste... Wir trennen Ost von West, wir trennen unsere Glaubensrichtungen und natürlich auch die Stile der Kampfkunst. Durch Mauern entstehen Abgrenzungen und werden Kriege hervorgerufen. Der Mensch mauert sich ein, geistig und körperlich. Doch es sollte immer unser Ziel sein, eigene Mauern einzureißen, dahinter zu schauen und so den Horizont zu erweitern.

Im Kampf bzw. im Krieg es ist das Ziel, Mauern zu durchbrechen und zu überwinden. Zu diesem Zweck haben Menschen Kampfkünste entwickelt. Die okinawanische Kampfform *passai* drückt dies sogar wörtlich aus.[2] Und doch entstehen gerade dadurch neue Wälle, die man dann wieder durchbrechen und umstürzen möchte. Das ist der Kreislauf innerhalb von Mauern.

Auch Bücher mit ihren vielen Worten gleichen Mauern. Der Mensch ist begierig danach, diese Mauern abzureißen, um zu sehen, was dahinter ist. Doch oftmals entdeckt er nur neue Hindernisse. Schließlich aber erkennt man, dass es, mit freiem Geist betrachtet, gar keine Mauern gibt.

Maik Albrecht, Wuhan 2010

---

[1] Maik Albrecht stammt aus Hettstedt, einer Stadt auf dem Gebiet der ehemaligen DDR. – Anm. d. Lektors.

[2] *Passai*, auch *bassai*, ist eine Kata des *okinawa-te* bzw. des daraus entstandenen Karate. »*Passai*« bedeutet »die Mauer durchbrechen«. – Anm. d. Lektors.

Einleitung

Kampfkünste gehören zur Evolution des Menschen wie der aufrechte Gang oder die Sprache. Sie sind eine Form der menschlichen Kultur, von Menschen geschaffen und ausgeübt, genauso wie Religion oder Philosophie.

Nach einem Jahrzehnt in China, zehn Jahren Training bei einigen der letzten noch lebenden echten Meister des chinesischen *wushu*, möchte ich hier meine Sichtweise und Gedanken zur Kampfkunst wiedergeben. Anhand meiner Erfahrungen möchte ich verständlich werden lassen, was *wushu* ist und was nicht. Doch es geht nicht allein um die chinesische Kampfkunst. Das Buch befasst sich auch mit der Thematik der Kampfkünste im allgemeinen und ist dadurch für jeden geeignet, der sich mit dieser Materie in irgendeiner Weise beschäftigt.

Ich will versuchen, einige wichtige Fragen zur Kampfkunst zu beantworten. Fragen, die bisher selten gestellt wurden und auch solche, die statt Antworten noch mehr Fragen lieferten. Was ist *wushu*, was ist *gongfu*? Was unterscheidet die Kampfkünste voneinander? Ist es überhaupt sinnvoll, eine Differenzierung vorzunehmen? Worin liegt der Unterschied zwischen einer modernen und einer traditionellen Methode? Was ist Kampfkunst und was Kampfsport? Wofür sind Kampfkünste gut bzw. sind sie eigentlich in unserer Zeit überhaupt noch für etwas gut?

All diese Fragen wurden bisher höchst unterschiedlich beantwortet, ungenau in einigen Fällen, gar falsch in anderen. Nicht zuletzt aus diesem Grund herrscht in der Welt der Kampfkunst heute ein heilloses Durcheinander. Dazu kommt, dass das Nichterkennen der Gemeinsamkeiten zu einem Konkurrenzkampf führt, der letztendlich allen Beteiligten schadet.

Lange bevor ich nach China ging, habe ich mich bereits mehr oder weniger intensiv mit verschiedenen östlichen und westlichen Kampfkünsten (Kampfsportarten) beschäftigt. Ich kann heute im Rückblick keine wirklichen, das Wesen betreffenden Unterschiede zwischen den verschiedenen Stilen erkennen, wo auch immer sie herstammen. Im Grunde geht es überall um das gleiche, die Ziele sind dieselben, nur die Form unterscheidet sich. Dennoch streitet man darum, was das beste sei. Ob es so etwas wie die »beste Kampfkunst« überhaupt gibt, ist zu bezweifeln.

Die Trainingsmethoden des traditionellen *wushu* sind die wirksamsten, die ich kenne, wenn es darum geht, seinen Körper gesundzuerhalten und eine flexible Kraft zu entwickeln. Die alten *Wushu*-Techniken sind sehr effektiv, und sie sind anders als das, was man heute als das »moderne *wushu*« bezeichnet. Doch halte ich beispielsweise die westlichen Boxtechniken gegenüber den Fausttechniken der meisten chinesischen *Wushu*-Stile (Südfaust, Langfaust) für überlegen. Letzten Endes hat es aber wenig Sinn, Vergleiche anzustellen, um festzustellen, welche Kampfkunst nun die Ehrung als die beste verdient. Solche Überlegungen führen nur selten zu etwas Gutem, dafür um so häufiger zu Neid, Frustration und Feindschaft.

Ein großes Problem stellt die Einführung von Neuerungen, für die es keine Notwendigkeit gibt, dar. Oft ist es ja so: Irgend jemand beschließt eines Tages, einen »neuen« Stil zu erschaffen oder einen »alten« so zu verändern, dass er »besser in die neue Zeit« passt. So ähnlich, wie es Nakayama Masatoshi mit dem *shotokan* tat. Ist dieser Jemand geschickt, eröffnet er bald eine Kette von Schulen, produziert eine DVD, schreibt ein Buch und verbreitet seine neue und »bessere« Lehre in der ganzen Welt. Bald wird niemand mehr den Ursprung erkennen und zu würdigen wissen. Jene Meister, die solch eine Entwicklung aufhalten könnten, nehmen die ganze Sache nicht ernst – bis es irgendwann zu spät ist. Schließlich passt sich die alte Garde sogar an oder geht buchstäblich in den Untergrund. Unser Neuling baut um seine Lehre herum eine ganze Welt auf mit Urkunden, Wettkämpfen, Meisterschaften. Und eines Tages geht er zu den alten Lehrern und erklärt ihnen, dass sie alles falsch machen und besser zu ihm in die Lehre gehen sollten. Wer das für ein Horrormärchen hält, der irrt. Das ist die moderne Welt der Kampfkunst.

Die Kampfkunstgemeinde ist heute in hohem Maße ein Marktplatz, auf dem es darum geht, seine Ware so teuer wie möglich an den Mann zu bringen, wo nur zählt, wer der Erste und natürlich der Beste ist. Der Verkauf von Titeln, Urkunden und Zertifikaten ist heute gängige Praxis. Wer sich nicht anpassen möchte, wem es nur um die Kunst geht, der wird unglaubwürdig gemacht, indem man einfach auf seine nicht vorhandenen »Ehrungen« verweist. Auch in China ist das nicht anders.

Meister Li, mein *shifu*, ist einer der wenigen Meister in China, die niemals auch nur einen Fen dafür ausgegeben oder Beamten geschmeichelt haben, um an eine Urkunde zu gelangen. Offen gestanden bezweifle ich bei vielen Meistern, dass sie ihre Grade durch Leistungen errungen haben, und bei einigen weiß ich sicher, daß dies nicht der Fall war.

Meister Li bekam eines Tages das Angebot, den seltenen Stil *lusiquan* in einem Video darzustellen. Dieser Stil ist auch in ganz China unbekannt, selbst bei den dortigen *Wushu*-Experten. Für dieses Video hätte mein Meister vom Staat einen noch höheren Grad bekommen. Er wäre dann der jüngste Träger des 8. *Duan* gewesen, den es China gibt. Diese Ehrung hätte nicht einmal auf Betrug, Macht und Geld beruht, sondern auf einer wirklichen Leistung. Doch selbst hier lehnte Meister Li ab.

Foto 1: Training in China (Zeitungsbericht über Maik Albrecht in einer der größten Tageszeitungen Chinas (Chutian Dushi Bao)).

wan bian bu li qi zong

Etwas wird hundertmal abgewandelt,
ohne wesentliche Veränderungen.

Eine kurze Darstellung des Wushu

Begriffe und Bedeutungen

Es ist immer schwierig, komplexe Begriffe von einer Sprache in die andere zu übertragen, vor allem dann, wenn die dahinterstehenden Kulturen sich bedeutend unterscheiden. Dies gilt auch für den Begriff *wushu* (武术)[3], der in der chinesischen Sprache alles Kämpferische umfasst. *Wushu* bezieht sich allgemein auf die kämpferischen Fertigkeiten, seien sie nun militärisch oder zivil. Der Begriff schließt das Training einer bestimmten Technik ebenso ein wie einen komplexen Stil. Er unterscheidet nicht zwischen waffenlosem und bewaffnetem Kampf. Auch die Pflege von Körper und Geist gehört dazu. Dies allerdings auf andere Art, als man im Westen oft glaubt; es geht dabei nicht im geringsten um irgendwelche esoterische Konzepte.

Der Begriff *wushu* ist zwar alt, doch wurde er erst nach der Gründung der Volksrepublik China im Jahre 1949 als Oberbegriff für alle chinesischen Kampfkünste gewählt. Davor gab es mehrere Bezeichnungen für die Kampfkunst, und *wushu* wurde hierfür sehr selten benutzt. Statt dessen verwendete man Begriffe wie *wugong* (武功), *wuji* (武击) oder auch *guocui* (国粹).

Bevor ich etwas näher auf die alten Bezeichnungen eingehe, möchte ich das Wesen der Kampfkunst anhand der entsprechenden chinesischen Zeichen für *wushu* erklären. Das Wort setzt sich aus zwei Schriftzeichen zusammen, *wu* (武) und *shu* (术 oder 術). *Wu* bedeutet militärisch, kämpferisch. Es verweist auf etwas Grundlegendes, den Kampf. »Krieg ist aller Dinge Vater, aller Dinge König«, meinte Heraklit schon vor 2 500 Jahren, und der Römer Seneca erkannte: »Vivere militare est.« – »Leben heißt kämpfen.« In China lassen sich all diese Feststellungen durch das Zeichen *wu* ausdrücken. Aber *wu* besitzt noch eine viel tiefgründigere Bedeutung. Zunächst einmal setzt sich das Schriftzeichen *wu* ebenfalls aus zwei Zeichen zusammen. Das erste von ihnen heißt *zhi* (止) und bedeutet aufhö-

---

[3] Die verwendeten Schriftzeichen werden im allgemeinen als Kurzzeichen dargestellt. Nur in Ausnahmefällen greifen wir zum besseren Verständnis auf die traditionellen Langzeichen zurück.

ren, eine Sache stoppen oder beenden. Das andere, *ge* (戈), bezeichnet eine alte Kriegswaffe, ähnlich unserer Hellebarde. Sie steht hier stellvertretend für Krieg. Und dieser Krieg soll durch einen entschlossenen und schnellen Kampf beendet werden. Dies bringt, vordergründig betrachtet, *wu* zum Ausdruck. Tatsächlich ist die Botschaft viel subtiler. Sie besagt, man solle aufhören die Hellebarde zu benutzen, ihren Einsatz beenden (*zhidong ge*, 止动戈). Jeglicher Kampf ist zu vermeiden. Das ist die tiefere Bedeutung des Zeichens *wu*. Interessanterweise wird diese Haltung durch die Figur des Kriegsgottes Guandi (Guan Yu) ausgedrückt, den man oft in Asia-Restaurants sehen kann. Dieser Guandi hält seine Hellebarde (*ji*, 戟 oder *ge*, 戈) in den meisten Fällen halb auf dem Rücken und drückt damit aus, dass er einen Kampf vermeiden möchte.

Solch eine Philosophie wird jeder verstehen, der sich ernsthaft mit den Kampfkünsten befasst, egal ob sie aus dem Osten oder aus dem Westen stammen. Die Kampfkünste lassen den Menschen durch eine Lehre gehen, in welcher er sich mit seinen Urinstinkten, mit dem Kampf ums Überleben, beschäftigt. Durch den Reifeprozess, der während des jahrelangen Trainings eintritt, wird der Übende früher oder später auf das Paradoxon stoßen, dass er um so mehr üben muss, je weniger er kämpfen will. Aber er kann auch zu der Erkenntnis gelangen, dass es generell unnötig und sinnlos ist zu kämpfen. Im Werk des großen Militärstrategen Chinas, Sunzi[4] (孙子), steht der Satz: »*Bai zhan bai sheng, fei shan zhi san zhe ye; bu zhan er qu ren zhi bing, shan zhi shan zhe ye*« (百战百胜，非善之善者也，不战而屈人之兵，善之善者也). – »In allen Schlachten zu siegen ist nicht die größte Leistung; die größte Leistung ist, den Widerstand des Feindes ohne Kampf zu brechen, zu siegen, ohne zu kämpfen.«

Das Land des Gegners wird also, wenn möglich, intakt eingenommen. Ist ein Konflikt unvermeidbar, so ist diese Lösung für alle Beteiligten die beste. Die Taktik der verbrannten Erde ist auch für den Sieger von Nachteil. Und wie schnell die Anwendung brutaler Gewalt zur eigenen

---

[4] Sunzi (dt. Meister Sun, geb. um 500 v. Chr.) hieß vermutlich Sun Wu (孫武). Er war Militärstratege, General und Philosoph. Sein Buch »Die Kunst des Krieges« (Sunzi Bingfa, 孫子兵法) ist das wahrscheinlich älteste Buch über Strategie und bis heute eines der bedeutendsten und einflussreichsten Werke zu diesem Thema.

Niederlage führen kann, beweist die Geschichte in unablässiger Folge. In China waren Kriegs- und Kampfkunst stets vom Daoismus geprägt. Diese pragmatische und vor allem wissenschaftliche Lehre durchzog alle Bereiche und ist ebenfalls in Sunzis Werk erkennbar. Das erklärt am besten die Ausgewogenheit seiner Strategien und Taktiken.

Der zweite Teil des Wortes *wushu* wird durch das Zeichen *shu* (术 oder 術) dargestellt. *Shu* bedeutet Kunst, Kunstfertigkeit. Der Begriff beinhaltet aber auch Taktik und die technischen Aspekte der Kampfkunst. Dieses Zeichen enthält keine tiefgründigeren Inhalte. Es ist ein vollkommen rationaler und fassbarer Begriff. Es geht nur um das reine Können. Deshalb hat der Begriff *shu* auch etwas mit *gongfu* (功夫) zu tun, denn *gongfu* bedeutet ebenfalls Können. So erklärt sich die alte Bezeichnung *wugong* für die chinesischen Kampfkünste. Auf den darin enthaltenen Begriff *gong* soll weiter hinten im Buch ausführlicher eingegangen werden.

Vor 1949 benutzte man für Kampfkunst auch den Begriff *wuji*. Das Schriftzeichen *wu* wurde ausführlich erklärt. Das Zeichen *ji* (击) hat eine sehr kriegerische Bedeutung. Es bedeutet attackieren oder zusammenprallen. Hieran erkennt man, worum es ursprünglich in der chinesischen Kampfkunst geht. *Shu* verweist hingegen auf eine künstlerische, teilweise auf Schönheit und Eleganz bedachte Anwendung. Dies ist vergleichbar mit den japanischen Kampfkunstbegriffen *jutsu* (術) und *do* (道). Während *jutsu* die anwendbare Technik bezeichnet, beinhaltet *do*, der Weg, das dahinterstehende philosophische Prinzip.

Ein anderer Begriff für chinesische Kampfkunst ist *guocui*. *Guocui* bedeutet »Essenz der chinesischen Kultur«. Man hat die chinesische Kampfkunst früher und auch heute noch stets als Essenz der nationalen Kultur verstanden. Dies hat jedoch nichts mit nationalistischem Gedankengut zu tun. Die Bezeichnung *guocui* geht viel mehr in die Tiefe. Am ehesten lässt sich der Begriff mit der symbolischen Bedeutung von Kronjuwelen vergleichen. Neben *wushu* werden auch andere Künste Chinas als *guocui* bezeichnet. Dazu gehören die Chinesische Oper, traditioneller Tanz und Musik und auch die Kalligraphie. Ursprünglich bildeten *wushu*, traditioneller Tanz und Kalligraphie eine Einheit. So kann man beispielsweise einige gemeinsame Elemente und Bewegungen erkennen, die sowohl in der klassischen Oper, im *wushu*, als auch in den traditionellen Tänzen enthalten sind. Auch die klassische chinesische Musik steht in enger Verbindung mit dem *wushu*; ein guter Rhythmus in der Musik ist genauso wichtig wie ein guter Rhythmus im Kampf. Synonym zu *guocui* wurde früher ebenfalls der Begriff *guoshu* (国术, Landeskunst) gebraucht.

Zwei weitere Begriffe, die in alter Zeit in China die Kampfkunst bezeichneten, waren *wuyi* (武艺) und *shoubo* (手搏). In vielen alten Büchern über die Kampfkunst wird man auf diese beiden Bezeichnungen stoßen. Der Begriff *wuyi* ist mit dem Begriff *wushu* verwandt. *Yi* (艺) bedeutet Kunst. Die Bezeichnung *shoubo* wird heute nicht mehr benutzt. Anstelle dessen verwendet man den Begriff *quanfa* (拳法), was soviel wie »Methode bzw. Gesetz der Faust« bedeutet. *Quanfa* und *shoubo* haben fast die gleiche Bedeutung. Allerdings ist *shoubo* eher ein militärischer Begriff. Früher war die Kampfkunst fester Bestandteil der militärischen Ausbildung. Sie war ein untrennbarer Teil des Krieges zu einer Zeit, als es noch keine Feuerwaffen gab. *Shoubo* bezeichnet den waffenlosen Zweikampf, der Hauptteil der Ausbildung der chinesischen Soldaten im alten China war.

Stilrichtungen und Schulen des Wushu

Eine große Vielfalt gibt es auch bei der Benennung der Kampfstile. Die einzelnen Schulen der chinesischen Kampfkunst enden oft auf *quan* (拳), was soviel wie »Faust« bedeutet und einfach nur auf einen Stil verweist. Im Westen übersetzt man *quan* oft auch mit »Boxen«.

Ein anderer Begriff lautet *menpai* (门派). Dahinter verbirgt sich nicht nur ein Stil, sondern vielmehr eine Schule. Wenn der Meister eines Stils eine Schule gründet und Schüler annimmt, oder wenn er aus mehreren Stilen und seinen praktischen Erfahrungen einen eigenen Stil kreiert hat, dann nennt man diese Richtung *menpai*. Allerdings muss zwischen *men* und *pai* nochmals unterschieden werden. Während *menpai* einen Meister (oder eine Fraktion) bezeichnet, der einen oder mehrere Stile mit speziellen Waffen, Formen, *Gong*-Übungen und Lehren zur Anwendung der Kraft vertritt, sind sowohl *men* als auch *pai* noch etwas spezieller. So gibt es zum Beispiel *taijimen* (太極门), was die Vertreter der verschiedenen *Taiji*-Stile (*chen*, *yang*, *wu*, *sun*) bezeichnet. Alle Stile (*men* oder *quan*), die einen ähnlichen Hintergrund haben (philosophisch, technisch etc.), bilden wiederum das *pai*.

So gehören die *Taiji*-Stile und auch Stile wie das *baguazhang* (八卦掌) zu den inneren Stilen *neijia pai* (内家派) bzw. zum nach dem Wudang-Gebirge (武当山) benannten *wudangpai* (武當派 oder 武当派), da sie vom Daoismus beeinflusst sind und dessen Prinzipien folgen. Auch Stilrichtungen, die nicht im Shaolin-Kloster (少林寺) oder im Wudang-Gebirge entwickelt wurden, können zum *shaolinpai* (少林派) oder *wudangpai* zählen, sofern ein buddhistischer oder daoistischer Einfluss vorliegt.

Familienstile hingegen enden oft auf *jia* (家), so wie die großen Richtungen *hongjia* (kant. *hunggar*, 洪家), *lijia* (kant. *leegar*, 李家) oder *mojia* (kant. *mokgar*, 莫家). Es gibt noch weitere Endungen für Kampfstile, wie zum Beispiel *zhang* (Handfläche, 掌)[5]. Dies trifft z.B. auf die bekannte Kampfkunst *baguazhang* zu, von der in der Folge noch mehrfach die Rede sein wird.

Grundlegende Klassifizierungen im Wushu

Innerhalb des *wushu* gibt es verschiedene Einteilungen. Diese sind oftmals ungenau oder gar irreführend. In China werden sie selten oder gar nicht verwendet. Aber da es sich im Westen eingebürgert hat, Klassifizierungen vorzunehmen, möchte ich die wichtigsten hier erwähnen.

Zunächst einmal kann man das *wushu* grob in die flexiblen und schnellen Stile der Nordfaust (*beiquan*, 北拳) und die kraftvollen und standfesten Schulen der Südfaust (*nanquan*, 南拳) einteilen. Traditionell gilt der Changjiang[6] als Trennungslinie zwischen dem Norden und dem Süden. Die Unterscheidung in Nord und Süd ist jedoch nicht allzu wörtlich zu nehmen, denn die Grenzen sind in Wirklichkeit fließend. Dennoch gibt es grundsätzlich einen Unterschied in vielen Kampftechniken, der mit dem

---

[5] Die Bedeutungsvielfalt des Begriffs *zhang* geht weit über die direkte Übersetzung als »Handfläche« hinaus und ist mit sprachlichen Mitteln kaum auszudrücken.
[6] Changjiang (长江, Langer Fluss), auch Yangzijiang (扬子江) oder Jinshajiang (Goldsandfluss, 金沙江) genannt, oder auch Jangtsekiang (im Deutschen oft nur Jangtse).

Körperbau und der Lebensweise zusammenhängt. Die Bezeichnung *bei tui nan quan* (nördliches Bein, südliche Faust, 北腿南拳) soll darauf hinweisen, dass die hochgewachsenen Nordchinesen ihre vom Reiten gekräftigten Beine für den Kampf bevorzugten, während die kleineren Südchinesen sich auf die vom Rudern gestärkten Arme verließen. So jedenfalls besagt die Legende. Dass diese einen wahren Kern besitzen muss, wird deutlich, wenn man die Schulen miteinander vergleicht.

Interessanterweise gibt es eine analoge Einteilung nicht nur im *wushu*. In fast allen Kampfkünsten findet man ähnliche Differenzierungen, auch in den europäischen Schulen, wie dem portugiesischen Stockkampf *jogo do pau*[7]. Erwähnenswert ist auch, dass das dem Norden Chinas näher liegende Korea heute ebenfalls die Beintechniken favorisiert, während das dem Süden Chinas verbundene Okinawa sich beim *uchinadi*[8] hauptsächlich auf die Arme verlässt.

Eine weitere Unterteilung wird bezüglich der Ausrichtung und des Bewegungsmusters vorgenommen. Einige Schulen werden der Kategorie »harter Stil« (*gangpai*, 刚派) zugeordnet, andere den sogenannten »weichen Stilen« (*roupai*, 柔派). Die Schwierigkeit bei dieser Art von Klassifizierung ist, dass sie weder dem *wushu* noch einer anderen Kampfkunst wirklich gerecht werden kann. Das gewöhnlich als »hart« bezeichnete *shaolin quan* (少林拳) enthält viele fließende Elemente, und das oft als »weich« verstandene *taijiquan* (太極拳) kann sehr energisch sein. Das, was im Westen unter dem Begriff »taiji« verstanden wird, hat damit wenig zu tun. Bei letzterem handelt es sich genau genommen um *taiji cao* (太极操).[9]

---

[7] Das *jogo do pau* (»Spiel des Stockes«) lässt sich bis ins Mittelalter zurückverfolgen. Interessant ist nicht nur, dass es eine Trennung zwischen den Stilen des Nordens und des Südens gibt, sondern dass die Geschichte viele Parallelen zu den okinawanischen und philippinischen Künsten aufweist, bis hin zu einem Ausübungsverbot.

[8] *Uchinadi* (沖縄手) ist die okinawanische Bezeichnung für das *okinawa-te*, aus dem das moderne Karate hervorging. Das *okinawa-te* entwickelte sich unter starkem Einfluss des südchinesischen *wushu*, vor allem aus der Provinz Fujian. – Siehe Habersetzer, R.: Bubishi. An der Quelle des Karatedô. Chemnitz: Palisander 2009. – Anm. d. Lektors.

[9] *Taiji cao* stellt im Unterschied zu *taijiquan* ein System gymnastischer Übungen dar, die sich an die Bewegungen der gleichnamigen Kampfkunst anlehnen. Diese Übungen wurden von der Regierung Chinas ins Leben gerufen, als es darum ging, die Kampfkünste zu

24

Ich wage zu behaupten, dass nur sehr wenige Menschen des Abendlandes bisher authentisches *wushu* gesehen haben. Die guttrainierten chinesischen Sportler, wie man sie im Fernsehen bewundern kann, sind eben nur das: Sportler. Sie kennen ihre alten Kampfkünste manchmal noch weniger als wir im Westen. Aber dazu später mehr.

Innere und äußere Stile

Die letzte Einteilung, der ich mich widmen möchte, ist die in »innere« (*neijia*, 内家) und »äußere« Stile (*waijia*, 外家). Obwohl es all die oben aufgeführten Unterteilungen in verschiedene Stile und Faustformen gibt, sollte man chinesisches *wushu* eigentlich nur in innere und äußere Stile einteilen, da es zwischen den anderen Stilen keine wesentlichen Unterschiede bezüglich der Grundmuster gibt, auch wenn viele *shifu* (师父, Lehrervater) das nicht so sehen werden. Ich habe während meiner Jahre in China einige Stile bei verschiedenen Meistern trainiert und bin dabei zu dem Schluss gekommen, dass es echte Unterschiede tatsächlich nur zwischen *neijia* und *waijia* gibt.

Um diese Einteilung genauer zu verstehen, sind zumindest Grundkenntnisse der chinesischen Kultur und Philosophie notwendig. Die inneren *Wushu*-Stile sind tief verwurzelt mit der daoistischen Philosophie (道家). Der Daoismus ist neben dem Konfuzianismus (儒家) die Hauptphilosophie Chinas. Beides sind genau genommen keine Religionen, auch wenn es im Daoismus zum Beispiel die acht Unsterblichen (*baxian*, 八仙) gibt.[10] Diese Unsterblichen werden aber nicht als Götter oder Schöpfer angesehen, sondern sie sind eher mit den europäischen Heroen des Altertums

---

systematisieren. Die *Taijiquan*-Meister benennen so die weichen Übungen, die man heute weltweit als *taiji* bezeichnet, auch in China selbst. Das *taiji cao* ist eine gute Übung für das allgemeine Wohlbefinden, hat aber nichts mit der Kampfkunst *taiji* zu tun. Das sollte aus Respekt der Kampfkunst gegenüber klar herausgestrichen werden. Der Karatemeister Mabuni Kenei hat diese Haltung treffend beschrieben: »Wenn man bedenkt, daß die alten Meister die Kampfkunst unter den Bedingungen des realen Kampfes auf dieses außerordentlich hohe Niveau gehoben haben, stets unter dem Einsatz ihres Lebens, so verdient das größten Respekt.« (Mabuni, K.: Leere Hand. Chemnitz: Palisander 2010, S. 188).
[10] Allerdings hat sich im Laufe der Zeit auch ein religiöser Daoismus herausgebildet.

wie Odysseus oder Achilles vergleichbar. Sie haben vor langer Zeit real existiert und wurden durch Überlieferungen des Volkes nach und nach zu unsterblichen Legenden.

Eine Einteilung in innere und äußere Stile gibt es auch in anderen Kampfkünsten. Nirgends aber ist sie so ausgeprägt wie im chinesischen *wushu*. In anderen Ländern unterscheidet man bei den Kampfkünsten eher nach dem Typ, so z. B. im antiken Griechenland, wo man die Kampfkünste in Allkampf (*pankration*), Boxen (*pygme*) und Ringen (*pale*) unterteilte, oder nach der Region, so z. B. in Nord- und Südstile. Auf Okinawa unterschied man zwischen *shuri-te* und *naha-te*, die jedoch beide stark von verschiedenen inneren und äußeren Stilen des *wushu* beeinflusst waren.

Über die inneren und äußeren Stile wird viel erzählt; manches davon ist wahr, anderes muss mit Vorsicht genossen werden. So heißt es beispielsweise: Innere Stile sind passiv, und man wartet in ihnen den Angriff des Gegners ab, um die entstehende Kraft aufzunehmen und auszunutzen. (Ein Angriff ist immer wie das Öffnen einer Tür. Es entsteht eine Schwäche, die ausgenutzt werden kann.) Die äußeren Stile hingegen sind aktiv und bevorzugen den Angriff. Innere Stile beruhen nicht auf der Muskelkraft, und man arbeitet von innen nach außen. Äußere Stile setzen Muskelkraft ein, und die Arbeit erfolgt von außen nach innen. Innere Stile beinhalten die Philosophie des Daoismus und äußere die Philosophie des Buddhismus.

Es gibt unzählige solcher Theorien und Begründungen. Tatsache ist, dass es eine strikte Teilung nicht gibt und auch nie gab. So benutzen beispielsweise auch die äußeren Stile Techniken, um die Kraft eines gegnerischen Angriffs aufzunehmen. Stellenweise sind beide Lehren deckungsgleich. Außerdem haben sich die Philosophien von Buddhismus und Daoismus wechselseitig beeinflusst. Die Shaolin-Mönche haben Frieden und Harmonie ebenso zum Ziel wie die Daoisten. Auch Buddhisten können *taijiquan* trainieren, und umgekehrt kann ein Daoist knallhartes *hongmen* ausüben. Der Stil *bajiquan* zum Beispiel kann als innerer Stil angesehen werden, obwohl seine Techniken oftmals einen markigen und extrem kraftvollen Eindruck machen. In den äußeren Stilen wird genauso mit dem *dantian* gearbeitet wie bei den inneren Stilen.

Es gibt in diesem Zusammenhang einen Aspekt des Trainings, den ich erläutern möchte. Durch Bewegung wird der Kreislauf angeregt, wobei das

Schwitzen Schadstoffe aus dem Körper schwemmt. Außerdem strafft der Schweißfluss das Gewebe und stärkt das Immunsystem. Schweißtreibende, das heißt schnelle oder kraftvolle Bewegungen, bringen uns leicht außer Atem. Ein hektischer und unkontrollierter Atemrhythmus ist jedoch nach chinesischer Auffassung schädlich. Der Körper verbraucht hierbei zuviel Kraft, was letztendlich zu einem Kollaps führen kann.

Hier liegt der Unterschied zwischen innerem und äußerem Training, besonders in der Kampfkunst. Beim inneren Training regt man den Kreislauf gleichmäßig an. Man schwitzt »von innen heraus«, aber der Atem bleibt ruhig und kontrolliert, und das Herz wird nicht überstrapaziert. Der Körper wird auf diese Weise geschont. Das innere Training der Kampfkünste, wie z. B. *taiji* oder einige *Gong*-Übungen, kann den Körper außerordentlich stark zum Schwitzen bringen. Ich habe manchmal in einem wahren See aus Schweiß gestanden. Man kann eine große Kraft aufbieten, ohne dass man außer Atem kommt. In tiefen, manchmal statischen Stellungen, oder in tiefen Stellungen, die während fließender Bewegungen eingenommen werden, muss der Körper Höchstleistungen vollbringen. Vor allem, wenn es über Stunden geht. Der Atem läuft tief in den *dantian* hinein, und das Herz wird durch ein Zurücknehmen der Brust in eine ruhige Stellung gebracht (es wird »eingewickelt«), wo es gepflegt und genährt wird. Diese Art des Trainings ist typisch für das innere *wushu*. Es beruht eher auf isometrischen Aspekten als auf den isotonischen vieler Sportarten. Davon wird noch ausführlich die Rede sein.

Daoismus

Die Lehre des Daoismus durchdringt die gesamte chinesische Gesellschaft und übt einen großen Einfluss auf die Kampfkünste aus, direkt und indirekt. Der Daoismus kennt keinen Schöpfer, kein höheres Wesen, zu dem man betet oder dem man Opfergaben entrichten muss. Daoismus ist eine (wissenschaftliche) Lehre, ohne eine Lehre zu sein.

Die daoistische Lehre orientiert sich nicht an den von Menschen geschaffenen und kaum zu verwirklichenden Idealen wie beispielsweise Bescheidenheit, sondern an dem natürlichen Verlauf der Dinge, der nicht be-

einflusst werden kann. In der Natur stehen alle Dinge in einem bestimmten Verhältnis zueinander und sind untrennbar miteinander verbunden
(*yinyang*, 陰陽). Diese Verhältnisse beeinflussen sich gegenseitig (*wuxing*,
五行) und befinden sich gleichzeitig in stetem Wandel.

Während Religionen die Menschen von irgend etwas überzeugen oder zu
Rechtschaffenheit und Tugend erziehen wollen, lehnt der Daoismus all dies
ab. Worte wie Tugend und Rechtschaffenheit sollen nicht benutzt werden,
da sie nur als Heuchelei angesehen werden und zu Konkurrenz und Betrug
führen. Der Versuch, andere von etwas zu überzeugen, wird als ein Akt des
Aufzwingens verstanden und ist gegen die Natur und das Leben gerichtet.

Foto 2: Der Purpurwolken-Palast im Wudang-Gebirge (武當山紫霄宮, Wudang shan
Zixiao gong), erbaut 1413, ein berühmter daoistischer Tempel.

Aus Sicht des Daoismus ist es sinnlos, an eine Sache zu glauben, und
solch ein Glaube ist auch nie von Dauer, wie die Geschichte immer wieder
beweist. Der Mensch soll an nichts glauben, bzw. er soll nicht glauben. Dadurch ist sein Geist offen und tatkräftig. Der Geist soll auch nicht durch
Zersplitterung gelähmt werden. Ein gelähmter oder abgelenkter Geist ist

nicht tatkräftig. Die Chinesen verwenden für dieses Freihalten des Geistes präzise, doch für uns oft schwer verständliche Begriffe wie *wuwei* (ohne Handeln, 无为), *wuwo* bzw. *wusi* (ohne Ego, 无我 无私) und *wuzhi* (ohne Wissen, 无知). Diese dem westlichen Denken wenig vertrauten Konzepte sind mit den inneren Kampfkünsten des *wushu*, wie sie beispielsweise in den Wudang-Bergen gelehrt werden, untrennbar verbunden.

Die Philosophie der inneren Kampfkunststile spiegelt sich in den Techniken des *baguazhang* und des *zuibaxian* (醉八仙) wider. Das *baguazhang* besitzt acht Grundtechniken, die endlos miteinander kombiniert werden können, so dass es letztendlich gewissermaßen gar keine Techniken mehr gibt. Im *zuibaxian* erweckt man beim Gegner den Eindruck der Handlungsunfähigkeit, und doch ist man auf diese Weise unerreichbar für Angriffe. Diese Elemente drücken den daoistischen Inhalt des *wushu* klar und dennoch auf mit Worten kaum zu beschreibende Weise aus.

Die daoistisch geprägten Stile lassen sich nicht vermarkten, wenn sie richtig ausgeübt werden. Das Unterrichten von Kampfkunst in einem Verband geht immer einher mit Politik und Vermarktung und würde deshalb zu Widersprüchen mit der diesen Stilen zugrundeliegenden Philosophie führen, wodurch sie schnell ihr Wesen verlören.

Shaolin

Die zweite große Linie der Kampfkünste Chinas hängt eng mit dem bekanntesten Chan-Kloster zusammen, Shaolin. Diese berühmte Anlage ist sowohl eines der wichtigsten Zentren des *wushu* als auch des Chan-Buddhismus (jpn. Zen, 禅). Im Gegensatz zum Daoismus ist der Buddhismus eine Religion, wenngleich ich hier anmerken möchte, dass sich speziell die Richtung des Chan bzw. Zen hinsichtlich Denkweise und Philosophie dem Daoismus stark angenähert hat. Beide Lehren durchdrangen sich gegenseitig in hohem Maße. Dennoch ist die Lehre des Buddhismus in den von ihm beeinflussten Kampfkünsten spürbar. Die Buddhisten sehen das Leben als einen Kreislauf, der sich aus Leid und Freude zusammensetzt. Auf das Leid folgt die Freude, auf die Freude folgt das Leid. Diese Reihenfolge wird niemals unterbrochen und besteht nach dem Tod durch die Reinkarnation fort. Man erwartet von den Gläubigen, dass sie sich dem Leid stellen. Dementsprechend ist das Training des buddhistisch geprägten *wushu* sehr anstrengend und verlangt Disziplin bei der Überwindung des eigenen Egos.

Der Ursprung der chinesischen Kampfkunst liegt allerdings weder im Shaolin-Kloster noch in den Wudang-Bergen oder in irgendeinem daoistischen Tempel. Der Ursprung des *wushu* liegt im Volk. Shaolin und Wudang sind wichtige Zentren der Kampfkünste und Philosophien. Sie haben viele Schulen geschaffen, gefördert und beeinflusst. Aber entstanden ist das *wushu* nicht an diesen Orten.

武只包含著經驗解剖學和物理學

物理學受到解剖學規則的精確

然后武術通過實戰體會和經驗變成實用

wu zhi bao han zhe jing yan, jie pou xue he wu li xue
wu li xue shou dao jie pou xue gui ze de jing que
ran hou wu shu tong guo shi zhan ti hui he jing yan bian cheng shi yong

In den Kampfkünsten gibt es nur Erfahrung, Anatomie und Physik.
In der Kampfkunst wird Physik durch die Regeln der Anatomie präzisiert
und durch Erfahrung in der Praxis effektiv einsetzbar.

Wushu heute

Ein Turnier- und Wettkampfsport

Heute unterscheidet man oft zwischen moderner (*xiandai wushu*, 现代武术) und klassischer (*chuantong wushu*, 传统武术) chinesischer Kampfkunst. Inwieweit dies sinnvoll ist, soll in der Folge erörtert werden.

Während der Entstehungsgeschichte vieler Künste und Sportarten gab es einen Punkt, an dem man einen neuen Weg einschlug, den die Traditionalisten nicht mitgehen wollten. So teilte sich das ursprünglich *jeu de paume* (Spiel mit der Handfläche) genannte Tennis im 19. Jahrhundert in zwei Formen, das adelige *real tennis* oder *royal tennis*, eine Version, die dem Ursprung etwas näher steht, und das *lawn tennis*, das man im Freien spielte und welches heute die einzig anerkannte Version ist. Beide Richtungen hatten sich freilich vom *jeu de paume* entfernt, die eine weniger, die andere mehr.

In der Frühzeit des Boxens, als sich gerade die Handschuhe (*mufflers*) durchzusetzen begannen, gab es viel Diskussion zwischen den *bare-knuckle fighters* (»Kämpfer mit bloßer Faust«) und den Befürwortern des neuen Handschutzes. Die manchmal abfällig *soft boxers* genannten Vertreter der *Queensberry-Regeln* gewannen die Auseinandersetzung. Seitdem herrscht auf diesem Gebiet Frieden, und niemand spricht in diesem Zusammenhang von moderner und klassischer Kampfkunst. Wer unbedingt ohne Handschuhe boxen will, tut das und wird nicht abfällig von jenen, die mit Handschuhen boxen, sprechen. Ähnliche Entwicklungen gab es im Fußball oder auch im Fechten. Wann gab es je Streit zwischen einem Vertreter des Sportfechtens und einem der Rapierlehre Capo-Ferros? Jeder akzeptiert den anderen.

Die Unsitte, sich über moderne und klassische Kunst zu streiten, ist merkwürdigerweise nur in den modernen Kampfkünsten so verbreitet, und die Vertreter der jeweiligen Richtungen bekommen sich darüber regelmäßig in die Haare. Im Fall des *wushu* ist das nicht anders. Dabei besteht überhaupt keinen Grund für diese Diskussionen. Es gibt genau genommen nur ein *wushu*. Dieses beinhaltet zwar verschiedene Kampfstile und Übungsmethoden, aber über das wesentliche Element, den Kampf, herrschen überall ähnliche Ansichten. Das heutige *wushu*, welches als modern bezeichnet wird, ist ein Turnier- und Wettkampfsport. Ich teile die Sicht sämtlicher alten Lehrer und Meister, die ich traf, daß diese Sportlinie nicht als *wushu* bezeichnet werden sollte, da sie damit nichts oder nicht mehr viel gemein hat. Unter diesem Gesichtspunkt betrachtet gibt es nur ein einziges authentisches *wushu*.

Nach der Gründung der Volksrepublik im Jahre 1949, besonders aber während der so überflüssigen Kulturrevolution[11], wurden nahezu alle Richtungen der chinesischen Kampfkunst einer Umwandlung unterzogen, die einer Verstümmelung gleichkam. Nur wenige Stile konnten sich dem entziehen. Manche Meister verließen das Land, andere nahmen ihr Wissen mit ins Grab.

Dabei hatten die Chinesen zunächst einen sehr guten Weg gefunden. Sie haben viele Techniken des Umgangs mit Waffen wie Lanzen, Keulen und Schwertern sowie verschiedene Fauststile in Formenwettkämpfe und Shows einfließen lassen. Ende der 1960er und Anfang der 70er Jahre achtete man dabei noch auf Sinn und Anwendbarkeit, man hatte Respekt vor der Überlieferung. Es kann sehr viel Spaß machen, einem Meister, der diese Dinge beherrscht, beim Training zuzuschauen. Die Vorführenden waren teilweise noch nach den eigentlichen Prinzipien der Kampfkünste ausgebildet worden, und so war in den Formen noch das Wesen der Kriegskunst zu erkennen. Mit der Zeit änderte sich das, und dieser Wandel hält bis heute an. Viele Faktoren waren dafür verantwortlich – das neue Denken während der Kulturrevolution, allzu konservative Meister, das Einmischen von Ahnungslosen (was heute besonders schlimm ist) und die Naivität der Jugend. Jedenfalls entstanden in den letzten dreißig Jahren völlig neue Bewegungsmuster ohne irgendwelche Kampfprinzipien. Das ist es, was man unter dem modernen *wushu* versteht.

Was man gegenwärtig bei öffentlichen Vorführungen zu sehen bekommt, sind im allgemeinen Fragmente aus alten und bereits mehrmals veränderten Stilen des *wushu*. Diese Art des »Tanzes« genießt kaum mehr die Achtung und die Aufmerksamkeit des chinesischen Volkes. Die For-

---

[11] Siehe Kapitel »Die Kulturrevolution« im Anhang, S. 337 ff.

menturniere haben so gut wie keine Besucher. Oft sind Trainer und Verwandte der Teilnehmer die einzigen Zuschauer.

Anfang der 80er Jahre wurde das *sanda* aus dem Druck heraus geschaffen, auf der Wettkampfbühne mit anderen Kampfsportarten mithalten zu können.

Die chinesische Kampfkunst eignet sich ihrem Wesen nach nicht dazu, aus ihr ein faires und international funktionierendes und vor allem olympiataugliches Wettkampfsystem mit einheitlichen Bewertungsmaßstäben zu konstruieren. Die Essenz dieser Kampfkunst ist das g*ongfu*, und das ist eben nicht als Wettkampfsport einsetzbar. *Gongfu* ist ein Begriff, der die Zeit und den Aufwand, den man benötigt, um etwas zu erreichen, umfasst und auch die Hingabe an eine Sache. Das *sanda* (散打), also die chinesische Art des Vollkontaktkampfes, versucht hier eine Brücke zu schlagen. Dabei wurde *sanda* hauptsächlich dem westlichen Kickboxen entlehnt und lediglich etwas mit dem chinesischen Ringen (*shuaijiao*, 摔跤) vermischt.

Foto 3: *Sanda*-Kampf auf einem Hochhausdach in Wuhan.

So kann also auch das *sanda* dem *wushu* nicht gerecht werden. Das *sanda* (oder auch *sanshou*) ist nicht die praktische Anwendung des *wushu*. Nur ein Teil dieser Disziplin entstammt dem alten *wushu*. Andernfalls würden die Techniken und Kraftprinzipien der typischen *Wushu*-Stile, wie zum Beispiel *tanglangquan* (螳螂拳), Adlerstil (鷹爪派), Betrunkene Faust (醉拳), Affenstil (猴拳), Tigerstil (虎拳) usw. vollkommen zur Anwendung kommen. Das ist aber nicht der Fall, und es ist auch gar nicht möglich, nicht zuletzt deswegen, weil viele Techniken mit Boxhandschuhen nicht ausführbar sind. *Sanda* ist ohne Frage eine großartige und harte Vollkontaktsportart, aber wie schon gesagt, der Ursprung liegt eher im Kickboxen oder auch im Vollkontaktkarate. Würde man das Kickboxen mit westlichem Ringen mischen, käme etwas Ähnliches heraus, vielleicht besser, vielleicht schlechter. Aus diesem Grund werden *sanda* und *wushu* heute auch überall getrennt, egal ob an Sportuniversitäten oder im professionellen staatlichen Verband.

Wen Jingming – der erste Wushu-Professor

Wenn wir hier über modernes *wushu* sprechen, müssen wir auf jeden Fall einen Mann erwähnen: Wen Jingming (温敬铭), den ersten *Wushu*-Professor Chinas. Er führte *wushu* an den Universitäten ein. Als bei den Olympischen Spielen 1936 in Berlin erstmals eine chinesische Delegation zu Gast war, übernahm er die Führung. Er war damit einer der ersten Chinesen, wenn nicht der erste, der *wushu* im Westen demonstrierte. Ich möchte hier anmerken, dass Wen Jingming ein ausgezeichneter Meister war. Doch nicht zuletzt sein Wirken führte in der Folge zur Herausbildung des modernen *wushu*, auch wenn letzteres nicht von ihm stammt, sondern eher das Produkt der phantasievollen Ideen der heutigen »jungen Hüpfer« ist. Meister Wen Jingming wohnte später in Wuhan, wo sein Sohn (Wen Zhuang) heute der Cheftrainer des *Sanda*-Provinzteams ist. Übrigens lebt auch seine Frau heute noch in Wuhan. Sie ist über 90 Jahre alt und ebenfalls eine Meisterin im *wushu*.

Ich möchte einen Vergleich zum Karate (空手) ziehen, in welchem Funakoshi Gichin (船越 義珍) eine neue Ära der alten okinawanischen Kampfkunst einleitete. Eigentlich begann diese Veränderung schon früher. Hauptsächlich war es einer der Meister Funakoshis, Itosu Anko[12], der kampfstarke Meister des *okinawa-te*, welcher die Änderungen an der Lehre vornahm. Er formte die fünf *pinan-kata* (五平安形), teilte andere Formen und ersetzte viele gefährliche Elemente durch weniger aggressive. Seine Einflussnahme und später Funakoshis Wirken in der Öffentlichkeit haben

---

[12] Itosu Anko (糸洲 安恒, 1832-1916) war einer der kampfstärksten Meister Okinawas und der wohl größte Neuerer des Karate. Wie kein anderer Meister des 19. Jahrhunderts hat Itosu die modernen Lehren und Stile beeinflusst.

in der Folge dazu geführt, dass aus der effektiven Kampfkunst ein Sport wurde. Ob sich diese Änderungen letztlich im Sinne der Meister auswirkten, kann nicht mehr beantwortet werden.

Wushu und die chinesische Oper

Die Natur des *wushu* ist *baofali* (爆发力), explodierende Kraft, Effektivität und Anwendbarkeit. Will man diese Natur verändern, entzieht man dem *wushu* seine Existenzberechtigung. Das ist nicht übertrieben, denn *wushu* bleibt nur es selbst, wenn das *baofali* gewährleistet bleibt. Der Sohn von Meister Zhang Kejian (张克俭) unterrichtete einst einen Kampfsportler, einen Formen-Champion von China, in traditionellen Formen. Das Ergebnis war jämmerlich. Der Sportler verwandelte jede Bewegung in eine *Liang-xiang*-Bewegung (Showbewegung), da ihm diese bereits in Fleisch und Blut übergegangen waren. Dadurch verfälschte sich der ganze Sinn der Technik, und die Formen wirkten, abgesehen davon, dass die Elemente nicht mehr anwendbar waren, regelrecht hässlich.

Bereits während der Kulturrevolution kam die Idee auf, *wushu* mit Elementen der chinesischen Oper zu mischen. Was damals begann, hält bis heute an und treibt bisweilen bizarre Blüten. Momentan werden noch andere Elemente in die chinesischen Formen eingebaut, Bewegungen aus dem Turnen zum Beispiel, und das sieht man den Formen dann natürlich auch an. Ein Element, das man heute sehr häufig findet, ist eine schnelle Kopfdrehung bei gleichzeitiger anmutiger Handbewegung. Diese Technik ist ein typisches Merkmal der chinesischen Oper. Keiner der Lehrer meines Meisters vollführte jemals solche Bewegungen.

Als Gegenstück und Vergleich zum Dargestellten soll uns hier die aktuelle Fechtlandschaft des Westens dienen. Natürlich wird nicht jeder Europäer die einzelnen Schulen unterscheiden und beurteilen können. Aber er hat dazu wahrscheinlich einen stärkeren Bezug als zur Unergründlichkeit des chinesischen *wushu*. Es gibt im Fechten mindestens fünf verschiedene Gruppen, die sich teilweise überschneiden, ohne sich gegenseitig zu stören. Diese sind: 1. *Reenactment*, bei dem mehr oder weniger professionell historische Kämpfe oder gar Schlachten nachgestellt werden, 2. Büh-

Szene aus einer chinesischen Oper. Zeichnung aus dem 19. Jahrhundert.

nenkampf (*stage combat*), wie er hauptsächlich im Theater zur Geltung kommt, 3. Sportfechten, 4. historisches Fechten, bei dem man sich ernsthaft um die alten Techniken bemüht und 5. das so gut wie ausgestorbene Duellfechten. All diese Gruppen haben Berührungspunkte, aber kein Bühnenfechter käme beispielsweise auf die Idee, mit seiner Technik ein reales Duell bestreiten zu wollen. Das westliche Fechten hat sich trotz all seiner Aufspaltungen viel homogener erhalten und ist auch in seiner sportlichen Form auf eine praktische Anwendung ausgerichtet. Dieses Merkmal zeichnet übrigens auch die waffenlosen Kampfkünste des Okzidents aus. Wie es aussehen würde, wenn ein Fechtmeister seine Kunst mit Elementen aus der Oper würzen wollte, bleibt unserer Phantasie überlassen.

Doch zurück zum Thema. Während der Kulturrevolution entwickelten *Wushu*-Professoren, u. a. unter der Leitung von Wen Jingming, die sogenannte *guidingquan* (规定拳), eine festgelegte Faustform des neuen *wushu*. Mit dieser Form ist Jet Li[13] *All China Wushu Champion* geworden. Diese *guidingquan* enthält bereits Elemente der chinesischen Oper. Wen Jingming erforschte diese Form wissenschaftlich und fand heraus, dass es,

---

[13] Jet Li (eigentlich Li Lianji, 李連杰, geb. 1963) ist ein chinesischer Kampfkünstler und Schauspieler. Li begann sein Training im Alter von acht Jahren. Bereits drei Jahre später gewann er seinen ersten großen Wettkampf. In den darauffolgenden Jahren holte er sich insgesamt 15 Goldmedaillen und eine Silbermedaille.

wenn man sie von Anfang bis Ende läuft, hinsichtlich der körperlichen Leistung so ist, als würde man einen 8 000-Meter-Lauf mit sehr hoher Geschwindigkeit absolvieren.

Ich selbst trainierte diese Form ganz zu Anfang meiner Zeit in China. Meister Li ließ sie mich üben, obwohl ich damit nicht einverstanden war. Nach einer Weile hatte ich genug. Ich erklärte Meister Li, dass ich mir für diese Art des *wushu* zu schade sei. Ich kam mir veralbert vor. Anfangs war Meister Li nicht sehr froh, dass ich ihm meine Meinung so offen sagte. Er antwortete, dass ich für die »richtigen Sachen« noch nicht das nötige *jibengong* (基本功)[14] hätte. Natürlich braucht man für die *guidingquan* auch gewisse Grundlagen, und man muss schon ein guter Athlet sein, um sie zu meistern, aber für die traditionellen Formen braucht man eben noch ein bisschen mehr. Man benötigt explosive Kraft (*baofali*), während man in den modernen Formen mit seinen Techniken mehr »malen« (画拳) wird. In den alten Formen gibt es Anwendungen, in den neuen Formen wird darauf nicht mehr eingegangen. So trainierte ich in der Folge drei Jahre traditionelles *jibengong* und ließ das aus meiner Sicht fruchtlose *Guidingquan*-Training weg.

Später kam ich dann endlich in Berührung mit der Adlerfaust (*yingquan*) usw., also zu den interessanten Sachen neben dem *baguazhang*, welches ich von Anfang an trainieren konnte. Es dürfte nur wenige Nichtasiaten geben, die im *baguazhang* eine ähnlich gute Ausbildung genossen haben wie ich bei Meister Li. Dies bestätigten auch andere Meister, die mitunter beim Training zuschauen kamen. Manche von ihnen sagten, selbst Chinesen würden nur noch selten diese Art des *baguazhang* beherrschen. Auch das ist ein Tribut an die neue Zeit.

Wushu und Sport

In China habe ich sowohl in der Sportuniversität[15] trainiert, wo chinesisches *wushu* als Fach vertreten ist, als auch im staatlichen Profiverband.

---

[14] Die durch hartes Training erlangten körperlichen Grundlagen für die Ausübung des *wushu*.
[15] Wuhan Tiyuan (武汉体院) ist eine der größten und besten Sportuniversitäten des Landes.

Dort traf ich einige der besten heutigen Sportler des »*wushu*«. In diesem Verband wird das Training von sehr jungen Trainern geleitet, wobei die älteren Schüler dann wiederum die jüngeren Schüler anleiten. Die blühende Phantasie der jungen Trainer führt z. B. dazu, dass Breakdance in die ohnehin schon veränderten Formen integriert wird. Im hinteren Büro sitzen eventuell einige alte Lehrer, die darüber lachen und sagen, dass man sie machen lassen soll. Das ist bedauerlich, denn nur die Alten könnten diesen Verfall stoppen.

Die heutigen *Wushu*-Formen, von denen jedes Jahr immer wieder neue entwickelt werden, sind inhaltslos, ohne jede Bedeutung, so dass eigentlich jeder Turner oder Breakdancer interessantere Bewegungsformen entwickeln könnte. Wohin solch eine Entwicklung führen kann, sieht man im amerikanischen System *Extreme Martial Arts* (XMA)[16]. Zugegeben, sowohl die XMA-Artisten als auch die Kampfsportler demonstrieren oft eine beeindruckende Körperbeherrschung, wobei sich diese beiden Richtungen immer mehr annähern. Sie bewegen sich anmutig und virtuos, was man von den kampforientierten *Wushu*-Meistern nicht immer sagen kann.

Ohne jede Beschönigung muss gesagt werden, dass das »moderne« *wushu* nichts weiter als Gymnastik bzw. Akrobatik ist, was auch zur Folge hat, dass nur junge Leute die »Techniken« ausführen können.

Das alte und kampfbezogene *wushu* kennt keine Altersgrenze. Es steht in keiner Konkurrenz zu irgendwelchen anderen Systemen. Die Meister testeten die Techniken oft in realen Szenarien, wobei sie meist mehr als nur einige Kratzer davontrugen. Es ist ziemlich respektlos, dieses Erbe einfach beseitigen zu wollen. Die Rede ist hier von einer lebendigen Tradition, die immer noch ihre Gültigkeit besitzt.

Ich kann nicht leugnen, dass ich kein Anhänger der »Versportlichung« bewährter Kampfkünste bin. Ich habe mich davon überzeugen können, dass dieses Verbessern- oder Verändernwollen den Kampfkünsten von jeher mehr geschadet als genützt hat, getreu dem Sprichwort: »Wenn etwas nicht kaputt ist, repariere es nicht.« Diese Erkenntnis beruht auf meinen

---

[16] Extreme Martial Arts: Sportart, die auf spektakuläre Weise Elemente aus Kampfkunst, Gymnastik und Akrobatik vereint. Die Betonung liegt auf dem Showeffekt. – Anm. d. Lektors.

persönlichen Erfahrungen in ganz unterschiedlichen Schulen wie dem Karate, Boxen, Ringen und nun dem *wushu*. Jedoch geht es mir keineswegs darum, Turniere und Wettkämpfe schlechtzumachen. Beide haben ihren Sinn und positive Auswirkungen. Sie bringen Menschen zusammen und lassen Bekanntschaften und Freundschaften entstehen. Ich selbst habe mit durchschnittlichem Erfolg schon an dem einen oder anderen Formenwettkampf oder Kampfwettbewerb teilgenommen und dadurch neue Freunde und Bekannte gewonnen. Man vergleicht und misst sich mit anderen, ohne dabei böse Absichten oder Gefühle zu haben. Olympische Spiele oder Weltmeisterschaften spielen in der heutigen Welt eine wichtige Rolle. Durch diese Wettkämpfe können wir unsere Stärke vergleichen, ohne dem Gegenüber feindlich gesonnen zu sein. Das bedeutet letztendlich Konfliktvermeidung durch Sport. Das hat auf jeden Fall etwas für sich.

Anzumerken ist auch, dass die Sportrichtungen den Körper ruinieren. Sie sind verheerend für die Gelenke, besonders für Knie und Rücken. So trägt jeder *Wushu*-Profi irgendwelche Bandagen oder Stützen, um seine kaputten Gelenke zu schützen, und das, obwohl die meisten von ihnen erst um die Zwanzig sind. Ist das Kampfkunst, ist das *gongfu*? Nein, denn im *wushu* geht es darum, durch geeignete Trainingsmethoden zu einem starken Körper zu gelangen, den man durch gute Techniken im Notfall schützen kann und der seine Gesundheit bis ins hohe Alter behält.

quan wu quan, yi wu yi, wu quan wu yi shi zhen yi

Faust ohne Faust, Sinn ohne Sinn –
ohne Faust, ohne Sinn ist der wirkliche Sinn.

Modernes und altes Wushu

Eine Geschichte des Niedergangs

Das *wushu* erfreut sich heute einer so großen Popularität wie nie zuvor. Das gilt auch für China. Paradoxerweise schrumpfen gleichzeitig die Zuschauerzahlen bei den *Wushu*-Wettkämpfen. Mittlerweile sind dabei mehr Sportler als Zuschauer anwesend. Das chinesische Volk lehnt das moderne *wushu* großenteils ab. Das war früher undenkbar. Einst drängten sich die Leute in den Hallen auf den Zuschauerplätzen, nur um einen Meister des *wushu* bei der Ausübung seiner Techniken zu sehen. In den 50er und 60er Jahren waren die Veranstaltungen ausverkauft, wenn dort alte chinesische Meister ihre Fähigkeiten demonstrierten. Die Frage ist, wie lange es noch Menschen geben wird, die den Unterschied erkennen und die Qualität einer echten Kunst zu würdigen wissen.

Ich möchte hier noch ein wenig auf den Verfall des *wushu* eingehen. Schleichende Veränderungen sind in der Regel schwer wahrnehmbar. Aber wenn man mitten im Geschehen steht, das Neue und das Alte kennengelernt hat und dann die letzten Jahre in einem gedanklichen Zeitraffer vorüberfliegen lässt, dann wird dieser Verfall sehr greifbar.

Während meiner Zeit in China konnte ich mit einigen der besten Sportler trainieren, alles Profis im *wushu* und im *sanda*. Das *nanquan* (Südfaust), das ich dort übte, ist im heutigen *wushu* das Beste. Üblicherweise ging das so vor sich: Ich zog durch die Straßen von Wuhan und trainierte früh bei Meister Tian Chuanqing (田传青) traditionelles *zuibaxian* (Boxen der acht betrunkenen Unsterblichen). Danach erhielt ich bei Meister Li die nächste Lektion. Im staatlichen *Wushu*-Verband folgte eine weitere Runde und abends, hinterm Restaurant, noch eine Einheit. So lernte ich gleichzeitig das Alte und das Neue kennen.

Ich will den Unterschied zwischen der heutigen Ausführung der Techniken und dem ursprünglichen Sinn des *wushu* anhand des Beispiels der Bewegungsfolge *xuan feng jiao* (旋风脚) darstellen. Das ist ein Drehsprung in der Luft. Die ursprüngliche Technik ist, wenn man sie beherrscht, ohne Frage kampftauglich. Meister Chen Chongxi (陈重昔) erklärte die eigentliche Bedeutung und Anwendung sehr gut: »Als Vorbereitung schlägt man zwei schnelle Handkanten, während man in den Gegner hineingeht. Dann sinkt man in eine leichte Hocke und springt mit einer Drehung den Gegner an. Dabei versucht man, ihn am Hinterkopf zu treffen, was tödlich sein kann. Bei größerem Abstand trifft man mit dem Fuß, bei enger Distanz trifft man mit dem Knie. Ein kleinerer Kämpfer kann diese Technik an einem größeren Gegner einsetzen.«

Im heutigen *wushu* sieht diese Technik dagegen etwa so aus: Man läuft ohne jegliche Vorbereitung mit vier Schritten an, springt ab, dreht sich möglichst zweimal in der Luft und landet in einem theatralischen Stand. Ohne zu wackeln, versteht sich, sonst gibt es Punktabzug. Jeder Gegner würde sich über einen derartig leichtsinnigen Angriff freuen. Während man bei der klassischen Variante das eine Knie eng an den Körper zieht, um eine dynamische Kraft aufzubauen – worauf es nun einmal ankommt –, springt man bei der modernen Version ohne Eigenschutz wie ein Eiskunstläufer in die Höhe. Dieser Vergleich ist durchaus angebracht, da man in beiden Fällen das gleiche Ziel hat: Ästhetik. Der Kraftaufbau und die Kraftübertragung, der Sinn der Technik und deren Nutzen werden beim »neuen« *wushu* vollkommen ignoriert. Speziell bei dieser Technik geht es nur noch um den Sprung. Die Techniken zwischendurch sind erfundene Verzierungen.

Auch in anderen Kampfkünsten wurden Techniken verändert, weil man

Foto 4: So wird der *age uke* heute auf stereotype Weise in vielen Stilen des Karate oder des *wushu* trainiert.

46

 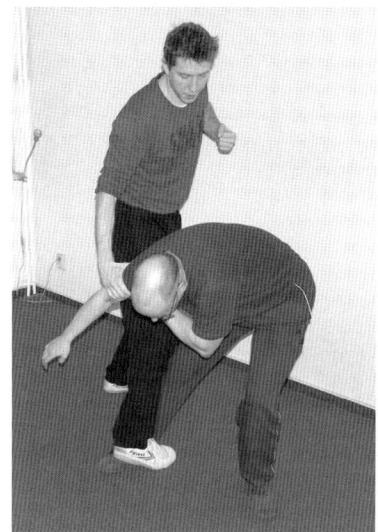

Foto 5   Foto 6

Fotos 5 und 6: Tatsächlich lässt man den gegnerischen Angriff abgleiten. Die Technik funktioniert wie ein Keil, den man in den Angriff hineinsetzt und an dem man die Kraft ableitet.

meinte, man müsse sie der modernen Zeit anpassen. Im Karate gibt es beispielsweise die Technik *age uke* (jpn. 上げ受け), einen Block, der das Gesicht abdecken soll. Heute wird diese Technik weit weg vom Kopf ausgeführt (Foto 4). Warum? Das weiß keiner so genau. Tatsache ist, dass die analoge Technik in ziemlich vielen chinesischen Kampfkünsten enthalten ist, so z. B. im *baji* (八極拳), im *tanglang* und im *tongbei* (通背拳). Hier wird die Technik jedoch eng und knapp am Kopf ausgeführt, und die Bewegung wird nicht so langgezogen. Gegnerische Attacken zum Kopf können so kurz und knapp abgewehrt werden (Fotos 5 bis 8).

Dehnung und Stand im alten und neuen Wushu

Ein weiterer Aspekt, an dem man die Abflachung des heutigen *wushu* deutlich erkennen kann, ist die ursprünglich entwickelte Dehnung. Die Übung, bei der man mit seinem Fuß die Kinnspitze berührt (Foto 9),

Foto 7   Foto 8

Fotos 7 und 8: Die Bewegung des *age uke* als aktiver Angriff oder als Abwehr und Angriff zugleich.

ist typisch chinesisch. Zwar muss man dabei die Körperproportionen betrachten, doch innerhalb dieser Grenzen gibt es ein Richtig und ein Falsch. Die Chinesen sind durch ihren Körperbau für diese Dehnung in der Regel aber tatsächlich etwas besser geeignet als Europäer und können diese deshalb leichter durchführen.

Ursprünglich dehnten die Meister sich eng. Cheng Jianping (程剑平), mein älterer *Wushu*-Bruder, ist Jahrgang 1962, und bis vor kurzem klemmte er sich seine Füße noch spielend unter das Kinn. Meister Tian Chuanqing, mein erster *Zuibaxian*-Lehrer, ist über 50 und berührt mit seinen Füßen problemlos die Nase, obwohl er sehr kurze Beine hat und recht breit gebaut ist. Diese Männer haben ihr Leben lang bei Meistern erster Klasse trainiert, von Kindesbeinen an.

Im allgemeinen sind die Chinesen heute schlechter gedehnt als früher. Die *Wushu*-Profisportler haben nicht mal eine halb so gute Dehnung wie Cheng Jianping und das, obwohl sie meist etwa zwanzig Jahre alt und durchtrainierte Athleten sind. Das Bein wird nicht mehr eng, sondern lang

Foto 9: Traditionelle chinesische Dehnung.

gedehnt, so wie in der Gymnastik.[17] Der Grund dafür ist, dass enge Dehnung die Muskeln stärkt und zuviel Kraft entstehen lässt, so dass man sich während einer Vorführung nicht mehr ästhetisch genug bewegen kann. Ursprünglich ging es jedoch nicht um Ästhetik, sondern um Kraft. Doch auch, wenn nach meiner Erfahrung die chinesische Art der Dehnung die beste der Welt ist, ist sie natürlich nicht alles. Sie ist eine wichtige Grundlage, aber sie sagt noch nichts über die Kampfqualität aus.

Einher mit dem Gesagten geht ein weiterer Punkt, die Stellungen. Zu den wichtigsten Stellungen und Schritten (*bufa*, 步法) zählen der *gongbu* (弓步, Bogenstand, jpn. *zenkutsu dachi* 前屈立) und der *mabu* (马步, Pferdestand, jpn. *shiko dachi* 四股立). Studiert man den heutigen *mabu*, so ist daran keine Unregelmäßigkeit festzustellen. Das ist nicht als Lob gemeint. Die Haltung ist eindeutig auf Schönheit und Ästhetik hin ausgelegt. Die Füße sollen parallel stehen, der Stand muss sich mit dem Körper und den Händen harmonisch ausbalancieren. Auf Chinesisch sagt man dazu *liang xiang* (亮象, Showform).

Betrachtet man alte Gemälde und Kunstwerke mit Darstellungen von Kämpfern, sieht man einen ganz anderen *mabu*, eine Haltung, die auf

---

[17] Als lange Dehnung bezeichnet man Dehnungen, die nicht die volle Möglichkeit des Körpers ausschöpfen. Der normale Spagat beispielsweise beruht lediglich auf dem Wirken der Schwerkraft und ist, gemessen an der traditionellen engen Dehnung der chinesischen Kampfkunst, nicht ausreichend. Bei der engen (kurzen) Dehnung muss man den körperlichen Widerstand meist aktiv überwinden. Dadurch entwickelt der Körper sehr viel Kraft, die man für die Techniken unbedingt benötigt. Bei einem Spagat mit enger Dehnung sollte man immer mit der Fußspitze das Kinn berühren können, ohne die Beine anzuwinkeln. Ob jemand eng oder lang gedehnt ist, sieht man bereits an dessen Gang. Dies erlaubt es, den Gegner auf einen Blick einschätzen zu können.

Foto 10: Moderner *gongbu*. Er ist viel zu lang und wird dadurch kraftlos und instabil.

Foto 11: Meister Li Yuanchao im »echten« *gongbu*. Er war ein Schüler eines der letzten *Xingyi*-Meister in China – Großmeister Qi Dianchen. Auch sein Stand ist sehr tief, aber dennoch sind seine Beine nicht so langgezogen und haben somit Stabilität. Dadurch ist er auch flexibel, und seine Handtechniken sind kräftig und können jederzeit entsprechend den Umständen verändert werden. Man beachte die durch hartes Training gekräftigten Arme und den Ausdruck der Kraft, die in dem alten Meister steckt, der noch dazu schwerste Zeiten in China durchleben musste, wie Kulturrevolution und Hungersnöte.

Stabilität und Anwendbarkeit ausgerichtet ist. Als ich einmal mit Meister Li unterwegs war, sahen wir eine Abbildung in Stein, auf der alte Kämpfer (*xiake*, 侠客) dargestellt waren. Mein Lehrer wies mich auf den Stand der Figuren hin. Ihre *mabu* und *gongbu* waren bei weitem nicht so elegant, wie man das heute erwartet, doch sie drückten ganz deutlich Kraft und Stabilität aus.

Wie ich im Kapitel über die *yanyu* (S. 357) zu erklären versuchen werde, entspricht der heutige Kunstgeschmack hinsichtlich des *wushu* nicht mehr dem, der in den alten Steinreliefs zum Ausdruck gebracht

Foto 12: Meister An in traditionellem tiefen *Mabu*-Stand.

wurde. Letzterer orientierte sich am Wissen um die Anwendbarkeit der Kraft und der Technik, an der realen Kampffähigkeit, ganz so, wie dies einst auch die Zuschauer eines Gladiatorenkampfes in Rom gesehen haben werden.

Traditionelles und heutiges Training

In den alten Stile der chinesischen Kampfkunst wurde immer Wert darauf gelegt, durch beharrliches Training (*gongfu*) ein Verständnis für den eigenen Körper und den eigenen Geist zu schaffen. Die Meister strebten danach, sich selbst zu verstehen, das eigene Wesen zu entdecken. Das ist etwas grundsätzlich anderes als das Streben nach banalen Glücksmomenten, wie sie sich nach einem Sieg in einem sportlichen Wettkampf einstellen.

Es ist ein Irrglaube, dass man *wushu* schnell erlernen kann. Als Sportler trainiert man drei bis vier Jahre, um eine Medaille zu gewinnen. Dann wird man Trainer und beginnt das Erlernte zu unterrichten. Wer möchte schon bei jemandem mit solch einer Karriere Unterricht nehmen? Was kann man dort lernen? Mein Meister, Li Zhenghua, trainierte 20 Jahre jeden Tag bei den besten Meistern seiner Zeit, bevor er von Meister Xiong Daoming (雄道明) das *chushi* (出师) bekam. *Chushi* bedeutet, dass man von seinem Lehrer die Erlaubnis bekommt, von nun an selbst Schüler anzunehmen, weil man die nötige Reife hat. Es entspricht in etwa dem japanischen *menkyo kaiden*[18]. Obwohl es durchaus noch diese Lizenzierung gibt, greift man immer seltener darauf zurück. Die Schüler halten meist nicht mehr solange durch. Es ist einfach unseriös, wenn heute jemand nach fünf oder vielleicht auch zehn Jahren unbeständigen Trainings Visitenkarten drucken lässt, auf denen er sich als Meister oder *shifu* ausweist. Ganz davon abgesehen, dass *shifu* eine Art Titel ist, den man von seinen langjährigen Schülern erhält. Kein seriöser Lehrer würde in China auf die Idee kommen, sich vor anderen als *shifu* zu bezeichnen. Ähnlich verhält es sich mit den *sensei* (先生) in Japan. Und so etwas ist nicht bloß auf Asien beschränkt. Wenn sich früher ein fremder Fechter, der sich prahlerisch als Meister ausgab, in Deutschland, Frankreich oder Italien im Gebiet eines echten Meisters niederließ, konnte ihn dieser kühne Entschluss schnell das Leben kosten.

Es gibt heute viele Veröffentlichungen, die sich mit der Frage beschäftigen, was wohl besser sei, modernes oder klassisches *wushu*. Neulich las ich einen Bericht, in dem es hieß, modernes *wushu* sei auf alle Fälle schwieriger, da es ja eine Weiterentwicklung sei. Eine überflüssige Abhandlung mehr, die leicht zu widerlegen ist. Es gibt in vielen Bereichen den Punkt, an dem man sagen kann und muss: Bis hierher und nicht weiter. Eine »perfekte« Sache kann man nur noch verderben, wenn man sie verändert. Ich selbst habe es an der praktischen Erfahrung gemerkt. *Baguazhang* übte ich ziemlich lange. Ebenso das *yinyangchui* (阴阳锤 – siehe S. 254 f.) von Meister Zeng Tianyuan (曾天元 – siehe S. 185 ff.), einem Lehrer Meister Lis. Bei beiden verstehe ich die Kraftprinzipien immer noch nicht ganz. Selbst Meister Li, der das *yinyangchui* von

---

[18] *Menkyo kaiden* (免許皆伝): Jpn. Höchste zu erreichende Berechtigung in einer klassischen japanischen Kampfkunst, die Lehren einer Schule weiterzugeben. Dieses dokumentierte Recht wird auf den offiziellen Nachfolger eines Meisters übertragen und garantiert, dass sein Träger die Gesamtheit der Techniken der Schule beherrscht. – Anm. d. Lektors.

Zeng Tianyuan nun schon an die 40 Jahre trainiert, sagt, dass es auch bei ihm noch einen Unterschied gibt im Vergleich zu Meister Zeng. Echtes *wushu* ist sehr schwer zu meistern.

Die neuen Wettkampfformen habe ich bei den besten Trainern Chinas trainiert. Innerhalb von nur einer Woche lernte ich die höchste Qualität des heutigen chinesischen *nanquan* (Südfaust), in einer weiteren Woche lernte ich den Umgang mit Säbel (*dao*, 刀), Schwert (*jian*, 剑) und Lanze (*qiang*, 枪). Das fiel mir nicht schwer. Nachdem ich einige Jahre bei Meister Li durch eine traditionelle Schule gegangen bin, empfand ich das Training der Profisportler im staatlichen *Wushu*-Verband als leichte Aufwärmgymnastik. Mir ist bewusst, dass sich das arrogant anhört. Es ist aber dennoch wahr. Während der Ausbildung im traditionellen *wushu* musste ich mich durch Übungen kämpfen, die alles andere leicht erscheinen lassen. Hätte ich das für mich fruchtlose Training im Verband weiter betrieben, wäre ich heute vielleicht ein echter *Wushu*-Champion.[19]

Es besteht ein deutlicher Unterschied zwischen normalem Training und der Ausbildung in der echten chinesischen Kampfkunst. Ein Freund von mir beschrieb das Phänomen mit den Worten: »In den alten Kampfkünsten studierte man Kraft und Technik auf sehr harte Weise, immer mit dem Ziel, die größtmögliche Wirkung im Kampf zu erzielen. Auf diesem Weg erreichte man eine Geschicklichkeit, die Ungeübte für wunderbar hielten. Die Meister demonstrierten Beispiele ihrer Stärke und ihrer Geschicklichkeit. Sie zerschlugen Holz oder Steine mit ihren Händen. Solche und ähnliche Kunststücke vollführten sie mit spielerischer Leichtigkeit. Sie konnten dies, da ihre Kampfübungen ungleich härter waren. Heute lässt man diese essentiellen Elemente weg, um nur noch das ›Nebensächliche‹ zu trainieren. Aber ohne die nötige Kampfkraft bleibt das Studium der Kampfkunst wirkungslos.«

---

[19] Maik Albrecht gewann 2006 als einziger Ausländer in der chinesischen Profimannschaft eine Goldmedaille bei der *Wushu*-Weltmeisterschaft in Zhengzhou (in der Disziplin Faustformen, mit der »Reiherfaust« (*lusiquan* – siehe S. 251 ff.)). Darüber hinaus bekam er eine Silbermedaille in der Disziplin Stockformen. – Anm. d. Lektors.

Die Meister und die Kulturrevolution

Die Entwicklung des *wushu* ist besonders in der Neuzeit unglücklich gelaufen. Viele der alten Lehrer mussten während der Kulturrevolution endlose Schikanen erdulden. Meister, die nie in ihrem Leben besiegt wurden, mussten nun unter Bewachung den ganzen Tag schwere körperliche Arbeiten verrichten und wurden dabei grundlos geschlagen und gedemütigt.

Es war ein wenig wie in der Französischen Revolution (1789-1799), bei der man mit gutem Vorsatz den feudalabsolutistischen Staat abschaffte und grundlegende Werte und Ideen (wie die Menschen- und Bürgerrechte) propagierte und trotzdem großes Unrecht beging. So, wie damals nicht jeder Adelige ein Schmarotzer war, galt das auch für viele Kampfkunstmeister, unter denen sich z. B. Ärzte und Apotheker befanden. Man kann die jahrelangen Misshandlungen aber nicht nur mit fehlgeleiteten Erneuerern erklären. Vielmehr spielten Neid, Missgunst und Hass eine große Rolle. Wenn es nur um Umerziehung gegangen wäre, hätte man die Meister im Arbeitslager nicht ununterbrochen demütigen müssen. Ich werde auf das Thema Kulturrevolution im Anhang des Buches zurückkommen (S. 337 ff.).

Oft heißt es, dass sich das alte *wushu* in Gegenden wo es keine Kulturrevolution gab, z. B. in Taiwan, teilweise erhalten konnte. Das ist richtig. So ist unter anderem der ältere *Wushu*-Bruder von Xiong Daoming (ein Lehrer von Meister Li, über den noch ausführlich Rede sein wird) als Leibwächter von Jiang Jieshi (蒋介石)[20] mit nach Taiwan gegangen. Aber generell ist hier Vorsicht angebracht, denn viele der Lehrer, die sich darauf berufen, ursprüngliches *wushu* zu unterrichten, sind sogenannte *jianghu pianzi* (江湖骗子), Scharlatane des *wushu*.

Ausgespähte Geheimnisse

Die Kampfkünste bargen zu keiner Zeit Geheimnisse im Sinne von »übernatürlichen« Techniken. Gerade aus diesem Grund aber trainierte man die Kampftechniken oftmals im Verborgenen und gab sie nur innerhalb der

---

[20] Im Westen besser bekannt unter dem Namen Chiang Kai-shek (1887-1975).

Familie oder an auserwählte Schüler weiter. Dieses scheinbare Paradoxon lässt sich leicht lösen. Die Anatomie der Menschen ist überall gleich. Nur in unseren Erfahrungen und unseren Einsichten unterscheiden wir uns. Daher war es sinnvoll, eine Technik, die prinzipiell jeder lernen konnte, geheimzuhalten. Bei einer Kampfkunst ist das Moment der Überraschung überlebenswichtig. Um sich nicht überraschen zu lassen, versuchten die Meister, möglichst viel von anderen Kämpfern auszukundschaften. Das wird teilweise bis heute so gemacht. Das ist zugegebenermaßen nicht immer »die feine Art«, doch, wie gesagt, kann viel davon abhängen. Es geht in den Kampfkünsten selten so hochherzig zu, wie man es sich erzählt. Wer nicht alles für eine bessere Ausgangsposition oder auch für den Sieg zu tun bereit ist, hat in dieser Welt schlechte Karten.

Als ich einmal mit meinem *Wushu*-Bruder, Cheng Jianping, bei dem bekannten Shaolin-Meister Shi Deyang (释德扬) zu Besuch war, versuchten wir, ihn mit Fragen aus der Reserve zu locken. Er kannte uns nicht und wusste auch nicht, wer unser Meister war. Wir hatten es nicht auf irgendwelche Sachen abgesehen, wie Shi Deyang sie gern im Fernsehen demonstrierte. Wir wollten sein wirkliches Wissen, seine Techniken und Kampfprinzipien. – Später gesellte sich Meister Li hinzu. Shi Deyang erhob sich und bot ihm einen Platz an. Während der Unterhaltung erfuhr der Mönch, dass Cheng Jianping und ich Schüler von Meister Li waren. Meister Shi gefiel es überhaupt nicht, dass wir so ahnungslos getan hatten. Er fühlte sich zu Recht hintergangen. Von diesem Augenblick redete er mit Cheng nur noch sehr wenig und mit mir überhaupt nicht mehr. Als Ausländer durfte ich mir noch viel weniger herausnehmen als mein *Wushu*-Bruder.

Andere Meister hingegen, wie mein eigener *shifu* oder auch der *Xingyi*-Meister Wu (吴老师) aus Shandong, die technisch sogar ein höheres Niveau haben als Shi Deyang, sind bei weitem nicht so verschlossen wie dieser.

Wie gesagt, was wir bei Meister Shi Deyang taten, war und ist nichts Ungewöhnliches. Selbst hoch verehrte und geachtete Größen wie Meister Ai (艾师父) oder Meister Zhang Kejian (siehe S. 138 ff.) sind sich nicht zu schade für diese Art der Bereicherung ihres Repertoires. Meister Zhang wird von vielen sogar als *pantu* (叛徒, Verräter) bezeichnet, da er sich wirklich oft am Wissen anderer Meister bediente.

In den alten Tagen des *wushu* wurden die eigenen Kenntnisse wie ein Schatz gehütet. Das galt aber nicht nur für China. Auf Okinawa, Hawaii, den Kanaren oder den Philippinen trainierte man im Geheimen, da jede Ausübung einer Kampfkunst strengstens verboten war. Überall dort, wo ein Volk ein anderes zu beherrschen sucht, ist es eine Notwendigkeit, sein eigenes Wissen zu schützen und gleichzeitig Kampftechniken vom Gegner zu übernehmen. Wenn es hart auf hart kam, hatte man nur sein Wissen und sein Können, um sich zu verteidigen.

Von Meister Zeng Tianyuan ist überliefert, dass er einmal einen Kämpfer heimlich beim Training beobachtete. Er studierte dessen Technik, und als er dann beim *dalei* (打擂), einem Kampf ohne Regeln (siehe S. 99 ff.), auf ihn traf, konnte er ihn sehr schnell töten.

Es geht natürlich nicht immer um Leben und Tod. Oft will der »Spion« einfach nur lernen. So wurde der Diener Yang Luchan[21] von seinem Arbeitgeber Chen Changxing[22] als Schüler akzeptiert, nachdem sich Chen davon überzeugt hatte, dass Yang durch heimliches Beobachten schon tief in die Geheimnisse des Familienstils (*chen taiji*) eingedrungen war.

Ganz ähnlich klingt eine Geschichte aus dem *yongchunquan* (詠春拳). Chan Wahshun[23], ein Geldwechsler, liebte die Kampfkünste sehr. Neben seiner Wechselstube unterrichtete Meister Leung Jan[24] einige Schüler. Chan pflegte den bekannten Lehrer heimlich durch ein Loch in der Wand zu beobachten. Nach einem Vergleichskampf mit einem der Söhne des

---

[21] Yang Luchan (楊露禪, 1792-1872) ist der Begründer des Yang-Stils des *taijiquan*. Yang verbrachte viele Jahre seiner Kindheit und Jugend im Haus der Familie Chen. Nachdem er die Meister beim Training beobachtet hatte, konnte er schließlich Chen Changxing überzeugen, ihn als Schüler aufzunehmen. Später wurde Yang zum Leibwächter des Kaisers und Ausbilder der Leibgarde ernannt.

[22] Chen Changxing (陳長興, 1771-1853) war ein Meister des *chen taiji* in der 14. Generation. Er war der Lehrer von Yang Luchan. Chen hat den Familienstil systematisiert, indem er die Formen seines Ahnen, des Ming-Generals Chen Wangting (陳王廷, 1597-1664), in den zwei Formen des »Alten Rahmens« zusammenfasste.

[23] Chan Wahshun (陳華順, 1836-1909) war Schüler des Meisters im *yongchun* (*wingchun*) Leung Jan und der Lehrer von Yip Man. Kurze Zeit diente er auch als Ausbilder der Armee, aber diese Tätigkeit lag ihm nicht. Später studierte er verschiedene traditionelle Heilmethoden. Er gab seine Wechselstube auf und eröffnete eine Arztpraxis.

[24] Leung Jan (梁贊, 1826-1901) war ein Kräuterarzt aus Foshan. Er war berühmt für seine kämpferischen Fähigkeiten und hat etliche Zweikämpfe gewonnen.

Meisters nahm Leung Jan den Geldwechsler als Schüler an. Sehr ähnlich ist auch die Geschichte von Motobu Choki[25] und seinem Lehrer Matsumora[26].

Heute spielt so etwas sicher nicht mehr eine solch große Rolle, doch die alten Lehrer haben das noch kennengelernt. Meister Li lernte oft viele Monate lang nur eine einzige Technik. Dafür musste er seinen Lehrer versorgen, sich um ihn kümmern, und das rund um die Uhr. Viele der alten Meister haben das gleiche durchmachen müssen. Es ist also kein Wunder, dass sie auch heutzutage nicht dem Erstbesten Informationen über ihren Stil und ihre Technik geben.

---

[25] Motobu Choki (本部 朝基, 1870-1944) war ein rauflustiger Meister des *okinawa-te*. Ihm blieb der eigene Familienstil (*motobu udunti*) verschlossen, da dieser nur an den jeweils Erstgeborenen überliefert wurde. Daher bildete er sich aus, indem er immer wieder Streit provozierte und Kämpfe bestritt. Allerdings erhielt er auch Unterricht von anerkannten Lehrern, so z. B. von Matsumora Kosaku, nachdem er diesen heimlich beim Training beobachtet hatte. Motobu bestritt in bereits vorgerücktem Alter einen berühmten Kampf gegen einen westlichen Faustkämpfer, den er souverän gewann.

[26] Matsumora Kosaku (松茂良 興作, 1829-1898) war ein bekannter Lehrer des *okinawa-te* (*tomari-te*) und wahrscheinlich des *kenjutsu* (*jigen-ryu*). Er gehörte zu den Großen der okinawanischen Kampfkunst. Sein Einfluss ist bis heute in einigen Stilen erkennbar, unter anderem im *matsubayashi-ryu* von Nagamine Shoshin.

zhi you gong fu zhen, tie bang mo cheng zhen

Nur wenn das Gongfu echt ist, schleift sich der Eisenstab zu einer Nadel.

Gongfu

Geschichten vom Gongfu

Die Essenz des *wushu* ist das *gongfu* (功夫). Das mag für westliche Ohren befremdlich klingen, hat man sich doch sehr an den Begriff *gongfu* bzw. *kungfu* als Bezeichnung für die chinesische Kampfkunst gewöhnt. *Gongfu* ist jedoch kein Stil und keine Kampfmethode. Es ist auch nicht der Oberbegriff für alle Kampfarten Chinas. Bis heute zeugt die Verwendung dieses Wortes von einem großen Unverständnis der chinesischen Kultur gegenüber. Ein wenig haben wir das dem »Kleinen Drachen«, Bruce Lee[27], zu verdanken, der den Begriff *gongfu* allgemein bekannt machte. Allerdings gebrauchte er ihn in seinem tatsächlichen Sinne. Letztendlich passte er sich den pragmatischen Menschen der westlichen Welt an, für die es damals zu umständlich war, zwischen den Feinheiten der fremden Begriffe zu unterscheiden. Daher ist eine Richtigstellung heute sehr schwierig.

Allgemein wird *gongfu* mit »harte Arbeit« übersetzt. Diese Deutung ist jedoch nicht ganz vollständig. Es ist auch ein zeitlicher Begriff und bringt zum Ausdruck, dass man sich erst nach langer Zeit durch harte Arbeit bestimmte Fähigkeiten aneignen kann und sich nur allmählich körperlich und geistig weiterentwickelt. Daher ist *gongfu* nicht nur die Essenz des *wushu*, sondern die des Lebens im allgemeinen. Ob nun Kampfkunst, Malerei oder Musik, alle Aktivitäten des Menschen erfordern *gongfu*, Zeit und harte Arbeit. Schon Platon verwies darauf, dass die Jugend unter anderem bei ihren Leibesübungen beharrlich bleiben und nicht ständig Neuem hinterherjagen sollte, nur weil es neu sei. Im Chinesischen sagt man beispielsweise: »*Ta de gongfu hen hao*« (他的功夫很好). – »Sein *gongfu* ist sehr gut.« Dieser Aus-

---

[27] Bruce Lee (1940-1973) hieß auf Chinesisch Li Xiaolong (Kleiner Drache Li, 李小龙). Meister Lee lernte zuerst einige Bewegungen des *taiji* von seinem Vater. Mit 13 Jahren ging er in die Lehre des *Yongchun*-Meisters Yip Man. Lee, der ein rauflustiger Jugendlicher war, fand schnell Zugang zur Kampfkunst seines Meisters. Später, in den USA, kristallisierte sich seine eigene Idee des Kämpfens heraus. Er studierte nun jede Art Kampfkunst, ohne sich durch Meinungen und Traditionen beeinflussen zu lassen. So übernahm er viele Elemente des westlichen Boxens, Fechtens und des *savate*. Dieser eigenen Kampfauffassung gab er den Namen *jeet kune do* (»Weg der abfangenden Faust«).

spruch, den es ähnlich auch in Japan gibt, bezeichnet die langjährige und mühevolle Hingabe an eine Sache. Aus diesem Grund ist es nicht möglich, *gongfu* in der Jugend zu erlangen. Sicher, es gibt Talent, doch Talent ist nur ein Teil des Ganzen. Zu seiner Entwicklung bedarf es Zeit.

Hier liegt auch der Unterschied zum Wettkampfsport. Eine sportliche Karriere ist sehr schnelllebig und wird oft durch die Jagd nach Erfolgen und Geld bestimmt. Viele Sportler werden dadurch zum Doping getrieben, was letztlich zur Zerstörung des eigenen Ichs führt. All dies hat nichts mit *wushu* und mit *gongfu* zu tun.

Eine kleine Anekdote verdeutlicht das Wesen des *gongfu* sehr gut. Sie hat zwar mit den Kampfkünsten nichts zu tun, doch man erkennt an ihr die Universalität des hier Gesagten.

Adolph Menzel und die Vignette

Für ein von ihm illustriertes Werk fertigte Adolph Menzel vor den Augen des Verlegers eine Vignette an. Zweiundfünfzig Taler forderte er für seine Arbeit.

»Was, zweiundfünfzig Taler, für zwanzig Minuten Arbeit? Das scheint mir denn doch etwas zuviel«, rief der Verleger aus. Doch Menzel blieb dabei.

»Mein Lieber, um diese Vignette in zwanzig Minuten zeichnen zu können, habe ich siebzig Jahre meines Lebens als Lehrzeit nötig gehabt.«

In China gibt es schier unzählige Geschichten, die sich direkt oder indirekt mit der Thematik befassen, und das schon seit Tausenden Jahren. Zwei davon habe ich für dieses Kapitel ausgewählt. Die erste Erzählung ist eine der bekanntesten und aussagekräftigsten über das *gongfu*. Sie stammt aus den Wudang-Bergen und verdeutlicht wie kaum eine andere mit einfachen Worten das, worum es hier geht. Es ist die Legende von Taizi (chin. Prinz, 太子), dem späteren Kaiser Zhen Wu (真武), und der Nadelschleiferin.

Der Prinz und Nadelschleiferin

Bereits in jungen Jahren war Taizi des Wohllebens überdrüssig, und er sehnte sich nach geistiger Reife. Im Alter von 14 Jahren, als er seine Unruhe nicht mehr beherrschen konnte, verließ er den Palast, um sich in die Abgeschiedenheit der Wudang-Berge zurückzuziehen. Seine Familie wollte ihn nicht gehen lassen und ließ ihn verfolgen, er aber entkam, indem er mit einem Schwerthieb hinter sich den Fels spaltete und so eine tiefe Schlucht in den Fels grub. Tief in den Bergen ließ er sich in einer Höhle nieder und meditierte einige Zeit.

Doch der junge Mann kam zu keinem Ergebnis. Unzufrieden mit sich selbst beschloss er, ins weltliche Leben zurückzukehren. Bei seinem Abstieg vom Berg begegnete er einer alten Frau, die beharrlich eine grobe Eisenstange schliff. Verwundert hielt der Prinz inne und fragte: »Was tust du da?«

Sie antworte: »Ich schleife eine Nadel aus dieser Stange.«

Ungläubig wollte der junge Mann wissen: »Wie kannst du aus diesem Eisen eine Nadel schleifen?«

Darauf meinte sie: »Indem ich geduldig schleife und schleife.«

Das leuchtete dem Prinzen ein und er kehrte um. Die alte Frau aber verwandelte sich in eine purpurne Wolke und verschwand.

Die zweite Erzählung entstammt der Sammlung des Zhuangzi[28]. Sie ist, wie die Anekdote um Menzel, eher eine Parabel. Eine Parabel mit mehreren Bedeutungen. Sie erläutert *gongfu* über einen Umweg und lässt einen begreifen, weshalb es oft falsch verstanden wird.

Der alte Wagenradhersteller

Der Beamte Han Gong war in der Lesehalle und studierte, während Lun Bian außerhalb der Halle Wagenräder anfertigte. Nach einer Weile betrat Lun Bian den Raum und fragte Han Gong: »Ist der weise Mann, der die Bücher macht, noch hier?«

Han Gong antwortete ihm, dass dieser schon vor langer Zeit gestorben sei.

Daraufhin sagte Lun Bian: »Nun, dann sind doch all die Bücher, die du hier liest, nur der Abfall toter Menschen und haben keinen Wert.«

Als der Beamte das hörte, sprang er wie von einer Wespe gestochen auf und rief erregt: »Was sagst du da? Sag mir, wie du deine frechen Worte begründen willst! Wenn du weiter solchen Unsinn redest, werde ich dich hinrichten lassen.«

Lun Bian fiel sofort vor ihm auf die Knie und sagte: »Ich bin nur ein einfa-

---

[28] Zhuangzi (Meister Zhuang, 庄子, 369-286 v. Chr.), auch Zhuangzhou, war nach Laozi der einflussreichste Lehrer des Daoismus. Seine gesammelten Schriften werden mit seinem Namen als »Zhuangzi« bezeichnet. Im Jahre 742 erhielt das Werk unter Kaiser Xuanzong den Ehrentitel »Das wahre Buch vom südlichen Blütenland« (南華眞經, Nan Hua Zhen Jing). Sein berühmtestes Gleichnis ist der sogenannte Schmetterlingstraum: »Einst träumte Dschuang Dschou, daß er ein Schmetterling sei, ein flatternder Schmetterling, der sich wohl und glücklich fühlte und nichts wußte von Dschuang Dschou. Plötzlich wachte er auf: da war er wieder wirklich und wahrhaftig Dschuang Dschou. Nun weiß ich nicht, ob Dschuang Dschou geträumt hat, daß er ein Schmetterling sei, oder ob der Schmetterling geträumt hat, daß er Dschuang Dschou sei, obwohl doch zwischen Dschuang Dschou und dem Schmetterling sicher ein Unterschied ist. So ist es mit der Wandlung der Dinge.« (Übersetzung von Richard Wilhelm). – Anm. d. Lektors.

cher Wagenradhersteller und verstehe nicht viel. Deswegen lass mich die Wa-
genradherstellung als Vergleich heranziehen, um zu zeigen, dass meine Worte
richtig sind. – Wenn ich ein Wagenrad herstelle und sehr schnell mit Hammer
und Meißel arbeite, dann spare ich Zeit und Energie, aber das Rad wird nicht
rund sein. Wenn ich jedoch sehr langsam mit meinem Werkzeug bin, dann
wird das Rad zwar eine vollkommen runde Form haben, aber ich vergeude
viel Zeit und Kraft. Die beste Methode, ein Wagenrad herzustellen, ist, nicht
zu schnell und nicht zu langsam zu sein und das Gefühl für den richtigen
Krafteinsatz zu haben. Ich bin schon 70 Jahre alt, und ich mache immer noch
Wagenräder. Aber das Gefühl des richtigen Krafteinsatzes bei der Wagenrad-
herstellung kann ich nicht an meinen Sohn weitergeben. So kann auch nicht
die Weisheit und Klugheit, die ein Weiser erreicht hat, durch Bücher an uns
weitergegeben werden. Ist das nicht offensichtlich? Und sind die Bücher, die du
liest, denn wirklich etwas anderes als der Abfall von Toten?«

Ein Handwerker kann nur die grundlegenden Regeln vermitteln, kaum aber sein Gefühl für den richtigen Einsatz der Werkzeuge und der Kraft. Der Meister der Kampfkunst kann nur die Grundlagen und Formen lehren, aber nicht seine Fähigkeiten und Erfahrungen. Die Studierenden und Gelehrten glauben, dass das Verstehen des geschriebenen Wortes in den Büchern von größtem Wert ist. Viel wichtiger und wertvoller ist es aber, das Ungeschriebene zu verstehen. Wir nennen dies das »Lesen zwischen den Zeilen«. Leute, die Bücher lesen und sich Bücherwissen aneignen können, sind nicht zwangsläufig auch fähig, wirklich etwas zu verstehen.

Clausewitz[29] schrieb, dass bei der Kunst das Können der Zweck sei. Können jedoch ist ausschließlich durch praktisches Lernen und Üben erwerbbar, ein Buch kann es nicht vermitteln. Können aber ist das, was die Kampfkunst – und *gongfu* – letztendlich ausmacht. Wissen hingegen kann durch ein Buch vermittelt werden. Aus diesem Grund erwähne ich in dieser Arbeit immer wieder die wissenschaftlichen Aspekte der Kampfkunst, sozusagen die Darstellung der Kampfkunst als Kampfwissenschaft. Bei der Wissenschaft geht es nur um das Wissen. Wissen und Können sind zwei Komponenten, die zusammenhängen können und sollten, aber nicht müssen.

---

[29] Carl Philipp Gottlieb von Clausewitz (1780-1831) war ein deutscher Offizier während der Napoleonischen Kriege und Militärtheoretiker. Sein Hauptwerk, »Vom Kriege«, gilt als die einflussreichste europäische Schrift zum Militärhandwerk.

Die zweite Bedeutung von Gongfu

Bei der Mehrschichtigkeit der chinesischen Sprache wundert es sicher niemanden, dass es noch andere, tiefgreifende Bedeutungen des Wortes *gong* (*fu*) gibt. Eine dieser Bedeutungen wird durch folgendes Sprichwort gut erläutert: »*Lian wu bu lian gong, dao lao yi chang kong*« (练武不练功, 到老一场空). – »Trainiert man Kampfkunst, aber kein *gong*, bekommt man im Alter gesundheitliche Probleme und hat trotz des Trainings nichts erreicht.« In diesem Fall bezeichnet *gong* (*fu*) eine Trainingsmethodik, das heißt *Gong*-Trainingsmethoden und -Übungen.

In der zweitausendjährigen Geschichte der chinesischen Kampfkünste wurden diese Übungen nach und nach entwickelt, indem man den Körper und die Natur genau beobachtete. Diese Übungen sind keineswegs mysteriös. Alles kann wissenschaftlich begründet werden und hat nur mit einem ausdauernden Training voller Hingabe zu tun. Es sind Methoden für die Gesundheit und für den Kraftaufbau. Inzwischen sind allerdings die meisten *Gong*-Übungen ausgestorben. Es gibt aber immer noch sehr viele davon. Auch das im Westen sehr bekannte *taiji* ist als eine Art *Gong*-Übung zu betrachten.

Die im Westen verbreitete Devise »Brust raus, Bauch rein« gilt in Asien seit jeher genau umgekehrt. Das geht soweit, dass selbst die Mode als Spiegel verschiedenster Philosophien über die Jahrhunderte hinweg hierdurch beeinflusst war und es noch immer ist. Das typische Merkmal von eigentlich fast allen *Gong*-Grundübungen ist die natürlich zurückgezogene Brust, wobei der Oberkörper eine leicht gekrümmte Form einnimmt. In dieser Stellung wird das Herz in eine Lage gebracht, die sehr beruhigend auf es wirkt. Auf Chinesisch sagt man dazu *baoxin* (包心). Das Herz wird »eingewickelt« und dadurch in eine Position gebracht, die sich auf den ganzen Körper positiv auswirkt (*yangxin*, 养心). Das Herz wird genährt und gepflegt. In dieser Haltung ist der Körper locker und entspannt, jedoch nicht schlaff. Alles soll vollkommen natürlich (*shenxin ziran,* 身心自然) geschehen. Gerade diese Natürlichkeit ist für einen Erwachsenen schwer umzusetzen. Irgendwann zwischen Kindheit und Reife verlieren wir diesen Zustand, ohne dass wir es bemerken. Daher stellen wir uns oft sehr verkrampft an, wenn wir versuchen, eine natürliche Haltung einzunehmen.

Foto 13: Die Embryohaltung. Diese Position ist ähnlich der Haltung eines Embryos im Mutterleib. Diese Haltung wird in den chinesischen Kampfkünsten sowohl in *Gong*-Übungen als auch in Pausen während des harten Trainings eingenommen, damit der Körper sich ausruhen und regulieren kann.

Das zweite Merkmal bei solchen Übungen ist die Bauchatmung. Auf Chinesisch sagt man: »*Qi chen dan tian*« (气沉丹田). – »Die Atmung wird in den *dantian* niedergedrückt.« Was ist unter dem Begriff *dantian* (jpn. *hara*) zu verstehen? Der *dantian* liegt etwas unterhalb des Bauchnabels, wobei die genaue Lokalisierung nicht einheitlich festgelegt ist. Er ist kein tatsächlich existierendes Organ. *Dantian* heißt wörtlich Zinnoberfeld und bezeichnet den Unterbauch, sprich den Körpermittelpunkt des Menschen. Wie man auch aus der westlichen Sportwissenschaft weiß, geht wirklich große und wirkungsvolle Kraft vom Zentrum des Körpers aus. Egal ob man boxt, läuft, Weitwurf oder Weitsprung etc. betreibt, bei all diesen Disziplinen ist eine Kraft vom Zentrum des Körpers notwendig, um wirklich effektiv zu sein. Und bei den Spitzenathleten in diesen Disziplinen ist diese auch vorhanden, wobei einige die damit verbundene Energie eher unbewusst durch ihr Training erwarben.

Im asiatischen Raum, speziell im chinesischen *wushu*, spielt der *dantian* eine sehr große Rolle. Obwohl dieser, so wie er von den Chinesen verstanden wird, eine imaginäre Stelle im Körper ist, gibt es eine durchaus wissenschaftliche Begründung für seine tatsächliche Existenz. Wenn der Mensch noch als Embryo im Mutterleib ist, erfolgt die gesamte Versorgung (Ernährung und Atmung) über die Nabelschnur. Da der *dantian* unterhalb des Nabels liegt, ist das Energiezentrum des Menschen somit schon in seiner Embryonalzeit festgelegt.

Die alten chinesischen Meister der Kampfkunst und Medizin (beides gehörte ursprünglich zusammen) erforschten alles, was mit dem *dantian* zusammenhängt, über Jahrhunderte, wenn nicht gar Jahrtausende hinweg sehr genau und entwickelten daraus eben jene Trainingsmethoden, die als *Gong*-Übungen bezeichnet werden. Sie dienen dem Training, der Gesunderhaltung und der Pflege des Zinnoberfeldes.

Auch im Westen ist dies eigentlich inzwischen nichts Neues mehr, und selbst Künstler nutzen die Kraft des *dantian*: Der italienische Opernsänger Luciano Pavarotti, eine der hervorragendsten Stimmen des 20. Jahrhunderts, entdeckte die *Dantian*-Atmung für sich und trainierte sie mit großem Erfolg. Als er eines Abends mit Lampenfieber vor einem großen Konzert in seinem Hotelzimmer saß, hörte er im Zimmer nebenan ein Baby pausenlos schreien. Er wunderte sich darüber, dass ein Säugling ununterbrochen mit starker Lautstärke schreien kann, was selbst für einen Mann wie ihn ein Problem wäre. Er erforschte dieses Phänomen und stieß dabei auf die Bauchatmung und damit auf den *dantian*. Ein Neugeborenes besitzt eben noch genau diese Fähigkeit und atmet mit dem Zinnoberfeld, welches schon im Mutterleib sein Energie- und Vitalzentrum war. Natürlich könnte man nun fragen, was das Beispiel Pavarottis mit Kampfkunst zu tun hat. – Tatsächlich alles, denn für die Kampfkunst gilt das gleiche Prinzip: Mit zunehmendem Alter verlieren wir meist die tiefe Bauchatmung sowie viele andere ursprüngliche Eigenschaften. Mit dem Training der *Gong*-Übungen will man genau diese Eigenschaften fördern und entwickeln.

Die sogenannten inneren Stile, das *qigong* (气功), das *luohogong* (罗汉功) und das *yanchigong* (砚弛功), sind verschiedene Arten von Trainingsmethoden. All diese Übungen haben nichts Mystisches an sich. Es handelt sich einfach um hartes, ausdauerndes und wohldurchdachtes Training. *Gong*-Übungen haben auch das Merkmal des isometrischen Kraftaufbautrainings, wie es heute überall auf der Welt viele Profisportler mit sehr guten Ergebnissen nutzen. [30]

---

[30] Isometrische Muskelkontraktion bedeutet, dass ein Muskel angespannt wird, ohne dass sich seine Länge ändert. – Anm. d. Lektors.

Im chinesischen *wushu* wird diese Art des Trainings bereits sehr lange erforscht und angewandt. Doch auch hier geht man inzwischen oft den leichteren Weg und wählt die größere Bequemlichkeit. So ist zwar die weiter hinten im Buch vorgestellte Trainingsmethode des *zhanzhuang* (站壮) in China noch gut bekannt, wird aber heute kaum noch von jemandem praktiziert, da diese Art Übung als »zu anstrengend« gilt. Was man heute in chinesischen Parks und teilweise auch in Europa sieht, ist eine sehr abgeschwächte Form dieser Übungen und nicht mit dem Original zu vergleichen. Ursprünglich musste man hierfür stundenlang in tiefen Stellungen verharren, eine Tortur, die allerdings für den korrekten Kraftaufbau im kampforientierten *wushu* nötig ist. Aufgrund dieser *Gong*-Praxis konnte ein Meister die Fähigkeiten seines Gegenübers bereits an dessen Stand und dessen Gang ablesen. Auf diese Weise war es für einen Scharlatan schwer, sich als Meister auszugeben.

Ähnlich verhält es sich bei einer anderen Übung, welche besonders wichtig ist im *wushu*, dem Dauer-Handstand. Auch hier bestätigt die westliche Sportwissenschaft, dass der Trainingseffekt um so besser ist, je länger die Muskelspannung währt. Im Chinesischen wird dies *changjin* (长劲) genannt – das Anwachsen und Entwickeln der Kraft. Allerdings muss man anmerken, dass man im *wushu* (und dies gilt wohl auch für alle anderen Kampfkünste) unter Entwicklung der Kraft nicht den Zuwachs an Muskelmasse versteht, sondern die Zunahme an Flexibilität und Funktionalität des Körpers. Das heißt, 70 Kilogramm Körpermasse, die schnell und flexibel eingesetzt werden können, sind besser als 100 Kilogramm Steifheit. An den westlichen Boxern sieht man das sehr gut. Mike Tyson hat sicherlich eine enorme Muskelmasse, die er aber durch entsprechendes Training flexibel im richtigen Moment zum Einsatz bringen kann, und das ist das Entscheidende. So ist es in erster Linie nicht wichtig, wie groß die Kraft ist, sondern wie man sie anwendet und auf den Punkt bringt.

Hier in Deutschland staunte ich nicht schlecht, als ich Zeuge von Kursen und Workshops über chinesisches *gong* wurde und die dort vorgestellten Übungen tatsächlich nichts anderes waren als die morgendlichen Parkübungen von alten chinesischen Damen. Ich will das jedoch nur bedingt kritisieren, denn oft steckt einfach Unwissenheit dahinter. Echtes *gong* sieht man auch in China eher selten. Ob es jedoch von betrügerischer

Absicht oder einfach von ausgeprägtem Geschäftssinn zeugt, wenn solch fragwürdiges *gong* zu völlig überzogenen Preisen angeboten wird, sei dem Urteil des Lesers überlassen. Natürlich hat das gemütliche Training, das so viele Menschen täglich in den chinesischen Parks betreiben, nichts mit *Gong*-Training und *wushu* zu tun. Es ist wenig mehr als ein Zeitvertreib in China und wird sehr selten von echten Könnern angeleitet. Echtes *wushu* und *gongfu*, das möchte ich abschließend nochmals betonen, ist sehr anstrengend und mühsam, und leider sterben die alten Techniken auch in China aus und werden so gut wie nicht mehr praktiziert.

Yanchigong

Es gibt in China spezielle Übungskomplexe, die jeder kampforientierte *Wushu*-Schüler absolvieren muss. Einer dieser Komplexe ist das *yanchigong* (砚弛功). Das Schriftzeichen *yan* bedeutet Tuschestein, und das Schriftzeichen *chi* steht für entspannen und lockern. Für einen chinesischen Tuschestein wird die Tusche durch sehr langwieriges und langsames Mahlen verarbeitet, um so die beste Qualität zu erreichen. Genauso sind die Übungen des *yanchigong* – langsame Bewegungen, bei denen sich Spannung und Entspannung abwechseln. Jede Position, die der Körper einnimmt, beeinflusst die inneren Organe, wie ich es bereits am Beispiel der natürlich eingezogenen Brust erklärt habe. Durch das Zusammenspiel der einzelnen Übungen werden nach und nach sämtliche Organe stimuliert, was sich wiederum auf die Energie für das Training auswirkt. Das Training stärkt den Körper, und der starke und gesunde Körper wiederum ermöglicht ein gutes Training. Während des Übens muss sich das Zeitgefühl ändern. Das heißt, der Stundenzeiger der Uhr sollte sich sozusagen in den Minutenzeiger verwandeln. Ohne eine derart veränderte Wahrnehmung der Zeit wäre das traditionelle *Gong*-Training kaum zu ertragen.

Das *yanchigong* besteht aus 21 Bewegungen, die in drei Teile zu jeweils sieben Übungen eingeteilt werden. Gerade die letzten sieben Bewegungen haben es in sich. Hierfür muss man in verschiedenen sehr tiefen Stellungen stundenlang ausharren. Der erste Teil fördert den Blutdurchlauf im

Foto 14

Foto 15

Fotos 14 und 15: Bewegungsfolge aus dem ersten Teil des *yanchigong*. Man beachte die eingezogene Brust; das Herz wird durch diese Stellung »eingewickelt« und dadurch in eine pflegende und beruhigende Position gebracht. Man geht hierbei ganz langsam nach unten und wieder nach oben; je langsamer, desto besser.

Foto 16

Körper. Man bewegt sich beispielsweise langsam in die Hocke und geht dann ebenso langsam wieder nach oben, wodurch die Durchblutung erheblich verbessert wird. Der zweite Teil unterstützt das Gewebe und die inneren Organe. Diese Bewegungen sind wesentlich komplizierter. So benutzt man jeweils nur ein Bein, um in die Hocke zu sinken und sich anschließend wieder aufzurichten. Auch zieht man seine Knie oft zum eigenen Körper, was sehr gut ist für die inneren

Foto 17   Foto 18

Fotos 16 bis 18: Sequenz aus dem zweiten Teil des *yanchigong*. Die Bewegungen werden ganz langsam ausgeführt. Man dreht sich von der Haltung auf Foto 17 in die von Foto 18, ohne dabei zu wackeln, den erhobenen Fuß abzusetzen oder die Höhe zu verändern.

Organe. Der dritte Teil ist sehr schwer. Er dient allen inneren Organen und fördert eine innere Körperkraft. Es wird statisch trainiert, in tiefen Stellungen, ohne sich zu bewegen. Ich selbst, obwohl kein trainingsfauler Mensch, habe mit dieser Art des Übens Schwierigkeiten. Wenn man dieses *gong* durchhält, ist der Effekt allerdings sehr gut. Bei meinem Lehrer Li Zhenghua und auch bei ein oder zwei anderen Meistern, die in ihren jungen Jahren ähnliche Trainingsmethoden anwendeten, sah ich Muskelpartien am Bein, die ich bis dahin noch gar nicht kannte. Und das, obwohl diese Herren schon um die 60 Jahre alt sind.

All das gilt nicht nur für das *yanchigong*, sondern für sämtliche echten *Gong*-Übungen. Welches Training das Beste ist, lässt sich nicht sagen. Die Frage stellt sich nicht einmal. Meister Li, der seit frühster Kindheit mit verschiedenen Meistern trainierte und dabei auch die verschiedensten Arten von *gong* übte, bevorzugt das *yanchigong*, aber andere Meister haben andere Ansichten. Doch solche Widersprüche sollten zu keinem Streit zwischen den einzelnen Vertretern der Kampfkünste führen. Streit über derartige Dinge hat meines Erachtens oft nur den Grund, dass jemand von eigenen Schwächen ablenken will.

Foto 19

Foto 20

Fotos 19 bis 21: Bewegungsfolge aus dem dritten Teil des *yanchigong*. Hier bewegt man sich nicht mehr, sondern steht statisch in tiefen Stellungen (über eine Stunde lang). Der gesamte Körper hält die ganze Zeit über eine starke Innenspannung aufrecht und baut dadurch eine große und effektive Kraft auf. Wie man im Bildausschnitt auf Foto 20 b erkennen kann, werden in Position 20 die Fersen angehoben, so dass man auf den Ballen steht.

Foto 21

Foto 20 b

Clausewitz und das Gongfu

In den vorliegenden Abschnitt über das *gongfu* sind viele Gedanken aus Clausewitz' großartigem Werk »Vom Kriege« eingeflossen. Das ist kein Zufall. *Gongfu* ist, wie oben dargelegt, durch ein Buch grundsätzlich nicht vermittelbar. Es ist durch lange Zeit hingebungsvollen Trainings erworbenes Können, das jederzeit abrufbar und praktisch einsetzbar sein muss. Erst durch die sinnvolle Anwendung des Könnens ist das *gongfu* vollständig.

Im Kapitel »Über die Theorie des Krieges« schreibt Clausewitz folgendes:

Das Wissen muß ein Können werden

Wir haben jetzt noch einer Bedingung zu gedenken, welche für das Wissen der Kriegführung dringender ist als für irgendein anderes: daß es nämlich ganz in den Geist übergehen und fast ganz aufhören muß, etwas Objektives zu sein. Fast in allen anderen Künsten und Tätigkeiten des Lebens kann der Handelnde von Wahrheiten Gebrauch machen, die er nur einmal kennengelernt hat, in deren Geist und Sinn er nicht mehr lebt, und die er aus bestaubten Büchern wieder hervorzieht. Selbst Wahrheiten, die er täglich unter Händen hat und gebraucht, können etwas ganz außer ihm Befindliches bleiben. Wenn der Baumeister die Feder zur Hand nimmt, um die Stärke eines Widerlagers durch einen verwickelten Kalkül zu bestimmen, so ist die als Resultat gefundene Wahrheit keine Äußerung seines eigenen Geistes. Er hat sich die Data erst mit Mühe heraussuchen müssen und diese dann einer Verstandesoperation überlassen, deren Gesetze er nicht erfunden hat, und deren Notwendigkeit er sich zum Teil in dem Augenblick nicht einmal bewußt ist, sondern die er großenteils wie mechanische Handgriffe anwendet. So ist es aber im Kriege nie. Die geistige Reaktion, die ewig wechselnde Gestalt der Dinge macht, daß der Handelnde den ganzen Geistesapparat seines Wissens in sich tragen, daß er fähig sein muß, überall und mit jedem Pulsschlag die erforderliche Entscheidung aus sich selbst zu geben. Das Wissen muß sich also durch diese vollkommene Assimilation mit dem eigenen Geist und Leben in ein wahres Können verwandeln. Dies ist der Grund, warum es bei den im Kriege ausgezeichneten Männern so leicht vorkommt, und alles dem natürlichen Talent zugeschrieben wird; wir sagen: dem natürlichen Talent*, um es dadurch von dem durch Betrachtung und Studium erzogenen und ausgebildeten zu unterscheiden.*[31]

---

[31] Clausewitz, C. v.: Vom Kriege. Reinbek: Rowohlt 1963. 2. Buch, 2. Kapitel (»Über die Theorie des Krieges«).

In den letzten Jahren habe ich sehr viele Bücher und Ausarbeitungen über das Thema gelesen oder mir audiovisuelle Darstellungen dazu angesehen. Den Begriff *gongfu* hörte ich überall, gerade wenn es um chinesische Kampfkunst geht, auch wenn *gongfu* sich nicht darauf beschränkt. So gut wie alles, was ich darüber las, war unvollständig, oberflächlich oder schlicht falsch. Manchmal waren die Ausführungen auch zu sehr verklärt. Tatsächlich fand ich im Buch »Vom Kriege« die beste und zutreffendste Erklärung über das *gongfu*. Es war der Deutsche Clausewitz, der, obwohl er den Begriff nicht kannte, die Bedeutung und Anwendung des *gongfu* am besten beschrieben hat, so dass kaum noch Ergänzungen nötig sind.

Gongfu als beständige Mühe

Gongfu hat allerdings noch ein wichtiges Merkmal, das besonders bedeutsam ist, wenn es um Kampfkünste geht: *Gongfu* ist etwas, das man nicht vernachlässigen darf. Um dies zu verdeutlichen, möchte ich einen Ausspruch von Funakoshi Gichin, dem »Vater« des modernen Karate, benutzen: »Karate ist wie warmes Wasser. Es kühlt ab, wenn man es nicht ständig erwärmt.« Den Begriff »Karate« kann man hier ohne weiteres durch »*gongfu*« ersetzen. Funakoshi drückte mit seinem Spruch die Bedeutung des *gongfu* in den Kampfkünsten, in seinem Fall im Karate, aus.

In China gibt es ein anderes Sprichwort, das auf das gleiche hinausläuft. Es lautet: »*Yitian bu lian, tian he ziji zhidao, liang tian bu lian, neihang ren zhidao, santian bu lian, waihang ren zhidao*« (一天不练, 天和自己知道. 两天不练, 内行人知道. 三天不练, 外行人知道). – »Trainiert man einen Tag nicht, wissen es nur der Himmel und man selbst. Trainiert man zwei Tage nicht, wissen es auch die Experten (der Kampfkunst). Trainiert man drei Tage nicht, wissen es auch die Laien.«

Gongfu und Sport

Etwas zu wissen ist eine Sache, Wissen zu verstehen eine andere, und das Wissen zu verinnerlichen wieder eine andere. Aber das verinnerlichte Wissen muss man auch anwenden können, so dass aus Wissen Können wird. Und das ist die vierte Sache. Hinzu kommt, dass man sich die körperlichen Grundlagen antrainieren muss, um sein Wissen und Können auch effektiv einsetzen zu können, ganz so, wie ein Gewehr nur mit trockenem Pulver gut schießen wird.

Etwas zu können, hat immer mit einem Gefühl zu tun. In den Kampfkünsten setzt Können erst einmal Wissen voraus. Man möge mich nicht missverstehen. Es ist tatsächlich nicht nötig, theoretisches Wissen zu haben, wenn man nur kämpfen möchte. Im Gegenteil, Wissen kann dabei sogar stören. Im Kampf braucht man einen leeren Kopf. Um kämpfen zu können, muss man keine Kampfkunst trainieren. Darauf werde ich ausführlich im Kapitel »Über die Effektivität der Kampfkünste« zu sprechen kommen. Aber wenn man sich den Kampfkünsten voll und ganz hingibt, geht es erst einmal um Wissensvermittlung im Training, um Wissen hinsichtlich der Prinzipien, der Techniken, des Krafteinsatzes etc. Dieses Wissen muss durch Üben vollkommen in Körperbewegungen übergehen, und die erlernten Bewegungen müssen unaufhörlich wiederholt werden. Denn das körperliche Gefühl geht sehr schnell verloren. Es wird »kalt«, genau so wie das Wasser aus Funakoshis Ausspruch.

Im Profisport, zum Beispiel im Boxen, gibt es folgende Situation: Der Athlet wird ca. drei bis vier Monate vor einem Kampf anfangen zu trainieren. Kurz vor dem Wettkampf, ein paar Tage davor, stoppt er sein Training. Das hat den Grund, dass man die Kraft »verdauen« muss. Auch hierauf werde ich später noch genauer eingehen. Wenn man über einen langen Zeitraum täglich trainiert und alles erforderliche Wissen im Körper eingebettet hat, wird dieser Prozess kurz vor dem Wettkampf unterbrochen. Nach ein paar Tagen Erholungspause wird man sich am Wettkampftag völlig frisch fühlen, und ein neues Gefühl der Stärke wird sich einstellen. Man wird förmlich explodieren.

Niemand fühlt sich zu allen Zeiten gleich. Morgens beispielsweise ist man nicht so flexibel, beweglich und dynamisch wie am Nachmittag. Dafür hat man abends nicht die morgendliche Balance, Stabilität und Festigkeit in den Bewegungsabläufen. Ein Boxkampf hätte, am Morgen ausgetragen, nicht den gleichen Verlauf wie abends. Hier kann man durchaus einen Vergleich zwischen Zweikampf und Krieg ziehen. Clausewitz schreibt beispielsweise: »Für die Anlage einer großen Schlacht ist es ein wesentlicher Unterschied, ob sie am Morgen oder Nachmittag anfängt.«

In den Profisportarten und der Sportwissenschaft arbeitet man heute mit genau durchdachten Trainingsplänen. Es wird festgelegt, wann man welche Übungen machen soll, wie man sich am besten auf einen Wettkampf vorbereitet, um dann genau im Moment des Wettkampfes seine beste körperliche Leistung abrufen zu können. So wird im Sport immer auf ein bestimmtes, zeitlich festgelegtes Ereignis hingearbeitet. Nach diesem Ereignis wird der Sportler beim Training erst einmal wieder »auf die Bremse treten«.

Die Welt des Sports unterscheidet sich erheblich von der des *gongfu*, wie es einst die Kampfkünste prägte. Das Training der Kampfkünste war niemals dafür gedacht, jemanden auf ein bestimmtes zeitlich festgelegtes Ereignis vorzubereiten. Es war dafür bestimmt, den Menschen körperlich und geistig dafür vorzubereiten, dass er sein Können jederzeit abrufen konnte. Das bedeutet *gongfu*. Dafür war tägliches Üben notwendig. Es wurde sogar in den Tagesablauf integriert und beschränkte sich nicht auf ein zeitlich begrenztes Intervall-Training, wie es für den Profisport gilt. Diese Art des Übens wurde das ganze Leben lang praktiziert. *Gongfu* ist ein Synonym für Beharrlichkeit, es ist ein ständiger und lebenslanger Wegbegleiter. Bei uns heutigen Menschen ist solch stetes Bemühen so gut wie nicht mehr existent.

Es gibt kein echtes oder falsches *gongfu*. Es gibt nur *gongfu*. Die Meister sagen: »*Gongfu hui ziran dao jia*« (功夫会自然到家). – »*Gongfu* wird ganz natürlich kommen.« Dies ist ein weiterer wichtiger Aspekt. *Gongfu* kann man nicht bewusst herbeiführen und zeitlich planen. Es ist kein Ereignis. Deshalb erreichen es die meisten nie. Es ist abwegig, *gongfu* messbar machen zu wollen, durch Graduierungen, Stufen oder Prüfungen. Sobald man den Versuch einer Festlegung wagt, hat man es nicht mehr mit dem *gongfu* zu tun. Je mehr man sich bemüht, desto langsamer kommt man voran. In China sagt man hierzu: »*You xin cai hua hua bu fa, wu xin cha liu liu cheng yin*« (有心裁花花不发, 无心插柳柳成荫). – »Blumen, die man mit viel Mühe pflanzt, erblühen nicht; ein Weidenzweig dagegen, den man gedankenlos in die Erde steckt, wächst zu einem schattigen Baum heran.« Dieses Sprichwort gibt die Bedeutung und Wirkung des *gongfu* ebenfalls sehr gut wieder.«

gong hui ziran dao

Die Fähigkeiten kommen bei ausdauerndem Training
von ganz allein.

Die Kultur des Wushu

Lehrer und Schüler

Wer sich mit einer Kampfkunst befasst, tut dies meist, um kämpfen zu lernen. Aus diesem Grund fing auch ich einst damit an; und ähnlich ging es allen, die ich kenne. Einige wenige, die es wirklich ernst meinen, reisen in die Ursprungsländer, wie China, Japan oder, im Falle des *krav maga*[32], nach Israel. Leider finden die meisten auch dort oft nicht das, was sie suchen. Viele Ausländer, die beispielsweise nach China gehen, haben das Ziel, echtes chinesisches *wushu* und *gong* zu erlernen. Was sie letztlich finden, erfüllt nicht ihre Erwartungen. Wer sich etwas mit China auskennt, weiß, dass man als Ausländer so gut wie nie Zugang zu einem echten Meister bekommt. Lernwillige enden fast immer in einer der vielen *Wushu*-Schulen, wo man sich zwar nicht unbedingt über den neuen Gast freut, wohl aber über die Devisen, die dieser verkörpert. Einer der Direktoren der vielleicht größten Kampfkunstschule in der Nähe des Shaolin-Tempels erklärte, dass er Ausländer sehr gern als Schüler annehme, da diese achtmal mehr Einnahmen bringen als Chinesen. Ein Ausländer bezahlt eben mit amerikanischen Dollars und nicht mit chinesischen Yuan. Was soll man von einem Verhältnis halten, das nur auf Geld basiert? Hätte ich nicht das Glück gehabt, auf meinem *shifu* zu treffen, wäre ich wohl genau in solch einer Schule gelandet. Danach hätte ich ebenfalls den schönen alten Spruch zitieren können: »Außer Spesen nichts gewesen.«

In China ist es sehr schwer, von einem traditionellen *shifu* als Schüler angenommen zu werden. Viele Europäer fragen mich immer wieder, wieviel ich bezahlen muss, wie hoch der Monatsbeitrag ist, um bei einem

---

[32] *Krav maga* (Kontaktkampf) ist ein von Imi Sde-Or (1910-1998) ins Leben gerufenes System des Nahkampfes. Dabei griff Meister Sde-Or auf seine Erfahrungen im Boxen, Ringen und Jiu Jitsu zurück, ohne jedoch einen Mischmasch zu erzeugen. In gewisser Weise nimmt das *krav maga* heute eine Vorbildrolle ein. Denn es ist eigentlich keine neu geschaffene oder weiterentwickelte Kampfkunst, sondern eine traditionelle im eigentlichen Sinne. Denn hier hat man die Kampfkunst, ihre Techniken und Prinzipien an die heutige Situation auf wissenschaftliche Weise angepasst. Das ist nichts anderes als das, was alle Kämpfer weltweit, in allen Kulturen und Epochen schon immer gemacht haben. Und genau das ist es auch, was mit Tradition der Kampfkunst gemeint ist.

solch guten Lehrer zu lernen. Sicher spielt Geld eine Rolle. Im alten China konnten sich nur wohlhabende Leute den Unterricht bei einem Meister leisten, denn sie mussten nicht nur ihren eigenen Lebensunterhalt bestreiten, sondern auch noch für den Meister sorgen. Wer nicht einmal für sich genug zu essen hatte, hätte auch das harte Training kaum durchstehen können.

Der Vater meines Lehrers (Li senior), hat dem *shifu* seines Sohnes, Meister Xiong, mehrmals im Monat Zigaretten, Nahrungsmittel und mindestens einmal im Monat Suppe geschenkt. Besonders in den schweren Zeiten während der Kulturrevolution bedeutete es einen unglaublichen Aufwand für eine Familie, sich auch noch einen Meister »aufzuhalsen«. Wenn ein Schüler bzw. dessen Familie diese Geschenke nicht mindestens einmal im Monat überreichte, dann beachtete Meister Xiong diesen Schüler nicht mehr. Er warf ihn nicht hinaus, verlangte auch nichts von ihm und verlor nicht ein einziges Wort darüber. Der Schüler konnte weiter zum Training kommen, aber der Meister behandelte ihn wie Luft und unterrichtete ihn nicht mehr. So war es früher in China üblich.

Viele Meister hatten keinen festen Monatsbeitrag, und sie sagten nicht, dass sie etwas von ihren Schülern erwarteten. Aber in der chinesischen *Wushu*-Kultur weiß jeder, dass der Unterricht niemals umsonst ist, wenn man nicht ein Familienmitglied ist oder irgendwelche anderen guten Beziehungen zu dem Lehrer hat, und selbst in diesem Fall wird man den Meister versorgen und ihm regelmäßig Geld, Nahrung und Geschenke überreichen. Der Meister muss versorgt werden, und seine Meisterschüler haben dies auch getan. Ohne zu übertreiben kann man sagen, dass sie sich 24 Stunden am Tag um ihn kümmerten.

Heute ist dies natürlich nicht mehr der Fall, und dies ist ein Grund dafür, warum viele alte Meister ihr Wissen mit ins Grab genommen haben. Es fehlt einfach die wahre Loyalität der Schüler. Keiner wird heute mehr bereit sein, sich um einen alten starrköpfigen Meister mit all seinen Marotten zu kümmern. Hinzu kommt, dass man von so einem alten Meister nicht ein Wort des Lobes oder Dankes hören wird. Das mag wie ein verstaubtes Kungfu-Klischee klingen, aber so wurde es mir glaubhaft berichtet. Und wenn ich mir einige der heute noch lebenden Lehrer anschaue, kann ich mir das auch gut vorstellen. Geld ist also nicht alles. Es geht auch um eine

Lehrer-Schüler-Beziehung, um menschliche Gefühle. *Shi* ist das Zeichen für Lehrer, *fu* das Zeichen für Vater. In China heißt es, jemand, der einen Tag dein Lehrer ist, ist das ganze Leben dein Vater. Es geht darum, sich um seinen *shifu* zu kümmern, selbst über die Lehrzeit hinaus. Tatsächlich habe ich nach mehreren Jahren des Trainings in China eine wirklich familiäre Bindung zu meinem Meister und meinen Kampfkunst-Brüdern aufgebaut.

Foto 22: Meister Li Zhenghua pflegte beim Training immer entspannt dazusitzen und verlor mitunter während der ganzen Zeit nicht ein Wort.

Das abendliche Training fand täglich in einer Werkhalle hinter einem Restaurant statt. Nicht weil es eine Atmosphäre wie im Film sein sollte, sondern weil Meister Li diesen Platz für den geeignetsten hielt. Obwohl es wirklich eine dreckige Ecke war, wo Ratten ihren Tummelplatz hatten und nur eine Neonlampe brannte, war seine Wahl richtig. Es gab keine Zuschauer, und es war ruhig. Meister Li saß in einem Stuhl und sagte

Foto 23   Foto 24

Foto 23: Eine halbe Stunde im Handstand ist ein normaler Trainingsinhalt im traditionellen *wushu*.

Foto 24: Liegestütz im Handstand. – Wenn man sich beim Training nicht genug anstrengt oder die Übungen nicht schafft, kann es sein, dass ein chinesischer Meister entweder böse dreinblickt oder verächtlich lächelnd auf einen herabschaut. Anfeuerungsrufe, Motivationsreden oder Lob wie beim westlichen Sporttraining von Seiten des Trainers wird es kaum jemals geben.

manchmal tagelang nicht ein Wort zum Training. Die Übungen waren eintönig, aber niemals langweilig.

Der *shifu* ist kein Trainer im westlichen Sinne, kein Motivator und nicht dafür zuständig, den Schüler in kürzester Zeit bestmöglich auf einen Wettkampf vorzubereiten. Er ist ein Wegweiser, der durch das Beispiel seines Lebens den Weg zeigt, welchen man schließlich selbst gehen muss. Nach chinesischem Brauch lobt ein *shifu* seine Schüler niemals, wie gut sie auch sein mögen. Ebenso wenig duldet er Widerspruch. Dem Schüler ist es auch nicht gestattet, Emotionen zu zeigen. Ich weiß, das klingt alles sehr nach verlebter Tradition. Mein *shifu* und ich haben dabei auch viele Abstriche gemacht, damit es für uns funktioniert. Mir als Europäer liegt es in der Natur, Dinge kritisch zu betrachten. Gefühle wie Unzufriedenheit und Ärger werden ausgedrückt und auch ausgelebt. Ich widerspreche und hinterfrage, wenn es mir erforderlich scheint. Anfangs prallten da buchstäblich zwei Welten aufeinander. Meister Li tat sich in der ersten Zeit sehr schwer damit, was dreimal in Gestalt denkwürdiger Wutausbrüche zum

Ausdruck kam, bei denen ich mich am liebsten zu den Ratten ins Loch verkrochen hätte. Später wandelte sich die Situation erstaunlicherweise. Meister Li gewöhnte sich an mein westliches Wesen und stellte fest, dass das offene und freie Denken und das Einbringen von Kritik sehr produktiv genutzt werden kann.

Allerdings nahm ich durch das Leben im Reich der Mitte und den täglichen Umgang mit Chinesen immer mehr die chinesische Denkweise an und entwickelte zunehmendes Verständnis für die Vielschichtigkeit der chinesischen Kultur. So akzeptierte ich nach und nach wortlos auch Sachen, die ich als falsch empfand. Ein Beispiel: Meister Li ist ein leidenschaftlicher *Majiang*[33]-Spieler. Spielt er mit seinen Freunden, vergisst er darüber alle Abmachungen und Versprechungen. In Europa wäre ein solches Verhalten gänzlich inakzeptabel, aber in China wird sich ein Meister nicht einmal dafür rechtfertigen.

Diese Sicht der Dinge hängt mit der Lehre des Kongzi (Konfuzius)[34] zusammen. Alle Lebensbereiche sind hierarchisch gegliedert und folgen bis heute den Gesetzen dieser etwa 2 500-jährigen Philosophie. Schüler gehorchen ihren Lehrern aufs Wort, die Jungen respektieren die Alten, und die Alten kümmern sich um die Jungen. Im Chinesischen gibt es das Schriftzeichen *xiao* (孝), das soviel wie Kindespflicht bedeutet. In der chinesischen Gesellschaft sagt man: »Mit einem Menschen, der kein *xiao* hat, sollte man keine Freundschaft schließen, weil das Wesen dieses Menschen schlecht ist.« Es ist in vielen Teilen des Landes immer noch undenkbar, dass eine Familie die Eltern bzw. Großeltern in einem Altenheim unterbringt, wie gut dieses Heim auch sein möge. Der gesellschaftliche Druck wäre groß und würde sich vielleicht sogar in öffentlichen Beschimpfungen ausdrücken. Die Familie würde verachtet und gemieden werden, selbst wenn sie einfach zu arm wäre, um die Eltern betreuen zu können. Einen solchen Vorfall erlebte ich in meiner Wuhaner Nachbarschaft. Ein Mann schaffte es aus zeitlichen Gründen nicht mehr, sich um seine Mutter zu

---

[33] Majiang bzw. Mahjong (麻將) ist ein chinesisches Brettspiel, das Mitte des 19. Jahrhunderts populär wurde.

[34] Kongzi (孔子, Meister Kong, 5. oder 6. Jahrhundert v. Chr.) war und ist der vermutlich einflussreichste Philosoph Asiens. Seine Lehre prägte nicht nur China, sondern auch Japan, Korea und Vietnam.

kümmern. Er brachte sie in einem guten Pflegeheim unter. Von Stund an hatte er unter den uralten konfuzianischen Vorstellungen von Pietät und Sohnespflicht zu leiden. Im *wushu* verstärkt sich das ganze noch. Ein Schüler wird von der Gesellschaft nicht danach beurteilt, wie gut er ist, sondern wie gut er seinen Lehrer behandelt und sich um ihn kümmert. Während der aus der westlichen Kultur stammende Aristoteles sagte: »Ich liebe meine Lehrer, aber noch mehr liebe ich die Wahrheit«, gilt in China eher: »Der Lehrer hat immer recht, auch wenn er nicht recht hat.«

Ich selbst habe zu der Lehre des Kongzi niemals einen Zugang gefunden. Ich halte den Daoismus für wesentlich praktischer. Zwar hat der Konfuzianismus dem Reich der Mitte eine einzigartige Position in der Weltgeschichte verliehen, doch war er letztendlich für den Sturz der Monarchie verantwortlich.[35] In den Epochen, in denen sich die Kaiser dem Daoismus zuwandten (z. B. Tang-Dynastie) glänzte China durch seine Offenheit und Liberalität. Das Land erblühte dann in unglaublicher Stärke.

Mein Lehrer unterhielt sich oft mit mir über solche Dinge. Ich fand es

---

[35] Der Konfuzianismus war, abgesehen von einigen kleinen Zeitabschnitten, die führende Staatsphilosophie in China. Er war zwar im eigentlichen Sinne keine Religion, erhielt aber durch seine Omnipräsenz einen religiösen Anstrich, dem sich alle unterwarfen. Hauptmerkmal des Konfuzianismus ist die Lehre vom Treue- und Abhängigkeitsverhältnis. Alle schulden dem Kaiser die Treue und dieser nur dem Himmel, aber ansonsten gab es eine nach unten gestaffelte Hierarchie. Der Vasall schuldet dem Fürsten die Treue, der Bürger dem Beamten, die Frau dem Mann (die Ehefrau dem Ehemann, aber auch die Mutter dem erwachsenen Sohn). Die Jugend schuldet dem Alter Respekt. Diese Pietät war eine der höchsten Tugenden des Konfuzianismus und so stark im Volk verwurzelt, dass jeder Ausbruch daraus in einer Katastrophe enden konnte. Das Volk Chinas erlangte durch diese Besonderheit eine große Homogenität, die es vor fast allen Einflüssen abzuschirmen vermochte. Die damit fast zwangsläufig einhergehende Disziplin sorgte über Jahrhunderte dafür, dass China kulturell und wirtschaftlich eine gehobene Position in der Welt einnahm. Erst als Maschinen die menschliche Kraft überflügelten, geriet diese Entwicklung ins Stocken bzw. kehrte sich sogar um. China wurde von anderen Ländern abhängig. In dieser historischen Situation verhinderte der Konfuzianismus die nötige gesellschaftliche Flexibilität. Die jahrtausendealte Ausbildung zum Beamten mit seinem einmaligen Prüfungssystem unterstützte diese Entwicklung. Solange China ein autarker und gleichzeitig bestimmender Machtfaktor war, sorgte das konfuzianische Prüfungssystem für einen steten Nachschub an gebildeten Leuten. Erst als schnelles Denken und flexibles, vielschichtiges Wissen nötig wurden, wurde der langsame Prüfungsvorgang zum Hemmschuh und sorgte letztendlich für den Untergang der Monarchie Chinas.

sehr erstaunlich, dass Meister Li auch im Alter von 55 Jahren noch bereit ist dazuzulernen und Vorurteile fallenzulassen. So kamen wir beide zu der Erkenntnis, dass es ein natürliches Geben und Nehmen zwischen Lehrer und Schüler geben sollte. Der Lehrer, der den Schüler unterdrückt und ständig nur fordert, ist nicht besser als der Schüler, der nach seiner Lehrzeit seinen Lehrer nicht mehr kennen will. Gleichwohl muss der Schüler bestrebt sein, die Grenzen des Meisters zu überwinden. Diese Problematik war früher auch im Westen bekannt. Leonardo da Vinci[36] meinte einst: »Der ist ein schlechter Schüler, der seinen Meister nicht überflügelt.«

Zum für das Lehrer-Schüler-Verhältnis so wichtige Thema Respekt hat Zhuangzi sich vor 2 500 Jahren auf kluge Weise geäußert:

Wenn man über Respekt nicht spricht und er nicht erwähnt wird, dann ist Respekt vorhanden. Wird jedoch von Respekt gesprochen, wird er verlangt oder sich darauf berufen, oder wird erwähnt, wie sehr man jemanden respektiert, dann heißt das, dass es auch Respektlosigkeit gibt. Wenn man nämlich den Respekt betont, dann bedeutet das, dass es etwas Besonderes ist, und besondere Dinge sind immer selten. In der Natur, im Leben und in der Wissenschaft entsteht alles aus einem relativen Zusammenhang, so dass sich der Respekt erst aus der Respektlosigkeit bildet und umgekehrt. Somit ist wahrer Respekt erst vorhanden, wenn nicht darüber gesprochen wird.

Im alten China gab es bei einigen Kampfkunststilen den Brauch des *baishi* (拜师), der Bitte, von einem Meister als Schüler angenommen zu werden. Dabei muss man auf die Knie sinken und den *shifu* um Aufnahme in die Schule bitten. Diese Tradition ist eine rituelle Demutsbezeugung, ähnlich dem *kotau*[37]. Sie ist konfuzianischen und teilweise buddhistischen

---

[36] Leonardo da Vinci (1452-1519) war ein Universalgelehrter der italienischen Renaissance. Er war nicht nur Maler und Bildhauer, sondern auch Anatom, Architekt, Ingenieur und Konstrukteur. Seine Kunstwerke und sein technisches Verständnis beeindrucken auch heute noch.

[37] Der *kotau* (叩头, oder *ketou*, 磕头) war bis 1912 die Ehrenbezeugung, die gegenüber Höhergestellten bzw. Würdenträgern generell zur Anwendung kam. Nach 1912, als sich China politisch sozusagen in der Schwebe befand, wurde der *kotau* zunächst weiterhin praktiziert. Tatsächlich verschwand er erst mit der Ausrufung der Volksrepublik im Jahre 1949 vollständig.

Der *kotau* besteht aus dem sich Niederwerfen und dem (meist dreimaligen) Berühren des Bodens mit der Stirn. Er ist ein Zeichen völliger Unterwerfung und Selbstdemütigung.

Ursprungs. In anderen Kampfkunststilen, vor allem in den daoistisch beeinflussten, wird diese Geste abgelehnt. Meister Lis Lehrer glaubten nicht an das *baishi*. Sie verlangten es auch nicht, genauso wie es Meister Li auch nicht von mir oder von anderen seiner Schüler verlangte.

Die Tradition in der Gegenwart

Die Kultur des *wushu* und aller anderen Kampfkunstarten ist sehr umfassend. Alles darin hat seinen Platz und seinen Sinn, auch wenn vieles hinterfragt werden kann. Die heutigen weltweiten Kampfkunstverbände haben nichts mehr mit dieser Kultur gemein. Ein Verband oder eine Schule ist ein Betrieb. Es geht ums Geldverdienen. Der Schüler ist kein Schüler, sondern in erster Linie ein Kunde, an dem man eine Dienstleistung verrichtet. Durch diese Situation geht leider viel von der Kampfkunstkultur verloren. Einer der letzten echten Meister Chinas, Chen Chongxi, sagte einst in meinem Beisein zu meinem Lehrer: »Die Menschen heutzutage verstehen nichts von der Kampfkunst. Schau dir einmal diese ganzen Typen an, die heute irgendwo trainieren, in Schulen, in Verbänden usw. Was wissen die schon über Kampfkunst? Ich fuhr damals eine ganze Nacht mit dem Zug, ohne Sitz oder Bett, nur um meinen Lehrer zu besuchen und ein wenig Unterricht zu bekommen, und danach gleich wieder zurück.« Auch wenn diese Sätze nach dem typischen Gerede der alten Generation klin-

---

Während der Inthronisation eines neuen Kaisers vollführten sämtliche Angehörige des Hofstaates den *kotau* in ritualisierter Form auf Zuruf eines Generaleunuchen oder Zeremonienmeisters. Nach der Vollführung des *kotau* blieb man häufig in kniender oder sitzender Körperhaltung – wahrscheinlich auch dies ein Ausdruck der Ehrerbietung und Unterwerfung.

Während asiatische und orientalische Tributmissionen den *kotau* anstandslos akzeptierten, fühlten sich die Europäer in ihrer Würde gekränkt. Außerdem glaubten sie, den *kotau* lediglich Gott zu schulden, und einen solchen Status sprachen die Europäer dem Kaiser Chinas ab. So gab es bei den portugiesischen und spanischen Gesandtschaften immer wieder Diskussionen, ob man dem Gouverneur der chinesischen Provinz (meist Fujian) während einer Audienz nun den *kotau* schulde oder nicht. Im Falle der Macartney-Mission 1793 verweigerte ihr Leiter den *kotau* vor dem chinesischen Kaiser Qianlong (乾隆) und begnügte sich mit einem einfachen Kniefall. Diese und auch spätere Missionen scheiterten daher. Lediglich einige weitblickende Gesandte, wie z.B. die Holländer, stellten ihre persönliche Ansichten hintan und leisteten den *kotau*.

gen, stimmen sie in diesem Fall. Einige Biographien belegen manchmal sehr dramatisch, unter welchen Umständen die Schüler früher oft lernen mussten.

Auch der wahrscheinlich letzte echte Erbe des *ninjutsu* (忍術), Hatsumi Masaaki[38], musste riesige Entfernungen zurücklegen, um etwas von seinem Lehrer lernen zu können. Somit war jede Minute Lehrzeit etwas besonders Kostbares. Kaum jemand würde heutzutage noch solche Mühe auf sich nehmen, um in den Genuss einer exklusiven Lehrstunde zu kommen, so dass das Verständnis für diese Art Opferbereitschaft zusehends verlorengeht. Dabei muss jedem klar sein, dass die alten Meister ihr Wissen nicht einfach so in einer Schule oder einem Verband weitergeben, selbst nicht für viel Geld. Dieses Wissen musste man sich früher verdienen, man musste seiner würdig sein. Es ist eine Illusion zu glauben, ein Meister würde sein Wissen preisgeben, nur weil man vielleicht einmal Tee mit ihm getrunken und ein paar Worte gewechselt hat. Wenn man sich vor Augen führt, wie schwer die Lehrzeit für die alten und echten Meister war, wird man sehr schnell verstehen, dass sie niemals ihr Wissen verschleudern werden.

Insgesamt ist die Kultur der kriegerischen Künste heute im Untergang begriffen. Im Falle des Shaolin verläuft diese Entwicklung meiner Ansicht nach sehr negativ, selbst wenn das Negative, wie noch gezeigt werden soll, auch positive Aspekte in sich birgt. Früher war das Oberhaupt des Shaolin-Tempels derjenige, der die Lehre des Buddhismus, die Kampfkunst und das Leben an sich am tiefsten verstand. Er musste nicht nur die technischen Aspekte gemeistert haben, sondern auch die geistigen. Das galt für die Dinge des Lebens wie für die menschliche Natur.

Auf den heutigen obersten Abt des Shaolinklosters Shi Yongxin[39] (释永信) trifft dies alles nicht zu. Sein Amt ist heute als das eines Geschäftsführers zu verstehen. Das Shaolin ist eine Firma, eine Handelsmarke, die jährlich Millionenumsätze verbucht. Über all den geschäftlichen Angelegenheiten bleibt keine Zeit mehr für die einst so effektive Kampfkunst.

---

[38] Hatsumi Masaaki (初見良昭, geb. 1931) ist der 34. *soke* des *togakure-ryu* sowie das Oberhaupt acht weiterer Schulen und seit 1972 der Leiter des *Bujinkan Dojo*.

[39] Shi Yongxin heißt mit bürgerlichem Namen Liu Yingcheng (刘应成). Er ist momentan der oberste Abt des Shaolinklosters (chin. *fangzhang* 方丈) und als solcher weltweit bekannt.

Seit einigen Jahren sind Massenabfertigungen von Lernwilligen gang und gäbe. Qualität kann man dabei natürlich nicht erwarten. Das *wushu* von Shaolin ist an einem Tiefpunkt angelangt und reißt andere Kampfkünste mit sich in den Abgrund. Mit echter Kampfkunst ist kein Geld zu machen, wohl aber mit dem Anschein davon. Shaolin hat dies verstanden und hat damit Maßstäbe für ganz China gesetzt.

Diese kritische Sicht auf die Kommerzialisierung der Kampfkünste beleuchtet nur einen Teil der Wahrheit. Das Gebiet um Shaolin (Dengfeng 登封) war früher eine der ärmsten Gegenden der Provinz Henan. Die Einheimischen hatten ein sehr niedriges Einkommen und führten ein bitteres Leben. Aber durch die richtige Vermarktung und den daraus folgenden Tourismus sind aus diesen armen Bauern wohlhabende und finanziell sorgenfreie Bürger geworden. 38 Prozent aller Menschen um Shaolin bestreiten ihren Lebensunterhalt vom Tourismus. Heißt das nicht, dass Shi Yongxin es richtig macht? – Auf der einen Seite gibt es die Shaolin-Tradition und deren unzeitgemäßen Ideale, die vielleicht selbst in der Vergangenheit niemals tatsächlich umgesetzt werden konnten. Auf der anderen Seite gibt es die Chance, die Berühmtheit des Shaolin zu nutzen, um die wirtschaftliche Lage der Menschen der Region zu verbessern.

Tatsächlich geht es nach den Statuten des Klosters darum, Gutes für die Menschen und die Gesellschaft zu tun und das Land zu beschützen. Und das wird heute vielleicht sogar besser umgesetzt als in all den Jahren, in denen das Kloster nur den Mönchen gehörte. Ein verschlossenes und traditionell verstaubtes Shaolin hat gar nicht die Möglichkeit, in dieser Größenordnung Gutes zu tun. Ist es deswegen nicht so, dass Shi Yongxin für die Menschen und die Gesellschaft den richtigen Weg einschlägt? Durch seine Leitung des Shaolinklosters und den daraus resultierenden Profit hat sich das Leben vieler Menschen verbessert, egal ob bei der Bildung, der medizinischen Versorgung oder dem Einkommen der Bürger. Das sollte man auf jeden Fall berücksichtigen.

Die Meinung vieler Menschen des Abendlandes, die Vermarktung und Verwestlichung sei schlecht für Shaolin und für ganz China, zeugt von einer unausgewogenen Sicht auf die Dinge. Es läßt sich leicht von fernöstlichen Idealen reden, wenn man ein abgesichertes westliches Leben führt.

In Japan hatte man die Kampfkünste als Markt im übrigen viel eher entdeckt. Nakayama Masatoshi[40] wird oft als Papst des Karate bezeichnet. Diese Bezeichnung ist nicht abwegig. Wer sich in der Welt des Karate auskennt, weiß, daß Nakayama technisch nicht herausragend war. Er berief sich zwar gern auf Meister Funakoshi als seinen Lehrer, doch war er im wesentlichen nur Schüler von dessen Schülern. Allerdings besaß er unbestreitbar organisatorisches Talent. Er baute die JKA[41] auf, die heute einen der größten Verbände für Kampfsport darstellt. Nakayama besaß die entsprechenden gesellschaftlichen und politischen Kontakte, um der JKA schnell einen weltweiten Ruf zu verschaffen, mit Zweigstellen rund um den Globus. Er war einer der ersten »Geschäftsführer« in der Kampfkunstszene. Ihm ist es zuzuschreiben, dass die Kultur des Karate zu einem sehr erfolgreichen Business werden konnte.

Diese Beispiele stehen stellvertretend für nahezu alle Richtungen der Kampfkunst. Einige Kampfstile haben sich jedoch der heutigen Markt- und Profitgesellschaft angepasst und sich trotzdem einen Teil ihrer Kampfstärke und andere Eigenschaften erhalten können. Dies gilt beispielsweise für das *Kyokushin*-Karate von Oyama Masutatsu[42].

Das *Kyokushin*-Karate gilt als eine der kampfstärksten heutigen Kampfsportarten. Diese Schule war ein Wegbereiter für das erfolgreiche und profitable K-1-Wettkampfgeschäft.[43] Das *kyokushin* hat sich zwar in

---

[40] Nakayama Masatoshi (中山正敏, 1913-1987) war der Initiator des modernen Karate. Er strukturierte diese Kunst nach sportwissenschaftlichen Erkenntnissen um und schuf damit einen modernen Kampfsport, welcher allerdings kaum mehr etwas mit dem alten Kampfsystem Okinawas gemein hat.

[41] JKA: Japanese Karate Association. Engl. Japanischer Karateverband.

[42] Oyama Masutatsu (大山 倍達, 1923-1994) war der in Korea als Choi Hyung Yee (崔永宜) geborene Begründer des *Kyokushin*-Karate (極真空手). Oyama trainierte seit seinem neunten Lebensjahr einige chinesische, koreanische und japanische Stile, ehe sich 1957 seine Vorstellungen einer realitätsnahen Kampfkunst im *kyokushin* (»absolute Wahrheit«) herauskristallisierten.

[43] K-1 ist eine Kampfsport-Veranstaltung, die 1993 von dem japanischen *Seidokan*-Meister Kazuyoshi Ishii (石井 和義, geb.1953) ins Leben gerufen wurde. Ziel war und ist es, Vertreter verschiedener (stehender) Kampfsportarten (*taekwondo*, Kickboxen, *muay thai*, Karate, *sanda*) zusammenzubringen, um sich regelmäßig im Vollkontakt zu messen. Trotz der Beteiligung unterschiedlicher Stile halten sich die Teilnehmer während der Veranstaltung an gemeinsame Regeln. Verboten sind unter anderem Kopf- und Ellbogenschläge, Clinchen und Würfe.

eine kommerzielle Sportart gewandelt, aber sich dennoch etwas von seinem alten Wesen bewahren können. Dieses Beispiel zeigt, wie die Kultur des *wushu* und der Kampfkünste allgemein heute sein könnte und vielleicht sein sollte.

dong quan bu liu qing, liu qing bu dong quan

Zuschlagen ohne Nachsicht (Mitgefühl),
aus Mitgefühl (Nachsicht) nicht zuschlagen.

Der Xiake-Geist

Die Verkörperung des höchsten Ideals in der chinesischen *Wushu*-Kultur ist seit frühester Zeit der *xiake* (俠客). Im alten China war der *xiake* ein Kämpfer, dessen Handeln durch Edelmut geprägt war.

Die *xiake* waren zwar meist Einzelgänger, die keinem Herrn folgten, doch wenn es die Umstände geboten, bildeten sie auch Gruppen oder manchmal Armeen aus Individualisten, die sich – wenn auch nur oberflächlich – vom Konfuzianismus zu lösen vermochten. In dem bekannten Roman »Die Räuber vom Liangshan-Moor«[44], werden 108 bekannte *xiake* der Song-Dynastie dargestellt. Sie wurden, ganz ähnlich den Sherwood-Forest-Gefährten Robin Hoods, mehr oder weniger unfreiwillig zu Gesetzlosen und lebten und handelten nur nach den Regeln ihres Gerechtigkeitsempfindens. Und so, wie sich Robins Gesellen im Bogenschießen übten, trainierten auch die chinesischen *xiake* ihre Kampfkünste. Die Bezeichnung »chinesischer *xiake*« stellt hier keine Verdopplung

Ausschnitt eines chinesischen Drucks aus dem 19. Jahrhundert; zu sehen sind 8 der 108 Räuber vom Liangshan-Moor.

dar, sondern verweist darauf, dass es in der Weltgeschichte und -literatur immer wieder Charaktere gegeben hat, die alle Attribute eines echten *xiake* aufwiesen.

---

[44] »Die Räuber vom Liangshan-Moor« (chin. *Shuihu Zhuan* »Wasserufergeschichte«, 水滸傳) von Shi Nai'an (施耐庵) und Luo Guanzhong (羅貫中) ist ein gesellschaftskritischer Roman, der ein gutes Bild vom China der Song-Dynastie vermittelt. Besonders für Kampfkunstinteressierte ist das Buch eine wahre Fundgrube, da viel über Waffen, Kampfstile, Strategien und das Leben als Kämpfer vermittelt wird.

Es gibt eine ganze Reihe Gestalten in fast jedem Kulturraum, die den chinesischen Helden vom Wesen her gleichen, so z. B. die europäischen Ritter. Dies gilt nicht so sehr für die ordinierten *milites* der geistlichen Kriegerbünde, sondern eher für die weltlichen Kavaliere, die Cervantes mit seinem Don Quijote so herrlich persifliert hat. Fahrende Ritter erfüllen nahezu alle Voraussetzungen für einen *xiake*, mit dem Unterschied, dass in China auch Frauen zu den *xiake* gehören konnten. Ihre Ideale wie Würde, Treue, Demut, Zurückhaltung, Beständigkeit und Tapferkeit lassen sich noch heute noch mit dem Wort »ritterlich« zusammenfassen und wären sicher auch von den chinesischen oder japanischen Kriegern akzeptiert worden. Verschiedene Heldenepen erzählen von diesen westlichen *xiake*. Die Legendensammlung rund um die Ritter der Tafelrunde und zum Teil die Nibelungensage zeigen uns einen stark idealisierten Typus. Reale Entsprechungen sind beispielsweise William Marshal (Guillaume le Maréchal)[45] und Bertrand du Guesclin[46], die beide im Ruf vollkommener Ritter im besten Sinne standen.

Die japanischen *samurai* (侍) standen ihrer militärischen Natur nach den Rittern des Westens zwar näher als den Chinesen, doch ihre Lebensführung war von asiatischer Philosophie geprägt. So wundert es nicht, dass der vielleicht bekannteste japanische *xiake*, Miyamoto Musashi, ein wenig von beiden in sich zu vereinen scheint, Rittergeist und Philosophie.[47]

---

[45] William Marshal (1144-1219) hatte als Nachgeborener wenig Aussicht auf einen Erbteil seiner Familie, so dass er seinen Status durch Taten verbessern musste. Er war ein wirklich hervorragender Kämpfer, was er in vielen Turnieren und Kriegen bewies. Da er außerdem den Regeln einer langen Tugendliste folgte, ging er als »bester aller Ritter« in die Geschichte ein.
[46] Bertrand du Guesclin (1320-1380) war ein französischer Ritter während des Hundertjährigen Krieges. Wegen seines militärischen Geschicks und seiner Loyalität wurde er vom König zum Connétable von Frankreich ernannt. Neben seinen Auszeichnungen erhielt er den höchsten Ehrentitel, den ein Ritter erhalten konnte: »Ritter ohne Furcht und Tadel« (»*chevalier sans peur et sans reproche*«).
[47] Miyamoto Musashi (武蔵 宮本, 1584-1645) war einer der besten Krieger Japans. Er lebte seinen Status als herrenloser *samurai* (*ronin*) kompromisslos aus. Er nahm an sechs Kriegen teil und blieb in etwa 60 Zweikämpfen unbesiegt. Nachdem er mit 30 Jahren einen ihm ebenbürtigen Krieger im Duell getötet hatte, verzichtete er auf weitere Zweikämpfe. Im Alter verfasste er »Das Buch der fünf Ringe« (五輪書 – »Gorin no Sho«), und er schuf hervorragende Kunstwerke, wie z. B. Tuschezeichnungen und Kalligraphien.

Das Wesen der *xiake* scheint auf den ersten Blick stereotyp. Sie waren starke Helden mit einem ausgeprägten Gerechtigkeitssinn, wobei dieses Empfinden, diese Moral oft nicht mit den Staatsgesetzen vereinbar war. Die Wertvorstellungen folgten archaischen Ansichten von Gut und Böse. Man bezeichnete diese Art von Richtlinie als *wude* (武德), kriegerische Tugend. Dieser gerade Weg stieß nicht immer auf Verständnis. Während der Historiker Sima Qian (司马迁, ca. 145-86 v. Chr.) die Verlässlichkeit und Bescheidenheit der *Xiake* lobt, sieht der Legalist Han Fei (韓非, ca. 280-233 v. Chr.) in ihnen ein Übel. Als Grund hierfür sah er u. a. ihre Bereitschaft, schnell, manchmal überstürzt, unter allen Umständen für ihre Sache eine Lanze zu brechen. In dem beliebten Sittenroman *Jin Ping Mei* (金瓶梅) stellt einer der Helden, Wu Song[48], diese nahezu blinde Bereitschaft schlagkräftig unter Beweis. Den *xiake* galt die Gerechtigkeit viel, aber sie liebten auch das Kämpfen, obwohl viele das nur ungern zugaben. Sie gehörten dem *wulin* (武林) an, der recht losen und freien Gemeinschaft der Kampfkünstler. Alle *xiake* fühlten sich dieser Gemeinschaft mehr oder weniger verpflichtet. Selbst der größte Einzelgänger beugte sich deren ungeschriebenen Gesetzen.

Viele *xiake* waren naiv, andere intelligent, doch immer waren sie bestrebt, sich in den gewählten Tugenden zu vervollkommnen. Während der fahrende Ritter als soziales Phänomen in Europa gemeinsam mit dem Mittelalter verschwand bzw. sich in den Typus des Dumas'schen Kavaliers verwandelte, überlebte der *xiake* als Kämpfertypus in China und Japan aufgrund der Beständigkeit der auf den Konfuzianismus gestützten Kaiserdynastien bis ins 20. Jahrhundert.

Xiake, gleichgültig aus welchem Kulturkreis sie stammten, hatten immer ihre Bewunderer. In China schrieb der berühmte chinesische Dichter der Tang-Dynastie Li Bai (李白, 701-762 n. Chr.) ein klangvolles Gedicht über den Charakter und das Wesen eines *xiake*. Es beginnt mit den folgenden Versen:

---

[48] Wu Song (武松), genannt »der Priester« oder »der Tigertöter«, war einer der Helden des mittelalterlichen Chinas, die auch im Roman »Die Räuber vom Liangshan-Moor« verewigt wurden. Laut Legende war er ein Schüler des berühmten Meisters Zhou Tong (周侗) und damit ein *Wushu*-Bruder des Song-Generals Yue Fei (岳飛, 1103-1142).

Das Lied des Xiake

Drei Becher Wein sind getrunken, und das Versprechen ist gegeben.
Das Versprechen ist stärker als die fünf hohen Berge.
Die große Stärke des Schwertes und des Mutes.
Nachdem die Sache vollendet, bleiben Name und Ruf tief verborgen.
Der Fähige möge ihre Geschichten überliefern.

Xiake Xing

san bei tu ran nuo, wu yue dao wei qing.
shi bu sha yi ren, qian li bu liu xing.
shi le fu yi qu, shen cangshen yu ming.
shui neng shu gexia, bai shou tai xuan jing.

侠客行

三杯吐然诺，五岳倒为轻。
十步杀一人，千里不留行。
事了拂衣去，深藏身与名。
谁能书阁下，白首太玄经.

Li Bai, einer der größten, wenn nicht der größte Dichter Chinas, war geprägt durch den Daoismus und wollte die Befreiung von Wissen, Begierde und von dem bewussten Handeln-Wollen des Menschen. Er strebte nach Natürlichkeit. Genau für diese Dinge standen auch die *xiake*, und aus diesem Grund bewunderte der Dichter sie und ihre Fähigkeiten in den Kampfkünsten. Der Sinn für Kameradschaft, das Versprechen, Gutes zu tun und dem zu helfen, der dessen bedarf, sind die wichtigsten Dinge im Leben der *xiake*. Ihr Können und ihr Mut sind außerordentlich. Und nachdem sie ihre Taten vollbracht haben, werden sie, ohne sich zu offenbaren und Dank anzunehmen, weiterziehen.

Diese Art des Denkens und Handelns ist tief verwurzelt in der Kultur des *wushu*. Auch wenn heute niemand mehr das Leben eines *xiake* führt und dessen Kampfstärke besitzt, so ist es sinnvoll, solche Grundsätze des alten *wushu* zu kennen und sich mit ihnen auseinanderzusetzen.

ji dei yi, bi shi di

Die Kunst muss am Gegner erprobt werden.

Dalei – Wettkampf auf Leben und Tod

Zu allen Zeiten und in allen Ländern hatten die Kämpfer das Bedürfnis herauszufinden, wer von ihnen der Beste sei. Bei einigen von diesen Zweikämpfen nahm man den Tod in Kauf, während es bei anderen Duellen eher um die Zurschaustellung des Könnens ging. Bekannt geworden sind unter anderem die epischen Helden Achilles und Hektor[49], die Gladiatoren Priscus und Verus[50] oder die *samurai* Musashi und Gonnosuke[51]. Die meisten von ihnen liebten den Kampf, das Kräftemessen, aber es gibt auch Beispiele für große Brutalität. Einige Duellanten ließen es beim Fließen von Blut nicht bewenden, sondern sie suchten den Tod, den ihres Gegners oder auch ihren eigenen. Ich habe unzählige Biographien von Kämpfern gelesen und war manchmal erstaunt, wie wenig heldenhaft es bei ihren Kämpfen oft zuging. Beim Studium der Kampfkünste und des Lebens der Kämpfer sollte man sich besser von jeder romantischen Vorstellung trennen.

In China hat der Zweikampf eine lange Tradition. Schon aus dem Altertum sind zahlreiche Berichte überliefert. Doch auch hier spielte sich gewiss nicht alles so ab, wie es niedergeschrieben wurde.

Durch die große Vielfalt an Kampfschulen gab es natürlich regelmäßig Reibereien. Jeder Meister wollte beweisen, dass seine Schule die beste war. Herausforderungen waren an der Tagesordnung. Die Kämpfer mussten daher ständig bereit sein. Wer unterlag, verlor im harmlosesten Fall seine Schüler, im schlimmsten Fall sein Leben. All das wurde in Kauf genommen, damit der eigene Name im Land bekannt würde. Das liegt in der

---

[49] Die mythologischen Helden Achilles und Hektor standen sich während des Trojanischen Krieges als Feinde gegenüber, Achilles für die Griechen und Hektor für die Trojaner. Nachdem Hektor Achilles' Freund Patroklos getötet hatte, forderte Achilles seinen Gegner zum Zweikampf und tötete ihn.

[50] Priscus und Verus waren zwei befreundete Gladiatoren, die am Eröffnungstag des Kolosseums (80 n. Chr.) gegeneinander antraten und so großartig kämpften, dass beiden die Freiheit geschenkt wurde. Der Dichter Martial hat dieses Ereignis verewigt.

[51] Miyamoto Musashi und Muso Gonnosuke hatten laut Legende zwei Duelle miteinander. Beim ersten traten beide mit Schwertern gegeneinander an, und Musashi schlug Gonnosuke sofort nieder. Daraufhin überdachte Gonnosuke seine Kampfweise und schuf einen halblangen Stock namens *jo*. Das zweite Duell endete unentschieden.

Natur der Sache, und daher machten eigentlich fast alle Meister die gleiche Entwicklung durch. Erst im Alter wurden viele der Meister zu besonnenen Menschen, die ihre Tage im meditativen Sitzen verbrachten. Sie zogen sich aus der menschlichen Gesellschaft zurück, weil ihnen die Sinnlosigkeit der meisten Dinge im Leben bewusst wurde.

Vor 1949 fanden in China regelmäßig Wettkämpfe statt, die man als *dalei* bezeichnete. Hierbei traten auf einer Plattform (*leitai*, 擂臺) zwei Kämpfer gegeneinander an. Die heutigen Veranstaltungen gleichen Namens haben damit nichts mehr gemein. Damals kämpfte man ohne Regeln, ohne Runden oder Zeitlimit bis zur Entscheidung. Das *dalei* war auf jeden Fall anders, als Bücher und Filme es vermitteln. Hinsichtlich des Kampfes ähnelte das *dalei* eher der Gladiatur und weniger den modernen Kampfsportturnieren. Von der Geisteshaltung her glich es jedoch eher der westlichen Duellkultur. Man sieht daran, dass diese chinesische Tradition wirklich sehr eigen ist. Die Niederlage auf dem *leitai* konnte stets den Tod nach sich ziehen, und jeder war sich dessen bewusst. Was aber genau das *dalei* ausmachte, wird heute schwer zu beantworten sein. Es gibt heute wohl keinen lebenden Meister mehr, der noch an diesen Wettkämpfen teilgenommen hat. So kann ich auch hier nur auf überlieferte Geschichten zurückgreifen, die ich von meinem *shifu* oder anderen Meistern hörte. Diese Legenden und Erzählungen vermitteln aber ein überzeugendes Bild über das Wesen der effektiven Kampfkunst.

Bei den Kämpfen auf dem *leitai* stellten sich zwei Kämpfer einander gegenüber. Einer griff plötzlich an, traf oder wurde gekontert und selbst getroffen. In den meisten Fällen war das bereits das Ende. Derjenige, der besser angriff oder besser konterte, gewann den Kampf. Es gab während des Kampfes keine Regeln. Nur das Podest durfte nicht verlassen werden. In diesem Fall war das Treffen vorbei. Wer es verließ, hatte verloren. Die Kämpfe auf dem *leitai* gingen sehr schnell vorüber, da jeder von Anfang an versuchte, den Gegner an gefährlichen Stellen des Körpers zu treffen. Minutenlange Kämpfe wie im Film gab es nicht. Sie wären bei dem damaligen *gongfu* und der explosiven Kraft der Meister gar nicht zustande gekommen. Viele Kämpfe dauerten wohl nicht viel länger als das Niederschreiben dieses Satzes.

Der aus Chongqing stammende Meister Zeng Tianyuan war der vermutlich letzte *Dalei*-Champion von China. Über ihn werde ich noch ausführlicher berichten.[52] Meister Zeng Tianyuan erzählte meinem *shifu*: »Wenn man seinen Gegner nicht mit drei Techniken kampfunfähig gemacht hat, hatte man verloren.« Meister Zeng ist die wohl beste Quelle, wenn es um das *dalei* geht. In einigen Punkten ähnelt er dem Okinawaner Motobu Choki. Wie dieser verband er nämlich sein vielfältiges Wissen um die Kampfkunst mit seinen praktischen Kampferfahrungen. Meister Zeng hinterließ einige sehr interessante Formen, die sich durch hervorragende Anwendbarkeit auszeichnen.

Die Kampfpraxis dieses Meisters ist nicht hoch genug einzuschätzen und heute kaum noch nachvollziehbar. Zeng Tianyuan kämpfte in allen Gebieten des Landes, von Chongqing in Sichuan bis nach Shanghai. Einige seiner grandiosesten *Dalei*-Kämpfe lieferte er sich bei einem Turnier in der Provinz Hunan, bei dem die besten Kämpfer des Landes gegeneinander antraten. Wer eine solche Veranstaltung nicht nur einigermaßen unbeschadet überstand, sondern auch noch gewann, konnte sich ohne weiteres zu den besten Kämpfern auf der ganzen Welt zählen.

Diese gefährlichen Turniere gab es in ganz China. Es gab kleinere, regional beschränkte Veranstaltungen zwischen verschiedenen Schulen oder große öffentliche Kämpfe, zu denen Meister aus dem ganzen Land anreisten. Auch Ausländer maßen sich auf dem *leitai*, und zwar oft mit Erfolg. So gab es sehr starke und erfahrene russische Boxer und Ringer sowie japanische *Budo*-Kämpfer, die an solchen Kämpfen teilnahmen und dadurch ihr Land vertraten. Auf diese Weise entstanden besonders im 19. und 20. Jahrhundert einige Heldengeschichten, in denen chinesische Meister jene Ausländer besiegten, die zuvor ungeschlagen waren.

Der bekannteste von ihnen ist Huo Yuanjia[53]. Auch er ist ein sehr interessanter Charakter. Über ihn sind sehr viele Geschichten im Umlauf, die teilweise auch verfilmt wurden. Allerdings haben diese Darstellungen nichts mit der Realität des *dalei* zu tun. Durch Vermarktung seines Namens und durch Filme wie »Todesgrüße aus Shanghai« (Bruce Lee) und

---

[52] Siehe S. 185 ff.
[53] Huo Yuanjia (霍元甲, 1867-1910) war ein recht bekannter Meister im China des späten 19. und frühen 20. Jahrhunderts und Mitbegründer der *Jingwu*-Schule (精武體育會) in Shanghai. Die Bekanntheit Huos rührte nicht zuletzt daher, dass er einige Kämpfe gegen Ausländer bestritt. Sein bevorzugter Kampfstil war *mizongyi* (迷蹤藝, verlorene Spur).

»Fearless« (Jet Li) wurde er eine bekannte Persönlichkeit. Allerdings stimmt die Geschichte, wie man sie beispielsweise im Film »Fearless« sieht, nicht. Die von den meisten Meistern in China für wahr gehaltene Geschichte ist, dass Huo ein aus Tianjin stammender Händler war, der Essen verkaufte und durch unermüdliches Training der Kampfkunst einen starken Körper bekam. Besonders seine Schulterkraft soll enorm gewesen sein. Und natürlich dauerten auch seine Kämpfe nicht den halben Vormittag...

Es war übrigens nicht zwingend so, dass die Teilnehmer am *dalei* unbedingt einen bestimmten Stil vertraten. Es ist natürlich eine reizvolle Vorstellung, eine Schule als die allen anderen überlegene annehmen zu können, aber auch bei diesen Vergleichskämpfen maßen sich in erster Linie Menschen. Oft vertraten einzelne Kämpfer keinen Stil. Sie benutzten nur diverse Techniken und hatten sich durch alte *Gong*-Übungen enorme Kräfte antrainiert. Diese Kämpfer hatten oftmals ihr Leben lang noch nie eine Form geübt. Sie hatten nur richtig kämpfen gelernt.

Heute beruft man sich gern auf zahllose angeblich traditionelle Stile. Einige haben Hunderte von Techniken, andere tausend Möglichkeiten, um einen Kampf zu gewinnen. Tatsache ist jedoch, dass wirklich traditionelle Stile nur wenige Techniken besitzen, und dazu gibt es ein ausgesprochen hartes Training und *Gong*-Übungen, um Kraft aufzubauen. Diese Techniken waren selten raumgreifend, sondern knapp, und sie wurden mit einer flexiblen Kraft ausgeführt. Mehr war im Grunde nicht nötig.

Die modernen Formen, die man auf vielen Turnieren sieht, haben sich größtenteils von ihrem Ursprung entfernt. Man hat die *taolu* verändert, damit sie tauglich für Formenturniere wurden. Auf einem *leitai* würde man damit keinen Schritt weit kommen. Man wäre vermutlich tot, sobald man das Podest betreten hätte.

柔中有剛攻不破剛中有柔力無邊

rou zhong you gang gong bu po, gang zhong you rou li wu bian

In der Weichheit gibt es eine harte, unzerstörbare Kraft.
In der Härte gibt es die grenzenlose Kraft der Weichheit.

Über die Effektivität der Kampfkünste

Die physische Verfassung

Das eigentliche Ziel der Kampfkünste wird wohl immer das Kämpfen sein, die praktische Anwendbarkeit. Und zwar nicht in Turnierwettkämpfen, sondern in realen Situationen, in denen die Gesundheit und das Leben zu verteidigen sind. Der *Karate*-Meister Kanazawa Hirokazu[54] sagte einst: »Um Kämpfen zu lernen, braucht man kein Karate.« Diese Aussage trifft auch auf alle anderen Kampfkunstarten zu.

In jeder Kunst geht es darum, sich so weit zu vervollkommnen, dass die Kunst und der Künstler eins werden. Obwohl es so aussieht, als ob die Kampfkunst eher destruktiv ist, steht auch hier die Perfektionierung der eigenen Persönlichkeit im Vordergrund. In China sagt man: »*Yang bing qian ri, yong bing yi shi*« (养兵千日，用兵一时). – »Der Staat ernährt seine Soldaten tausend Tage, um sie einen Moment lang einzusetzen.« Es geht darum, jederzeit körperlich und geistig bereit für den Kampf zu sein, selbst wenn es nie dazu kommen sollte.

Es ist wichtig, die praktische Anwendbarkeit der Techniken nie aus den Augen zu verlieren. Damit meine ich, dass man immer in der Lage sein muss, die Techniken auch unter realen, harten Bedingungen und unter Lebensgefahr anzuwenden. Erst die Beherrschung des Kampfes mit einem nicht (wie beim Training) kooperierenden Gegner wird zu einer Kampfkunst. Übungspartner, und seien sie noch so stark, degradieren das intuitive Handeln zu einer Art »Malen nach Zahlen«. Eine Kampfkunst muss auch in Situationen und bei Menschen funktionieren, die uns Angst machen.

Betrachtet man die heutige Kampfkunstszene und die als effektiv und realitätsnah geltenden Kämpfer, hat man zum größten Teil nur physisch starke und hochgewachsene Menschen vor sich. Kaum einer wird weniger

---

[54] Kanazawa Hirokazu (金澤 弘和, geb. 1931) begann bereits sehr früh mit den Kampf-künsten. Er übte sich im *judo, jiujitsu*, Boxen und *kendo*, ehe er sich voll und ganz dem Karate verschrieb. Kanazawa, der seit 2002 den 10. Dan besitzt, betreibt zwar japanisches Karate, doch hat er zeitlebens die okinawanischen Wurzeln geehrt.

als 90 Kilogramm auf die Waage bringen. Es scheint also, dass der Sieg im Zweikampf weniger auf der Anwendung der Techniken beruht, als auf überlegenen physischen Merkmalen. Dieser These scheinen jedoch körperlich schmächtige Meister wie der *Aikido*-Gründer Ueshiba Morihei[55] oder der hervorragende Okinawaner Kyan Chotoku[56] zu widersprechen.

Vor einiger Zeit machten in China mehrere traditionelle Lehrer einen Test. Sie versuchten ihre Techniken in einem Wettbewerb anzuwenden, der dem *sanda* sehr ähnlich ist. Das Ergebnis war ernüchternd. Das Treffen artete in wilde Schlägereien aus, ohne dass man etwas von der Anwendung von Techniken sah. Bei diesem Treffen waren eine Reihe hochrangiger Meister der verschiedensten traditionellen Stile dabei, von denen einige auch in der westlichen Welt durch verschiedene Veröffentlichungen bekannt geworden sind. Selbst Meistern, die bereits 40 Jahre oder länger trainierten, schien es nicht möglich, ihre Techniken anzuwenden. Heißt das nun, dass es ausgeschlossen ist, kunstvoll kämpfen zu können? Sind Techniken überflüssig und erliegen wir seit langem einem Irrtum? Der Test scheint zu bestätigen, dass derjenige einen realen Kampf gewinnen wird, welcher über die größere Kraft und die besseren physischen Voraussetzungen oder auch nur über den entschlosseneren Willen verfügt.

Besieht man sich die alten Trainingsmethoden der Kampfkünste, wird man erkennen, dass die Ausbildung immer auf einen flexiblen Kraftaufbau hinausläuft und auf die Stärkung des Willens. Es ist also durchaus realistisch, dass der häufig als Beispiel angeführte 90 Kilogramm schwere Schmied den nur 70 Kilogramm wiegenden Kampfkünstler besiegen wird. Der Schmied hat sich durch seine tägliche Arbeit ein anwendbares *gongfu*

---

[55] Ueshiba Morihei (植芝 盛平, 1883-1969) war der Begründer des *aikido* und gleichzeitig einer der kampfstärksten Männer seiner Zeit. Er war ein Naturtalent und immer auf der Suche nach Herausforderungen. Ueshiba betrieb *sumo* und mehrere *Jiujitsu-* und *Kendo-*Stile, ehe er seine Ideen zu verwirklichen begann. Auf der Suche nach Bestätigung kämpfte er mit unterschiedlichsten Gegnern in Japan, China und der Mongolei.

[56] Kyan Chotoku (朝德 喜屋武, 1870-1945) war ein herausragender Vertreter des alten okinawanischen Karate. Anders als die meisten Vertreter dieser Kunst war Kyan kurzsichtig und von schmächtiger Gestalt. Das wirkte sich auf seine Kampfweise aus. Er vermied den direkten Kontakt und kämpfte in Winkeln und mit Tricks. Nach dem Zweiten Weltkrieg starb er an Unterernährung, da er sein weniges Essen mit anderen zu teilen pflegte.

im besten Sinne angeeignet, wohingegen der Kampfkünstler durch sein Training auf den realen Kampf nicht vorbereitet wurde. Das heißt, ihm fehlt im Gegensatz zu den meisten sehr hart arbeitenden Menschen die natürliche und flexible, stets abrufbare Kraft.

Heute strebt man ein eher abwechslungsreiches Training an, in der Hoffnung, sich umfassend auszubilden. Das ist für das Erlangen nachhaltiger Kampfkraft allerdings weniger geeignet. *Gongfu* bekommt man nur durch das ständige Wiederholen von Übungen und Techniken. Und genau das kennzeichnet bis heute alle wirklich effektiven Schulen. Ueshiba schlug stundenlang mit seinem *bokken*[57] gegen einen Baum, die Meister Okinawas benutzten eine ganze Reihe Übungen für ihren Kraftaufbau und trainierten ihre Schlagkraft am *makiwara*[58]. Egami Shigeru[59], ein früher Meister des *shotokan*, versuchte durch unzählige Wiederholungen einer Technik das Wesen des Karate zu verstehen. Ähnlich hartnäckig trainieren westliche Boxer und ihre thailändischen Vettern an Sandsack, Pratze und am Mann. Harte Arbeit und unablässiges Einschleifen der Techniken – wer die Kampfkunst begreifen will, kommt daran nicht vorbei. Aus diesem Grund sind Selbstverteidigungskurse auch wenig sinnvoll. Kampfkunst ist geprägt durch tägliches, von ständigen Wiederholungen ausgefülltes Training und möglichst vielen Kampfübungen auf Vollkontaktbasis (mindestens wie im Boxen oder Ringen). Außerdem muss das richtige Verständnis für die Trainingsinhalte vorhanden sein. Es ist wirklich nicht wichtig, welche Kampfkunst man trainiert, wenn man diese nur versteht.

---

[57] *Bokken* (木剣). Jpn. Holzschwert.

[58] Ein *makiwara* (巻藁) ist ein hölzerner Schlagpfosten für das Karatetraining, dessen Schlagfläche traditionell mit Stroh gepolstert wird. Diese Art federnde Schlagpfosten gelten als originär okinawanisch.

[59] Egami Shigeru (江上 茂, 1912-1981) war ein direkter Schüler des »Vaters des modernen Karate« Funakoshi Gichin (船越義珍). Egami begann ursprünglich mit *judo*, doch nachdem er zum ersten Mal Karate gesehen hatte, wechselte er beeindruckt zu dieser Kampfkunst. Durch seinen Ehrgeiz und seinen Fleiß stieg er bald auf und wurde schließlich einer der Nachfolger Meister Funakoshis.

Die wahre Effektivität des Xingyi Quan

Die chinesische Kampfkunst *xingyiquan* (形意拳) wird nicht mehr für effektiv gehalten. Betrachtet jemand, der im Kämpfen bewandert ist, die äußeren Techniken dieses Stils, so wird er feststellen, dass es schier aussichtslos scheint, diese Kampfkunst beispielsweise gegen einen westlichen Boxer anwenden zu wollen. Es ist gewiss nicht sehr klug, sich in der typischen Vorkampfstellung zu positionieren, mit dem Ziel, gegnerische Angriffe einfach so abzufangen. Doch das ist ein Trugschluss, der auf einem Missverstehen des *xingyi* beruht. Tatsächlich ist diese Kunst eine Art des *gong*, ähnlich den anderen beiden inneren Stilen *taijiquan* und *baguazhang*. *Taiji* ist Berühren (der Kontakt zum Gegner, das Spüren der Kraft, *tuishou*, 推手), *baguazhang* ist Gehen (das sich Wegbewegen von Angriffen), *xingyi* ist Stehen (man verharrt in Positionen, um so eine explosive Kraft anwachsen zu lassen).

Xingyi hat einen ähnlichen Effekt, wie ich ihn im Kapitel über das *gongfu* schon beschrieben habe. Das lange, am besten mehrstündige Stehen wirkt wie ein isometrisches Krafttraining. Das entspricht durchaus dem »tiefen Sitzen« in der Grundhaltung beim westlichen Fechten. Führt man

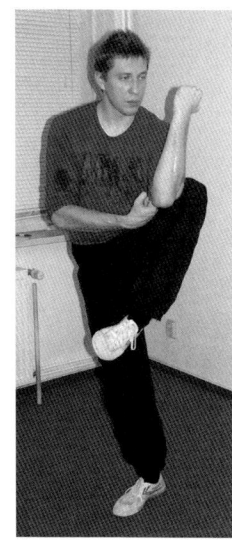

Fotos 25 bis 27: Im *xingyi* werden Positionen lange gehalten, um durch die dadurch entstehende Innenspannung eine größtmögliche Körperkraft aufzubauen (25 und 26). Diese Kraft muss dann explosionsartig freigesetzt werden, um eine möglichst große Wirkung erzielen zu können (27).

Foto 25   Foto 26

auf dieser Grundlage nun Techniken und Bewegungsabläufe aus, kann man die erworbene Kraft flexibel einsetzen. Dieser Aspekt ist sehr wichtig. Wenn man das versäumt, entwickeln sich die Muskeln sehr einseitig. Sie werden starr und zäh. Die Kraft, die man sich antrainiert hat, wird dann als tote Kraft bezeichnet.

Nicht zufällig sind die Bewegungsmuster einiger *Gong*-Übungen den Arbeitsabläufen verschiedener Berufe ähnlich. So wie der Zimmermann, der jeden Tag Nägel ins Holz schlägt, seine Hände und Unterarme dergestalt kräftigt, dass sich die Kraft im Moment eines Schlages spontan entfaltet, so sollte man sich auch das *xingyi* in der Anwendung vorstellen. Die Bewegungen sind in Fleisch und Blut übergegangen.

Das richtige Kampfkunsttraining ist noch effektiver als Handwerksarbeit, da es wesentlich anstrengender ist und noch mehr Konzentration erfordert, als die Arbeit in einem anstrengenden Beruf. Im Moment eines Schlages kann man eine starke Energie freisetzen. Dabei ist es völlig egal, nach welchem Muster man schlägt, oder ob man überhaupt ein Muster benutzt. Das gilt für alle Kampfkünste bzw. sollte zumindest für sie gelten. Betrachtet man die Methoden der alten Meister, besteht ihr Training meist nur aus einer *Gong*-Übung und einer Form, in der wenige wirksame Techniken enthalten sind. – Die folgenden Beispiele sollen das Gesagte verdeutlichen.

Die Adlerfaust ist ein Stil, den man heute kaum mehr in seiner ursprünglichen Form sieht und kennt. Meister Li lernte diesen Stil bei Meister Yao (姚师父). Er besteht nur aus wenigen Techniken, die eine große Kraft erfordern. Trifft die zur Kralle geformte Hand (im Vergleich zur Tigerfaust werden bei der Adlerfaust die Finger enger zusammen-

Foto 27

109

gezogen) auf den Gegner, werden gleichzeitig zwei Techniken ausgeführt, zum einen der Schlag mit der Handwurzel und zum anderen das Einhaken mit den Fingern, wodurch Hebel (*qinna*, 擒拿) oder Techniken gegen die Weichteile des Körpers durchgeführt werden können.

Meister Yao trainierte erst das *baduanjingong* (八段锦功), die Acht Brokate, wobei man in tiefen Stellungen und durch Körperspannung seinen Körper kräftigt, danach trainierte er die Adlerfaust, um die Kraft flexibel werden zu lassen. So ist das bei allen Meistern. Ich werde auf den Zusammenhang zwischen Adlerfaust und den Acht Brokaten im Kapitel »Ein Streifzug durch die Welt des Wushu« noch näher eingehen. Die vielen verschiedenen Abläufe und Techniken, welche die Meister öffentlich demonstrieren, sind lediglich Spielzeuge, um die Masse zu unterhalten. Wirklich effektive Kampfkunst besteht hingegen aus wenigen Elementen, die weder spektakulär noch mysteriös sind, sondern die ihre Effektivität einzig und allein ausdauerndem Training verdanken.

Im chinesischen Ringen (*shuaijiao*) gibt es als Grundlagentraining das gegenseitige Zuwerfen von schweren Sandsäcken (*shuai shabao*, 摔砂包). Diese Übung wird exzessiv betrieben und führt zu stark entwickelten Unterarmen und einem unentrinnbaren Griff. Einen echten Ringermeister erkennt man dann auch an seinen Muskelbeulen an den Unterarmen.

Cheng Jianping – mein älterer Wushu-Bruder

In der heutigen Zeit zu beurteilen, welche Kampfkunst ihren Ruf, effektiv zu sein, verdient hat, ist so schwer wie zu allen Zeiten. Letzten Endes hängt es weniger mit der Kampfkunst zusammen als mit der Person, die diese Kampfkunst anwendet. So kann man zwar auf die Erfahrungen von Leuten zurückgreifen, die schon mehrmals um Leben und Gesundheit kämpfen mussten, aber auch deren Ausführungen und Lösungen sind individuell und nicht allgemeingültig.

Mein älterer *Wushu*-Bruder, Cheng Jianping, der älteste Schüler von Meister Li, ist Polizist. Ehe Cheng allerdings für die Polizei tätig wurde, führte auch er kein lobenswertes Leben. Regelmäßig war er in Schlägereien verwickelt, weswegen er schließlich ins Gefängnis kam.

In chinesischen Gefängnissen gibt es keine Einzelzellen. Mehrere Leute müssen in einer Gemeinschaftszelle sitzen. Dort gibt es einen Boss, den sogenannten *laoda* (老大), der in der Zelle das Sagen hat. Der Empfang neuer Häftlinge in der Zelle unterliegt einem festen Ritual. Die bereits inhaftierten Gefangenen stellen sich in einer Reihe auf. Der Neuling muss zwischen den Beinen jedes Einzelnen hindurchkriechen wie ein Hund. In China ist dies eine besonders schwere Demütigung. Nachdem er fertig ist, muss er sich vor dem Zellenboss verbeugen und ihm seine Habseligkeiten übergeben.

Der Zellenboss hat seine Privilegien. So gibt es beispielsweise in der Nacht für ihn einen Bereitschaftsdienst. Im Sommer wird dieser damit beauftragt, die lästigen Mücken vom schlafenden Zellenboss fernzuhalten. Dies muss ohne Geräusche erfolgen. Wird der Zellenboss dadurch geweckt, setzt es schlimme Prügel für den Lärmmacher.

Als Cheng Jianping die Zelle betrat, wurde er sofort auf den *laoda* hingewiesen. Dieser, ein großer grimmiger Mann, saß in typischer Boss-Manier auf der einzigen Bank, die es in der Zelle gab. Ohne zu überlegen, stürmte Cheng Jianping an dessen Lakaien vorbei und versetzte dem Boss einen genau auf den Punkt gebrachten Schlag gegen die Schläfe. Der Boss flog polternd von der Bank. Kurze Zeit herrschte Stille in der Zelle. Dann wollten sich die Lakaien auf Cheng stürzen. Doch bevor sie dazu kamen, ging Cheng mit kurzen, aggressiven Schlägen in die Offensive. Danach war er der Boss in der Zelle. Als die Wachbeamten nach dem Rechten sahen, trauten sie ihren Augen nicht. Der Neuling saß majestätisch auf der Bank, während sich der bisherige Boss und seine Gehilfen verstreut auf dem Boden wälzten. Von da an holten die Wachen Cheng immer wieder aus der Zelle, um sich von ihm unterrichten zu lassen. Einem echten Meister des *wushu* wird in China sehr viel Respekt entgegengebracht. Dieser Vorfall bewirkte jedenfalls, dass Cheng Jianping bei der Polizei anfing und lange Jahre erfolgreich als Polizist tätig war.

Die Kampfkünste sind allumfassend und hören im alltäglichen Leben nicht auf. Als ich einmal mit Cheng Jianping in ein Restaurant ging, fand ich für uns einen sehr schönen hellen und angenehmen Platz. Zu meiner Verwunderung war Cheng Jianping nicht einverstanden damit, und wir nahmen einen meiner Ansicht nach viel schlechteren Platz. Später wurde mir der Grund hierfür klar. Von diesem Platz hatten wir den ganzen Raum im Blick. Ganz in der Nähe befand sich ein unscheinbarer Hinterausgang, der einen idealen Fluchtweg darstellte. Wir selbst saßen dort sehr unauffällig und waren schwerer wahrnehmbar. Dieser Platz war zwar nicht der schönste zum Essen, aber aus strategischer Sicht war dieser Platz ideal.

Cheng Jianping hatte gute Gründe für solch ein auf den ersten Blick paranoid wirkendes Verhalten. Er hatte schon mehrere Auseinandersetzungen auf Leben und Tod, eine davon gegen einen Anführer der chinesischen Mafia. Als er seine Polizeimarke zeigte und ihn verhaften wollte, zog dieser seine Pistole und wollte feuern. Cheng lenkte den Arm in dem Moment zur Seite, als der Mafioso zog. Gleichzeitig versetzte er ihm drei Schläge mit dem Fingerknöchel auf Weichteile seines Körper. Der Mann war sofort tot. Cheng Jianping wurde ausgezeichnet, da dieser Mafioso ein gefährlicher Killer war, der schon lange gesucht wurde.

Nachdem er den Mafiaboss getötet hatte, hatte er die zweifelhafte Ehre, ganz oben auf der Todesliste der Hubei-Mafia zu stehen. Er bekam einen Anruf, bei dem man ihm mitteilte, dass er nicht mehr lange zu leben habe. Cheng Jianping mag solche Anrufe. Er schlug ohne zu zögern einen Termin am Tag des chinesischen Neujahrsfests (Frühlingsfest) vor. Er werde früh am Morgen im Park sein, um mit den Herren der Schwarzen Gesellschaft dieses Thema von Angesicht zu Angesicht zu besprechen.

Ähnlich dem Schwertmeister Musashi[60] ging er besonders früh hin und verbarg sich in einem Hinterhalt. Er hatte auch seine geliebte Pistole mitgebracht. Er hatte sich genau ausgerechnet, wie viele Feinde er zuerst erschießen können würde, um dann mit der Faust tätig zu werden. Nun, die Mafia kam nicht. Cheng Jianping ging also nach Hause, rief das Mafiaoberhaupt an und beschwerte sich über seine fast erfrorenen Füße, die er sich während des Wartens geholt hatte. Die Antwort des Bosses war: »Von nun an bin ich ein Bewunderer von Ihnen.«

Ich kenne noch einige solcher Geschichten über Cheng Jianping. Zum Beispiel gibt es noch zwei Männer, die nach einem Zusammentreffen mit

---

[60] Miyamoto Musashi (1584-1645) hatte sich aufgrund von Duellen mit dem Yoshioka-Klan verfeindet. In einem legendären Kampf, bei dem er sich zu früher Stunde hinter einer Kiefer in den Hinterhalt gelegt hatte, löschte er den feindlichen Klan praktisch aus. – Siehe Habersetzer, R.: Die Krieger des alten Japan. Chemnitz: Palisander Verlag 2008, S. 151 ff.

ihm viel verloren haben. Der eine seine Gesundheit, der andere sein Leben. Auch hat mein älterer *Gongfu*-Bruder viele Verbrecher hinter Gitter gebracht. Darunter einige Mörder, von denen manche die Todesstrafe erhalten haben. Es gibt also eine Menge Leute und deren Familien, die auf eine Chance warten, Cheng Jianping zu vernichten. Chinesen können sehr rachsüchtig sein. Laut einem Sprichwort gibt es eine wirklich gute Rache ohnehin erst nach vielen Jahren. – Diese Geschichten lassen verstehen, warum Cheng Jianping sich in der Öffentlichkeit so vorsichtig verhält.

Cheng Jianping hatte das Glück, den wohl wichtigsten Lehrer unseres *shifu*, Meister Xiong Daoming, über den weiter hinten ausführlich die Rede sein wird, noch persönlich kennengelernt zu haben. Cheng Jianping ist ein würdiger Erbe seiner Kampfkunst, und Meister Xiong wäre sehr stolz auf ihn. Er hat das Wesen der Kampfkünste sehr gut verinnerlicht.

Faust ohne Faust, Sinn ohne Sinn

Ich habe eine ganze Weile mit meinem *Wushu*-Bruder trainiert. Aber wie oft man auch mit jemandem trainieren mag, so bleibt doch die Technik, die gesamte Kampfkunst, von Individuum zu Individuum verschieden. Die Kampfkunst ist eine Kunst wie jede andere. Kein großer Maler wird in seiner Kunst einem anderen gleichen, und ebensowenig wird dies ein Meister der Kampfkünste. Man sollte Kampfkunst auch nicht als Hobby betreiben. Dafür ist sie schon deswegen ungeeignet, da ihr Training in den ersten Jahren wenig Vergnügen bereitet. Es ist harte Arbeit und bedeutet tagtägliches Überwinden des Egos. Und erst, wenn man diesen langwierigen Prozess durchlaufen hat, kann man von Kampfkunst reden. Deswegen sage ich hier, wenn man nur auf das schnelle Kämpfen aus ist, ist es nicht empfehlenswert, mit einer Kampfkunst zu beginnen. Wer kämpfen will, sollte sich seine Erfahrungen in realen Kämpfen aneignen. Auf diese Weise bekommt man schnell einen natürlichen Stil, der auf den eigenen Körper abgestimmt ist.

Ein bekanntes *yanyu* gibt eine gute Erklärung zur Effektivität der Kampfkünste. Es lautet: »*Quan wu quan, yi wu yi, wu quan wu yi shi zhen yi*« (拳无拳，意无意，无拳无意是真意). – »Faust ohne Faust, Sinn ohne

Sinn – ohne Faust, ohne Sinn ist der wirkliche Sinn.« Für jene, die sich schon lange mit den Kampfkünsten befassen, ist das nicht schwer zu verstehen. Wenn die Kampfkunst auf einer hohen Stufe gemeistert wird, arbeiten Augen, Gehirn und Technik als Einheit. Man braucht keine vorbereitenden Bewegungen oder Kampfstellungen, ebenso wenig benötigt man eine geistige Vorbereitung. Das Gehirn besitzt eine automatische und direkte Kontrolle über den ganzen Körper und seine Bewegungen. Keine Zeit geht verloren. Die Bewegung entsteht wie aus dem Nichts; sie findet einfach statt, ohne dass man sich bewusst einen Befehl geben muss. Deshalb heißt es auch: Es gibt keine Faust und keinen Sinn, dies ist der wahre Sinn. Das ist das oberste Ziel jedes Kampfkunsttrainings. Wie man es erreichen kann? Ganz einfach: durch Übung. Durch ständiges ausdauerndes Training, durch vollkommene Hingabe. Die Techniken sollen sich nicht mehr von den natürlichen Körperbewegungen unterscheiden lassen. Die Kampfkunst muss im Selbst aufgehen. Dazu möchte ich eine weitere Anekdote erzählen, die mir Meister Ai über seinen älteren *Wushu*-Bruder erzählte:

Ein junger Mann hatte großes Interesse an der Kampfkunst. Leider hatte er niemals die Möglichkeit, bei einem echten Meister zu trainieren. Später lernte er endlich den guten Meister Zhang Sanyi (ebenfalls der Lehrer von Meister Ai) kennen und bat diesen um Unterricht. Der Mann war zwar noch jung, aber nicht mehr jung genug, die Kampfkunst auf jeder Ebene zu lernen. Daher war er sehr froh, einen Lehrer gefunden zu haben. Da er jedoch an sich zweifelte, fragte er seinen Meister, ob es noch möglich sei, die Kampfkunst auf einem einigermaßen anspruchsvollen Niveau erlernen und verstehen zu können. Meister Zhang antwortete, er solle einfach trainieren und das machen, was er ihm sage.

Er lehrte den Mann nur ein paar grundlegende Dinge, so z. B. wie man eine Faust macht oder wie man seinen Körper lockert. Dann brachte er ihm eine einzige Bewegung bei. Eine *Tongbei*-Technik, bei der man gleichzeitig blockt und schlägt. Diese Technik erklärte der Meister sehr genau und ließ seinen Schüler nur diese eine Bewegung üben. Nach unermüdlichem Training bekam der Mann langsam ein Gefühl für die Technik. Während des Übens vergaß er sich selbst und empfand jenes Glücksgefühl, wie es auch Ausdauerläufer kennen, wenn sie einen bestimmten Punkt überschreiten.

Einmal, als der Mann auf Arbeit war und während der Mittagspause in der Essensschlange anstand, kam ein gefürchteter Schläger vorbei. Dieser Typ war sehr bekannt in der Fabrik. Jeder machte einen großen Bogen um ihn. Er wusste natürlich um seinen Ruf und stand niemals in der Schlange. Vielmehr drängelte er sich einfach nach vorn und verlangte sein Essen. Dabei gab er einmal auch unserem Mann einen Stoß. Dieser sprach den Grobian an und forderte ihn auf, sich zu benehmen. Ohne jede Vorwarnung wollte der Schläger seinen schweren Essnapf in das Gesicht des *Wushu*-Schülers rammen. Aber ehe die Kontrahenten wussten, wie ihnen geschah, lag der Wüterich wimmernd und seine Hände schützend vor das Gesicht haltend am Boden, und unser Mann stand über ihm. Er hatte diese eine Bewegung so lange trainiert, dass er selbst zur Technik geworden war. Als er angegriffen wurde, reagierte er instinktiv, blockte den Schlag und konterte in einem Atemzug. Später erzählte er seinem Meister von diesem Vorfall. Dieser sagte nur einen Satz: »*Quan wu quan, yi wu yi, wu quan wu yi shi zhen yi.*« Auch wenn dies nur eine Episode ist, die im entsprechenden Milieu durchaus auch einen anderen Ausgang hätte nehmen können, vermittelt diese kleine Geschichte ein Verständnis dafür, wie Kampfkunst funktionieren kann.

Die chinesische Kampfkunst baut auf Klugheit und Weisheit. Zumindest ist dies ihr Ideal. Auf Chinesisch sagt man dazu *zhihui* (智慧). Die ältere Generation der noch lebenden Meister in China wirft uns Europäern vor, dass wir in unseren Kampfkünsten, dem Boxen und dem Ringen, zu sehr von der körperlichen Konstitution und Kraft abhängig sind. Sicher haben sie damit auch Recht, denn nicht umsonst gibt es bei den Wettkämpfen in diesen Sportarten Einteilungen in Gewichtsklassen. Allerdings sind auch Boxen und Ringen nicht allein von der physischen Verfassung abhängig.

Das chinesische *sanda* (Vollkontaktwettkampf), das es seit Anfang der 1980er Jahre gibt, wird ebenfalls in Gewichtsklassen eingeteilt, die ursprünglich vom Westen übernommen wurden. Deshalb akzeptieren die Meister das *sanda* auch nicht als echten Teil des *wushu*, genauso wenig wie die Showformen. Diese Dinge sind nur ganz winzige Teilaspekte der chinesischen Kampfkunst, die sich erst in den letzten Jahrzehnten entwickelt haben.

Gewichtsklassen und körperliche Konstitution spielten früher in den Kampfkünsten eine untergeordnete Rolle. Generell gilt für alle Kampfkünste, seien sie nun östlicher oder westlicher Herkunft, dass Kampf nicht ein einfaches Kräftemessen wie beim Gewichtheben ist. Die Kraft kann und muss in der Kampfkunst flexibel und frei eingesetzt werden. Es geht um die intelligente Kraftnutzung. Die Kampfkunst sollte lehren, wie man seine Kraft sinnvoll nutzt, am und sogar mit dem Gegner. Damit die Kampfkunst effektiv bleibt, sind Kenntnisse über die Anwendung der Prinzipien in der Praxis notwendig. Des weiteren ist mit Klugheit und Weisheit in den Kampfkünsten auch noch etwas anderes gemeint: Täuschung und List. Aber dazu werde ich später noch mehr schreiben.

Über diesem Kapitel schwebt latent die Frage, ob es heute überhaupt noch wirkliche Kämpfer und effektive Kampfkünste gibt. Sicher könnte man sagen, dass, solange der Mensch sich in seinem Wesen nicht ändert, Kämpfer und Kampfkünste hervorgebracht werden können. Die Frage ist, ob die Begriffe noch in unsere Zeit passen. Aus meiner Sicht ist der Begriff des Kämpfers heute allzu klischeebehaftet, als dass man ihn noch ernsthaft verwenden sollte.

Kämpfer und Krieger waren früher die Menschen, deren Beruf der Kampf und der Krieg waren. Nicht die Soldaten im heutigen Sinne, sondern diejenigen, die es als Ehre empfanden, tot auf dem Kampfplatz zu bleiben, nachdem sie ihren Mut und ihre Stärke der Welt demonstriert hatten. Das gilt für die Ritter des Abendlandes ebenso, wie für die *samurai* Japans und die *xiake* in China. Ob adelig oder nicht, hier einte sie eine gleiche Idee. Der sogenannte Weg des Kriegers war so eng mit ihrem Leben verbunden, dass er das Leben selbst war. Heute trifft das für niemanden mehr zu. Daher sollten diese Begriffe, Kämpfer und Krieger, nicht mehr verwendet werden. Selbst Vollkontaktprofis und kampferprobte Straßenschläger erreichen nicht die Stufe eines Kriegers. Vielleicht kann man bei Eliteeinheiten noch am ehesten davon sprechen, aber auch hier unterscheidet der Grundgedanke, der Daseinszweck, ihre Mitglieder vom Ritter, Gladiator oder *xiake*. Es ist nicht mehr das gleiche. Ein Krieger ist Eins mit seiner Kampfkunst.

Kampfkunst und Selbstverteidigung

Die Frage, wie Kampfkunst und realistische Selbstverteidigung in Einklang zu bringen sind, war schon vor Jahrhunderten so aktuell wie heute. So schrieb Montaigne[61] 1580 in einem Essay:

Oft genug gewinnen wir über unsere Feinde dank gewisser Vorteile die Oberhand, die alles andere als unser eigenes Verdienst sind. Es ist das Kennzeichen eines Lastträgers, nicht der Tapferkeit, kräftigere Arme und Beine zu haben. Es ist eine tote, da rein körperliche Tugend, wendig zu sein. Es ist für uns glücklicher Zufall, der unseren Feind stolpern lässt und ihm im Sonnenlicht die Augen blendet. Es ist eine Sache der Auffassungsgabe und Kunstfertigkeit, gut fechten zu können – Fähigkeiten, die sich auch bei einem feigen, nichtswürdigen Menschen finden.

Wert und Würde eines Mannes werden von seinem Mut und seiner Willenskraft bestimmt; hierauf allein beruht seine wahre Ehre. Mannhaftigkeit bedeutet eben nicht Stärke von Armen und Beinen, sondern von Herz und Seele; nicht in der Vortrefflichkeit unseres Pferdes oder unserer Waffen besteht sie, sondern in unserer eigenen. Wer mit ungebrochenem Mut fällt – wenn er gestürzt, kämpft er kniend weiter –, wer angesichts nahender Todesgefahr keinen Augenblick die Fassung verliert, wer noch, wenn er die Seele aushaucht, seinen Feinden mit festem und trotzigem Blick ins Auge sieht, der ist nicht von Menschenhand niedergerungen, sondern vom Schicksal; er ist getötet, nicht besiegt.

Diese Passage beschreibt sehr gut die Grundeinstellung, die eine erfolgreiche Verteidigung, eine effektive Kampfkunst erst ermöglicht. Montaigne meint weiter unten: »Wahrhaft siegt, wer zu kämpfen, nicht wer zu überleben weiß; und die Ehre der Tapferen besteht darin, sich zu schlagen, nicht darin zu schlagen.« Das ist durchaus kein Widerspruch. Im Gegenteil, diese Aussage deckt sich mit der des »Kleinen Drachens« (Bruce Lee) und anderer Meister. Zuerst geht es darum, dass man den eigenen Tod einkalkuliert, sich innerlich von allem löst. Wer nichts mehr zu verlieren hat, wird unberechenbar. Es findet sozusagen ein Rollentausch statt. Der

---

[61] Michel de Montaigne (1533-1592) war ein französischer Politiker, Philosoph und Schriftsteller. Die modernen Ansichten, die er in seinen Essays vertrat, brachten ihn in Konflikt mit der Kirche. Doch besaß er genügend Überzeugungskraft, um den zuständigen Zensor im persönlichen Gespräch dazu zu bringen, seine Essays vom Index zu streichen.

Foto 28   Foto 29

Fotos 28 bis 31: Schnelle und überfallartige Attacken können die Bedrohung bereits im Keim ersticken.

Angreifer wird zum Opfer. Effektive Selbstverteidigung muss an diesem Punkt ansetzen. Die Techniken sind zwar zweitrangig, aber immerhin notwendig. Und nur dann, wenn die eigene Person mit der ausgeübten Kampftechnik eins wird und die Geisteshaltung stimmt, wird sich ein gewisser Erfolg einstellen. Dies ist mit dem heutigen Berufsleben und den üblichen gesellschaftlichen Verpflichtungen schwer vereinbar. Früher war es ein Beruf, Kämpfer zu sein, und der Tod war ein steter Begleiter. Heute werden dem allenfalls noch Eliteeinheiten gerecht oder in sehr begrenzter Form einige Vollkontaktprofis. Aber sowohl der Elitesoldat als auch der Vollkontaktprofi wollen nach getaner Arbeit nach Hause gehen.

Die Gewöhnung an friedliche Alltagssituationen können zu Verhaltens- und Denkmustern führen, die uns anfällig für unverhoffte Angriffe machen. Einige mögliche Situationen, die allesamt auf tatsächlich geschehenen Ereignissen beruhen, können z. B. so aussehen:

Ein Typ kommt auf dich zu und hält dir sofort die Pistole an den Kopf oder er drückt dir ein Messer an die Kehle. Es muss nicht einmal so stereotyp abgehen, ein Schraubenzieher, eine Schere oder eine verseuchte Spritze können ebenso

118

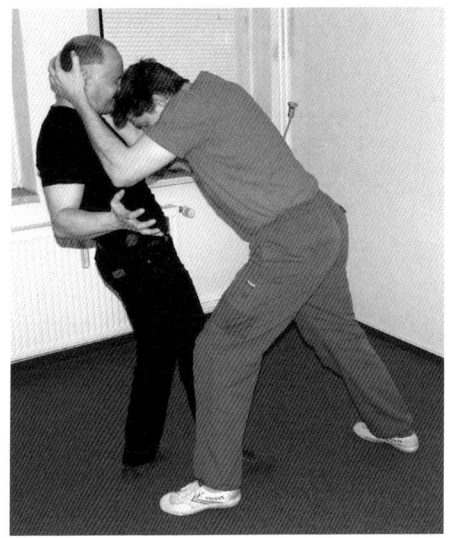
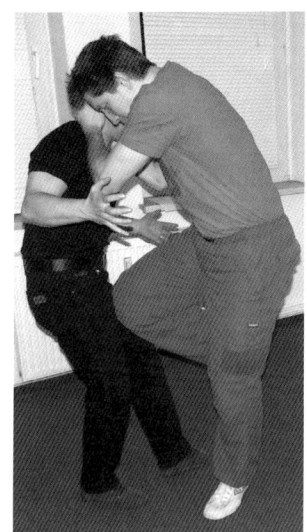

Foto 30   Foto 31

ihren Zweck erfüllen. [...] Aus dem Auto schießt jemand auf dich, an der U-Bahn stößt dich einer von hinten auf die Gleise. Im Vorübergehen rammt dir einer eine Klinge in den Bauch, wegen nichts und wieder nichts. Das Thema Kampf wird dann plötzlich sehr aktuell.

Ist das alles aber Kampf? Kann uns die Kampfkunst darauf vorbereiten? – Zu einem Streit gehören immer zwei. Früher forderte man einander heraus. Heute erklärt sich aber keiner mehr. Daher ist es dieser Tage so nötig wie damals, mit der rechten Gemütsverfassung, seelischen Einstellung und wirksamen Technik zu trainieren, ohne dabei von allerlei Phobien heimgesucht zu werden.[62]

Daran sieht man, dass Selbstverteidigungskurse meist wenig sinnvoll sind, seien die darin vermittelten Techniken auch noch so gut. Effektiver Selbstschutz ist nur bei völliger physischer und psychischer Hingabe möglich.

Traditionen haben hierbei nichts zu suchen, da sie uns nicht auf den Ernstfall vorbereiten. Tradition bedeutet das Überliefern von Prinzipien und die Wiedergabe von Erfahrungen und Lehrbeispielen. Es liegt dann an jedem Schüler selbst, was er aus dem Stoff macht. Mehrere chinesische Meister sagten: »Wenn eine Form an zwei Schüler weitergegeben wird,

---

[62] Rudolph, F.: Über die Kampfkunst. Wolfsburg: Selbstverlag 2010.

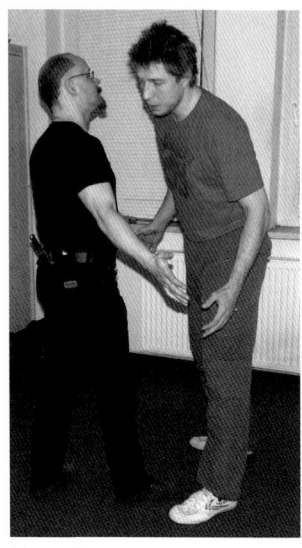 

Foto 32　　　　　Foto 33

Fotos 32 bis 34: Zu den Kampfkünsten gehörten von jeher Strategien, den Angriff zu tarnen und dann unerwartet zuzuschlagen. Solche Strategien und Techniken sind in alten Formen enthalten, werden jedoch heute nicht mehr verstanden oder falsch interpretiert.

Auf Foto 32 beugt man seinen Körper leicht nach vorn und tut so, als ob man sich von den Drohungen des Gegners einschüchtern lässt oder unterwürfig zuhört, dann stößt man plötzlich mit dem Kopf zu (33) und schlägt mit dem Ellenbogen nach (34).

entstehen zwei neue Formen.« Die Meister hätten von jeher die Möglichkeit gehabt, sich auf eine traditionelle Kampfkunst zu berufen. Aber dieser Begriff tauchte erst in den letzten Jahren auf und ist in China bis heute unbekannt. Jetzt könnte man natürlich fragen, weshalb dann auf die Lehrer-Schüler-Beziehung soviel Wert gelegt wird, wenn es offensichtlich nicht in erster Linie darum geht, Techniken zu lehren und zu überliefern. Ich möchte hier wieder mit einem *yanyu* antworten. Es lautet: »*Shifu qing jin men, xiu xing zai ge ren*« (师父请进门，修行在个人). – »Der Meister bittet einen, durch die Tür einzutreten. Das Werden liegt bei einem selbst.« Mit *xiu xing* ist wörtlich »religiös werden« gemeint. Aber es bedeutet in diesem Fall, dass die eigene Entwicklung bei einem selbst liegt. Ein Meister und die Dinge, die er einen Schüler lehrt, sind nur Wegweiser. Manchmal zeigen diese Wegweiser einem sehr gut den Weg, manchmal

Foto 34

braucht der Ausübende überhaupt keinen detaillierten Wegweiser. Ein guter Lehrer ist enorm wichtig, aber nicht so wichtig wie oft geglaubt wird. Ein mittelklassiger Lehrer und ein guter Schüler werden zu einem besseren Ergebnis gelangen als ein guter Lehrer und ein schlechter Schüler. Und ein mittelklassiger Lehrer, der einen guten Schüler mit Kampferfahrung hat, wird zu einem besseren Ergebnis gelangen als ein guter Lehrer mit einem guten Schüler ohne solche Erfahrung.

Erfahrungen sind ohnehin wichtiger als alle Theorie. Der Krieger oder Kämpfer, der eine Schlacht überlebt hat, weiß sicher mehr von der Materie des Kampfes, als jener, der lediglich in einem *guan* oder *dojo* seine Übungen absolvierte.

Die Effektivität eines Stils wird durch den Kämpfer begründet, der diesen betreibt. Betreibt aber der Mensch die Kampfkunst oder die Kampfkunst den Menschen? Beides ist wahr. – Zu einer so komplexen Sache wie der Kampfkunst gehören immer mehrere Komponenten – Talent, Psyche, eigene Umwelt, Training, Hingabe oder auch Glück. Einige dieser Komponenten sind nicht von menschlicher Hand beeinflussbar. Möchte man die meiste Zeit effektiv und bereit sein, muss man so viele Komponenten wie möglich unter Kontrolle und in Harmonie bringen. Dies ist eine Lebensaufgabe und bedeutet einen mühsamen und anstrengenden Weg. Das heißt, die Kampfkunst und der Ausübende dürfen nicht getrennt betrachtet werden. Der Spruch: »Kampfkunst als Lebensweg« hat durchaus seine Berechtigung, obgleich er heute mit sehr abstrakten Vorstellungen und viel Kitsch behaftet ist. Auch wenn die radikale Wirksamkeit der Schusswaffen vieles aus der Tradition der Kampfkünste in Frage stellt, sind auch in unserer Zeit das Betreiben einer Kampfkunst und die daraus resultierenden Fähigkeiten zum Selbstschutz keineswegs sinnlos geworden.

Foto 35   Foto 36

Foto 37   Foto 38

Fotos 35 bis 38: Mögliche Verteidigung gegen ein Messer. – Bei einem bewaffneten Angriff ist Weglaufen stets die erste Wahl. Flucht ist in den Kampfkünsten eine wichtige Option. Es geht in der Kampfkunst nicht so sehr um Siege, sondern darum, das Leben und die Gesundheit zu erhalten. Erst wenn keine Flucht mehr möglich ist, kämpft man.

Gegen ein Messer sollte man die Hände mit der Außenseite schützend hochnehmen, einen Schnitt kann man an diesen Stellen aushalten, noch dazu, wenn der Körper aufgrund der Gefahr voll Adrenalin ist. Besonders wichtig ist es in jedem Fall, die Weichteile des Körpers zu schützen.

zuiquan, si zui, xin bu zui

Das Denken ist betrunken, aber das Herz ist es nicht.

Die Scharlatane im Wushu

Die Tradition der Jianghu Pianzi

An dieser Stelle möchte ich auf die Scharlatane im *wushu* zu sprechen kommen. Auf Chinesisch werden diese als *jianghu pianzi* (江湖 骗子)[63] bezeichnet. Sie gehören zur chinesischen Kampfkunst (und generell wohl zu allen Kampfkünsten) einfach dazu. Ein *pianzi* ist ein Schwindler oder Betrüger, der durch die Lande zieht und mit seltsamen und oft mystisch erscheinenden Übungen seinen Lebensunterhalt bestreitet. Er versteht es hervorragend, die Leute zu blenden. In gewissem Sinne ist der *pianzi* nichts anderes als ein Taschenspieler. Ein Trickbetrüger, der sich auf die Kampfkunst spezialisiert hat.

In China betrifft das vor allem die reiche Küstenprovinz Guangdong. Dort scheinen die *pianzi* sich besonders gern zu tummeln. Sie kommen aus dem chinesischen Inland und geben vor, Meister vom Shaolin-Tempel oder aus dem Wudang-Gebirge zu sein. Sie treten mit einer Selbstverständlichkeit auf, als ob die Welt auf sie gewartet hätte und beglücken die Menschen mit ihrem unbegreiflichen Wissen.

Mir sind einige dieser auffälligen Gestalten begegnet. Einer von ihnen demonstrierte mir, wie er sich mit der Handfläche in seinen Genitalbereich schlagen konnte, ohne dabei Schmerzen zu verspüren. Ich muss nicht betonen, dass sich dieses Wissen, wäre es tatsächlich handfest, schnell herumgesprochen haben würde. So aber schlug sich der *pianzi* einfach auf den Oberschenkel und versuchte diese Tatsache mit viel Hokuspokus zu verschleiern.

Ein alter chinesischer *Qigong*-Experte namens Pan Yunbao (潘运保) gab oft Vorführungen seines *qigong*. Unter anderem trat er auch bei offiziellen Anlässen auf, z. B. beim Besuch des nordkoreanischen Präsidenten. Es waren solche Demonstrationen, wie sie fast jeder schon einmal gesehen hat. Das heißt, Meister Pan zerschlug Steine oder Kanthölzer auf seinem Körper oder auf seinem Kopf. In China zählte er zu den größten Autoritäten auf dem Gebiet des *qigong*. Einmal hatte er eine Begegnung

---

[63] Wörtl. Fluss- und See-Betrüger.

mit Meister Chen (陈师父), einem Freund meines *shifu* und Erbe des *hongmen* (洪门). Dabei musste der *Qigong*-Meister Pan feststellen, dass seine *Qi*-Kräfte bei einem realen Kampfvergleich absolut wirkungslos waren. Bei Vorführungen statische Dinge zu zertrümmern, Steine am eigenen Körper kaputtzuschlagen oder sich von anderen auf vereinbarte Weise schlagen zu lassen, ist etwas gänzlich anderes als ein Kampf mit einem lebendigen, sich bewegenden Partner. Die Schläge, die man hier völlig unerwartet bekommt, haben eine ganz andere Wirkung als Schläge in Vorführungen, auf die man vorbereitet ist. Generell gibt es auf dem Gebiet des *qigong* vieles, das ohne Übertreibung als Betrug bezeichnet werden kann. Meine Erfahrungen in China haben mich dem *qigong* gegenüber mehr als skeptisch werden lassen.

Im hohen Alter gab Pan Xingbao offen gegenüber mehreren Meistern – darunter auch meinem Lehrer – zu, dass diese *Qigong*-Vorführungen lediglich zum Beindrucken der Leute gedacht seien. Es sei eher eine Zauberkunst als eine Kampfkunst.

Auch der Meister des *ninjutsu* Hatsumi Masaaki ist kein Freund dieser *pianzi*. Er ist der Meinung, dass, wer *ninjutsu* zur Volksbelustigung betreibt, kein *ninjutsu* praktiziere, was übrigens auch für andere Kampfstile gelte.

Jianghu pianzi gibt es schon so lange, wie es die Kampfkünste gibt. Sie gehören in gewisser Weise einfach mit zur Kultur des *wushu*. Immerhin steckt auch eine Menge Talent in den *pianzi*, und die Arbeit, all dieses unnötige Können einzustudieren, ist sicher enorm. Das Täuschen von Menschen ist im Prinzip ebenfalls eine Kunst und erfordert Wissen und Technik. Früher sicherten die *jianghu pianzi* sich mit ihrem Handwerk ihren Lebensunterhalt, sie mussten Scharlatanerie betreiben, um zu überleben. In der heutigen Zeit ist so etwas einfach nicht mehr notwendig und artet oft in tatsächlichen Betrug aus.

Trotz der Mühe, die in den Tricks steckt, sind die meisten der gezeigten Darbietungen, wie das Zerschlagen von Steinen oder Kanthölzern auf dem Körper usw., nicht wirklich schwierig. Diese Dinge beruhen auf reiner Physik, so z. B. dem Gesetz von der Trägheit der Masse. Man kann damit aber gut das Volk unterhalten. Übermenschliche Fähigkeiten gibt es nicht. Solange es ein Mensch demonstriert, ist es eben menschlich. Es wäre natürlich wünschenswert, dass diese Spielereien nicht als *gongfu* oder Kampfkunst

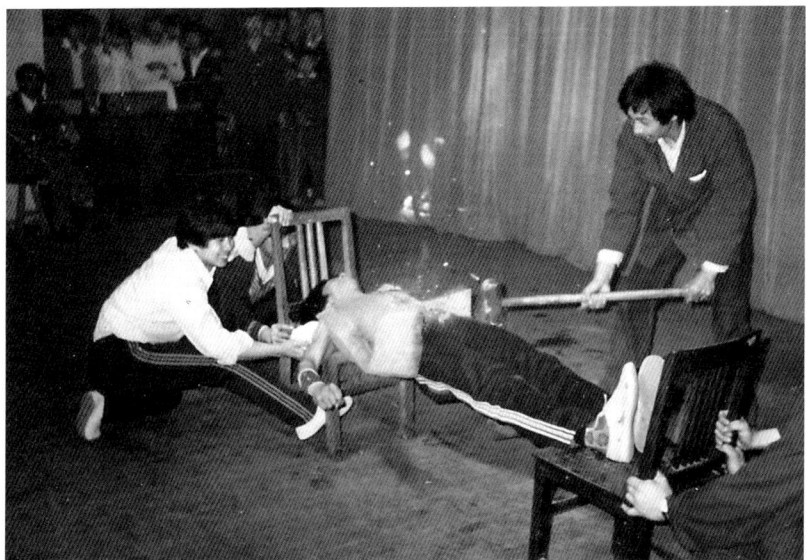

Foto 39: Schon seit ewigen Zeiten gibt es Vorführungen, die den Zuschauer in Erstaunen versetzen sollen. Tatsächlich ist man aber bereits mit ein wenig Übung dazu in der Lage, solche Dinge zu vollführen. Hier auf dem Bild ist mein älterer *Wushu*-Bruder Cheng Jianping zu sehen (Bildmitte), wie er vor vielen Jahren schwierig erscheinende *Qigong*-Übungen vorführte und dann dem staunenden Publikum erklärte, wie und vor allem wie einfach solche Dinge funktionieren. Alles lässt sich mit den Naturgesetzen erklären.

bezeichnet würden. Denn die Tricks entbehren allem, was echte Kampfkunst ausmacht. Trotz aller Mühe, die in ihnen steckt, fehlt doch immer die Grundlage, das *gongfu*. Es ist nur Schein. Wäre es anders, müssten Männer wie David Copperfield und Uri Geller ebenfalls als Meister der Kampfkunst bezeichnet werden. Die *pianzi* verwenden nur eine andere Art von Zauberei und Illusion, mit Kampf hat das alles jedoch nichts zu tun.

Die modernen Scharlatane

Immerhin sind viele von den oben beschriebenen *pianzi* harmlos. Es gibt aber noch eine andere Art von Betrügern, die sich erst richtig mit der Zeit der Globalisierung und der Medien entwickelt haben. Es sind keine *jianghu pianzi* im üblichen Sinne, aber sie sind dafür verantwortlich, dass

127

die chinesischen und viele andere asiatische Kampfschulen in ihrem Ruf schwer geschädigt werden. Oft reden sie lautstark von der Tradition, haben aber nicht das geringste mit ihr zu schaffen. Es geht ihnen nur darum, mit geborgtem Ruhm zu Wohlstand zu gelangen. Das äußert sich beispielsweise darin, dass sie alles versuchen, um alte, authentische Meister zu treffen und sich mit ihnen zusammen fotografieren zu lassen. Sie behaupten dann, Schüler dieser Meister zu sein, oder dass die Meister sie als ebenbürtige Kampfkunstexperten anerkennen würden. Das Ganze darf man dann auf aufwendig gestalteten Internetseiten bestaunen.

Es schmerzt mich, wenn ich sehe, wie die modernen *pianzi* Schulen eröffnen, die manchmal hochprofitable Unternehmen sind, und dort sonderbare Dinge unterrichten. Ich rede hier gewiss nicht von Enthusiasten, die mit mehr Leidenschaft als Können ans Werk gehen. Denn diese haben meist den Willen, sich zu entwickeln und es eines Tages besser zu machen. Ich rede hier ausdrücklich von Leuten, die kein Verständnis für die Kampfkunst haben, aber durch Kampfkünste zu Ruhm und Reichtum gelangen wollen. Ich habe nicht selten erlebt, wie sie sich als Meister aufspielen, aber tatsächlich andere, junge Kampfsportler den Unterricht anleiten lassen. In China ist das sehr oft anzutreffen. Als Krönung wagen es diese *pianzi*, über seriöse Meister Urteile abzugeben und hinter deren Rücken schlecht über sie zu reden. Auf Chinesisch bezeichnet man solche Leute als *chui niu* (吹牛). Sie sind eine wahre Plage und tun sich lediglich durch ihre Großmäuligkeit hervor. Es gibt im Reich der Mitte unzählige Bücher von ihnen, voll mit Bildern sonderbarer Techniken, und mit Texten, die entweder nichts erklären oder ohne Quellenangabe aus richtigen Fachbüchern abgeschrieben worden sind. Die Werke der echten Meister kann man hingegen an einer Hand abzählen. Für den, der lernen will, sind solche Bücher der reinste Hohn. Aber ein Laie kann nicht echt von unecht unterscheiden, denn dazu bedarf es langen Trainings. Dann kann es schon zu spät sein, denn je mehr alte Lehrer sterben und je mehr dieses falsche Wissen der unseriösen *chui niu* in den allgemeinen Gebrauch gelangt, desto unmöglicher wird dieser Prozess aufzuhalten sein.

Ich sehe die Kampfkünste eines jeden Landes als dessen Kulturgut und -erbe, und die *pianzi* und *chui niu* zerstören dieses flüchtige Gut nachhaltig. Besonders das *wudangpai* ist dafür anfällig. Es ist unter den Betrügern besonders beliebt, sich als Meister dieser Kunst auszugeben. Denn die wenigen echten Wudang-Meister vermarkten sich nicht und sind daher auch kaum bekannt. Die daoistische Philosophie legt keinen Wert auf Ruhm und Ehre.

Im Grunde kann man einen echten Meister leicht von einem Hochstapler unterscheiden, ohne praktische Übungen oder Kämpfe zu sehen. Man muss sich nur mit beiden unterhalten. Auf das gleiche Thema angesprochen, erhält man vom Meister fundierte und vernünftige Antworten, vom *pianzi* hingegen einen Schwall von Worten mit großen Gesten und noch größeren Übertreibungen. Ich habe das immer wieder vergleichen können und musste feststellen, dass dies beinahe eine Gesetzmäßigkeit ist. Gibt man sich mit der gebotenen Antwort eines Hochstaplers nicht zufrieden, erhält man entweder weitere wortreiche Erläuterungen ohne die geringste Information, oder man wird mit einer Pseudoweisheit abgespeist und danach ignoriert. Oft sind diese Leute sehr redegewandt und beeinflussen die Zuhörer durch geschliffene Sprache und psychologische Manipulation. Stets fällt das Kartenhaus ihres Pseudowissens jedoch in sich zusammen, wenn man wachsam bleibt und alles hinterfragt.

Ein neuer Bruce Lee

Auf einen *jianghu pianzi*, den ich in China traf, möchte ich etwas näher eingehen. Dieser Mann stylt sich in der Art von Bruce Lee. Er hat natürlich ein Buch geschrieben über realistische Selbstverteidigung, voll mit nutzlosen Comicbildern. In einer Zeitung ließ er veröffentlichen, dass er 50 000 Yuan demjenigen biete, der ihn im realen Kampf besiegen könne. Leider hat dieser Bruce-Lee-Verschnitt vergessen, seine Kontaktdaten zu erwähnen. Für 50 000 Yuan würden viele arme chinesische Arbeiter sofort den Kampf mit ihm aufnehmen. Ob er gewinnen würde? Ich bezweifle das. Mit solch lächerlichen Aktionen beleidigt er nicht nur den großartigen Bruce Lee, dem er so gern gleichen möchte, er macht auch die Kampfkünste lächerlich. Kein seriöser Meister würde jemals so etwas machen.

Des weiteren ging dieser Scharlatan auch noch zu Meistern wie Yuan Linlin und Zhang Kejian, ließ sich mit ihnen fotografieren und verbreitete die Bilder übers Internet. Ohne das geringste Schamgefühl behauptet er, dass die echten Meister ihn bewundern würden und dergleichen mehr. Welcher Laie würde solch einem *chui niu* nicht auf dem Leim gehen? Natürlich müssten sich solch bekannte Meister wie Yuan oder Zhang nicht für so etwas hergeben. Aber oft sind sie in dieser Hinsicht sehr naiv. Zhang Kejian war ein Kampfkünstler durch und durch. Er beschäftigte sich sein ganzes Leben mit der Kampfkunst. Auf Chinesisch bezeichnet man solche Menschen als *lianjiazi* (练架子), d. h., als jemanden, der ehrlich und aufrichtig trainiert. Meister Zhang sagte einmal zu mir: »Ich kann nichts außer Kampfkunst. Ich weiß leider nicht, wie man richtig redet und sich ausdrückt, tut mir leid.« Diese Tatsache trifft auf viele Lehrer zu, die, obwohl intelligent, in diesem Punkt eine Schwachstelle haben. Dies wird natürlich von solchen Scharlatanen ausgenutzt. Auf Chinesisch sagt man treffend: »*Wujiang da tianxia, wenjiang zuo tianxia*« (武将打天下, 文将坐天下). – »Die Kämpfer erkämpfen eine Welt, aber die gebildeten Menschen sitzen auf ihr.« Damit soll gesagt werden, dass die Kämpfer durch Blut und Schweiß die Gesellschaft erschaffen, aber die schlauen und trickreichen Leute die Früchte ernten und den Luxus genießen. Eine Wahrheit, die sich immer wieder bestätigt hat, und dies natürlich nicht nur in China.

Unser Scharlatan ließ sich mit Meister Zhang fotografieren, wie er ihm sein Buch zeigt und dabei wirklich unverschämt in die Kamera grinst. Wer sich ehrlich mit Kampfkunst befasst und über ein wenig Menschenkenntnis verfügt, wird sofort erkennen, dass er ein Blender ist. Niemand wird durch ein Foto mit einem Meister selbst zu einem Meister. In diesem Zusammenhang muss man aber auch bedenken, wie einfach es in China ist, an Meistergradurkunden zu gelangen – außer natürlich durch hartes Training. Sie werden nicht durch Prüfungen erworben, sondern mit dem bekannten »Roten Päckchen« (红包) gekauft, d. h., mit Geld. Ursprünglich beschenkte man Kinder während des Frühlingsfestes mit roten Päckchen. Heute sind diese ein Sinnbild für Bestechung. Das ist ein großes Problem, natürlich nicht nur in China.

Das obige Beispiel ist ein Extremfall. Ganz so weit wie der Möchtegern-Bruce-Lee gehen die meisten *pianzi* nicht. Vor allem die Abendländer machen solche Sachen oftmals aus Unwissenheit. So gab es einmal einen deutschen *ninja*, der stolz herumerzählte, er habe schon einmal mit

Hatsumi Tee getrunken. Aber als er irgendwelche Übungen mit einem Stock vorführen wollte, flog ihm dieser aus der Hand. Genau genommen ist dieser Vorfall eher harmlos und recht witzig, denn es kam niemand zu Schaden. Um von einem Lehrer wie Hatsumi korrekt unterwiesen zu werden, müsste man jahrelang an seiner Seite bleiben und leben. Eine Teestunde auf einem Seminar reicht dafür nicht aus.

Jianghu – die Gesellschaft der Erfolgreichen

Zum Abschluss dieses Kapitels möchte ich noch ein wenig genauer die Bedeutung des Wortes *jianghu* (江湖) erläutern. Im alten China wurde das Wort *jianghu* für die Gesellschaft benutzt, der Begriff umfasste aber vor allem die Welt der Kämpfer, *xiake* und Politiker sowie der Gaukler und Händler. »Dort wo Menschen sind, dort ist *jianghu*«, hieß es im Film »Tiger and Dragon«. Das trifft es sehr gut. *Jianghu* ist die Gesellschaft, das große Becken, in dem wir uns tummeln. Es gibt hier Könner, Talente, Betrüger, Verbrecher, gute und schlechte Menschen. Aber nichts ist absolut, sondern alles relativ. Begriffe wie Betrug und Hinterlist sind zwar negativ besetzt, aber ein Mensch, der sich erfolgreich in der Gesellschaft durchsetzen will, muss auch mit den Schattenseiten des Lebens vertraut sein. Erfolg, Macht und ein angesehener Status gelten in der Gesellschaft als positiv, aber sie beinhalten immer auch eine negative Bedeutung. Das *jianghu* ist ein Geflecht aus vielen Dingen, wo nichts ist, wie es zu sein scheint.

Der Daoist Zhuangzi hat dies mit den folgenden Worten beschrieben:

Die Moral und die Tugend des Räuberhauptmanns

Dao Shi war der größte Räuberhauptmann in der Antike. Eines Tages kam einer seiner Männer zu ihm und fragte: »Haben wir Räuber eigentlich auch Eigenschaften wie Tugend und Moral?« – Dao Shi antwortete: »Natürlich haben wir das.«

Ja, er hat recht, aber warum? – Jemand, der ein großer und erfolgreicher Räuberhauptmann sein möchte, muss wissen und voraussehen können, wo sich die wertvollen Dinge in einem Haus befinden. Das nennt sich Weisheit. *Wenn man die Dinge stiehlt, muss man als erster in das Haus eindringen, um die Lage auszuspionieren. Das ist* Kühnheit. *Nachdem die Bande die Dinge ge-*

stohlen hat und sich auf den Rückweg macht, geht der Räuberhauptmann als letzter und hält allen anderen den Rücken frei. Das ist Rechtschaffenheit und Verbundenheit *mit seinen Leuten. Wenn ein Räuberhauptmann beurteilt, ob es die Umstände und Verhältnisse erlauben, dass man einen Diebstahl durchführt, ist das* Klugheit. *Nach dem Diebstahl die gestohlenen Dinge gerecht zwischen seinen Männern zu verteilen, ist* Wohlwollen und Güte. *Wer nicht über diese fünf moralischen Tugenden verfügt, kann kein großer Räuberhauptmann sein.*

Der tugendhafte und moralische Mensch kann nicht moralisch und tugendhaft sein, wenn er nicht die Klugheit und Vernunft eines Weisen erreicht hat. Der Räuberhauptmann kann kein Räuberhauptmann sein, wenn er nicht die Klugheit und Vernunft eines Weisen erreicht hat. So ist der Gebrauch des Moralkodex bei guten wie bei schlechten Menschen gleich. Die schlechten Menschen dieser Welt sind die raffinierten und trickreichen Menschen, die es verstehen, den Moralkodex der Tugendhaftigkeit als ein Amulett zu tragen und für sich auszunutzen. Auf der Welt gibt es offensichtlich mehr raffinierte und trickreiche Menschen als wirklich tugendhafte Menschen. So führen Rechtschaffenheit und Tugend zu mehr Schaden als zu Gutem. Wenn die raffinierten und trickreichen Menschen nicht Hilfe durch die vorgegebenen Tugenden der Weisen erhalten würden, so könnten sie niemals zu wirklich schlechten Menschen werden.

Auch heute sind gerade unter den Erfolgreichen viele raffinierte und trickreiche Menschen zu finden, die ihre Taten unter dem Deckmantel der Tugend und der Gutherzigkeit vollbringen. So betrachtet gibt es oftmals keinen wesentlichen Unterschied zwischen einem rechtschaffen erscheinenden Politiker und einem Mafiaboss.

you xin cai hua hua bu fa, wu xin cha liu liu cheng yin

Blumen, die man mit viel Mühe pflanzt, erblühen nicht;
ein Weidenzweig hingegen, den man gedankenlos in die Erde steckt,
wächst zu einem schattigen Baum heran.

Die Meister von China

Zu Besuch bei Meister Li

Während meines Trainings bei Meister Li kamen des öfteren andere Meister zu Besuch. So hatte ich die Gelegenheit und sicher auch das Privileg, eine ganze Reihe von Kampfkunstgrößen aus dem Reich der Mitte kennenzulernen. Einige dieser Meister sind die letzten Vertreter authentischer Stile. Wenn sie gestorben sein werden, wird die Welt des *wushu* eine ärmere geworden sein. Da viele dieser Koryphäen nicht unterrichten, gibt es keine Möglichkeit, ihr Wissen zu bewahren. Teilweise gaben sie mir die Gelegenheit, von ihren Erfahrungen zu lernen. Sie taten das aber nur aus Freundschaft zu meinem Lehrer.

Einige der häufigsten Besucher waren Meister Chen, einer der letzten Repräsentanten des traditionellen *hongmen*, ein Meister der Affenfaust (*hou quan*, 猴拳) namens Zhang (张师父), verschiedene Vertreter des Wudang-Boxens, Meister des *baji* und auch einige *Sanda*-Kämpfer. Andere recht häufige Besucher waren Mitglieder der Elitepolizei oder Schauspieler und alte Meister der chinesischen Oper. Sie alle verbindet eine jahrelange Freundschaft mit meinem Lehrer.

Natürlich kamen all die Männer in erster Linie, um Meister Li zu besuchen. Aber sie wollten auch den Europäer sehen, wollten wissen, wie anstellig der Ausländer, der *waiguoren* (外国人), war und wie Li Zhenghua ihn unterrichtete. Bei einigen spürte ich mehr oder minder die Distanz zu mir als Fremden, der in solch einer Umgebung, inmitten der Chinesen, lebt und obendrein bei einem allseits anerkannten Meister trainiert. Andere wiederum waren sehr offen, und ich hatte das Gefühl, dass sie gern bereit waren, ihr Wissen zu teilen. Es gab auch ein paar unter ihnen, die ihr Misstrauen nicht verbergen konnten. Sie fragten Meister Li, ob er mich tatsächlich ehrlich trainiere oder nur die Dollars abkassiere. Mein Lehrer reagierte darauf gelassen und meinte, sie sollten mich nur selber fragen, da ich Chinesisch verstehen und sprechen könne. Es gab auch Leute, die Meister Li anriefen und ihm rieten, er sollte mich nicht trainieren. Oder sie sagten: »Deutschland ist doch schon ein gutes Land. Es ist gar nicht nötig, dass der Deutsche nun auch noch die guten Dinge aus China bekommt.« Glücklicherweise legte sich bei den meisten nach und nach das Misstrauen.

Durch diese Besuche und die Gespräche mit den Meistern lernte ich sehr viel über die chinesische Kultur. Das Denken und die Ansichten der Männer, manchmal auch Frauen, waren nicht immer sofort zu verstehen. So gab es denn auch einige Diskussionen, die aus den unterschiedlichen Lebensauffassungen erwuchsen.

Ich habe im Laufe meiner Jahre in China Menschen jedes Charakters kennengelernt, freundliche und heimtückische. Ein besonders hinterhältiger Meister forderte mich zu einem freundschaftlichen Vergleich im *tuishou*. Wie ich später erfuhr, hatte er vor, mich dabei zu verletzen. Solche Vorfälle blieben glücklicherweise die Ausnahme. Wenn auch einige Meister erst spät ihre Vorbehalte mir gegenüber ablegten, so akzeptierten sie mich letztendlich doch. Einer von ihnen war Meister Yuan Linlin (袁师父), ein enger Freund meines *shifu* seit frühster Kindheit und einer der Lehrer von Jet Li. Meister Yuan war der erste Staatstrainer für *wushu*.[64] Er betrachtete mich anfangs sehr skeptisch, ehe er mich nach fast fünf Jahren eines Tages früh in den Park bestellte, um mich zu unterweisen. Der Vater von Meister Yuan, Meister Yuan Xinan war ebenfalls ein bekannter Kampfkunstmeister und einer der besten *Shuaijiao*-Experten (Ringkämpfer) Chinas. Er war befreundet mit dem Lehrer von Meister Li. Von die beiden Meistern Yuan wird weiter hinten im Buch noch die Rede sein.

Ein anderer sehr bekannter Meister, der sich mir gegenüber anfangs sehr reserviert verhalten hat, war Tian Haisheng (田海生). Er versuchte, meinen Lehrer davon zu überzeugen, dass es nichts bringe, einen *waiguoren* ernsthaft zu unterrichten, da ich ohnehin bald wieder weg sein würde. Nach drei Jahren ausdauernden Trainings, in denen ich mir teilweise das *jibengong*, die körperlichen Grundlagen, angeeignet hatte, welche für das *wushu* unbedingt notwendig sind, änderte auch er seine Meinung. Von diesem Zeitpunkt an brachte er mir die innere Kampfkunst *zuibaxian* bei. Obwohl Meister Tian damals schon 58 Jahre alt war, erstaunte es mich, wie flexibel er sich noch bewegen konnte. Bei dieser schwierigen Kampfkunst

---

[64] Noch vor Li Junfeng, der durch seinen Film »Die rasende Wut des Stolzes« zu einiger Berühmtheit gelangte.

Foto 40: Meister Tian Haisheng (links) ist einer der besten Meister des *zuibaxian* (betrunkenes Boxen) in ganz China. In den 70er Jahren, als es erste nationale *Wushu*-Turniere und Wettkämpfe gab, war er einer der ersten *Wushu*-Champions von China. Ebenfalls ist er einer der Meister, die das *dao* (Säbel, Langmesser) am besten beherrschen.

Meister Yuan Linlin (Mitte). Sein Vater, Meister Yuan Xinan, war einer der letzten, die in China das *biaoju*, den Geleitschutz, betrieben und wertvolle Waren oder Menschen mit ihrer Kampfkunst beschützten. Yuan Linlin begann bereits in früher Kindheit mit dem Training. Mitte der 70er Jahre wurde er der erste Staatstrainer für *wushu*. Unter ihm trainierten die meisten der bekannten *Wushu*-Größen Chinas, so z. B. auch Jet Li. Seine Schüler sind heute über die ganze Welt verteilt und in einigen Ländern Nationaltrainer der chinesischen Kampfkunst. Obwohl Meister Yuan größtenteils Sport-*Wushu* lehrt und auch wesentlich an der Entwicklung zum Wettkampfsport mitgewirkt hat, beherrscht er ausgezeichnete authentische und praktische Kampfstile. Er gehört zu den besten Ringern in China (chinesisches Ringen, *shuaijiao*) und ist einer der letzten Meister, die den authentischen *Tongbei*-Stil beherrschen. Heute lebt Meister Yuan zurückgezogen in Wuhan und unterrichtet nicht mehr öffentlich.

Meister Li Zhenghua (rechts). In eine reiche Familie hineingeboren, schickte ihn sein Vater seit frühester Kindheit zu den kampfstärksten Meistern Chinas. Während der Kulturrevolution, als nunmehr geächteter, verarmter Kapitalistensohn, trainierte er unaufhörlich hinter verschlossenen Türen bei den letzten Meistern. Während der 70er Jahre gab er zusammen mit alten Meistern Vorführungen im ganzen Land, unter anderem auch mit Wen Jingming (Chinas erster *Wushu*-Professor). Zu Beginn der 80er Jahre, der Zeit, als China sich wieder zu öffnen begann, wurde er als Trainer für Eliteeinheiten angestellt und später zum Staatsbeamten ernannt.

gibt es unzählige Elemente am Boden; man läßt sich zu Boden fallen, steht wieder auf und vollbringt dabei halbakrobatische Manöver; immerfort geht es auf und nieder. Normalerweise kann ein Mann seines Alters derartige Techniken nicht mehr oft durchführen, ohne sichtlich zu ermatten.

Aber Meister Tian wirkte ganz und gar nicht angestrengt. Er trainiert täglich zu sehr früher Stunde im Park *taijiquan*. Im *zuibaxian* unterrichtete er mich gewissermaßen nebenbei. Dabei betonte er mehrmals, dass *taiji* und *zuibaxian* die gleichen Grundlagen haben, und dass ich später auf jeden Fall noch gutes *taijiquan* lernen sollte. Ab und zu war auch Meister Yang anwesend, der Schwager des Meisters und einer der besten noch lebenden *Tuishou*-Meister Chinas.

Meister Li seinerseits besuchte zusammen mit mir anerkannte Vertreter verschiedener, teils seltener Stile des chinesischen *wushu*. Einer von ihnen, er hieß ebenfalls Li, erklärte mir das ungewöhnliche *ziranmen* (自然门). *Ziran* bedeutet »natürlich«, was bereits auf die Grundidee des Stils verweist. Diese Kunst ist sehr frei. Sie kennt keine festgelegten Bewegungsabläufe. Alle Angriffe werden abgefangen, indem man den Körper rundet und aus der jeweiligen Haltung heraus kontert. Das *ziranmen* gehört zu den intuitivsten Kampfkünsten, die es gibt. Ohne feste Technikabläufe reagiert man frei auf jede Bedrohung und greift ebenso frei an.

Ein anderes Mal waren wir zu Gast bei dem sehr starken Meister Chen Chongxi. Er erläuterte das *baguazhang* und das sehr explosive und aggressive *fanziquan* (翻子拳). Das *fanzi* bezieht seine Energie aus sehr schnellen Wendungen (*fan*) des Körpers. Zentrifugalkräfte, gepaart mit peitschenartigen Techniken, ergeben einen wirkungsvollen Stil. Außerdem beherrschte Meister Cheng den ungewöhnlichen Stil *yuanyang raobuquan* (鸳鸯 繞步拳), den Stil der Mandarinente, der so harmlos klingt, wie er effektiv ist.

Zu den sympathischsten Meistern, die ich in China kennenlernen konnte, gehört Meister Ai. Er lehrte mich das *shengbiao* (Schnurpfeil, 绳镖), eine Kunst, die heute in China leider immer seltener trainiert wird.

Meister Zhang Kejian

Einer der kampfstärksten, wenn nicht der kampfstärkste Lehrer der alten Generation Chinas war der im Jahre 2008 verstorbene Zhang Kejian. Er war wegen seiner Fähigkeiten in den Kampfkünsten sehr berühmt. Sein *bajiquan* war wirklich gut. Ich sah seinen jüngsten Sohn beim Training. Auch

Foto 41: Meister Zhang Kejian.

dessen *baji* ist effektiv und praktisch. Meister Zhang, der am Ende seines Lebens schwer erkrankt war, trainierte aber zuletzt keine Schüler mehr und hatte allgemein wenig Umgang mit den Leuten. Er saß den ganzen Tag nur noch zu Hause oder schlief.

Es gibt zwar viele, die sich seine Schüler nennen können, aber keinen davon hat Meister Zhang Bedeutendes gelehrt. Ich bin mir sicher, dass selbst sein ältester Sohn nicht alles von ihm gelernt hat. Zhang Kejian war eine unvergleichliche Persönlichkeit der chinesischen Kampfkunst. Sein Wissen und Können waren immens. Die Chinesen selbst scheinen sich dessen nicht bewusst zu sein, aber mit diesem Meister ist wirklich etwas gestorben, das es niemals wieder geben wird.

Als wir 2008 einen Dokumentarfilm mit dem ARD machten, war Meister Zhang bereits schwer vom Krebs gezeichnet. Er hatte schon eine Operation hinter sich. Der Arzt, der ihn operiert hat, zeigte sich sichtlich beeindruckt vom Körpergewebe Zhang Kejians. Es sei wie bei einem Kind, meinte der Mediziner. Es bestand angeblich Aussicht auf Heilung. Daher kam sein

Foto 42: Meister Li Zhenghua, Meister Zhang Kejian und Maik Albrecht bei den Dreharbeiten zur ARD-Dokumentation »Herr Albrecht macht Wushu – Ein Deutscher kämpft in China«.

bald darauf eintretender Tod doch etwas überraschend für mich.

Als das Drehteam und ich den alten Meister zu Hause besuchten, saß er mit völlig verwirrtem Blick auf seiner Holzcouch. Die Reporter sahen sich vielsagend an und dachten wahrscheinlich: Was, das soll ein Kampfkunst-Meister sein? Ich bekam ein mulmiges Gefühl. Dieses verschwand sofort, als der Meister vor der Kamera die *Fanzi*-Faustform demonstrierte. Es war unglaublich. Plötzlich explodierte dieser wirre, alte und kranke Mann wie aus dem Nichts. Man konnte Angst bekommen. Selbst ein junger, starker Mann kann sich nicht so bewegen und seine Kraft entfalten. Die Kampfkunst war so in seinem Wesen verwurzelt, dass selbst Krankheit und naher Tod sie nicht zu beeinflussen vermochten. Die Kampfkunst funktionierte bei ihm immer. Bei ihm kann man getrost von einem Kämpfer sprechen, ganz ohne jede Romantik. Die Leute vom Fernsehen zeigten sich sichtlich beeindruckt. Selbst der Kameramann, der den Hang hatte, sich über fast alles lustig zu machen, nickte mit ernstem Blick. Meister Li, der im Hintergrund stand, nickte ebenfalls anerkennend. Das ist insofern bemerkenswert, da ich mit meinem *shifu* schon fast überall in China war und wir auf unseren Reisen etlichen herausragenden Kampfkünstlern begegnet sind. Aber noch niemals sah ich Li solch eine anerkennende Geste machen, bei keinem Meister. Diese *Fanzi*-Demonstration von Meister Zhang war das letzte Mal, dass dieser echte chinesische Kampfkunst demonstrierte. Ich will nicht bestreiten, dass es mir eine große Ehre war, der Letzte gewesen zu sein, der mit diesem Meister zusammen vor der Kamera gestanden hat.

Obwohl es Zhang Kejian finanziell relativ gut ging, habe ich das Gefühl, dass er einsam starb. Er, ein Mann der sich ein Leben lang mit der Kampfkunst befasste, hatte er ein erfülltes Leben? Ich habe nicht diesen Eindruck. Er musste einen sehr hohen Preis für sein Können zahlen. Meister Zhang pflegte kaum Kontakte zu anderen Menschen. Wirkliche Freunde hatte er vielleicht nur zwei oder drei. Chen Chongxi war sehr gut befreundet mit ihm. Er reagierte auf den Tod seines Freundes sehr emotional. Er schimpfte, weil nun wieder ein Meister weg war. Er meinte: »Was jetzt bleibt, ist nur noch die Scheiße.« Ich mag Chen Chongxi, er kann sich so gewählt ausdrücken.

Einblicke in die Vielfalt des Wushu

Ich trainierte in den Jahren auch noch bei anderen Lehrern. So lernte ich eine ungewöhnliche Form des *wushu* von dem über 90 Jahre alten Meister Liu (刘师父), der mich mit seiner ausgezeichneten körperlichen Verfassung und mit einer sehr flexiblen Kraft beeindruckte. Seine Technik ist das *shuihuquan* (水浒拳), das Boxen der »Wasserufergeschichte«. Dieses Volksbuch gehört zu den vier bekanntesten Klassikern Chinas und ist bei uns eher unter dem Titel »Die Räuber vom Liangshan-Moor« bekannt. Wie bereits erwähnt, handelt das Buch von den 108 *xiake* (一百零八侠客), und der Kampfstil ist eine Mischung verschiedener Techniken dieser Helden. Natürlich ist auch davon nicht mehr viel übriggeblieben. Diese Kunst ist also ebenfalls so gut wie ausgestorben.

Andere Meister, mit denen ich zusammentraf, waren u. a. der *Xingyi*-Experte Wu (吴老师) aus der Provinz Shandong und Meister Chen (陈师父) aus Harbin, ein Vertreter der inneren Stile.

Foto 43: Zusammen mit Meistern des Emei-*Wushu*. In der ersten Reihe sind der über 90-jährige Meister Liu (4. v. l.) und Meister Zhao (4. v. r.), der Sohn eines der letzten Meister des *emeipai*, zu sehen. Weiterhin sind auf dem Foto mehrere *Sanda*-Champions und Polizeitrainer zu sehen.

Die Menschen der Provinzen Sichuan und Chongqing in Westchina sind sehr offen, kameradschaftlich und gastfreundlich. Es sind Menschen einfachen Gemüts und von einer direkten Art. Aber wenn sie auch nur den Verdacht haben, dass man sie betrügen oder hintergehen will, offenbart sich ihre wilde Natur, und sie werden sehr aggressiv.

Foto 44: Mit Meister Liu.

In Dalian traf ich auf einen Mönch der 32. Generation des Shaolin, Meister Meng (孟师父). Natürlich hatte dieser Meister nichts mit den verbreiteten Showauftritten zu tun. Die Techniken, die heutzutage bei diesen Shaolin-Vorführungen benutzt werden, sind nicht mit *shaolin-wushu* oder *gongfu* zu vergleichen. Die Darsteller sind zum größten Teil Akrobaten aus staatlichen Akrobatengruppen, die aus Showgründen Mönchskostüme tragen. Die authentische Kampfkunst des Shaolin ist kaum für eine Show geeignet.

Foto 45: Mit einem Vertreter des authentischen *shaolin quan*, Meister Meng.

Die Bewegungen sehen zum Teil ungeschickt und sehr roh aus. Wichtig ist nur die effektive Anwendung der Kraft. Auf Eleganz wird dabei kein Augenmerk gelegt.

Neben den beiden bekannten religiösen Zentren der Kampfkunst, Shaolin und Wudang, gibt es auch noch die Emei-Berge (峨嵋山) in der Provinz Sichuan. Das Boxen dieser Region, das *emei dianyiquan* (峨眉典易拳), ist ein sehr effektiver Stil, der besonders für kleine Leute geeignet ist. Die Menschen aus dem südlich gelegenen Sichuan sind meist von weniger hohem Wuchs als ihre Landsleute aus dem Norden. Bei diesem Stil greift man daher vorwiegend die unteren Körperpartien an, geht in den Angriff des Gegners hinein, ohne demonstrativ abzuwehren. Es ist ein wirklich sehr effektiver Stil, wie mir der Enkel eines der letzten Großmeister aus den Emei-Bergen anschaulich und nachvollziehbar demonstrierte.

Aus einer anderen südlichen Provinz, Fujian, kamen einige Meister des *wuzuquan* (五祖拳) und des *taizuquan* (太祖拳), mit denen ich Freundschaft schloss. Sie stammten ursprünglich aus Dörfern aus den Küstengebieten, wo *wushu* noch innerhalb der Familien in seiner traditionellen Art gelehrt wird. Besonders die Kranichtechniken des *wuzuquan* sind sehr praktisch.

Den inzwischen verstorbenen Meister Jiang Jinlin (江金林), auch Qia Na genannt, besuchte ich 2005. Die Bedingungen, unter denen dieser Meister lebte, waren selbst den Ratten zuwider. Mein *shifu* kannte diesen Mann schon seit frühester Kindheit und war sehr traurig darüber, dass man einem solchen Könner seine Würde genommen hatte. Jiang Jinlin war ein Meister des *zuiquan* (醉拳), d.h., nicht des *zuibaxian*, sondern einer anderen Art der betrunkenen Faust. Bei seiner Art des *zuiquan* legt man die ganze Zeit das Körpergewicht auf die Fußballen. Wie Meister Jiang Jinlin dabei auch wankte, niemals verlor er das Gleichgewicht. Es wirkte zwar so, als hätte er keine Kontrolle über sich, doch gehörte dieses Schwanken zu den wichtigsten Merkmalen des Stils. Ein *yanyu* dieser Kunst lautet: »*Zuiquan, si zui, xin bu zui*« (醉拳 思醉，心不醉 – oder auch »*si zui fei zui*« – 似醉非醉). – »Das Denken ist betrunken, aber das Herz ist es nicht.«

Xu Shiyou – Berater des Großen Vorsitzenden

In Wuhan lebte zeitweilig ein in ganz China sehr berühmter Meister namens Xu Shiyou (许世友). Dieser Mann ist im Westen wenig bekannt, aber in China kennt ihn wohl jeder. Xu war in seinen späteren Jahren General, und der Große Vorsitzende Mao Zedong (毛泽东) schätzte ihn außerordentlich. Er war ein echter Meister des Shaolin (*shaolin dizi*, Schüler des alten Shaolin). Im *kang ri zhanzheng* (抗日戰爭), dem Krieg gegen die Japaner (1937-1945), zeichnete er sich mehrmals aus. Es sind viele Geschichten über ihn überliefert. Eine besagt, dass er, nur mit einem großen Messer (*dao*, 刀) bewaffnet, mehrere Japaner tötete – er war in eine Gruppe Soldaten hineingestürmt und hatte ein Blutbad angerichtet.

Die Kommunisten um Mao Zedong bevorzugten den Guerillakrieg. Sie zogen sich in Berge und an abgelegene Orte zurück. So kam es des öfteren vor, dass der wilde und kampfhungrige Xu Shiyou, mit Messer und Pistole bewaffnet, überraschend in einer feindlichen Einheit auftauchte. Das Messer in der linken Hand und eine Pistole in der rechten, das waren Xu Shiyous Markenzeichen. Bevor die Angegriffenen wussten, was überhaupt geschehen war, war alles vorbei. Laut den Beschreibungen alter Weggefährten Xu Shiyous muss er dabei wie ein tasmanischer Teufel gewirkt haben. Man sah nur eine große Klinge durch die Luft sausen, hörte Pistolenschüsse und Schreie. Dann spritzte das Blut. In den Bergen des Taihang Shan wiederholte Xu Shiyou dieses Vorgehen unzählige Male gegen die Japaner. Ganze Vortrupps vernichtete er im Alleingang. Fünfmal[65] war Xu Shiyou Truppführer der *gansidui* (敢死队), dem Todeskommando der kommunistischen Armee, was eine außergewöhnliche Leistung darstellt. Denn kaum jemand schaffte es, fünf Einsätze zu überleben. Wer das vollbrachte, musste

Foto 46: General Xu Shiyou.

entweder unglaublich viel Glück oder außerordentliches Können haben, oder aber beides.

Obwohl Xu Shiyou damals bereits Gruppenführer und Kommandeur war, legte er keinen Wert auf seinen Status. Er kleidete sich wie die gewöhnlichen Soldaten, aß und schlief bei ihnen. Richtig wohl fühlte sich Meister Xu nur, wenn er mit seinen Soldaten zusammen war und die Schlacht anstand. Sein ganzes Leben lang verachtete er Luxus und gesellschaftliche Normen. Er konnte damit nichts anfangen.

Meister Xu war auch sonst ein seltsamer Zeitgenosse. Auf einer Versammlung führte der chinesische Premierminister Zhou Enlai (周恩來) die Anwesenheitskontrolle durch. Zhou rief der Reihe nach die Namen der Teilnehmer auf. Als er bei Xu anlangte, erhielt er keine Antwort. Zhou wiederholte seinen Aufruf mehrmals, doch Xu meldete sich nicht. Plötzlich rief Mao, der direkt neben Zhou Enlai saß, Xus Namen. Genau in diesem Moment sprang der Meister auf und rief: »Ich bin anwesend!« Mao wollte verdutzt wissen, weshalb er sich zuvor nicht gemeldet habe. Daraufhin antwortete er: »Weil ich nur auf dich, Vorsitzender Mao, höre.«

Xu Shiyou gab vor Mao einige Vorführungen seines *wushu*. Was Mao zu sehen bekam, hatte natürlich nichts mit Sport oder Show zu tun. Es war

---

[65] In diesem Punkt weichen die Biographien voneinander ab. Andere Quelle sprechen von sieben- bis neunmaliger Teilnahme am Todeskommando, wobei er fünfmal davon als Truppführer agierte.

die echte Shaolin-Kampfkunst in ihrer reinsten Art.

Eine weitere Anekdote über diesen Meister verdeutlicht, dass die Krieger früher ihre Kampfkunst nur selten zum Selbstzweck trainierten, sondern diese oftmals in den Dienst eines Machthabers stellten, egal ob es sich um chinesische Kämpfer oder japanische *samurai* handelte.

Einmal hatte Xu Shiyou einen Termin bei Mao Zedong und war auf dem Weg zu dessen Büro, als er vor der Tür von Maos Leibwächtern gestoppt wurde. Sie forderten ihn auf, seine Pistole abzulegen. Niemand durfte mit einer Schusswaffe in das Büro des Großen Vorsitzenden. Xu Shiyou stieß den Mann, der es gewagt hatte ihn anzusprechen, zur Seite und zog seine Waffe. Nicht etwa, um sie abzugeben, nein, er wollte die Leibwächter erschießen. Diese waren zwar selbst hervorragende Experten des *bajiquan*, aber dennoch wurden sie beim Anblick des wütenden Generals nervös. In diesem Augenblick öffnete sich die Tür des Büros und Mao trat heraus. Xu Shiyou steckte seine Waffe schnell wieder ein und stand stramm wie ein kleiner Schuljunge. Mao fragte, was der Lärm zu bedeuten habe. Nachdem die Leibwächter die Situation geschildert hatten, sagte Mao: »Lasst General Xu eintreten und ihn seine Waffe am Mann behalten.« Im Büro wollte Mao wissen: »General Xu, niemand kommt mit einer Waffe in mein Büro. Warum bestehst du darauf, deine Pistole am Mann zu behalten?« Xu Shiyou antwortete: »Mit dieser Waffe schütze ich Euer Leben, immer und zu jeder Zeit, Großer Vorsitzender Mao.«[66]

Während des Korea-Krieges unterstützten die Chinesen Nordkorea. Mao fragte seinen General Xu nach dessen Meinung und bat um Lösungen für das weitere Vorgehen. Meister Xu soll darauf mit einem Wort geantwortet haben: »Schlagen!« (*da*, 打). So war sein Charakter, kurz und bündig, immer aufs Ziel gerichtet. Der Meister soll keine Schüler gehabt haben. Ich glaube, bei seinem Charakter kann sich jeder denken, warum.

---

[66] Es gibt eine ganz ähnliche Geschichte über Erich »Bubi« Hartmann (1922-1993). Hartmann war der beste Jagdflieger der Welt. Er erhielt drei Auszeichnungen von Hitler persönlich. Bei seiner höchsten, den Brillanten zum Ritterkreuz, am 25. August 1944, herrschten wegen des Attentats auf Hitler neue Sicherheitsbestimmungen. Jeder hatte seine Waffen abzulegen. Hartmann weigerte sich dennoch. Er meinte: »Sagen Sie dem Führer, ich will die Brillanten nicht haben, wenn er kein Vertrauen zu seinen Frontoffizieren hat!« Man informierte Hitler, und dieser ließ ihn daraufhin mit Waffe zu sich vor.

Die Meister und das Sport-Wushu

Das *wushu*, von dem hier die Rede ist, gehört nicht in die Kategorie Sport. Das will ich hier ganz wertungsfrei sagen. Viele der alten Meister waren sich bewusst, dass das, was sie trainierten, ihnen und anderen vielleicht eines Tages das Leben retten musste. Viele der Kampfstellungen und -techniken ähneln sich in der alten und modernen Ausführung, aber die Inhalte sind grundverschieden. Ein Laie und auch alle, die eine bestimmte Technik nicht mit Hinblick auf den Schutz ihres Lebens trainieren, werden immer nur eine von vielen Techniken sehen.

Die aus dem Kampf hervorgegangenen Angriffs- und Verteidigungsmanöver sind für ihre Schlichtheit bekannt. Für jede Kampfkunst gilt, dass alle nützlichen Elemente einfach sind. Aus diesem Grund ähneln sich alle Schulen in letzter Konsequenz, wenn es hart auf hart kommt. Die Meister befreiten die Techniken von allem überflüssigen Ballast. Ganz so, wie ein Bildhauer seine Werke aus dem Holz oder dem Stein herausschlägt, sie auf diese Weise sozusagen befreit. Wenn man diesen Aspekt verinnerlicht hat, wird man verstehen, dass das heutige *wushu* keine Weiterentwicklung sein kann. Es ist ein moderner Sport. Die alten *gaoshou* (高手), die Großmeister, waren Menschen mit so seltenen Fähigkeiten, dass dieser Begriff als bedeutende Auszeichnung zu verstehen ist. Die in diesem Kapitel aufgeführten Meister würden sich daher nie selbst als *gaoshou* bezeichnen. Heute wird dieser Begriff inflationär benutzt. Der Titel wird nicht mehr im Kampf erworben und ist daher wertlos.

Es ist üblich geworden, die Meister zu imitieren. Imitation gilt in Asien als Kompliment, aber nur dann, wenn es zwischen Original und Kopie keinen Unterschied gibt. Die Technik-Kopien sehen nur so aus, als ob sie einen Sinn hätten. Es gibt ein schönes Bild von dem alten Meister Li Yuanchao (李云超). Er steht darauf kampfbereit und doch entspannt im *gongbu* (siehe S. 50). Natürlich kann jeder diese Haltung nachahmen, doch eben nur die äußere Hülle. *Wushu* definiert sich durch den Inhalt, das *gongfu* durch die Kraft. So, wie Meister Lis Haltung Bände spricht über sein Training, seinen Kampfgeist und sein Leben, so schweigen die Imitationen.

Als ich mit dem professionellen *Nanquan*-Team im staatlichen Verband trainierte, gab es dort einen wirklich guten Sportler. Er vollführte die tollsten Sprünge und hatte eine beachtenswerte Körperbeherrschung. Jemand ohne Einblick in beide Welten des *wushu* wäre beeindruckt, ja eingeschüchtert von diesem Talent. Sowie man jedoch seine Erfahrungen gesammelt hat und einen Meister mit einem Sportler vergleichen konnte, wird das Licht von letzterem verblassen. In den Formen des heutigen *nanquan* gibt es sehr wohl noch alte Elemente, zum Beispiel die Tigertechnik. Der junge Mann schaffte es jedoch nicht, diese schlicht anmutende Technik zu meistern. Er hatte absolut keine Schwierigkeiten, die neu entwickelten Drehsprünge zu vollführen, doch die Fausttechnik des Tigers bekam er nicht hin. Meister Yuan Linlin war damals mit anwesend. Er erklärte dem Jungen immer wieder, wie die Tiger-Technik auszusehen habe und wie sie in der Anwendung funktioniert. Der Junge verstand nicht, worauf der Meister hinaus wollte und führte die Technik auf wirklich lächerliche Weise aus. Aber so komisch das auch war, so ist solches Unverständnis doch mit dafür verantwortlich, dass die letzten Reste der alten Formen verändert oder weggelassen werden. Die alten Meister sind nicht immer anwesend, um alles zu erklären. Auch haben viele von ihnen keine Lust mehr, sich zu sehr in den Sport einzubringen. Sie nehmen ihr Wissen tatsächlich lieber mit ins Grab. Und das ist wirklich traurig.

Der Unterschied zwischen Meistern und Trainern wird in jedem Lebensbereich deutlich. Die alten Meister stammen buchstäblich aus einer anderen Welt. In dieser Welt ging es um Stärke, nicht nur um Kraft. Sie war geprägt von Gewalt und Furcht, aber auch von heute so altmodisch erscheinenden Begriffen wie Ehre und Ruhm. Ihre Kampfkunst war ein Teil dieser Welt und verschwindet mit dieser.

Die beiden Meister Yuan

Meister Yuan Xinan, der Vater von Meister Yuan Linlin, dem ersten Staatstrainer des *wushu*, war der Stilerbe des *hongmen* und einer der besten Ringer des Landes. Er war einer der letzten, die noch das *biaoju* (镖局, Begleitschutz) ausübten. Ein solcher Mann hatte fast automatisch zur Mafia (*heishehui*, 黑社会 oder auch *sanhehui*, 三合会, wie sie in Taiwan genannt wird) Verbindung, wenn er nicht sogar direkt dazugehörte. Ich weiß von

Meister Li und von Herrn Zhou (周), dass letzteres auch auf Meister Yuan Xinan zutraf. Herr Zhou ist der »Große Alte«, der Mafiaboss (*heilaoda*, 黑老大) von Wuhan, und er ist ein enger Freund meines *shifu* Li. »Großer Alter« wird der Mafiaboss deswegen genannt, weil in der chinesischen Mafia das Alter eine wichtige Rolle spielt. Zhou Sigen (Name geändert) fährt ein großes Auto und ist immer in Begleitung schöner Frauen zu sehen. Wenn er am Tisch sitzt, darf sich niemand zu ihm setzen, außer ganz besonderen Menschen, die er selbst respektiert. Meister Li ist einer dieser wenigen.

Es mag befremdlich erscheinen, dass seriöse Meister der Kampfkunst mit Kriminellen befreundet sind und beide wiederum mit Militärs und Politikern. Aber in China ist das kein Widerspruch. Man sieht daran lediglich, wie verquickt die Dinge des Lebens sind. Man kann die einzelnen Bestandteile nicht trennen, besonders nicht die Verbindungen, die durch Respekt und Stärke zusammengehalten werden. Doch können auf diese Art schon sehr skurrile Situationen entstehen. – So wollte einst der Sohn eines Armeegenerals dem *laoda* Zhou das Handwerk legen, doch Meister Li stellte sich schützend vor diesen. Das war ihm möglich, da er mit dem General direkt befreundet ist. Aus diesem Grunde konnte dessen Sohn auch nichts gegen Zhou Sigen unternehmen. Zhou war übrigens die erste Person, die ich in Wuhan kennengelernt habe. Ich saß damals allein mit ihm in seiner Wohnung, und er schälte ein schwarzes Entenei für mich. Es schmeckte ekelhaft, war aber sehr sättigend.

Einmal erzählte mir der *heilaoda* von Meister Yuan Xinan (袁新安). Dieser war schon sehr berühmt, als Zhou Sigen der noch junge Chef der Changjiang-Mafia war. Yuan Xinan absolvierte in jenen Tagen regelmäßig Kämpfe im Changjiang-Flussviertel von Wuhan. Zweimal saß er deswegen im Gefängnis. Wie ich bereits erwähnte, sitzen in China alle Gefangenen in einer großen Zelle und unterstehen einem Zellenboss, dem *laoda*. Ich habe das »Aufnahmeritual« für Neulinge weiter vorn beschrieben. Zellenboss ist in der Regel derjenige, der sich am besten prügeln kann. Beide Male durfte Yuan Xinan diese Aufgabe nach »demokratischer Entscheidung« übernehmen.[67]

---

[67] Man vergleiche den Bericht, wie Cheng Jianping, mein älterer *Wushu*-Bruder, einst im Gefängnis zum *laoda* wurde. – Siehe S. 110 f.

Foto 47: Mit Meister Yuan Linlin und seiner Frau.

Einer von Meister Yuans Gefängnisaufenthalten fand während der Kulturrevolution statt. Zu dieser Zeit saß aus unerfindlichen Gründen auch ein Meister der alten Pekingoper (*jingju*, 京剧) und Akrobatik dort ein. Beide Männer begannen bald ihr Wissen auszutauschen. Der Meister der Oper brachte Yuan Xinan Akrobatik bei, was sehr schnell ging. Im Nu konnte dieser alle möglichen Sprünge und Saltos vollführen. Im Austausch fing Meister Yuan an, seinen Zellengenossen im *wushu* zu unterrichten – ohne Erfolg. Der Pekingoper-Meister gab schließlich auf. Schon beim einfachen Grundlagentraining konnte er nicht mithalten. Und das, obwohl er nach normalen Maßstäben gut trainiert war.

Diese Tatsache spielt im übrigen auch bei dem Schauspieler Jackie Chan[68] eine Rolle. Er hat zehn Jahre an der *China Drama Academy* verbracht, einer Opernschule, in der Gesang, Schauspiel und Kampfsport unterrichtet werden. Aber obwohl er äußerst hart trainieren musste, werden seine Kampffähigkeiten von vielen Meistern Chinas nur als zweitrangig eingestuft.

150

Von Meister Yuan Xinan erzählt man sich oft, dass er riesige Muskelbeulen an seinen Unterarmen hatte, und mehrere seiner Schüler berichteten, dass, als er nach seinem Tod verbrannt wurde, diese Muskelpartien nicht verbrannt waren. Man kann davon halten, was man will, aber verschiedene Meister bestätigen diese Geschichte.

Foto 48: Training mit Meister Yuan Linlin während Dreharbeiten zu einer Fernsehdoku.

Yuan Linlin, der Sohn von Meister Yuan, ist ebenfalls ein sehr guter Kämpfer. Als sein Vater das erste Mal im Gefängnis saß, kam seine Mutter mit einem anderen Mann zusammen. Man kann es ihr nicht verdenken. Eine Frau im China der 50er Jahre, deren Mann im Gefängnis sitzt, hatte es alles andere als leicht. Noch dazu, wenn sie ein Kind hatte. Als Yuan Xinan entlassen wurde, liefen seine Frau und der andere Mann in Panik davon. Das war eine kluge Entscheidung. Yuan Linlin wurde also allein von seinem Vater erzogen. Er bekam eine knochenharte Ausbildung. Später wurde Meister Yuan junior, wie bereits erwähnt, der erste chinesische Staatstrainer für *wushu*.

Ohne Frage muss Meister Yuan Linlin es mitverantworten, dass aus der alten Kampfkunst ein Sport wurde. Wo er nicht persönlich Änderungen vornahm, hat er sie zumindest geduldet. Ob er dabei vorhersah, was

---

[68] Jackie Chan (eigentlich Cheng Long, 成龍, geb. 1954) begann im Alter von sieben Jahren an der China Drama Academy zu lernen. Nach zehnjähriger Ausbildung versuchte er sich in mehreren Berufen, ehe er sich als Stuntman und Schauspieler einen Namen machte. Heute gehört Jackie Chan zu den beliebtesten und erfolgreichsten Filmkünstlern der Welt.

aus dem alten *wushu* werden würde, sei dahingestellt. Ich wünsche mir manchmal, sein Vater würde kurz zurückkehren können und seinem Sohn schlagkräftig zu verstehen geben, was er von der heutigen Situation hält.

Meister Yuan Xinan war wirklich ein guter Meister, aber ein chinesisches Sprichwort sagt: »*Tian wang you tian*« (天王有天). – »Auch über dem König des Himmels gibt es einen Himmel.« Meister Yuan bildete Schüler in Wuhan aus. Es gab im Ort jedoch noch einen anderen gefürchteten Meister, Zeng Tianyuan, von dem im nächsten Kapitel noch ausführlich die Rede sein wird. Einst begrüßte ein junger Schüler Yuan Xinans furchtlos Zeng Tianyuan auf der Straße mit den Worten: »Hallo, Meister Zeng.« Zwar kannte jeder Zeng Tianyuan, doch die Furcht, seinen Namen auszusprechen, war bei den meisten Menschen beinahe paranoid. Der Meister wandte sich dem Jungen zu und fragte halb ärgerlich, halb erstaunt, wie er auf die Idee komme, ihn Meister zu nennen. Der Bursche antwortete ihm, dass auch er *wushu* trainiere und zwar bei Meister Yuan Xinan. Daraufhin lachte Zeng Tianyuan und rief in abfälligem Ton: »Hör auf, bei dem zu trainieren. Der kann nichts. Du verschwendest nur deine Zeit und dein Geld.« Tatsächlich betrug die Gebühr damals 3 Yuan im Monat, eine Menge Geld im China der 60er Jahre. Aber um das Geld ging es nicht. Die Sache sprach sich schnell herum. Jeder andere, der so etwas über Meister Yuan Xinan gesagt hätte, hätte die Gegend verlassen müssen, wollte er seine Gesundheit und sein Leben retten. Andernfalls wäre ihm ein Besuch von Meister Yuan allein oder in Begleitung sehr unangenehmer Zeitgenossen sicher gewesen. Hier geschah weder das eine noch das andere. Zeng Tianyuan muss darüber wohl sehr enttäuscht gewesen sein. – Der älteste Schüler von Meister Yuan Xinan, Meister Chen, der wirkliche Erbe des alten *hongmen*, kam regelmäßig zu uns zum Training. Über Zeng Tianyuan sagte er nur folgendes: »Dieser Mann hatte nichts mehr mit Kämpfen zu tun, sondern er spielte mit seinem Leben. Er war irre.«

Nach diesem Kapitel über die alten Meister Chinas wird man mich sicher besser verstehen, wenn ich sage, man sollte in Zukunft wirklich aufhören, heutige Sportler und Trainer als *gaoshou* (Großmeister) zu bezeichnen, denn sie werden dem Titel nicht gerecht. Wie gut sie auch trainiert sein mögen, der Aspekt des Kampfes auf Leben und Tod ist nicht mehr Teil ihrer Ausbildung.

shifu qing jin men, xiu xing zai ge ren

Der Meister bittet einen, durch die Tür einzutreten,
das Werden liegt bei einem selbst.

Meister Li Zhenghua und seine Lehrer

Der erste Lehrer

Mein Weg nach China, mein dortiges Leben und Lernen, ist untrennbar verbunden mit einem ganz bestimmten Menschen, meinem Lehrer Li Zhenghua. An seiner Seite hatte ich Gelegenheit, das Reich der Mitte, seine Kultur und Gesellschaft auf eine Weise zu erleben, wie es bisher kaum einem Ausländer möglich war. Grund genug, Meister Li und dessen eigenen Lehrer etwas näher vorzustellen.

Der Vater meines Lehrers wurde in einer der ärmsten Gegenden Chinas, Hong'an (红安) in der Provinz Hubei, geboren. Als kleiner Junge verlor er seine Eltern und kam in die nahegelegene Stadt Wuhan.[69] Dort verdiente er sich schon früh sein Geld als Laufbursche und mit dem Ziehen von Rikschas.[70] Das Geld, das er dadurch verdiente, investierte er in seine handwerkliche Ausbildung. Er war sehr geschickt und konnte beispielsweise selbst Fahrradzahnräder herstellen. Später eröffnete er einen eigenen Betrieb und wurde einer der ersten Kapitalisten in Wuhan; unter anderem produzierte er Fahrräder. Einige alte Brücken in Wuhan haben heute noch Brückengeländer, die aus seiner Fabrik stammen. Durch seinen Fleiß und auch seinen Geschäftssinn gelangte Li senior zu Wohlstand. Es ist nicht übertrieben zu sagen, dass er einer der reichsten Männer von Wuhan wurde. Es gab vier große Fabrikbesitzer in Wuhan, Li senior war einer davon. Einmal verlor er beim Spiel mit den anderen Fabrikbesitzern einen ganzen Sack Silberstücke. Heute wäre dieser Sack ca. eine Million Euro wert. Es ist überliefert, dass sogar einmal der Türsturz wegen all des Geldes einbrach, das in Säcken darauf verstaut worden war.

---

[69] Damals hieß Wuhan noch Da Hankou (大漢口) und setzte sich aus den Orten Hankou (漢口), Wuchang (武昌) und Hanyang (漢陽) zusammen.

[70] Wer sich ein Bild von solch einem Leben machen möchte, dem sei der ergreifende Roman »Rikscha Kuli« von Lao She ans Herz gelegt. – Meister Li erzählte mir einst folgende Episode, aufgrund derer er niemals Japaner ernsthaft unterrichten würde, egal, wieviel Geld sie bieten würden: Als sein Vater während des Krieges einen Japaner mit seiner Rikscha transportierte und dann seinen Lohn wollte, bekam er nicht nur kein Geld, sondern zudem noch einen kräftigen Schlag ins Gesicht.

In diesen Reichtum wurde Li Zhenghua 1953 hineingeboren. Leider hatte er nicht viel davon. Über Nacht änderte sich die Situation der Familie schlagartig, denn Anfang der 60er Jahre wurden alle Fabrikbesitzer enteignet, die Fabriken verstaatlicht und zusammengelegt. So wurden aus der angesehenen und sorgenfreien Familie Li rechtlose Kapitalisten. Das bedeutete, dass die Position meines Meisters (*shenfen,* 身份) in der Gesellschaft fortan festgelegt war. Er galt nur noch als Sohn eines Kapitalisten und besaß somit kaum Rechte. Er durfte weder eine Universität besuchen, noch bekam er irgendeinen anderen Anspruch auf Bildung zugebilligt.

Einige Zeit vor der Kulturrevolution brachte Li senior seinen Sohn zu einem Mann namens Yao. Das war für alle ein Glücksfall, nicht zuletzt für mich, denn dieser Herr Yao war ein Meister der Adlerfaust.[71] Er gehörte zu den kampfstärksten Meistern seiner Zeit. Er redete wenig und pflegte auch keine gesellschaftlichen Kontakte. Doch er hinterließ seinem Schüler ein unschätzbares Wissen. Leider verließ Meister Yao später Wuhan, und man hörte nie wieder etwas von ihm.

Der junge Li Zhenghua sah jeden Morgen, wie Meister Yao eine Technik namens *doushou* (抖手) trainierte, was zitternde Hand bedeutet. Dabei zittert man nicht künstlich mit seiner Hand, wie man das heute oftmals bei schlechten *Taiji*-Praktizierenden sieht, nein, es bedeutet, dass man den Gegner zum Zittern bringt – und zwar innerlich. Meister Yao schlug oder trat mit dieser Technik immer gegen die Pfeiler der kleinen Pagode, bei der sie jeden Morgen trainierten. Die Schläge und Tritte erschienen dem Auge

---

[71] Zum besseren Verständnis dessen, was Meister Li damals gelernt hat, seien hier nur einige Punkte erwähnt. Das Kampfsystem des Adlers zeichnet sich durch seine Kraft und Wildheit aus (*xiongmeng* 凶猛), mit der man seinen Gegner schnell in die Defensive drängt. Es gibt nur zwei Handhaltungen: Die erste ist die zu einer Kralle geformte Hand (*yingzhao,* 鹰爪), die zweite heißt *yingzui* (鹰嘴) und bedeutet Adlerschnabel. Dabei werden die Finger zu einer Spitze geformt, mit der die Weichteile des menschlichen Körpers angegriffen werden. Adlerfaust ist im Gegensatz zu dem, was man oft zu sehen bekommt, eine vollkommen schnörkellose Kampfkunst. Um diesen Stil zu praktizieren, bedarf es enormer Kraft und eines robusten Körpers. Ohne diese unabdingbaren Grundlagen wird das Ergebnis nur der Schatten eines Adlers sein. In China nennt sich kaum noch jemand Meister der Adlerfaust; der Stil gilt praktisch als ausgestorben. Jeder echte Könner wird daher mit dem Gebrauch des Wortes *yingzhaoquan* sehr zurückhaltend sein.

wie dunkle Blitze, und die ganze Pagode vibrierte von innen heraus. – Mein Lehrer hat die besten *Qigong*-Experten Chinas gesehen und auch schon mit ihnen zusammen Vorführungen gemacht. Er kennt alle möglichen Techniken und Tricks. Aber so etwas hat er seither nie wieder gesehen.

Foto 49: Li Zhenghua (rechts) in seiner Jugend beim Training.

Der erste Lehrer (*qimeng laoshi*, 启蒙老师) wird in China sehr hoch angesehen. Denn dieser erste Lehrer bringt einen auf den Weg. So wird ein Schüler die größte Dankbarkeit immer seinem ersten Lehrer schenken. Es ist bis heute Tradition, einen Schüler abzulehnen, wenn er zuvor bereits bei anderen Meistern gelernt hat. Andererseits überlegt ein chinesischer Meister bei der Annahme eines Schülers immer, was der Schüler ihm zurückgeben könnte und ob sich dieser im Alter um ihn kümmern würde. Denn der Schüler wird natürlich auch gegenüber diesem Lehrer Gefühle der Dankbarkeit und Ehrfurcht hegen. Sollte der Schüler eines Tages wegen seiner Kampfstärke und seines Könnens berühmt werden, dann fällt dieser Ruhm auch auf den Lehrer zurück. Die Chinesen achten hier wahrscheinlich mehr als alle anderen Völker darauf, stets das Gesicht zu wahren und Ruhm zu ernten (chin. *yao mianzi*, 要面子). Ist ein Schüler bereits bei einem anderen Meister in die Lehre gegangen, würde man dem zweiten Lehrer womöglich den verdienten Ruhm absprechen, denn die Grundlagen sind ja bekanntlich das Wichtigste. Um dies zu vermeiden, nehmen viele Lehrer nur »reine« Schüler an. Das mag sich alles etwas befremdlich anhören, aber das ist chinesische Kultur und besonders die der Kampfkünste. So etwas wird sehr ernst genommen.

Ich habe, wie bereits dargelegt, bei vielen Lehrern gelernt. Meist waren es Bekannte von Meister Li, und selbst dort kam es später zu der einen oder anderen Verstimmung. Mein Training, selbst wenn ich von etlichen Meistern akzeptiert wurde, ist zum größten Teil mit Meister Li verbunden. Wenn jemand sich damit brüstet, die tiefsten »Geheimnisse« von Stilen verschiedener Meister in sich zu vereinen, sollte man besser misstrauisch sein. Solches widerspräche einfach den chinesischen Gepflogenheiten.

Der zweite Lehrer meines *shifu* war Meister Yang (杨), ein Vertreter des Shaolin. Yang Shi war wirklich ein guter Lehrer, aber leider wurde Meister Li durch Herrn Yangs Sohn aus der Schule gedrängt – ein Beispiel dafür, dass Güte, Harmonie und Frieden nicht zwangsläufig in den Kreisen der Kampfkünstler zu Hause sind. Doch hatte mein *shifu* großes Glück im Unglück, denn auf diese Weise gelangte er schließlich zu Meister Xiong Daoming, dem jüngsten Schüler Yang Zuankuis (杨钻魁), einem der letzten und stärksten *xiake* des alten Chinas.

Der Xiake und seine Schüler

In den Kampfkünsten, besonders im asiatischen Raum, ist es üblich, dass man Stammbäume erstellt, aus denen man genau ersehen kann, von wem die Kunst stammt, wer sie weitergab und auch, wer sie veränderte. Einen solchen Stammbaum zu besitzen, sagt natürlich nichts über die Fähigkeiten im Kampf aus – Meisterschaft wird nicht vererbt. So prahlte der Urenkel von Huo Yuanjia[72] häufig in aller Öffentlichkeit mit dem Namen und der Kampfkunst seines berühmten Ahnen. Als er einmal aufgefordert wurde, etwas vom echten *mizongquan* (迷踪拳) der Familie Huo zu demonstrieren, zeigte er Kampftechniken allertiefsten Niveaus. Ich erlebte auch einen Menschen, der vorgab, ein Schüler in der 12. Generation des *taiji* von Zhang Sanfeng[73] zu sein. Das erscheint absurd. Heute gehen viele

---

[72] Siehe S. 101 f.
[73] Zhang Sanfeng (张三丰) lebte vermutlich zur Zeit der Song-Dynastie (960-1279). Es heißt, er habe während seines Aufenthaltes in den Wudang-Bergen die Geheimnisse der »Inneren Stile« entdeckt, als er den Kampf zwischen einem Kranich und einer Schlange beobachtete.

seriöse Meister des *chensi taiji* (*Taiji*-Schule der Chen-Familie) davon aus, dass Zhang Sanfeng nicht viel mit Kampfkunst zu tun hatte. Er war ein *daoshi* (道士), eher noch ein *danshi* (丹士), also jemand der sich mit dem Training des *dantian* beschäftigte. Auf die Entwicklung und Weitergabe des *taiji* hat er vermutlich keinen Einfluss gehabt.

Doch zurück zum Thema. Ich selbst kann meinen Kampfkunst-Stammbaum bis zu meinem *zushiye* (祖师爷, Urgroßmeister), Yang Zuankui[74], zurückverfolgen. Ich will in der Folge über ihn und seinen Schüler Xiong Daoming berichten. Die Fähigkeiten meiner Wushu-Vorfahren haben mit mir natürlich genauso wenig zu tun, wie das Können eines Capo-Ferro[75] mit dem eines heutigen Olympiasiegers im Fechten. Wir sind nicht sie, wie auch sie nicht ihre Meister waren. Aber aus solchen Geschichten über die Welt des alten *wushu*, über die Meister, ihr Denken und ihre Kämpfe kann man viel über das Leben in früheren Zeiten erfahren und so die Kampfkunst besser verstehen.

Als Meister Xiong ein Kind war, ging in China gerade die Epoche der Qing-Dynastie (1616-1911) zu Ende. Das heißt, es war eine der chaotischsten Zeiten, in denen sich das Reich der Mitte je befand. Bereits seine früheste Kindheit war von Armut geprägt. Die Familie lebte in Ezhou, in der Nähe von Wuhan. Sie gehörte zur absoluten Unterschicht. Selbst die Ratten machten einen Bogen um ihr Zuhause, denn es gab für sie dort nichts zu holen. Aber solches traf damals auf viele Familien zu. Doch als er fünf Jahre alt war, kam es noch schlimmer. Seine Eltern, die sich ohnehin kaum um den kleinen Daoming gekümmert hatten, verließen ihn.

---

[74] Um 1900 gab es in China ein Sprichwort: *»Zhongguo de san da kui«* (中国的三大魁). – »Es gibt drei berühmte (große) Kui in China.« Neben Yang Zuankui waren das Xu Zuankui (der Meister von Chen Chongxi – von diesem Freund meines *shifu* war bereits die Rede) und Deng Zuankui. *Zuan* (钻) bedeutet Diamant, *kui* (魁) bedeutet stattlich oder Anführer. So hatten die drei großen *xiake* denselben Vornamen. Ob das purer Zufall war oder nicht, bleibt unserer Spekulation überlassen.

[75] Ridolfo Capo-Ferro lebte um das Jahr 1600. Er war einer der besten Rapierfechtmeister seiner Zeit. Im Jahre 1610 veröffentlichte er ein vielbeachtetes Werk über das Fechten. Obwohl manches dafür spricht, dass Capo-Ferro ein Italiener war, schreibt er selbst, er habe die Deutsche Schule des Fechtens gelernt. Auch sein Name (wörtlich übersetzt Rudolf Eisenkopf) klingt eher nach einem angenommenen als einem tatsächlichen italienischen Familiennamen.

Als der Junge sich plötzlich allein fand, zeigte sich zum ersten Mal sein starker Charakter. Er verließ seine trostlose Behausung und lebte von nun an als Betteljunge auf der Straße. Meist lebte er von Abfällen, und oft genug hatte er überhaupt nichts zum Essen. Aber sein Wille wurde fest, und er eignete sich einen gewissen Witz an.

Eines Tages zupfte er einen Mann am Ärmel. Der Fremde hatte sich gerade an einem Stand mehrere *mantou*[76] gekauft, und der hungrige Daoming wollte gern einen Teil davon abhaben. Es gab immer wieder Menschen, die das Schicksal des Jungen berührte und die ihm dann etwas abgaben. Aber manchmal bekam er auch Schläge, Tritte und Beschimpfungen. Diesmal jedoch geschah etwas Unerwartetes. Als der kleine Daoming den Fremden am Ärmel zupfte, ahnte er nicht, dass dieser Mann einer der größten Kampfkünstler und einer der letzten *xiake* Chinas war.

Yang Zuankui sah in das lebhafte Gesicht des Jungen und gab ihm zwei *mantou*. Während Xiong Daoming gierig den Hefekloß verschlang, fragte Meister Yang das Kind: »Was hast du jetzt vor?«

»Ich habe gar nichts vor. Ich will nur satt werden«, lautete die forsche Antwort.

Meister Yang wurde neugierig. »Um satt zu werden, musst du bereit sein, hart zu arbeiten. Du musst Bitternis ertragen können.«[77]

Der kleine Daoming entgegnete: »Schau doch mal, ich lebe schon in Bitternis und werde trotzdem nicht satt.«

Die schlaue Antworte des Jungen gefiel Yang Zuankui sehr. Er beugte sich zu Xiong Daoming hinunter und lächelte. »So, du kannst also Bitternis ertragen und hart arbeiten?«

»Wenn ich dadurch satt werde, kann ich das sehr gut«, sagte der Junge ohne Zögern.

Um von einem Meister als Schüler akzeptiert zu werden, muss man sein Herz erreichen. Man muss ihn beeindrucken, so dass er sieht, dass er mit einem nicht seine Zeit verschwenden würde. Dies kann nicht durch ein bewusstes Wollen herbeigeführt werden. Vielleicht sieht der Meister an

---

[76] *Mantou*: eine Art Hefekloß.

[77] »Bitternis aushalten können« – »*ni bixu neng chi ku*« (你必须能吃苦) – ist ein typischer Ausdruck in den Kampfkünsten.

einem ganz bestimmten Ereignis, dass der Schüler ein wirklich gutes Herz hat. Womöglich hat er auch einfach Mitleid mit ihm, oder vielleicht erkennt er ein besonderes Talent oder ist von der Gewitztheit des Schülers angetan. Für viele chinesische Meister spielen oftmals auch die Umstände eine Rolle, unter denen sie den Schüler kennengelernt haben. Man sagt in China *yuanfen* (缘分), Schicksal, dazu. All das können Aspekte sein, die einen Lehrer dazu bringen, einen Schüler von Grund auf ehrlich zu unterrichten. Mit viel Geld kann man sich ohne Probleme einen Lehrer kaufen, aber wenn man richtig unterrichtet werden möchte, reicht Geld allein nicht aus.

Jedenfalls hatte die Antwort des jungen Daoming einigen Eindruck auf Meister Yang gemacht, so dass er ihn mit sich nahm. Xiong Daoming seinerseits folgte dem Unbekannten nur aus der Hoffnung heraus, nicht mehr hungern zu müssen.

In einem abgelegenen Waldstück trafen die beiden auf drei weitere Personen. Einer, ein Junge namens Chen Biezi (陈㣭子), war acht Jahre älter als der Neuankömmling. Ein weiterer junger Mann, Yang Tianyou (杨天友), schien sehr stark zu sein. In der Tat war er der kampfstärkste Schüler Meister Yangs. Es ist nicht ganz klar, ob er der leibliche Sohn des *xiake* Yang war oder ein Adoptivsohn (in China als *gan erzi,* 干儿子, bezeichnet), so wie Xiong Daoming. Der dritte war der älteste Schüler Meister Yang Zuankuis. Xiong Daoming sah ihn mehr als einen Onkel an und nannte ihn auch so.

Sobald die Schüler ihren Meister sahen, erhoben sie sich und fingen auf ein Zeichen von ihm an zu trainieren. Der kleine Daoming hätte gern zugeschaut, aber ehe er sich versah, fand er sich an einen Baum gefesselt wieder, mit seinem Fuß an der eigenen Nasenspitze. Yang Zuankui, der ihn blitzschnell in diese Lage gebracht hatte, ohne dass der Junge richtig mitbekommen hatte, wie ihm geschah, sagte lächelnd: »Das bedeutet, Bitternis auszuhalten.« – Auch wenn man noch ein Kind ist mit weichen Gelenken und flexiblen Bändern und Muskeln, ist es dennoch äußerst schmerzhaft, ohne Vorbereitung auf solche Weise gedehnt zu werden.

Als Xiong Daoming später eigene Schüler trainierte, wendete auch er diese Art der Dehnung bei ihnen an. Er band sie so fest, dass es kein Entrinnen gab. Mein *shifu* verbrachte einmal eine ganze Nacht mit dem Fuß am Kinn an einen Baum gebunden und schlief in dieser Haltung sogar ein.

Aber zurück zur Lehrzeit von Xiong Daoming. Die Ausbildung hatte also begonnen. Es war ein Training, wie man es heute für kein Geld der Welt mehr bekommen könnte, eine umfassende Ausbildung, wie sie für Krieger, nicht nur des alten China, üblich war. Sie umfasste den Nahkampf, den Gebrauch von Wurfpfeilen (*feibiao*, 飞镖), das Reiten, die Heilkunst, die Kalligraphie und Strategien für den Kampf und für das tägliche Leben. Selbst Kochen, Handwerkliches, Buchführung und das Überwinden von alltäglichen Hindernissen gehörte dazu. All diese Dinge gehören zur Kampfkunst, wie sie damals noch verstanden wurde.

Laut Xiong Daoming war Meister Yang Zuankui ein Mann, den man nicht fassen konnte. Man konnte ihn nicht anhand von Charaktermerkmalen einordnen – er passte in keine Schublade. Wenn man zu dem Schluss kam, dass er ein bestimmter Menschentyp sei, verhielt er sich plötzlich wieder ganz anders. Er benahm sich manchmal launisch wie ein unreifer Knabe, oder er schien sich von jedermann, selbst von Kindern, an der Nase herumführen zu lassen. Plötzlich aber war er wieder ein Weiser, der auf alles im Leben eine Antwort hatte. Manchmal benahm er sich wie ein Spießbürger, dann war er wieder ein knallharter Geschäftsmann. Bei anderer Gelegenheit verhielt er sich wie ein Samariter. Er war ein strenger Lehrer und liebevoller Vater, manchmal war er wie ein guter Kamerad oder ein Freund, dann wieder kalt und abweisend. Er konnte einen anlächeln, dass es einem das Herz erwärmte; aber er konnte auch finstere Blicke schleudern, die einen an den unmittelbar bevorstehenden Tod glauben ließen.

Jeder Satz, den Yang Zuankui sprach, hatte einen Sinn. Kein Wort war bedeutungslos. Er unterrichtete seine Schüler in Buddhismus, Konfuzianismus und Daoismus, aber niemand konnte ihn einer bestimmten Philosophie oder Religion zuordnen. Er hatte keinen festen Wohnsitz und schien überall zu Hause zu sein. Er besaß eine vollkommen natürliche Erhabenheit über alle Dinge und sah dabei dennoch aus wie ein ganz einfacher Kleinbürger. Selbst seine Körperstatur schien nicht greifbar zu sein. Laut Xiong Daoming war er nicht groß, stark und furchteinflößend; er war aber auch nicht klein und schwach. Man könnte es so formulieren, dass er völlig normal wirkte, ohne auch nur im geringsten normal zu sein. Meister Yang besaß weder Freunde noch Familie. Er konnte aber jeden Menschen in seinen Bann ziehen, so dass jeder sein Freund sein wollte. Er redete nicht über seine Vergangenheit, genauso wenig wie über die Zukunft und seine Pläne. Er sagte nicht, woher er kam und wohin er ging. Er war durchaus bekannt und gefürchtet, schien sich jedoch gleichzeitig völlig unbehelligt in der Gesellschaft zu bewegen. Mit einem Satz: Er war ein Meister. Seine Schüler vertrauten ihm und gehorchten ihm aufs Wort. Fragen waren natürlich erlaubt, aber wenn er zugegen war, schien sich jede Frage zu erübrigen.

Yang Zuankui war nicht nur ein *xiake*, er war ein »fähiger Kämpfer«, und sein Beruf war der Geleitschutz (*biaoju,* 镖局). Wer es verdiente, als *biaoshi* (镖师, Meister im Geleitschutz) bezeichnet zu werden, dem waren Ruhm und Ehre gewiss. Er wurde geachtet und verehrt. Wer sich jedoch so nannte, ohne es verdient zu haben, spielte mit seinem Leben. Kein *Qigong*-Meister oder Scharlatan hätte es früher gewagt, sich als *biaoshi* zu bezeichnen, wie gut er auf seinem Gebiet auch sein mochte.

In China wurden wertvolle Waren, Geld und dergleichen immer von Boten oder kleinen Karawanen transportiert. Da diese Transporte eigentlich zu keiner Zeit völlig vor Übergriffen sicher waren, wurden sie meist von *biaoshi* begleitet. Je länger die Strecke war, desto mehr verdiente der Begleiter. Als *biaoshi* musste man Tag und Nacht bereit sein, sein Leben einzusetzen. Abgesehen davon, dass jeder Auftrag ein gewisses Risiko in sich barg, egal, ob man Waren oder Menschen zu beschützen hatte, trachteten einem als *biaoshi* verschiedene kriminelle Organisationen, Konkurrenten, Beamte und auch ruhmgierige Kämpfer nach dem Leben. Yang Zuankui legte sich mit allen an, erfolgreich. Er war der teuerste *biaoshi*, den man sich in diesem Geschäft leisten konnte. Er wurde für besonders gefährliche Routen angeworben.

Meister Yang organisierte den Geleitschutz auf folgende Weise: Der junge Xiong Daoming war verantwortlich für den Transport von Gegenständen und Nahrung, die man auf den langen Reisen benötigte. Ebenso war er für das Kochen zuständig. Yang Tianyou, der ältere Schüler, war manchmal allein, manchmal mit einem Partner für die zu schützenden Waren verantwortlich, die auf den Packtieren und Wagen verstaut waren. Er focht nicht nur die meisten Kämpfe, die sich unterwegs ergaben, aus, sondern er vollstreckte auch die Auftragsmorde, die Yang Zuankui annahm. Dabei hat er seinen Meister niemals enttäuscht.

Chen Biezi und der älteste Schüler gingen manchmal weit voraus oder blieben sehr weit zurück. Andere Leute, die im Geleitschutz tätig waren, waren in der Regel bis an die Zähne bewaffnet. Yang Zuankui hingegen war lediglich mit einem Fächer ausgestattet. Seine Art war sehr unorthodox. Er schritt wie unbeteiligt nebenher, die Arme ganz entspannt hinter dem Rücken verschränkt, und dabei hielt er den Fächer in einer Hand; er schien den zu beschützenden Dinge nicht die geringste Aufmerksamkeit zu schenken. Dennoch wurde er mit allen Angriffen von Räuberbanden, denen er immer wieder ausgesetzt war, spielend fertig.

Wie man sieht, hat Meister Xiong Daoming auch Dinge über seinen Lehrer überliefert, die uns aus heutiger westlicher Sicht unmoralisch erscheinen, wie die oben erwähnten Auftragsmorde. Doch Yang war ein *xiake*, einer jener Menschen, die in etwa dem Idealbild eines fahrenden Ritters entsprachen. Die Maßstäbe heutiger Menschen wären ihm vermutlich völlig unverständlich erschienen. Meister Xiong berichtete auch, wie er und seine *Gongfu*-Brüder zum Stehlen von Lebensmitteln oder auch von gut bewachten wertvollen Dingen ausgebildet wurden. Yang Zuankui ließ sie den leichten und leisen *Bagua*-Schritt anwenden. Damit kann man sich fast geräuschlos fortbewegen, da die Füße buchstäblich über den Boden schweben. Aber der Meister und seine Schüler bereicherten sich nicht an den Dingen ihrer Mitmenschen. Sie verteilten die Sachen an Bedürftige, ganz in der Art eines Robin Hood.

Für Yang Zuankui war die Kampfkunst untrennbarer Teil seines Lebens, und ein einziger Moment der Schwäche oder Unachtsamkeit hätte seinen Tod bedeuten können. Lebensumstände wie jene, unter denen ein *xiake* im alten China lebte, sind heute nicht mehr vorstellbar. Es geht hierbei nicht allein um die Gefahr. Viele Menschen führen auch heute noch ein gefährliches Leben. Aber ein Zustand ununterbrochener Bedrohung, der erst mit dem Tod endet, ist einfach nicht mehr denkbar. Früher war solch ein Zustand für viele Menschen die Normalität. So besuchte der berühmte *ronin* Musashi angeblich kein Badehaus, damit niemand ihn in unbewaffnetem Zustand überraschen konnte.

Man könnte den Eindruck gewinnen, dass Yang Zuankui keine Schüler ausbildete, sondern Angestellte unterhielt, eine kleine private Armee sozusagen. Wenn er seine Schüler in den kriegerischen Dingen der Kampfkünste schulte, lehrte er jeden Schüler andere Aspekte, und er verbot ihnen, ihr Wissen untereinander auszutauschen. Das kann zwei Gründe haben; möglicherweise treffen sie auch beide zugleich zu. Zum einen ging es sicher darum, sich zu schützen. Auch Schüler sind Menschen, und Menschen können zu Feinden werden. Das hat die Geschichte, auch die der Kampfkünste, immer wieder bewiesen. Zum anderen ist Meister Yang wahrscheinlich einfach davon ausgegangen, dass es nicht notwendig war, dass jeder seiner Schüler alles wusste. Obwohl er auch Gruppenunterricht erteilte, unterwies er darüber hinaus jeden einzelnen individuell. Auf diese Weise blieb auch Raum für die persönliche Entfaltung, denn so konnte er Rücksicht auf die besonderen Talente jedes einzelnen nehmen. Für die Bewahrung des Wissens war diese Zersplitterung natürlich bedauerlich. Erst nach dem Tod von Meister Yang kam es zu einem Austausch zwischen Xiong Daoming und Chen Biezi.

Yang Zuankui war für die jungen Männer Lehrer, Vater und Chef. Mit seinem Meister bereiste Xiong Daoming die Emei-Berge, das Shaolin, das Wudang-Gebirge und viele andere Orte. Überall musste er studieren. Yang forderte ihn dazu auf, die guten Techniken der jeweiligen Meister zu stehlen. Auf Chinesisch sagt man dazu *touxue* (偷学), »etwas von einem Lehrer klauen«. Es gibt verschiedene Möglichkeiten, um an das Wissen eines anderen Meisters zu gelangen. Zunächst einmal kann man ihn aus der Reserve locken, ihn bei seiner Ehre packen, so dass er schließlich unbedingt sein Wissen und Können zeigen will. Man kann auch versuchen, ihn betrunken zu machen. Mancher schlägt auch einen Handel vor, bei dem man Wissen austauscht. Natürlich muss der andere beginnen, und nachdem man alles gelernt hat, verschwindet man einfach. Was ebenfalls sehr gut funktionieren kann, ist, zu erzählen, was für ausgezeichnete Lehrer man kennt. Daraufhin möchten viele Meister beweisen, dass sie auch dazu gehören und sogar noch besser sind. So kommt man leicht an Wissen heran. Xiong Daoming war wirklich gut im *touxue*.

Meister Xiong Daoming

Meister Xiong Daoming nimmt ohne Zweifel eine Ausnahmestellung unter den Meistern seiner Zeit ein, übertroffen wurde er allenfalls noch von Meister Zeng Tianyuan, von dem später ausführlich die Rede sein wird, und von Meister Yao, dem ersten Lehrer von Meister Li. Das meiste, was ich über ihn weiß, habe ich von seinem Sohn erfahren.

Nach dem Tod Yang Zuankuis ließ sich Xiong Daoming in Wuhan nieder. Diese Stadt gehörte damals – vor der Gründung der Volksrepublik – noch zu den besten Städten Chinas und rangierte im Ansehen weit vor Shanghai oder Kanton. Xiong Daoming kaufte sich ein kleines, bescheidenes Anwesen. Es war ein zweistöckiges Haus mit einem ummauerten Garten im Stadtteil Hankou. Das Geld dafür stammte zweifellos aus seiner Zeit mit Yang Zuankui. Dieser hatte als der teuerste aller *biaoshi*, die es je gab, gutes Geld verdient, das er mit seinen Schülern zu teilen pflegte.

Foto 50: Meister Chen Biezi.

Chen Biezi ließ sich ebenfalls in Wuhan nieder und eröffnete ein Krankenhaus. Von ihm lernte mein Lehrer später das *zasechui* (扎涩锤). Die Technik leitet sich von »*chuizi*« (锤子) ab. Diese *chuizi* sind kleine Trommeln, auf die Mönche während der Meditation mit kleinen Hämmern in einem festgelegten Rhythmus schlagen. Das *zasechui* ist eine heute kaum noch bekannte Kampfkunst. Die Techniken sind in Abwehr und Angriff allesamt sehr knapp und werden dicht am Körper ausgeführt. Sie sind ausschließlich für den Kampf in unmittelbarer Nähe zum Gegner gedacht (siehe S. 257 ff.).

Yang Zuankuis kampfstärkster Schüler, Yang Tianyou, war schon früh von der *Guomindang*-Partei angeworben worden und wurde in der Folge der persönliche Leibwächter (*tieshen baobiao*, 貼身保镖) von Jiang Jieshi (Chiang Kai-shek), dem Führer dieser Partei. Später ging er mit diesem nach Taiwan. Die *Guomindang*-Leute legten allgemein sehr großen Wert auf die Kampfkunst und hielten nach den besten Kämpfern und Meistern Ausschau, um sie in ihren Dienst zu stellen.

Xiong Daoming führte in Wuhan ein recht zurückgezogenes Leben. Er versteckte sich förmlich in seinem Haus und trainierte nur für sich allein im Innenhof. Dank seines umfangreichen Wissens fand er sofort eine gute Arbeit in einer Chemiefabrik und gründete eine Familie. Die rastlosen Reisen mit Meister Yang hatten ihre Spuren hinterlassen. Jetzt wollte er nur noch seine Ruhe. Er gab sich nicht als Kampfkunstmeister zu erkennen und pflegte auch keinen Kontakt zu anderen Meistern. Er schätzte sowieso jeden von ihnen gering, denn der Tod seines Meisters Yang Zuankuis bedeutete das Verschwinden eines Meisters, wie es ihn niemals wieder in China geben würde.

Doch der Tag kam, an dem Meister Xiong sich unfreiwillig verriet. Eines Tages benötigte er bei seiner Arbeit ein Gerät, das auf einer hohen Mauer gelagert wurde. Mit einem schnellen kurzen Anlauf rannte der Meister an der Mauer empor und zog das Gerät herunter.

Natürlich kann kein Mensch an senkrechten Mauern einfach so hochlaufen. Aber bei einer gewissen Geschwindigkeit und dem nötigen Training lässt sich immerhin eine erstaunliche Distanz überbrücken. *Wushu* ist eine Kriegskunst und enthält Techniken für alle möglichen Situationen, auch für die Flucht. Das trifft genauso für andere Kampfkünste zu. Diese Techniken schulen die Fähigkeit, natürliche und künstliche Hindernisse zu überwinden. Dazu gehören Gräben, Mauern oder Sperren. Auf den Kanarischen Inseln trainierte man diese Fähigkeit mittels langer Stangen. Auch die Friesen und Holländer bedienten sich für ihr »Grachtenspringen« dieser Methode. Es ist bekannt, dass die japanischen *ninja* ebenfalls entsprechende Fähigkeiten besaßen. In Südostasien gab es die sogenannten »Mauerspringer«. In einigen Gegenden der Philippinen und Malaysias trainieren diese Krieger seit Jahrhunderten das Überspringen mäßig hoher Mauern mit und ohne Hilfsmittel. Auch ohne Hilfsmittel stellen Wälle von über zwei Metern Höhe und einem Meter Dicke für die Meister jener Kunst anscheinend kein Problem dar.

Bedenkt man das, so erscheint auch die Fähigkeit Xiong Daomings erklärbarer. Mein *shifu* hat diese Kunst nicht von Meister Xiong gelernt, doch der jüngere *Wushu*-Bruder von Meister Li trainierte sie sehr intensiv. Bei dieser Technik muss die Kraft auf den Fußballen liegen. Aus einer hohen Anlaufgeschwindigkeit stößt man sich explosiv nach oben ab und läuft in kurzen Schritten an der Mauer hoch. Ist die Oberfläche griffig, kann man Höhen bis um die fünf Meter erreichen.

Aber zurück zu Meister Xiong. Der Leiter der Fabrik wurde Augenzeuge von dem Sprint an der Wand und sprach Xiong Daoming darauf an. Er sagte ihm, dass dies der Beweis von wirklich gutem *gongfu* sei und dass Xiong auf jeden Fall ein Meister sein müsse. Anfangs bestritt Xiong Daoming das natürlich, doch es half alles nichts. Der Chef bestand darauf, dass sein Sohn bei Xiong Daoming in die Lehre gehen müsse, was dieser schließlich auch akzeptierte.

Die Nachbarn bemerkten das fremde Kind und begannen zu tratschen.[78] Nach einer Weile konnte jeder erkennen, wie das fremde Kind immer stärker wurde. Es drückte eine bestimmte Geisteshaltung beim Gehen aus, wie sie nur bei gut trainierten Menschen zu bemerken ist. Den Leuten wurde langsam bewusst, das Xiong ein Meister der Kampfkunst sein musste. Eines Abends saß er mit mehreren Nachbarn in feuchtfröhlichenr Runde beisammen. Xiong Daoming war ein starker Trinker. Als er bereits angetrunken war, fingen die Nachbarn an, ihn zu reizen. Sie machten Witze über die Kampfkunst mit vielen versteckten Anspielungen. Zum Beispiel meinte einige, dass er bestimmt keiner sei, der eine Kampfkunst beherrsche. Chinesen können sehr gut sticheln. Xiong Daoming reagierte zunächst eine Zeitlang

---

[78] Die Chinesen lieben es mehr als vielleicht jedes andere Volk, sich um die Angelegenheiten anderer Leuten zu kümmern. Sie klatschen und tratschen über alles und jeden. Das ist bis heute so. Auch nach vielen Jahren in China bin ich immer wieder darüber verärgert. Über mich hieß es unter anderem: »Er ist ein Deutscher, er bezahlt Li sehr viel Geld.« – Wer mit so etwas nicht umgehen kann, wird es in China nicht lange aushalten.

überhaupt nicht. Dann sprang er plötzlich auf, warf den Tisch hoch und hieb diesen in der Luft entzwei. Er bewegte sich schnell und geschmeidig, schlug noch ein paar Stühle kaputt, und ein Faustschlag stoppte nur einen Millimeter vor der Oberlippe eines der Provokateure. Es herrschte Totenstille. Die Leute saßen mit offenem Mund da. Es waren nicht die zerbrochenen Tische und Stühle, die die Leute erschreckten. Sie hatten begriffen, dass der Meister sie alle hätte töten können, wenn sich der Ausbruch gegen sie gerichtet hätte. Keinem der Männer war eine Schutzbewegung möglich gewesen. Etwas weiter weg vom Geschehen hatte Li senior gesessen. Er erhob sich und rief begeistert: »*Hao gongfu!*« (好功夫) – »Gutes *gongfu!*« Er erkannte damit Xiong Daomings langes und hartes Training an, das dieser unzweifelhaft absolviert hatte, um sich so bewegen zu können.

Li senior war begeistert von der Kampfkunst. Der Grund, weshalb er nicht selbst trainierte, war der, dass er durch sein schweres Leben nicht in den Genuss gekommen war, als Kind – er war, wie bereits erzählt wurde, damals Rikscha-Kuli – bei einem Meister zu lernen. Als er ein erfolgreicher Fabrikant geworden war, liebte er es, Meister der Kampfkunst zu sich einzuladen. Es stand für ihn fest, dass sein Sohn Zhenghua eines Tages Kampfkünste trainieren würde. Er wählte zu diesem Zweck Meister Yao aus, der dann, wie berichtet, der erste Lehrer meines *shifu* wurde. Nachdem Li senior Zeuge der unfreiwilligen Vorführung von Meister Xiong geworden war, schickte er zunächst seinen ältesten Sohn zu Meister Xiong. Aber Lis Bruder war nicht aus dem Stoff, aus dem man einen Kampfkünstler formen konnte; auf Chinesisch sagt man das mit den Worten: »*Ta bushi lian wu de liaozi*« (他不是练武的料子).

Später, als Meister Yao aus Wuhan verschwand und Li auf Betreiben des Sohns von Meister Yang auch seinen zweiten Lehrer verlor, entschloss sich Li senior, seinen jüngeren Sohn ebenfalls zu Meister Xiong zu schicken. Zuerst beachtete Meister Xiong den durch seine Ausbildung bei Meister Yao und Meister Yang nicht mehr »reinen« jungen Li nicht, doch mit der Zeit wurde er sein Meisterschüler. Dies erfuhr ich im übrigen nicht von Meister Li selbst, sondern von seinen alten *Wushu*-Brüdern.[79] Auch der Sohn Xiong Daomings bestätigte es mir gegenüber.

---

[79] D. h., von meinen *Wushu*-Onkeln (*shishu* oder *shijiu*).

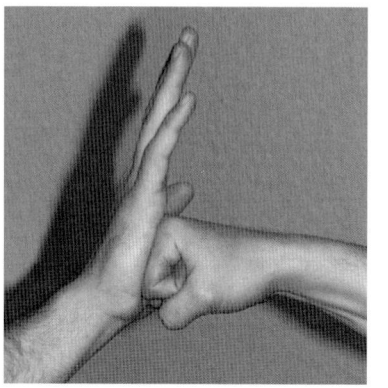 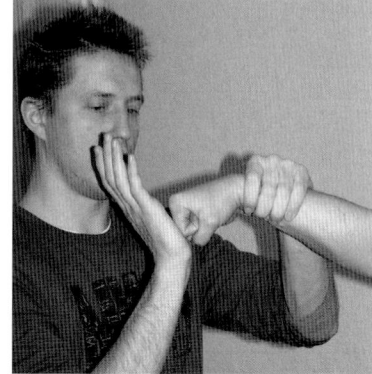

Foto 51   Foto 52

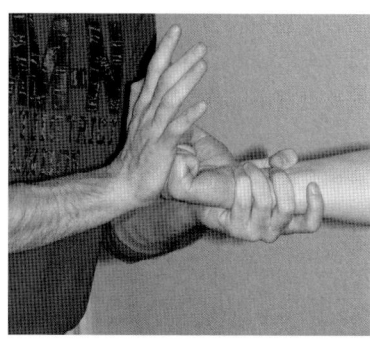 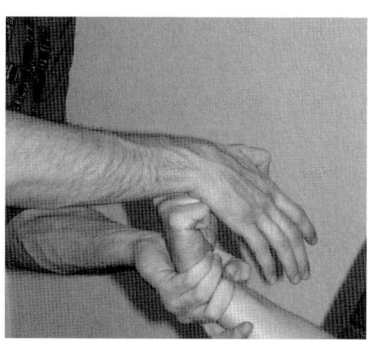

Foto 53   Foto 54

Fotos 51 und 52: Bei Veränderung der Trefffläche knickt die Faust im Gelenk ab und kann sich schwer verletzen.

Fotos 53 und 54: Die Hand geht in einer Wellenbewegung über die Schlaghand.

Li Zhenghua war das Lieblingskind seines Vaters, weil er für die Kampf-kunst begabt war und jeden Tag fleißig trainierte. In den Zeiten der Kul-turrevolution steckte er Zhenghua immer Geld oder Essensscheine zu und sagte ihm, er solle es nicht den anderen Familienmitgliedern sagen.

Einmal wurde der ältere Bruder meines *shifu* von einem anderen sehr gu-ten Schüler Xiong Daomings aufgefordert, ihn in den Bauch zu schlagen. Er brach sich dabei einen Finger, weil der Schüler Xiongs seinen Bauch einzog und verdrehte, während die Faust auftraf. Dadurch veränderte er die Auftrefffläche (siehe Fotos 51-54). Eine ähnliche Technik gibt es im

170

taiji. Als Li Zhenghua davon erfuhr, stellte er diesen *Gongfu*-Bruder zur Rede. Dieser meinte, dass schließlich Lis Bruder zugeschlagen habe und er gar nichts getan habe. Für diese freche Erwiderung gab es gleich eine Faust ins Gesicht, und eine Prügelei begann. Es endete damit, dass der *Gongfu*-Bruder am Boden lag. Er war sogar zu erschöpft, um aufzustehen. Mein *shifu* ging selbstzufrieden und fröhlich nach Hause. Als Xiong Daoming später von dieser Sache hörte, holte er beide zu sich und tadelte sie. Es war nicht so sehr der Kampf, an dem Meister Xiong sich störte, sondern die Art, wie er geführt wurde. Es gab Regeln bei Xiong Daoming. Kampftraining hatte oberste Priorität. Es gab zwei Arten, Vollkontakt und Ringen. Vor allem beim Vollkontakt achtete Xiong Daoming sehr darauf, dass nichts Ernstes passierte. Verletzungen jeder Art wurden von ihm persönlich behandelt. Kampftraining ist keine Selbstverstümmelung. Leichte Verletzungen gehören dazu, aber eine Schädigung des Körpers ist ein Zeichen für einen unqualifizierten Lehrer. Früher kam es oft vor, dass Schüler im Training starben, meist durch ein Versehen. Unter einem qualifizierten Lehrer sollte dies nicht passieren.

Es ist schwer, Informationen über die letzten Lebensjahre Yang Zuankuis zu erhalten, was übrigens für einen Großteil der Lehrer zutrifft. Wie, wann und wo er genau starb, alles liegt im Dunkeln. Es ist jedoch bezeichnend, dass das Lebensende vieler Meister Chinas wenig erfreulich war. Wer konnte und die Zeichen der Zeit erkannte, zog sich zurück. Wer dies nicht wollte, hatte entweder unter der Kulturrevolution zu leiden oder passte sich, zum Preis der Aufgabe der eigenen Persönlichkeit, an die neue Zeit an. Meister Xiong versteckte sich förmlich in Wuhan und redete nicht viel über seinen Meister. Nur seine engsten Schüler erfuhren einige Details, aber selbst ihnen verschwieg Meister Xiong das meiste. Ich kann das gut verstehen. Yang Zuankui war zwar ein *xiake* und *biaoshi*, er war aber gleichzeitig ein Geächteter, und man hatte Kopfgelder auf ihn ausgesetzt. Neben den Bewunderern gab es eben auch viele, die seinen Tod wollten und solche, die eine offene Rechnung mit ihm hatten und ihre Rache sicher auch gern an seinen Schülern ausgeführt hätten. Aus all diesen Gründen war Xiong Daoming sehr zurückhaltend. Immer wenn er seine engsten Schüler trainierte, tat er dies bei geschlossener Tür. Auch das hatte er mit anderen Meistern gemein. Das war reiner Selbstschutz und hatte nichts damit zu tun, dass die Schüler vielleicht geheimnisvolle Techniken lernten. Es war während der Kulturrevolution gefährlich, sich offen als Kampfkunstmeister zu bekennen.

Xiong Daoming hat viele Materialien über die Kampfkünste gesammelt. Er bewahrte diese in einem alten Koffer auf. Nach seinem Tod nahm sein ältester Schüler diesen Koffer an sich. Leider ist dieser Schüler bis aufs Blut mit Meister Li verfeindet, so dass es wohl keine Möglichkeit gibt, das Material einzusehen. Vermutlich würde man in jenem Koffer aber interessante Informationen über Meister Yang Zuankui und seine Kunst finden.

Meister Xiong hatte nur fünf innere Schüler, die er regelmäßig unterrichtete. Einen Schüler lehrte Meister Xiong das Hochlaufen an der Wand. Er ist der jüngste *Gongfu*-Bruder (*shidi*, 师弟) von meinem *shifu* Li. Ein zweiter Schüler von Meister Xiong und ebenfalls jüngerer *Gongfu*-Bruder von Meister Li trainierte sehr hart und besaß außerdem ein lustiges Wesen. Mein Lehrer nennt ihn bis heute noch *sha shidi* (傻师弟), was dummer kleiner *Gongfu*-Bruder bedeutet. Das ist jedoch nicht böse oder herablassend gemeint. Dieser Begriff wurde in China innerhalb einer Kampfkunstfamilie oft benutzt. Der dritte Schüler war sehr kampfstark. Er war es, der dem Bruder meines Meisters den Finger brach und dann von Li eine saftige Tracht Prügel bekam.

Die letzten beiden inneren Schüler Meister Xiongs sind mein Lehrer und jener, welcher nun den Koffer besitzt. Dieser Mann war Xiong Daoming treu ergeben und trainierte niemals bei anderen Meistern. Mein *shifu* Li hingegen hatte bereits zuvor bei zwei erstklassigen Meistern trainiert.

Anfangs hatten Li und der Seniorschüler noch ein gutes Verhältnis. Als jedoch das Kampftraining begann, war die Überlegenheit meines späteren Lehrers für alle sichtbar. Egal ob Vollkontakt oder Ringen, Li gewann immer. Xiong Daoming erkannte in ihm den »fruchtbaren Boden« und unterrichtete ihn immer intensiver. Schließlich, während eines der ersten Formenturniere in den Sechzigern, wurde auch die Öffentlichkeit auf Li Zhenghua aufmerksam, denn er entschied das Turnier für sich. Von da an entwickelte sich zwischen meinem *shifu* und dem Seniorschüler eine stabile Feindschaft, die bis heute anhält. Die folgende Geschichte ist dafür bezeichnend.

In der Anfangszeit des Umgestaltungsprozesses der chinesischen Kampfkünste, der mit den modernen Vollkontaktkämpfen (*sanda*) enden sollte, führte man Dinge vor, die eigentlich nichts mit Kampkunst zu hatten und auch nichts über die Kampfstärke der Vorführenden aussagten. Diese Shows waren Demonstrationen von Kraft und Geschicklichkeit, die an die Vorführungen der »Starken Männer« erinnerten, die man früher als Attraktion in manchem europäischen Zirkus bestaunen konnte. An einer dieser Vorführungen im ausverkauften Sportstadion von Wuhan nahmen auch Li und Xiong Daomings Seniorstudent teil. Mein *shifu* ließ sich eine schwere Steinplatte auf den Bauch legen, und mehrere Leute stiegen noch darauf. Zusammen war es ein Gewicht von über 1 000 Kilogramm. Bei richtiger Gewichtsverteilung und mit der korrekten Atmung ist diese Übung von jedem zu schaffen. Es braucht nur wenig Training dafür. Nachdem aber der ältere *Gongfu*-Bruder von Meister Li mit auf die Platte gestiegen war, stellte er sich auf seine Ballen und stampfte anschließend mit den Fersen auf den Stein. Damit gab er einen kräftigen Impuls ab, der das statische Gefüge in ein bewegtes Gewicht mit einer eigenen Dynamik verwandelte. Dadurch entstehen Kräfte, denen auch ein durchtrainierter Körper nicht gewachsen ist. Mein Lehrer bemerkte zum Glück rechtzeitig diesen lebensgefährlichen Anschlag und stützte, so gut es ging, die Platte mit den Händen ab. Er kam mit dem Schrecken davon. Doch nach der Vorführung stellte er den Seniorschüler zur Rede und verabreichte ihm eine gewaltige Tracht Prügel, so dass Xiong Daoming eine Zeitlang damit beschäftigt war, ihn wieder zusammenzuflicken.

Abschließend möchte ich einige Anekdoten über Meister Xiong Daoming erzählen, die diesen ungewöhnlichen Mann in einem lebendigeren Licht wiedergeben, als trockene Fakten es könnten.

Meister Xiong hatte die Angewohnheit, sich bei einem typischen *Jianghu*-Essen (und Trinken) mit Freunden und anderen Kampfkunstmeistern nicht richtig auf den Hocker zu setzen. Es sah so aus als ob er saß. Aber tatsächlich stand er in einem *mabu*, und sein Gesäß berührte den Schemel nicht einmal. Das hielt er stundenlang aus. Ebenso ging er vor, wenn er sich mit der Kalligraphie beschäftigte. Einmal stieß jemand aus Versehen gegen den Hocker, auf dem der Meister scheinbar saß. Der Hocker rutschte zur Seite und kippte um. Jetzt erkannte jeder, dass Meister Xiong nicht wirklich darauf gesessen hatte. Er war völlig in die Kalligraphie versunken. Er meditierte, während er malte. Und all das im tiefen *Mabu*-Stand.

Einmal wollte Meister Li sich nach dem Training verabschieden. Es war schon Mitternacht. Meister Xiong saß mit dem Rücken zu seinem Schüler im Lotussitz (*zuopantui*, 坐盘腿) auf einem schmalen Hocker und meditierte. Li wollte seinen Lehrer nicht aufschrecken und sprach ihn mit leiser Stimme an, doch der Meister reagierte nicht. Daraufhin rief mein Lehrer etwas lauter seinen Namen. In diesem Moment drehte sich Meister Xiong blitzschnell auf seinem Hocker um, in einer Art hüpfenden Drehbewegung.[80] Er öffnete die Augen und löste, geschmeidig wie eine Katze und ohne seine Hände zu benutzen, die Beine aus ihrer verschränkten Stellung. Als ob nichts wäre, sagte er lächelnd zu Li: »Komm morgen wieder.«

Der Lotussitz ist auch in Europa gut bekannt, wird aber oft missverstanden. Es geht darum, sich im Sitzen zu vergessen und leer zu sein, was wirklich schwer ist. Die Art und Weise, wie Meister Xiong saß, zeigte sein sehr gutes *gongfu*. Er war im Alter noch so flexibel, dass er die Beine verschränken konnte, ohne die Hände zu Hilfe zu nehmen.

Im alten *wushu* gab es einige interessante oder auch seltsame Trainingsmethoden, die heute als überflüssig angesehen werden. Einige dieser Methoden, wie die folgende, hatten zu einer Zeit, als Blankwaffen noch die größte Rolle im Kampf spielten, ihre Berechtigung. Für einen unbewaffneten Kampf oder für die Kampfstärke des Anwenders waren sie hingegen nicht entscheidend.

Wie bereits erwähnt, lernte jeder von Xiong Daomings Schülern etwas anderes von ihm. Der »dumme kleine *Gongfu*-Bruder« von Li trainierte eine extreme Technik der Abhärtung. Bei dieser Methode schlug man sich mit einem Stock jeden Tag immer wieder auf die Unterarme, wobei die Stärke der Schläge von Tag zu Tag zunahm. Jeweils nach der Übung rieb

---

[80] Das muss man sich etwa so vorstellen: Wenn man im Lotussitz springen möchte, muss man die Gesäßmuskeln anspannen. Aber das ist noch nicht alles. Man muss die Kraft aus dem *dantian* holen. Dann springt man und dreht sich gleichzeitig in der Luft. Wenn man das auf diesen schmalen Hockern machen kann, auf denen man nur mit dem Gesäß sitzt, während die verschränkten Beine in der Luft hängen, dann ist man wirklich gut. Besonders beeindruckend ist es aber, wenn man zu so etwas in Xiong Daomings damals bereits vorgerücktem Alter noch in der Lage ist.

Meister Xiong die Arme des Schülers mit einer Medizin ein, die er selbst zubereitet hatte. Danach musste der Schüler seine Arme in die Sonne halten. Dies wiederholte er den ganzen Sommer lang. Nach fast drei Monaten hatte sich eine dicke Hornhaut auf den Armen gebildet. So konnte der »dumme kleine *Gongfu*-Bruder« selbst die härtesten Stockschläge mühelos abblocken. Die Haut war wie zähes Leder geworden, dem sogar ein Messer nichts anhaben konnte.

Meister Xiong lehrte seine Schüler sogar, wie sie schlafen sollten. Kaum ein Kampfkünstler würde sich heute noch mit so etwas befassen. Die gegenwärtigen Meister sehen diese Dinge als überflüssig an, und die Schüler würden es als Eingriff in ihre privaten Angelegenheiten betrachten. Doch früher war die Ausbildung wirklich allumfassend, und die Meister trennten ihr Leben nicht von der Kampfkunst. Die Meister hatten vollendete Kenntnisse über den menschlichen Körper. Sie schenkten allen natürlichen Vorgängen Beachtung. So schwächt nach chinesischer Auffassung jeder Samenerguss den Körper, da er die im Samen enthaltene Energie vergeudet. Ein Mensch, besonders aber ein Kämpfer, kann sich einen solchen Verlust von Lebenskraft nicht leisten. Durch die Methode von Meister Xiong wurde der spontane nächtliche Samenerguss verhindert. Der Körper konnte ruhig schlafen und sich gut regenerieren. So konnte die ganze Energie für das Training gespart werden.

Bei einigen Anekdoten über alte Meister könnte man meinen, diese seien paranoid gewesen. Tatsächlich war ihre unaufhörliche Wachsamkeit ihren Lebensumständen geschuldet. »Eine erkannte Gefahr ist eine gebannte Gefahr«, besagt ein Sprichwort. In allen alltäglichen Verrichtungen konnte man – und kann dies auch heute noch bei den Meistern der Kampfkünste – viele kleine Details finden, die auf eine gewisse Grundvorsicht hindeuten.

Wenn jemand Meister Xiong eine Teeschale überreichte, gab es eine ganz bestimmte Art, wie jener die Schale in Empfang nahm. Mit der einen Hand nahm er die Teeschale entgegen, während er die andere Hand vor die Schale hielt. Dadurch konnte vermieden werden, dass ihm der Darreichende plötzlich den heißen Tee ins Gesicht schüttete. So etwas sieht man manchmal auch in alten Kungfu-Filmen. Für die Meister von früher war das eine ganz normale Handlung. Sie dachten nicht darüber nach. Sie

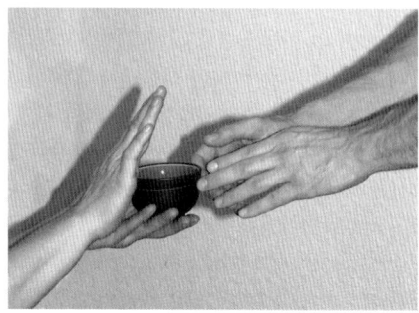

Foto 55: Vorsicht bei heißem Tee.

taten das zu allen Zeiten, selbst wenn sie sich in Gesellschaften befanden, in denen nicht die geringste Gefahr eines unverhofften Angriffes drohte.

Diese Teeschalengeschichte würden solche Meister mit keiner Silbe erwähnen, da sie vermutlich gar nicht mehr bewusst wahrnahmen, was sie da taten. Das gleiche gilt für viele andere Gewohnheiten der Meister im Umfeld von Xiong Daoming. Sie hatten ihre Kampfkunst wirklich vollkommen verinnerlicht.

Meister Xiong war ein Meister des *baguazhang*, des *yanchigong* und des

Foto 56

Foto 57

Fotos 56 und 57: Die chinesische Grußbewegung *gong shou li* hat nicht unbedingt immer so eine große moralische oder philosophische Bedeutung, wie man heute gern hineininterpretiert. In erster Linie diente sie dazu, bei einer Begegnung zunächst einmal die Hände hochzunehmen, um sich zu schützen oder gegebenenfalls unverhofft zuschlagen zu können. Die wirklichen traditionellen Kampfkünste sind von jeher zum reellen Kämpfen gedacht.

lianhuanzhang (八卦, 砚弛功, 连环掌).[81] Interessanterweise entsprach sein Charakter seinem Kampfstil. Die folgende Geschichte soll dies verdeutlichen.

Es ist in China üblich, dass die Schüler dem Lehrer regelmäßig Geschenke bringen. Besonders in der Zeit des Neujahrsfestes und zu allen möglichen feierlichen Anlässen. Es ist eine Art freiwilliges Muss. Ein freundlich gestimmter Lehrer gibt sein Wissen bereitwilliger weiter. Auch der Vater meines *shifu* folgte dieser Tradition, obwohl es der Familie Li besonders während der Kulturrevolution nicht gut ging. Auf diese Weise gelangte Meister Xiong immer in den Besitz von sehr guten Zigaretten. Üblicherweise gab es damals fast nur sehr schlechte Selbstgedrehte. Xiong Daoming hatte nun die Angewohnheit, die guten Zigaretten in seiner Hosentasche und die schlechten in seiner Hemdtasche aufzubewahren. Es ist bis heute Brauch, dass man beim Aufeinandertreffen seinem Gegenüber eine Zigarette anbietet, wobei dann beim nächsten Treffen der andere zuerst dran ist. Es ist ein Ritual der Höflichkeit und des Respekts. Meister Xiong gab seinem Gegenüber stets eine von seinen schlechten Zigaretten aus der Brusttasche, während er selbst es schaffte, sich, ohne dass sein Gegenüber es bemerkte, eine seiner guten Zigaretten anzuzünden.

Diese Anekdote mag belanglos erscheinen, doch man kann durch sie gut auf die Technik von Meister Xiong schließen. Er war ein verschlagener und trickreicher Mensch, und dem entsprach auch seine Art zu kämpfen. Die Techniken von Meister Xiong waren seltsam und sehr überraschend, und sein dünner Körper konnte eine große Explosivkraft entwickeln. Xiong Daoming war zudem auch ein Könner in der chinesischen Medizin. Allerdings behandelte er nur Leute, die Beziehungen hatten und ihm vorgestellt wurden. Genau nach diesem Kriterium nahm er auch Schüler an. Zu seinen Schülern war er sehr distanziert und verlor ihnen gegenüber nicht viele Worte.

Wie gesagt, verhielt er sich auch meinem Lehrer gegenüber zunächst

---

[81] Ab und zu hört man den Begriff *bagua lianhuanzhang*, doch *lianhuanzhang* ist ein eigener Stil, der dem *tongbei* ein wenig ähnelt. Man lässt hierbei den Körper vollkommen spannungsfrei. Mit der sich daraus ergebenden Lockerheit werden alle Schläge ausgeführt, die hauptsächlich über den entstehenden Peitscheneffekt ihre Wirkung erzielen. Wenn man von einem solchen Schlag getroffen wird, erschüttert das den ganzen Körper. Die Wirkung ist tatsächlich durchdringend.

sehr zurückhaltend. Erst nach langer Zeit taute Meister Xiong auf, und er fing damit an, Meister Li sehr gute Techniken zu lehren. Manches behielt er aber für sich. So übte Meister Xiong beispielsweise eine Art *taijiquan*, die Li niemals wieder irgendwo anders in ganz China gesehen hat und die sich von allen anderen unterschied, des weiteren eine Stockform namens *qimeigun* (七梅棍) und eine Technik namens *qixingquan* (七形拳). Als Meister Li bereits die Elitepolizei trainierte, sagte Meister Xiong, der inzwischen bereits ein sehr hohes Alter erreicht hatte: »Es gibt noch ein paar Dinge, die ich dich lehren werde, aber ›*man man lai*‹ (慢慢来), ›immer mit der Ruhe.‹« Doch er starb, ehe es soweit war und nahm eine Menge wertvollen Wissens mit ins Grab.

Wuhan und die Meister der Kampfkünste

Früher zählte Wuhan zu den besten Städten Chinas. Zentral am Langen Fluss gelegen, zog es viele Kampfkunstmeister dorthin. Sie kamen aus Shaolin, den nahegelegenen Wudang-Bergen und anderen Gebieten. Als Kampfkunstmeister konnte man sich in Wuhan nur niederlassen, wenn man eine gewisse Qualität besaß. Vergleiche kämpferischer Art waren unter den Meistern der verschiedenen Stile an der Tagesordnung. Diese Vergleiche bestanden teils in regellosen Treffen, manchmal auch in Ringkämpfen oder anderen Wettkämpfen, bei denen es darum ging, das *gongfu* des anderen zu testen.

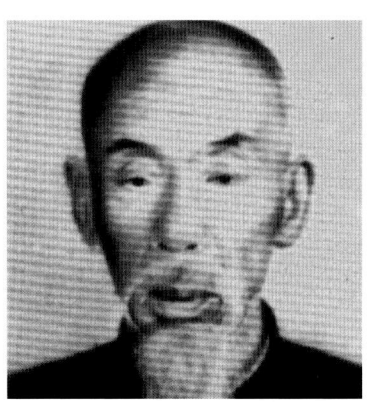

Foto 58: Geng Xiaguang (1881-1972).

Aus diesem Grund gab es damals in Wuhan eine ganze Anzahl guter Lehrer. Einer von ihnen war Meister Yang (杨师父), ein Lehrer des *xingyi*. Auch mein *shifu* trainierte bei ihm. Herr Yang war der älteste Schüler von Qi Dianchen (祁殿臣), und dieser war einer der letzten echten *Xingyi*-Meister des Landes. Meister Qi führte in Wuhan eine Arztpraxis.

Neben Qi Dianchen ließ sich ein weiterer Großmeister des *xingyi*, der zudem ein hervorragender Arzt war, in Wuhan nieder. Sein Name war Geng Xiaguang (耿霞光). Während Qi Dianchen seine Patienten nur für gutes Geld behandelte und Xiong Daoming nur auf Vermittlung, behandelte Geng Xiaguang ausschließlich hochrangige Beamte wie den Provinzminister von Hubei oder Beamte des Zentralkomitees.

Es heißt, Meister Geng soll im hohen Alter bei vollem Bewusstsein im Sitzen gestorben sein, als er wie jeden Morgen seinen Tee trank und dabei meditierte. Das folgende Gedicht bringt die Art zu leben und zu sterben, wie sie für die Meister der alten chinesischen Kampfkünste gilt, zum Ausdruck:

> *Still und ruhig kommen und gehen.*
> *So, wie eine Blume im Frühling erblüht*
> *und ein Blatt im Herbst hinabfällt.*

> *an an jing jing de lai,*
> *an an jing jing de qu,*
> *zhe cai shi yige ren de shenghuo zuigao jingjie.*
> *sheng ru chun hua zhi canlan,*
> *si ru qiu ye zhi jing mei.*

> 安安静静地来，
> 安安静静地去，
> 这才是一个人的生活最高境界。
> 生如春花之灿烂，
> 死如秋叶之静美。

Ein weiterer Meister, von dem mein Lehrer Unterricht erhielt, war Deng Shunkui (邓顺魁), ein Freund von Xiong Daoming. Meister Deng lehrte ihn unter anderem die ursprüngliche Technik des »Drei-Glieder-Stocks« (*sanjiegun*, 三節棍).

Eines Tages war Meister Deng gerade auf dem Weg zu seinem Schüler Li, als ihm ein Fahrradfahrer mit seinem schweren Anhänger von hinten in die Beine fuhr. Der alte Meister stürzte und lag verletzt auf der Straße, während der Radfahrer flüchtete. Deng Xunkui schleppte sich zu Li nach Hause und erzählte ihm, was passiert war. Er sagte, er sei ganz in seinen Gedanken darüber verloren gewesen, was er Li an diesem Tag lehren würde. Li behandelte die Verletzungen des Meisters und brachte ihn nach

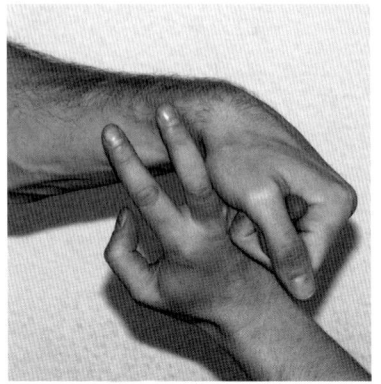 

Foto 59   Foto 60

Foto 61

Fotos 59 bis 61: Anwendung von *Qinna*-Prinzipien. Je kleiner die Teile des Körpers sind, desto weniger Kraft braucht man und desto einfacher ist es, den Gegner in die Knie zu zwingen. Ist der Gegner physisch überlegen, sollte man deshalb seine kleinen Teile greifen (59, 60). Ist man dem Gegner körperlich gewachsen, kann man die großen Teile hebeln, so wie auf Foto 61.

Hause. Dann gab er ihm 30 Yuan, damit er sich versorgen konnte. Ende der 70er Jahre war das eine unglaubliche Summe in China, mehr als ein ganzes Monatsgehalt. Meister Deng sagte mit Tränen in den Augen: »Warte, bis es mir besser geht, dann lehre ich dich noch einige gute Sachen.« Aber sein Gesundheitszustand sollte sich nicht wieder bessern, und wenig später starb er.

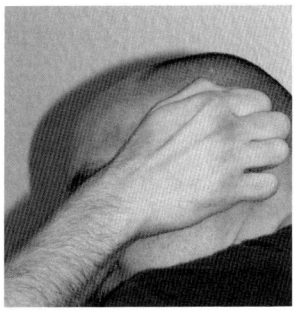

Foto 62: Greifen nach den Ohren ist ebenfalls Teil des *qinna*.

Foto 62

Foto 63

Foto 64

Fotos 63 und 64: *Qinna* besteht nicht nur aus Griffen, sondern auch aus Schlägen und Tritten gegen leicht zerstörbare und weiche Körperteile. So kann man von unten gegen die Kniescheibe treten, eine Technik aus dem traditionellen Stil *cuotui* (63).

Kommt der Gegner nach vorn, weicht man selbst zurück und tritt gegen den inneren Oberschenkel (64). In China wird dies als Schlangenstrategie bezeichnet: Schlägt man einer Schlange auf den Schwanz, greift sie mit dem Kopf an, schlägt man ihr auf den Kopf, greift sie mit dem Schwanz an. D. h., greift der Gegner zum Kopf an, weicht man mit dem Oberkörper zurück und tritt mit dem Fuß zu.

Chai Sunlin (柴森林), einer der besten und berühmtesten *Qinna*-Kenner Chinas und Trainer chinesischer Militäreliteeinheiten, trainierte mit meinem *shifu* das *qinna*. Diese Technik umfasst alles, was mit dem Verrenken und Hebeln von Gelenken zu tun hat. Des weiteren geht es darum, kleine empfindliche Druckstellen des Körpers zu attackieren. Das Grundprinzip des *qinna* ist recht simpel. Es teilt den menschlichen Körper in

Foto 65   Foto 66

Fotos 65 und 66: *Qinna*-Technik am Fußgelenk.

drei große, drei mittlere und drei kleine Teile. Diese drei großen Teile sind
der Kopf, der Oberkörper und die Gliedmaßen. Die drei großen werden
jeweils aus drei mittleren Teilen zusammengesetzt. Beispielsweise setzt sich
der Arm zusammen aus Oberarm, Unterarm und Hand. Die drei mittleren
Teile des Körpers werden dann wieder in drei kleine Segmente eingeteilt.
So besteht ein einzelner Finger der Hand aus drei Segmenten, die in den
Gelenken bewegt werden können. Für die Dreiteilung gilt zumeist, dass
die drei Teile – große, mittlere oder kleine – durch Gelenke miteinander
verbunden sind, die sich nur in bestimmte Richtungen bewegen können.
Überschreitet man den natürlichen Spielraum eines Gelenks, entsteht zu-
nächst Schmerz, und führt man die Überschreitung weiter, ergeben sich
Verletzungen.

Diese Beschränktheit der Bewegungsfähigkeit der Gelenke nutzt man
beim *qinna*, um Gegner jeder Körpergröße zu manipulieren oder zu verletzen. Auch der Kopf wird als aus mittleren Teilen bestehend betrachtet,
auch wenn diese nicht durch Gelenke miteinander verbunden sind. Ein
solcher ist beispielsweise die Nase. Drückt man von unten gegen die Nase,
dann entsteht ebenfalls ein Schmerz, durch den ein Gegner manipuliert
werden kann. All das gehört zur Theorie des *qinna*. Möchte man das *qinna*
meistern, muss man alle Teile des menschlichen Körpers kennen. Man
muss über die Lage der Gelenke und deren Bewegungsmöglichkeiten Be-

Foto 67

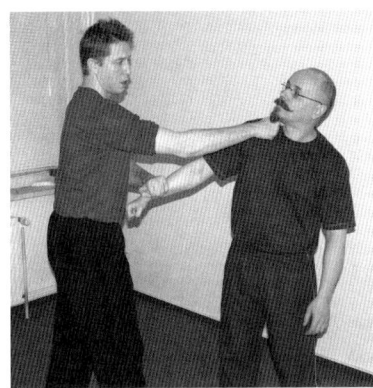

Foto 68

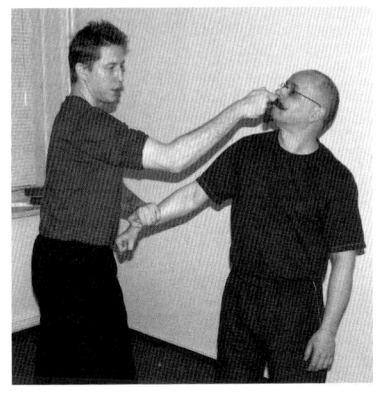

Foto 69

Foto 70

Fotos 67 bis 70: Eine weitere Unterteilung in den Kampfkünsten ist die Unterscheidung zwischen äußeren und inneren Teilen (*waize* 外则 – äußere und *neize* 内则 – innere). Der äußere Teil wäre beispielsweise der Außenarm und der innere Teil der Innenarm (67). Während die äußeren Teile sehr hart sind, sind die inneren weich und empfindlich und lassen sich besonders gut mit großer Wirkung attackieren.

Auf Foto 70 wird eine Variante mit Schlüssel dargestellt, mit der ein Würgegriff gelöst werden soll. In den Kampfkünsten geht es immer auch darum, alltägliche Gegenstände in das Kämpfen mit einzubeziehen.

scheid wissen. Das Prinzip der »drei Teile« ist immer das gleiche. Auf dieser Grundlage kann man unzählige *Qinna*-Techniken entwickeln.

Nicht alle Meister ließen sich davon überzeugen, meinen *shifu* als Schüler zu akzeptieren. Meister Huang (黄师父) war ein Meister, der eine hochentwickelte Fausttechnik beherrschte. Er schlug mit dem Fingerknöchel auf eine Weise zu, dass die Kraft den ganzen Körper des Gegners durchdrang. Er trainierte diese Technik täglich mit Tausenden Schlägen am Baum. Als Li senior Meister Huang bat, seinen Sohn zu unterrichten, lehnte dieser ab. Er sagte, sein Sohn trainiere bereits bei einem anderen Lehrer und sei gut genug. Seine Schlagtechnik, fuhr er fort, bringe auch nicht viel, da man sie im Kampf nicht einsetzen könne. Eines Tages sah Meister Li ihn im Park eine Faustform trainieren. Die Flexibilität und Dynamik, mit der sich Meister Huang bewegte, gab ein gutes Zeugnis davon, dass seine Techniken sehr wohl im Kampf eingesetzt werden könnten und sehr gefährlich waren. Aber er wollte keine Schüler unterrichten. Zumindest ist nichts davon bekannt, dass dieser Meister jemals Schüler gehabt hätte. Auch er hat eine hervorragende Technik der chinesischen Kampfkünste mit ins Grab genommen.

Meister Li lernte eine Weile eine traditionelle *Tanglang*-Form von einem Meister, dessen Namen er nicht mehr kennt. Er konnte diese Form leider nicht vollständig lernen, da jener Meister seine originelle Kampfkunst ebenfalls mit ins Grab nahm. Ich selbst habe somit leider nur ein paar Bewegungen dieses phantastischen Stils erlernen können.

Im folgenden Kapitel möchte ich auf einen Meister zu sprechen kommen, bei dem mein *shifu* unter sehr schwierigen Umständen trainiert hat. Dieser Mann ist in China bei allen alten Meistern sehr gut bekannt. Dennoch war es sehr schwer, etwas über ihn in Erfahrung zu bringen. Meister Li meint, neben Meister Yao, seinem ersten Lehrer, sei dieser Mann der kampfstärkste Mensch gewesen, bei dem er jemals trainiert habe. Wenn dieser Meister ins Gespräch kommt, führt das bis heute zu Verstimmungen und schlechter Laune bei fast allen alten Meistern. Denn dieser unglaubliche Kämpfer kritisierte und beleidigte jeden Meister, von dem hier bisher die Rede war, ausgenommen Meister Yao. Er konnte es sich auch leisten, denn sein Können war über alle Zweifel erhaben. Dieser Meister hieß Zeng Tianyuan (曾天元).

Zeng Tianyuan, der Meister des Leitai

Es ist nicht einfach, das Porträt eines Mannes zu zeichnen, der sowohl zu Lebzeiten als auch von der Nachwelt entweder angefeindet oder totgeschwiegen wurde. Auch heute, mehr als 25 Jahre nach seinem Tod, existieren nur Gerüchte oder halbmythische Geschichten über ihn. Die Rede ist von Zeng Tianyuan, dem Meister des *leitai*, einem der fähigsten Kämpfer, die China je hervorgebracht hat. Ich will versuchen, das Wenige, das über diesen interessanten Mann bekannt ist, zu ordnen und als geschlossenes Bild wiederzugeben.

Meister Zeng Tianyuan wurde etwa 1897 in Chongqing[82], am Rande der Berge, geboren. Seine Familie war sehr arm, so dass Tianyuan schon früh die Bitternis des Lebens kennenlernte.

Kurz nach der Geburt seines jüngeren Bruders starb der Vater. Die Mutter konnte die Familie kaum über Wasser halten, und der junge Tianyuan hielt es bald nicht mehr zu Hause aus. Er lief ständig fort und führte ein wahres Streunerleben. Schon als Kind nahm er schwere körperliche Arbeiten an, die viele ältere Jungen sich nicht zutrauten oder nicht machen wollten. Dadurch schuf er die Grundlagen für seine spätere Stärke. Aber auch sein Wille wurde auf diese Weise gestählt.

Bei einem seiner Streifzüge durch die Berge traf er einen alten Mann. Dieser hatte sich aus der Gesellschaft zurückgezogen und lebte allein in der Wildnis. Das Kennenlernen der beiden extremen Menschen war ebenso bemerkenswert wie nachhaltig in seiner Wirkung. Zeng Tianyuan streifte im Wald umher, als ein Tiger ihn angriff. Der alte Mann stellte sich der furchtbaren Raubkatze in den Weg und tötete sie mit beeindruckender Leichtigkeit. Es ist nicht verwunderlich, dass der junge Mann von den Fähigkeiten des Alten begeistert war. Sie schlossen Freundschaft. So oft es ging, besuchte Tianyuan den Einsiedler. Er brachte ihm Lebensmittel und auch Neuigkeiten aus dem Land. Im Gegenzug nahm sich der Alte des Jungen an und formte seine Persönlichkeit.

In der Zeit und in der Gesellschaftsschicht, in der Zeng Tianyuan lebte, war Gewalt untrennbarer Bestandteil des allgemeinen Lebens. Das Kaiser-

---

[82] Damals zur Provinz Sichuan gehörend, heute eine eigenständige Stadtprovinz.

reich lag in den letzten Zügen, und alles drohte, in einem Strudel aus Chaos und Gewalt zu versinken. Wer nicht untergehen wollte, musste kämpfen. Der junge Tianyuan hatte keine Furcht vor dem Kampf. Er prügelte sich oft und mit wechselndem Erfolg. Doch einmal wurde er von seinem Arbeitgeber so schwer geschlagen, dass er sich zu dem alten Mann in die Berge flüchtete.

Es stellte sich heraus, dass der Einsiedler nicht nur ein weltfremder Wilder war. Er war ein Meister der Kampfkunst. Unglücklicherweise ist wenig über die Herkunft des Alten bekannt. Seine eigenen Meister, seine Wurzeln, seine Technik, alles liegt im Dunkeln. Nicht einmal sein Name wurde überliefert. Das wenige, was wir wissen, erschließt sich aus der Kampfkunst seines Schülers. Über Zengs weitere Lehrer ist nichts bekannt. Man kann davon ausgehen, dass er in den Emei-Bergen trainierte. Aber was genau er dort lernte und von wem, weiß niemand. Vielleicht hat er ähnlich Ueshiba Morihei, dem Begründer des *aikido*, mit Berggeistern trainiert – wer weiß das zu sagen?

Nachdem sein Chef ihn verprügelt hatte, blieb Zeng Tianyuan lange Zeit bei seinem Lehrer. Als er in die Welt zurückkehrte, hatte sich einiges geändert. Seine Familie hatte seinen Bruder als Sklaven verkauft. So etwas war damals nicht unüblich, um sich vor dem Verhungern zu retten. Doch Tianyuan war inzwischen kein kleiner Junge mehr. Er war ein kampfstarker Mann und aggressiver Kämpfer geworden. Er begab sich auf die Suche nach seinem Bruder. Als er ihn fand, zeigte er sein Können in aller Deutlichkeit. Sein Bruder befand sich in den Händen einer kriminellen Vereinigung, einer Art Mafia. Kurzentschlossen griff Meister Zeng den Chef der Organisation an und tötete ihn in einem brutalen Kampf. Ehe irgendwelche Zweifel aufkommen konnten, riss er das Ruder an sich und schwor die Organisation auf sich ein. Nun war er der Boss.

Als solcher handelte Zeng Tianyuan sehr ambivalent. So erließ er für seine Leute strenge Regeln und ahndete Übertretungen mit aller Schärfe. Der Meister wollte nicht als Verbrecher gesehen werden, sondern als Befreier. Aus diesem Grund tat er viele gute Dinge für die meist armen Menschen in seinem Bezirk. Gleichzeitig beschäftigte er Auftragskiller, die seinen Willen vollstreckten. Auch wenn dies nur auf Gerüchten beruht, ist es doch sehr wahrscheinlich, dass es wahr ist.

Inzwischen hatte sich die politische Situation im Land weiter verschlechtert. Die Monarchie musste zugunsten einer schwachen Republik weichen, und dieser wurde das Daseinsrecht von den Japanern streitig gemacht. Die Armeen des Tenno hatten schon einen großen Teil des Landes besetzt, aber sie wollten alles. Japanische Truppen drangen tief ins Land vor, ihre Bomber legten die Städte in Schutt und Asche. Selbst die alliierten europäischen und amerikanischen Truppen, die sich nach dem Ersten Weltkrieg in China festgesetzt hatten, mussten dem Druck der Japaner weichen. Zu allem Unglück war das Land in zwei unversöhnliche Lager gespalten, die Republikaner (*guomindang*) und die Kommunisten.

Zeng Tianyuan kämpfte ebenfalls an vielen Fronten. Konkurrenten um die Macht in seiner Organisation mussten ebenso in ihre Schranken gewiesen werden wie in- und ausländische Herausforderer im *dalei* (regelloser Kampf). Für Meister Zeng war es nicht nur die Suche nach Bestätigung, die ihn immer wieder auf das *leitai* (Kampfplattform) trieb. Kurz vor dem Einfall der Japaner versuchten verschiedene ausländische Mächte, das Reich der Mitte unter sich aufzuteilen. Um die Chinesen einzuschüchtern, schickten sie starke Kämpfer ins Land, die die einheimischen Meister herausforderten und oft besiegten. Meister Zeng machte kurzen Prozess mit jedem Herausforderer. Ob russische Boxer oder japanische *Jiujitsu*-Kämpfer, er schlug sie alle. Vor allem viele der Russen waren von beeindruckender Gestalt, dennoch schlug Zeng Tianyuan sie in Sekundenbruchteilen bewusstlos, ebenso wie alle anderen Gegner. In einem dieser *dalei* tötete er einen japanischen Meister. Daraufhin wurde ein Kopfgeld auf ihn ausgesetzt. Diese Geschichte ähnelt ein wenig der über Huo Yuanjia (siehe S. 101 f.), nur wirkte Meister Huo einige Jahre früher.

Doch »viele Jäger sind des Hasen Tod«, selbst wenn es sich um einen solchen Könner wie Zeng Tianyuan handelt. Er musste dem wachsenden Druck ausweichen und zog sich entlang des Changjiang (Jangtse) zurück. Aber auch unterwegs maß er sich weiterhin siegreich auf dem *leitai*. Mehrmals wurde er zum *Dalei*-Meister von Hunan ausgerufen.

Später kam Meister Zeng nach Shanghai. Ein Mann wie er war nicht eben unauffällig. Dazu kam, dass er inzwischen einen gewissen Ruf besaß, und so fanden sich natürlich auch hier starke Gegner für den Meister. Bei einem dieser Kämpfe auf Leben und Tod sah ihn der mächtigste und gefährlichste Mafiaboss Chinas, Yang Jinshan (杨今山). Er war der Inbegriff eines chinesischen Mafia-*Laoda*. In seinen jüngeren Jahren war Yang ebenfalls ein guter Kampfkünstler gewesen, und so konnte er die Kampfstärke Meister Zengs auf den ersten Blick erkennen. Er lud ihn zu sich ein, und sie schlossen Schwurbrüderschaft. Genauer gesagt, erklärte er Zeng Tianyuan zu seinem *baiba xiongdi* (拜把 兄弟). Das bedeutete, dass die beiden Männer sich von da an näher standen als leibliche Brüder, und der erfahrene Mafiaboss hörte sogar auf die Ratschläge des jungen Kämpfers – das war ein einmaliges Ereignis. Ein Meister sagte mir bei einer Gelegenheit, dass allein die Tatsache, dass Zeng Tianyuan der *baiba xiongdi* von Yang *laoda* war, ihm eine Reputation verschaffte, die mehr wert war als all seine gewonnenen Kämpfe zusammen.

Neben seinen privaten Kämpfen bildete Meister Zeng Soldaten der *guomindang* aus. Er war Ausbilder und Regimentskommandeur (*tuanzhang*, 团长) der Eliteeinheiten innerhalb der Armee, denn die Volkspartei Chinas legte besonderes Augenmerk auf chinesisches *wushu*, mehr noch als die kommunistische Partei. Des weiteren war er Anführer der *gansidui*, des Todeskommandos der Republikanischen Armee. Wer in solche Positionen gelangte, musste ein verdammt guter Kämpfer sein.

Für diese Zeit ist unser Wissen über Meister Zengs Leben noch spekulativer, ungenauer und widersprüchlicher, als es ohnehin schon ist. Tatsache ist jedoch, dass viele Soldaten und ein Großteil der Offiziere der regulären Streitkräfte aus der Mafia oder aus Räuberbanden stammten. Sie waren skrupellos und eigneten sich gut für jede Art Aufträge. Meister Zeng trainierte später auch Spezialeinheiten für Einsätze gegen die Japaner und ebenfalls gegen die Kommunisten. Mit seiner kleinen Truppe kampferprobter Männer sorgte er in und um Shanghai für ein gewisses Gleichgewicht. Jeder kämpfte damals buchstäblich gegen jeden. Doch als klar wurde, dass sie sich nicht würden halten können, verließ er Shanghai.

Während der 30er und 40er Jahre bestritt Meister Zeng in ganz China *Dalei*-Kämpfe. Er trat gegen Meister vieler Länder an und besiegte sie alle. In dem Chaos, das allerorts herrschte, fiel es nicht auf, wenn ein paar Krieger mehr den Tod fanden. Kämpfer, die sich auf dem *leitai* messen wollten, unterzeichneten vorher üblicherweise eine Urkunde, in der sie erklärten, niemanden für ihren Tod verantwortlich und haftbar zu machen.

Wer sich mit Zeng Tianyuan auf einen solchen Kampf einließ, dem waren Tod oder Verletzungen gewiss. Allerdings gab es auch Gegner, die Meister Zeng schlaflose Nächte bereiteten. Bei einem seiner Besuche bei Meister Xiong Daoming erzählte er folgende Geschichte:

Alte *Leitai*-Darstellung

Es gab einen sehr gefährlichen Kämpfer, der die Angriffe mit seinen Handkanten perfektioniert hatte. Der Mann war berüchtigt dafür, blitzschnelle und absolut tödliche Schläge mit ihnen auszuteilen. Bei einem Entscheidungskampf in der Provinz Hunan traf Meister Zeng nun gerade auf diesen Kämpfer. In der Nacht zuvor ging es ihm nicht gut. Er hatte Angst und konnte nicht schlafen. Er fragte sich, ob er vielleicht nun seinen Meister gefunden hatte. Zeng Tianyuan war klar, dass er auf keinen Fall von diesen Handkanten getroffen werden durfte. Anderenfalls würde es sein letzter Kampf sein.

Am nächsten Morgen ging er ruhigen Schrittes zum *leitai*. Als es zum Kampf kam, wich Meister Zeng dem ersten wuchtig geführten Angriff aus und konterte sofort in den nächsten Angriff hinein, wobei er seinem Gegner die Augen auskratzte. Mit zwei weiteren Schlägen gegen den Körper tötete er ihn. Der Kampf hatte nur Sekunden gedauert.

1949 bestritt er zum letzten Mal einen *Dalei*-Kampf. Anders als viele seiner früheren Gefährten ging er nach dem Krieg und der Machtübernahme der Kommunisten nicht mit nach Taiwan. Er ließ sich in Wuhan nieder und eröffnete eine Arztpraxis.

Meister Zeng Tianyuan war ein eigenartiger Mensch. Er kritisierte jeden anderen Meister. Dabei nahm er kein Blatt vor den Mund. Regeln und Sitten waren ihm völlig gleichgültig. Selbst auf die mindesten Höflichkeits- und Respektsbezeugungen verzichtete er im Umgang mit anderen Kampfkünstlern. Er war offenbar der Meinung, ein Meister, der sich daran störte, könnte es ihm ja sagen oder seine Unzufriedenheit noch deutlicher zum Ausdruck bringen, indem er ihn zum Kampf forderte. Aber das wagte keiner. Somit fühlte er sich offenbar berechtigt, sein rüdes Verhalten beizubehalten. Ich bin mir sicher, dass er das Ganze als eine Art Test sah. Wie jeder Kämpfer, so war auch Zeng Tianyuan immer auf der Suche nach ebenbürtigen Gegnern. Niemand, und schon gar nicht ein Meister wie Zeng Tianyuan möchte seine Kräfte in ungleichen Auseinandersetzungen vergeuden. Für ihn hatte ein Zweikampf nur dann einen Sinn, wenn man sich mit einem Gegner ähnlicher Stärke messen konnte.

Die chinesischen Lehrer halten diesen Mann für verrückt. Aber ich glaube, sein Verhalten hatte Methode. Er war ganz bewusst so, wie er war. Natürlich war Meister Zeng arrogant, aber als echter Könner konnte er sich das meiner Ansicht nach auch leisten.

Es gibt über sein Verhalten etliche Geschichten. So besuchte er einmal den ebenfalls guten *Xingyi*-Meister Qi Dianchen (祁殿臣). Statt sich, wie es sonst üblich war, über das Wetter zu unterhalten, meinte er zu Meister Qi: »Dein Training bringt doch nichts. Wozu soll es gut sein, sich stundenlang hinzustellen? In einem Kampf kannst du das auch nicht machen. Du gehst in den Gegner hinein, tötest ihn und Schluss. Alles andere ist Zeitverschwendung.«

Derartige Kommentare mussten sich eigentlich alle anhören, selbst wenn sein Gegenüber schon sehr alt war und Jahrzehnte des Trainings hinter sich hatte. Oft lud er sich auch bei den Meistern zum Essen ein. Es ist in

China bis heute Sitte, dass, wenn zur Essenszeit ein Gast auftaucht, dieser Gast nachdrücklich zum Essen eingeladen wird, selbst wenn er nicht zur Familie gehört. Aus diesem Grund besucht man die Leute üblicherweise aber gerade nicht um die Essenszeiten. Es sei denn, man lädt dann seinerseits die Leute, die man besucht, zum Essen ein. Nun, Zeng Tianyuan kam absichtlich zur Essenszeit, und natürlich lud er seinerseits niemanden zu sich ein.

Früher gab es im größten Park Wuhans ein beliebtes Teehaus. Alle Kampfkunstmeister saßen dort und tranken Tee, wobei jeder Meister seinen Platz hatte, der auch von allen anderen respektiert wurde. Mein Lehrer begleitete Meister Xiong immer zu diesem Ort. Die verschiedensten Meister, Shaolin-Boxer und Vertreter der Wudang-Schule, versammelten sich dort und genossen den Tee. Meister Xiong sagte einmal, dass man an der Art und Weise, wie sich ein Meister hinsetzt, bereits erkennen kann, wie stark er ist und welchen Stil er betreibt. Zu dieser fröhlichen Runde gesellte sich hin und wieder auch Zeng Tianyuan. Ihm war es natürlich egal, welcher Meister wo zu sitzen pflegte. Er setzt sich grußlos einfach dorthin, wo es ihm gefiel. Er gab ein paar Kommentare ab, ließ sich einen Tee spendieren und wiederholte das ganze an einem anderen Tisch. Seine Fragen waren provokant, seine Art herablassend und sein Ton spöttisch. Aber niemand erhob Einwände. Danach stand er ebenso grußlos auf und ging wieder.

Meister Li regt sich noch heute manchmal über Zeng Tianyuan auf. Denn wenn der Meister an ihren Tisch kam, musste natürlich er als sein Schüler den Tee kaufen. Eine Tasse kostete damals nur ein paar *fen*. Das Geld war es aber nicht, worüber sich mein *shifu* ärgerte, sondern die Tatsache, dass Zeng Tianyuan grundsätzlich nur einen Schluck trank und dann ohne sich zu verabschieden verschwand. Niemand hatte den Mut, etwas dagegen einzuwenden. Und so war es immer das gleiche Spiel.

Bei Kindern oder auch hilflosen Menschen zeigte der Meister stets ein großes Herz. Einmal nahm er sich eines 5-jährigen Jungen an, der einen großen Nagel im Fuß hatte und hilflos auf der Straße lag. Er zog den Nagel heraus und klopfte, um den Blutfluss anzuregen, mit seinem Schuh auf die Wunde. Dann verband er den Fuß und ließ den Jungen wieder laufen. Dieses Kind war Li Zhenghua, mein späterer Lehrer. Der Meister verlangte dafür kein Geld, was sich für uns sicher normal anhört, aber zu jener Zeit keineswegs selbstverständlich war. Zeng Tianyuan war ein hervorragender Arzt und tat viele gute Dinge für arme Menschen. Auch diese Tatsache bestätigt, dass sein rüdes Verhalten allen gegenüber, die sich Meister nannten, durchaus Methode hatte.

Einmal besuchte Zeng Tianyuan auch das Training von Xiong Daoming. Als Meister Xiong den Gast erkannte, erstarrte er unmerklich. Dieses Verhalten war ungewöhnlich für ihn, denn normalerweise verkehrten die Lehrer von gleich zu gleich. Doch Meister Zeng hatte nicht seinesgleichen. Er war anders, als alle anderen Meister vor und nach ihm. Xiong Daoming begrüßte den Gast höflich und bat ihn, sich zu setzen. Üblicherweise saß Meister Xiong bequem zurückgelehnt in seinem Stuhl, mit einem entspannten Lächeln auf den Lippen. Er strahlte den Stolz und die Würde eines Meisters aus. Diesmal saß er jedoch in leicht nach vorn gebeugter Haltung, die eine gewisse Achtung bezeugte. Meister Zeng Tianyuan seinerseits fühlte sich wie zu Hause. Er saß lässig mit ausgebreiteten Armen da und bekam von Li Zhenghua Tee eingeschenkt. Später beobachtete er den jungen Li beim Training. Wie immer kam sofort ein Kommentar. »Das dauert zu lange!« rief er ungnädig. In all den Jahren waren viele Meister unterschiedlicher Stile zu Xiong Daoming gekommen. Doch niemand hatte es je gewagt, so vor dem Meister zu sprechen. Li Zhenghua hoffte nun sehr auf eine Erwiderung seines *shifu*. Aber diese kam nicht. Nach dem Training belauschte der junge Schüler die beiden Meister beim Gespräch. Er hörte mit wachsender Neugierde, wie Meister Zeng von seinen *Leitai*-Kämpfen erzählte. Besonders die Geschichte von dem Duell mit dem Handkanten-Kämpfer fesselte ihn.

Als es Abend wurde, lud Meister Xiong seinen Gast zum Abendessen bei sich ein. Wie ich schon erzählt habe, kam Meister Zeng Tianyuan ohnehin absichtlich zur Essenszeit, und er lehnte auch nicht die Einladung der Form halber zunächst dankend ab, wie es Sitte war. Statt dessen fragte er nur: »Gibt's denn auch Wein?« Als er fertig gegessen hatte, meinte er lapidar: »Ich gehe jetzt.« Und ohne sich zu bedanken, ging er fort. Interessant ist aber auch, dass er sich bei Meister Xiong noch vergleichsweise respektvoll benahm. Bei anderen Meistern war sein Verhalten wesentlich schlimmer.

Als Zeng Tianyuan gegangen war, fragte Li Zhenghua seinen *shifu*, ob es denn stimme, was dieser Mann alles erzählt hatte, ob er wirklich ein echter

Dalei-Meister sei. Meister Xiong blickte seinen Schüler streng an und sagte knapp: »Ja, das stimmt. Aber lass den in Ruhe, der ist verrückt.« Meister Xiong meinte das ganz wörtlich; alle Meister bezeichneten Zeng Tianyuan nämlich hinter seinem Rücken als Zeng *fengzi* (verrückter Zeng, 疯子) oder als *huai fenzi* (坏分子, schlechte Person).

Die Besuche von Meister Zeng Tianyuan wiederholten sich. Eines Tages fragte Meister Xiong ihn, ob er denn nicht einmal etwas unterrichten wolle. Zeng Tianyuan starrte ihn kurz an, zog seinen großen Mantel aus, den er immer trug, und zeigte eine Fausttechnik namens *yinyangchui* (*Yinyang*-Hammer). Das ist eine sehr interessante Technik, bei der praktisch gleichzeitig in alle Richtungen geblockt und geschlagen wird. Jede einzelne Faustform kam dem Auge wie ein Blitz vor, und keiner der anwesenden Schüler zweifelte an der Tödlichkeit dieser Techniken. Als die Schüler Meister Xiongs die Techniken nachzuahmen versuchten, hörte Zeng Tianyuan plötzlich auf, zog sich den Mantel an und ging, ohne noch ein Wort zu verlieren. So war sein Charakter. Ich bin mir sicher, dass er einerseits durchaus sein Können zeigen wollte, andererseits aber merkte, wie wenig fruchtbar der Boden war, auf den dieses Wissen fiel. In diesem Moment, könnte ich mir vorstellen, muss er sich verlassen vorgekommen sein, da er das Gefühl hatte, niemand würde ihn verstehen.

Eines Tages kam Zeng Tianyuan wieder einmal zum Training von Meister Xiong. Er wohnte lediglich ein paar Meter von Xiong Daoming entfernt. Auch der *Xingyi*-Meister Qi Dianchen hatte übrigens seine Arztpraxis in der Nachbarschaft. Diese Stelle ist heute das Zentrum des Stadtteils Hankou in Wuhan. Jedenfalls war der Meister nicht daheim, und nur Li Zhenghua war zugegen. Zeng Tianyuan fragte: »Wo ist dein Lehrer?«

»Er ist außerhalb und wird heute nicht mehr zurückkommen. Ich werde heute das Training für ihn leiten«, antwortete Li. Als Meister Zeng daraufhin gehen wollte, sprach Li ihn an: »Gehen Sie noch nicht.«

Zeng Tianyuan drehte sich um, und der junge Li Zhenghua erschrak kurz, denn Meister Zeng hatte das, was man auf Chinesisch *sha qi* (杀气) nennt, eine gefährlich Ausstrahlung und einen durchbohrenden Blick. Dennoch fragte Li forsch: »Sie sind doch ein Meister des alten *dalei*?«

»Ja, na und? Glaubst du das nicht, oder was?« entgegnete Zeng Tianyuan.

»Doch, natürlich – deshalb möchte ich, dass Sie mich etwas lehren.«

Zeng Tianyuan schaute für einen Moment verdutzt drein und sagte schließlich lauernd: »Du hast doch einen Lehrer, und ich lehre nicht.«

Der junge Li blieb hartnäckig. »Ich bitte Sie, Sie kennen bestimmt sehr viele gute Sachen der Kampfkunst.«

Meister Zeng hielt kurz inne und fragte dann: »Was willst du denn von mir lernen?«

Li antwortete selbstbewusst: »Das Beste.«

»Auch noch das Beste!« Meister Zeng grübelte kurz, dann fuhr er fort: »Gut, ich lehre dich etwas. Aber sage es nicht deinem *shifu*.«

Das war genau die Antwort, auf die Li Zhenghua gewartet hatte. Er war doppelt glücklich – zum einen, dass die lebende Legende Zeng Tianyuan damit einverstanden war, ihn zu unterweisen und zum anderen, dass er es seinem Lehrer nicht sagen sollte. Denn Meister Xiong wäre darüber nicht glücklich gewesen.

Zeng Tianyuan sagte: »Ich lehre dich einen seltenen Stil namens *lusiquan* (鹭鸶拳, Seidenreiherfaust). Pass auf!« Als er diesen Satz zu Ende gesprochen hatte, fing er an sich zu bewegen. Die Geschwindigkeit und die plötzliche Veränderung der Techniken beeindruckten Li sehr. Es hatte den Anschein, als ob die Hände des Meisters sich plötzlich in scharfe Krallen verwandelt hatten, die aggressiv durch die Luft zischten.

Die Techniken der *lusiquan* wurden nach dem Vorbild von Bewegungen des chinesischen Reihers entwickelt (siehe S. 251 ff.). Sie sind sehr schnell, wild und erfolgen gänzlich unvermittelt. Außer für einige Eingeweihte ist diese Kunst absolut unbekannt, selbst in China.

Meister Zeng erklärte ein wenig die Technik und die Anwendung. Dann ging er. Li Zhenghua erzählte später seinem Vater vom Unterricht bei Meister Zeng. Er bat um ein paar Zigaretten und andere Dinge, die er Zeng Tianyuan schenken konnte. – Sein Vater war ziemlich erschrocken: »Was, du trainierst bei dem? Sei vorsichtig!« Natürlich kannte auch der Vater meines *shifu* den berüchtigten Zeng Tianyuan. Dennoch besorgte er die Geschenke für ihn, denn in China ist es nun einmal Tradition, einen Lehrer zu beschenken. Der Grund für die Sorge Li seniors war allerdings auch, dass im China jener Zeit die bevorstehende Kulturrevolution bereits drohende Schatten warf.

Kurz bevor sich der politische Wind drehte und zum alles vernichtenden Sturm wurde, lernte mein *shifu* noch einige interessante Trainingsmethoden von Meister Zeng, um seine Kraft zu steigern und flexibel einsetzen zu können. Er lernte eine hervorragende Form für die Verteidigung und viele Dinge über das reale Kämpfen, wie sie nur jemand wissen konnte, der wieder und wieder um sein Leben hatte kämpfen müssen.

Als dann im Mai 1966 die Kulturrevolution ausbrach, hatten Meister und Schüler plötzlich ganz andere Sorgen. Kaum jemand hatte da noch die Zeit, sich um seine Kampfkunst zu kümmern. Meister Zeng verlor schlagartig jedes Ansehen. Er, als ehemaliges Mitglied der Volkspartei China, der nicht mit nach Taiwan gegangen war, galt nun als schlechter Mensch. Das bedeutete nichts anderes, als dass er jegliche Rechte verlor und schlechter als manches Tier behandelt wurde. Zuerst musste er seine Arztpraxis schließen und durfte keine Schüler mehr unterrichten. Dann zwang man ihn, die Arbeit von mehreren Leuten gleichzeitig zu machen, und dies, ohne ihm zu Essen und zu Trinken zu geben. Man verbot ihm sogar das Reden. Es waren wirklich sehr dunkle Zeiten. Zeng Tianyuan war nicht mehr der Jüngste, obwohl er immer noch zu den stärksten Männern seiner Zeit gehörte. Die Furcht seiner Peiniger drückte sich in unzähligen Schlägen aus, die man ihm verabreichte, wobei bewaffnete Polizisten darauf achteten, dass sich der Meister nicht wehrte. Im Hochsommer stellte man Zeng Tianyuan öffentlich zur Schau. Man band ihn in der prallen Sonne von Wuhan an einen Pranger und schlug mit allen möglichen Gegenständen auf ihn ein. Wuhan ist eine der heißesten Städte Chinas und wird nicht grundlos als Ofenstadt bezeichnet. Temperaturen von über 40 Grad sind im Sommer normal.

Viele Faktoren spielten hier eine Rolle – der Neid seiner Mitmenschen, sicher auch die Angst vor seinen Fähigkeiten und natürlich die Tatsache, dass er als Kämpfer ein Sinnbild des alten Regimes darstellte. Obendrein gab es sicher noch Menschen, die sich an ihn als Bandenchef und Mafiamitglied erinnerten. Wie dem auch sei, er, der durch hartes Training ein unvergleichliches Können in den Kampfkünsten erworben hatte und der jeden Gegner im Kampf bezwungen hatte, wurde nun schlechter als ein Sklave behandelt.

Es geht hier nicht darum, ein Regime oder gar ein ganzes Volk zu verdammen. Hier geht es um einen unvergleichlichen Meister, einen einzigartigen Menschen, den man zutiefst gedemütigt hat.

Meister Zeng überlebte die Kulturrevolution, aber als völlig gebrochener Mann. Zitternd, mit gesenktem Haupt, ging er nun durch die Straßen, ausgelacht und angefeindet von fast allen, die ihm begegneten.

Er starb etwa 1982 im Alter von ca. 85 Jahren. Er war am Ende seines Lebens nur noch ein Schatten seiner selbst. Seine *Leitai*-Kämpfe und sein späteres Schicksal machen ihn für mich zum interessantesten Meister in ganz China. Leider ging der Großteil seines Wissens verloren. Die prachtvolle *Wushu*-Kultur ist mit ihm und vielen anderen Meistern der Vergangenheit nahezu ausgestorben.

Foto 71: Erben der alten Meister (v. l. n. r. Maik Albrecht, sein älterer *Wushu*-Bruder Cheng Jianping und ihr gemeinsamer Lehrer Li Zhenghua). Foto aus dem Jahr 2006.

拳講三術技醫藝術技術醫術藝術是武術的三大性能

quan jiang san shu, ji, yi, yi shu. ji shu, yi shu,
yi shu shi wu shu san da xing neng

Die drei Bestandteile des Wushu sind Kampftechnik,
Heilkunst und Kunst.

Meisterschaft

Vom Wesen eines Meisters

In den vorangegangenen Kapiteln schrieb ich einiges über die Meister der chinesischen Kampfkunst. Was aber genau ist ein Meister? Heute wird der Begriff inflationär benutzt, ohne dass man sich eigentlich darüber klar ist, was er aussagt. Früher war Meister ein Begriff, der lediglich die Beherrschung einer vorwiegend handwerklichen Tätigkeit anzeigte. Dies war auch in den Kampfkünsten nicht anders. So waren die Gesellschaften der Federfechter und der Markus-Brüder[83] in Zünften organisiert und verstanden ihren Meistertitel ähnlich dem der Handwerkszünfte. Der philosophische, spirituelle und auch menschliche Aspekt kamen erst später hinzu.

Der bekannte Meister des *Kyokushin*-Karate, Oyama Masutatsu, schrieb einmal folgendes über den vollendeten Karateka: »Der Karateka, der die erforderlichen Jahre der Übung und Meditation hinter sich hat, ist ein heiterer und friedlicher Mensch. Er hat keine Furcht. Inmitten eines brennenden Hauses bleibt er gelassen.« Das kann ohne weiteres auch für einen Meister gelten.

Laozi[84] schrieb im Daodejing über das Wesen des Weisen:

> *herrscher über alle wässer sind strom und meer*
> *nur weil sie sich tiefer stellen*
> *tiefer denn alle wässer sich stellen*
> *erhebt sie fürstlich über alle wässer*

---

[83] Die Gesellschaften der Markus-Brüder und Federfechter waren Fechterzünfte des Heiligen Römischen Reiches Deutscher Nation. Die Markusbrüder wurden etwa Mitte des 15. Jahrhunderts gegründet und die Federfechter (Freifechter) um 1570 in Prag. Die Zünfte wurden von mehreren Kaisern bestätigt. Zum Unterricht gehörte unter anderem das Training mit dem Langschwert, dem Langstock, dem Dussack, dem Speer und dem langen Messer. Später kamen noch Rapier und Dolch hinzu.

[84] Laozi (老子, alter Meister oder altes Kind), auch Laotse (Laudse), ist der legendäre Begründer der Lehre über das Dao. Laozi soll um das 5. oder 6. Jahrhundert vor Christus gelebt haben. Das Buch »Daodejing« (auch Dedaojing, seltener eingedeutscht Daudedsching), welches ihm zugeschrieben wird, ist eines der nachhaltigsten und tiefgründigsten Weisheitsbücher der Menschheit.

so muß der weise sich erniedrigen
will er sich übers volk erheben
so muß er hintennach sich stellen
will er vor dem volke stehen

so steht der weise überm volk
und fällt dem volke nicht zur last
so steht der weise vor dem volk
und wirkt ihm nicht zum schaden

freudig drängt ihn die welt nach vorn
und keiner murrt
da er mit keinem streitet
bleibt er unbestritten sieger[85]

Er greift hier ein Wassergleichnis aus dem 8. Kapitel des Daodejing auf:

höchste güte ist wie das wasser
gut tut es den dingen und streitet mit keinem
das niedrige, das alle verachten, füllt es
so gleicht es dem Dau[86]

Und weiter schrieb der Begründer des Daoismus:

nichts in der welt ist weicher und schwächer als wasser
und doch gibt es nichts, das wie wasser
starres und hartes bezwingt
unabänderlich strömt es nach seiner Art

daß schwaches über starkes siegt
starres geschmeidigem unterliegt
wer wüßte das nicht?
doch wer handelt danach!

so sagt der weise:
wer eines landes übel auf sich nimmt
ist wert, herr der altäre zu sein
wer eines landes unglück auf sich nimmt
ist wert, herr der welt zu sein

als gegenteil ist oft das wort erst wahr[87]

---

[85] Laudse: Daudedsching. Leipzig: Reclam 1985, S. 92. Aus dem Chin. von Ernst Schwarz.
[86] A. a. O. S. 54.
[87] A. a. O. S. 99.

Ich möchte versuchen, auf Grundlage des daoistischen Denkens darzustellen, was einen Meister ausmacht. Ein wahrer Meister ist ein vollkommener, tugendhafter Mensch. Er hat sich selbst viele Fragen gestellt und kann daher auf jede Frage antworten. Er hat strahlende, klare Augen, und man verspürt den Wunsch, immer in seiner Nähe weilen zu können, so, wie alles Wasser zum Meer strebt. Er ist vollkommen gesund an Körper und Geist.

Ein Meister vereint Eigenschaften in sich, die denen des Wassers, der Grundlage allen Lebens, gleichen. Wasser kann sanft und weich sein, aber auch von unüberwindlicher Kraft. Und so wird der Meister einen bescheidenen, sanften und dennoch starken Charakter haben. Wasser sammelt sich an den niedriggelegenen Orten und fließt von ganz allein an die unzugänglichsten Stellen. Und so wird der Meister demütig sein, und er ist bereit, dorthin zu gehen, wo andere nicht hinwollen, und Dinge zu tun, die niemand sonst tun möchte. Wasser ist von nichts und niemandem abhängig, und so ist auch der Meister unabhängig von der Meinung anderer Menschen; er ist selbstbewusst und selbstsicher, zugleich aber zurückhaltend. Wasser ist stets passiv und kämpft niemals gegen etwas an. Und so erträgt der Meister geduldig alles, was ihm widerfährt.

Ein Meister gibt sein Bestes, um anderen zu helfen. Er ist ruhig und zurückhaltend, strebt nicht danach, Aufmerksamkeit zu erwecken und erwartet keinen Lohn für seine Taten. Gewinn und Verlust, Sieg und Niederlage sind ihm gleichgültig. Ohne bewusstes Streben und frei von Streitlust ist er allen Dingen von Nutzen und kann aus allen Dingen Nutzen ziehen.

Er stellt seine Fähigkeiten nicht zur Schau. Gerade deshalb werden sie zur Kenntnis genommen. Unangreifbarkeit ist das höchste Ziel, das ein Meister erreichen kann. Es gibt bei ihm keinen Punkt mehr für einen Angriff. Selbst mit den heftigsten Attacken wird er ohne zu kämpfen fertig, wobei hier nicht nur körperliche Angriffe gemeint sind, sondern auch Dinge wie Beleidigungen, Herausforderungen oder Verlockungen.

All diese Eigenschaften stellen natürlich ein Ideal dar, das kaum zu erreichen ist. Daher machen sich auch jene, denen wir den Titel eines Meisters durchaus zubilligen würden, oft darüber lustig. Die Menschen erheben den Meister einer Kunst in eine abstrakte Sphäre, die nicht wirklich real sein kann. Und dennoch ist das nicht alles. Wenn man verstanden hat, dass es sich um ein Ideal handelt und die Sicht- und Denkweise, die dahintersteht, erkennt, kann man auch akzeptieren, dass der reale Meister tatsächlich ein Mensch ist, der nach Vervollkommnung seines Charakters strebt.

Verschiedene Kriegerkulturen haben nach geschriebenen oder ungeschriebenen Kodexen gelebt, die das Streben nach charakterlicher Vervollkommnung in den Mittelpunkt allen Handelns stellten. Dies gilt für japanische *samurai* ebenso wie für die *xiake* Chinas und durchaus auch für die Krieger indianischer Völker.

Um das teilweise schwer verständliche Wesen eines wahren Meisters noch besser erläutern zu können, möchte ich einen weiteren Text Laozis einfügen:

> *Mein Talent zeige ich nicht. Das, vor dem andere sich fürchten, fürchte ich nicht. Wenn alle in vollkommen fröhlicher und ausgelassener Stimmung sind, bin ich die Ausnahme und bin wie ein unschuldiges und lächelndes Kind, ohne von den Dingen berührt zu werden. Wenn bei den anderen Müdigkeit und Trägheit eintritt, werde ich sein wie ein heimatloser Vagabund und umherziehen. Alle haben mehr als genug, außer mir. Ich scheine unter einem Mangel zu leiden. Ich wirke wie ein Dummkopf. Jeder scheint intelligent und geschickt zu sein, außer mir. Ich erscheine ohne Wissen und wirrköpfig. Jeder scheint tatkräftig zu sein und voller Nützlichkeit, außer mir. Ich erscheine ungebildet und dumm. Ich bin verschieden von jedem, ich lege nur wert auf das Leben, im Hier und im Jetzt.*

Ein Meister arbeitet an der Vereinfachung seines Geistes. Der Geist eines Meisters sollte wie das stille Wasser die Dinge in ihrer wahren Form widerspiegeln, ohne Verzerrungen. Ein Meister folgt seinen Instinkten und weiß sie zugleich zu beherrschen; er ist friedlich, klar und ruhig im Herzen wie ein neugeborenes Kind. Ein Meister strebt nicht nach der Perfektion, sondern nach Einfachheit und Sanftheit. Er erkennt die Stärken und Schwächen der Menschen, weil er sein eigenes Wesen kennt.

Die Menschen können sich ihm nicht nähern und sich ihm nicht entziehen. Er benimmt sich wie jedermann, erscheint aber dennoch fremdartig und undurchdringlich. Bei all dem ist er kein Übermensch. Er ist sich seiner eigenen Dummheit und Unwissenheit bewusst. Gerade dadurch ist er weise. Er ist nicht frei von Fehlern, aber er weiß mit ihnen umzugehen und sie sogar in Vorteile zu verwandeln.

Sein Herz ist vollkommen leer. Für ihn gibt es weder Rechtschaffenheit, noch Höflichkeit oder Güte, aber gerade dadurch ist er wie kaum ein anderer wahrhaft höflich, rechtschaffen und gütig. Ein Meister vermeidet Heuchelei und durchtriebenes oder zwiespältiges Verhalten. Er ist klar, wahrhaftig und direkt. So kann und wird er vielen Menschen als Vorbild dienen. Ein Meister steht mit allen Vorgängen in der Natur in Einklang. Er glaubt nicht an sein eigenes Ich. Er ist frei vom Bedürfnis, sich an sein Ego oder an abstrakte Ideale klammern zu müssen. Er ruht in sich selbst.

In schlechten Zeiten lebt der Meister bitter, jedoch ohne Selbstmitleid und Melancholie. In guten Zeiten wird er fröhlich leben, ohne euphorisch und übermütig zu werden, denn er weiß, dass die Dinge zwangsläufig geschehen und dass alles in stetem Wandel begriffen ist.

All das zeichnet einen Meister aus, gleichgültig, welcher Kultur er entstammt und in welcher Kunst er sich übt.

Ein Meister der Kampfkunst

Das oben Gesagte trifft natürlich auch auf den Meister der Kampfkünste zu. Dieses Metier erfordert aber noch mehr. So sollte der Meister der Kampfkunst eine überdurchschnittliche Kampfstärke besitzen, selbst wenn er seine Fähigkeiten aufgrund der oben aufgeführten Eigenschaften niemals einsetzen wird. Das höchste Ziel der Kampfkunst besteht darin, jeden Kampf zu vermeiden. Umgekehrt ist jemand mit außerordentlicher Kampfstärke, dem aber die anderen Eigenschaften fehlen, die einen Meister ausmachen, kein Meister der Kampfkunst, sondern nur ein Experte des Kampfes. Es gibt viele sehr starke Kämpfer. Manche trainieren sehr hart und sind sogar bereit, ihre körperliche und geistige Gesundheit aufs Spiel zu setzen, um zu herausragender Kampfstärke zu erlangen. Das reicht allerdings nicht, um als Meister bezeichnet zu werden.

Die meisten Leute kommen ursprünglich zur Kampfkunst mit dem Wunsch, andere besiegen zu können, Stärke und Macht zu erlangen. Doch ohne die richtige Denkweise, ohne Weichheit und Biegsamkeit, wird man mit großer Wahrscheinlichkeit Schaden an Leib und Seele nehmen. Starres Denken und starre Kraft sind nicht anpassungsfähig – die Natur zeigt uns das immer wieder. Das Gesetz der Natur ist es, ohne Kampf den Sieg zu erreichen und ohne zu fragen Antworten zu bekommen. Die Natur ist von überwältigender Großzügigkeit und hält von ganz allein die natürliche Ordnung aufrecht. Die Natur ist immer flexibel. Folgt das Leben des Menschen diesen Gesetzen, dann wird es harmonisch verlaufen. Es ist erstaunlich zu beobachten, dass viele, die sich ein Leben lang mit dem Kämpfen beschäftigt haben, dies irgendwann begreifen und von ganz allein, ohne es beabsichtigt zu haben, die Eigenschaften annehmen, die einen Meister charakterisieren.

Ein wahrer Meister ist man erst am Ende seines Lebens, eines möglichst langen Lebens mit gesundem Körper und Geist. Im Sport ist es heute so, dass der Wert eines Sportlers um so mehr sinkt, je älter er wird. In den Künsten ist dies genau umgekehrt. Ein Meister wird mit dem Alter immer wertvoller.

In den Künsten, speziell den Kampfkünsten, gibt es auch eine technische Meisterschaft, auf die ich jetzt eingehen möchte. Es geht im Grunde nicht um die eigentliche Technik, es geht auch nicht um einen perfekten Stil; das alles ist gar nicht wichtig. Ich möchte erläutern, was einen Meister bei der Ausführung einer Technik ausmacht. Im Chinesischen sagt man dazu »*sui xin suo yu*« (随心所欲), »etwas willkürlich tun, nach Lust und Laune handeln«. Genau das ist es, was einen Meister auszeichnet. Es klingt sehr einfach, eine Technik nach Lust und Laune auszuführen. Tatsächlich beherrschen das nur Meister, die einen langen Weg gegangen sind. Ihre Techniken sind eins mit ihrem Herzen, vollkommener Ausdruck ihrer selbst. Auf diese Weise ist jede Technik, die ein Meister ausführt, natürlich und geheimnisvoll zugleich. Sein Handeln wird durch das Paradoxon eines »willenlosen Dranges«, einer »willenlosen Entschlossenheit« gesteuert. Während man einen starken Willen mit einer Eiche vergleichen kann, die von einer noch größeren Kraft, dem Sturm, gebrochen werden kann, ist willenlose Entschlossenheit wie der Wind, ohne Form. Wind passt sich an und kann nicht zerstört werden. Deshalb erreicht erst eine Technik, die nach Lust und Laune, aus einem willenlosen Drang heraus, ausgeführt wird, die höchste natürliche Stufe. Sie ist die wahre Kunst. Ob man Musashi beim Schwertkampf nimmt, Yue Fei beim Umgang mit seiner Lanze, da Vinci beim Malen oder Mozart beim Komponieren, sie alle handeln in ihrer Kunst willenlos – einem unbewussten Drang folgend – und erreichen damit die höchste Stufe in der Meisterschaft der Technik.

Ich schließe das Kapitel mit drei Parabeln aus der Feder von Zhuangzi ab, dem größten Daoisten nach Laozi, der es wie nur wenige verstand, schwierige Dinge in großer Klarheit zu verdeutlichen.

Der Fleischer schlachtet eine Kuh

Der Fleischer schlachtete eine Kuh für König Wen Hui. Dabei waren seine Bewegungen von großer Eleganz, und das Messer machte ein sanftes, harmonisches Geräusch, als es durch das Fleisch des Tieres glitt. Der Tod kam dabei für die Kuh so schnell, dass sie nicht einmal bemerkte, was mit ihr geschah. Als der König das sah, war er sehr erstaunt darüber, dass die Technik des Fleischers eine derart hohe Stufe erreicht hatte und lobte die außergewöhnlichen Fähigkeiten des Fleischers.

Dieser bedankte sich für das Lob und sagte: »Wenn ich eine Kuh schlachte, benutze ich keine Technik, sondern das Dao. Als ich mit dem Schlachten anfing, sah ich nur eine gewöhnliche Kuh vor mir. Aber nach drei Jahren, nachdem ich sehr viele Kühe geschlachtet hatte, sah ich nicht einfach nur eine Kuh, sondern die ganze organische Struktur des Tieres. Von da an arbeitete ich mit meinem geistigen Sehen in Einheit mit dem Dao, anstatt meine Augen zum Sehen zu benutzen. Ein gewöhnlicher Schlachter oder Koch muss einmal im Monat sein Messer wechseln, weil er damit hackt, schlägt und schneidet. Ein guter Schlachter oder Koch muss sein Messer nur einmal im Jahr wechseln, weil er es beherrscht, damit nur zu schneiden und nicht damit schlagen oder hacken muss. Ich benutze mein Messer bereits seit 19 Jahren, und es ist immer noch so scharf, als ob es gerade frisch hergestellt und geschliffen wurde. Denn ich schneide nicht mehr mit ihm, und natürlich hacke oder schlage ich auch nicht. Wenn ich schlachte, dann bewegt sich die Klinge völlig frei nach der Struktur der Kuh, so schnell, dass diese keine Schmerzen spürt und sich nicht einmal des eigenen Todes bewusst wird.«

Die komplizierten Verwicklungen in dieser Welt gleichen der organischen Struktur der Kuh. Menschen, die das Dao nicht verstehen, werden blindlings durch das Leben hasten und erfolglos ihren Körper und Geist abnutzen.

Diese Geschichte wird heute als Lehrmaterial für Mittelschüler in den chinesischen Schulen benutzt, da sie lehrt, entsprechend dem Dao zu leben und auf diese Weise jegliche Energieverschwendung zu vermeiden und sich allem anzupassen. Es geht darum, mit kleinstem Aufwand das bestmöglichste Resultat zu erreichen.

Der alte Zikadenfänger

Als Meister Kong (Konfuzius) ins Land Chu reiste, kam er an einem Wald vorbei. Dort sah er einen alten Mann, der gerade mit der Spitze seines Bambusstocks Zikaden fing. Er spießte diese kleinen und flinken Insekten einfach auf, und das mit solch einer Leichtigkeit, als ob er lediglich irgend etwas einsammelte.

Meister Kong hielt an und fragte: »Sagt, habt Ihr eine Technik dafür oder seid Ihr ein Mann des Dao?«

Der alte Mann lachte und antwortete: »Ich habe die Technik des Dao. Zum Fangen von Zikaden habe ich eine besondere Trainingsmethode. Für fünf bis sechs Monate übe ich das Balancieren von zwei kleinen Kugeln auf der Spitze meines Bambusstocks, solange, bis sie nicht mehr herunterfallen. Wenn ich das beherrsche, ist die Chance, dass ich eine Zikade treffe, sehr gut. Wenn ich das Balancieren auch mit drei kleinen Kugeln schaffe, treffe ich mit Sicherheit neun von zehn Zikaden. Wenn ich es vollbringe, fünf Kugeln auf der Spitze zu balancieren, so ist das Fangen von Zikaden so einfach wie das Aufheben von Dingen mit der Hand. Während ich Zikaden fange, ist mein Körper wie ein Baumstamm, ohne jede Bewegung. Meine Hand hält den Bambusstab und ist dabei wie ein regloser Ast. So groß wie Himmel und Erde auch sein mögen und so zahlreich die Dinge im Universum auch sind, so weiß ich doch nur, dass es Zikaden gibt unter dem Himmel. Keine andere Sache, kein anderes Ding kann die Zikade in meinem Herzen ersetzen. So kann ich niemals eine Zikade verfehlen.«

Als der alte Mann seine Worte gesprochen hatte, wandte sich Meister Kong an seine Schüler und sagte: »Habt ihr aufmerksam zugehört? Herrscht kein Durcheinander in den Gedanken und Vorstellungen, so befreit man die Seele und erhält einen klaren Geist.«

Dies erinnert an die Kunst des Bogenschießens, um die es in der folgenden Parabel u. a. geht. Für den, der diese Kunst in höchster Meisterschaft beherrscht, gibt es weder Pfeil noch Bogen noch Ich. Seine Gedanken sind nicht auf den Kampf ausgerichtet. Sieht er ein Ziel, so wird er mit ihm eins. Trifft er auf einen Gegner, so wird er mit ihm eins, so dass es keinen Gegner mehr für ihn gibt. Was auch immer vor ihm erscheint, es wird nicht sein Herz berühren. Das ist der Zustand der Einheit.

Yan Yuan sagte zu Meister Kong: »Ich fuhr einst mit einer Fähre. Der Fähr-mann steuerte seinen Kahn mit solchem Geschick, als wäre er ein Gott. Ich fragte ihn, ob ich das auch lernen könnte. Der Fährmann antwortete: ›Ja, das kannst du. Wer schwimmen kann, kann sehr schnell lernen, wie man ein Boot zu steuern hat. Und Menschen, die es wagen, tief ins Wasser zu tauchen, können, selbst wenn sie noch nie ein Boot gesehen haben, es sogar unverzüglich steuern.‹ Als er diese Worte gesprochen hatte, fragte ich ihn nach dem Grund, aber er schwieg. So frage ich dich, Meister, was meinte er?«

Meister Kong antwortete: »Jemand, der schwimmen kann, kann es schnell lernen, weil er mit dem Wasser vertraut ist. Jemand, der tauchen kann, kann ein Boot steuern, selbst wenn er niemals zuvor ein solches gesehen hat, weil für ihn die Tiefen des Wassers wie flaches Land erscheinen. So ist für ihn das Steuern des Bootes wie das Vorwärtsschieben eines Wagens. Selbst, wenn das Boot kentert, wird das seinen Geist nicht erschüttern. So ist er in der Lage, es mit Mut und Gelassenheit zu steuern.

Es ist wie beim Bogenschießen. Nimmt man wertlose Tonziegel als Spielein-satz, dann werden die Bogenschützen, ohne sich im Herzen Sorgen zu ma-chen, wie von allein ihre Ziele treffen. Nimmt man Gürtel und Urkunden als Spielgewinn, sind ihre Herzen voll Angst und Aufregung. Das ist von Nachteil für ihre Technik. Geht es um Gold als Spieleinsatz, verspürt das Herz eine sehr große Belastung, und die Schützen verlieren vollkommen ihr technisches Können. Natürlich bleibt die Technik der Bogenschützen immer gleich, aber Herz und Geist werden von den materiellen Dingen beeinflusst, wodurch sich das Herz verwirrt.

Der gute Schwimmer vergisst das Wasser und wird eins mit ihm. Ist der Geist mit äußeren Dingen beschäftigt, dann ist man wie festgebunden; der Geist ist eingeschränkt. Deshalb ist erst ein einfaches und leeres Herz wie das Dao.«

Die Realität der Kampfkunstmeister

Die Darstellung der Kampfkunstmeister ist natürlich ein Ideal, das kaum ein Mensch je vollkommen erreichen kann. Heute gibt es ohnehin nur noch sehr wenige Meister der Kampfkunst, die diesen Titel verdienen.

Die Könner vergangener Zeiten waren sicherlich einzigartige Persön-lichkeiten und Kämpfer. Aber es waren nicht solche Menschen, wie die heutigen Kampfkunstübenden, vor allem in den Ländern des Westens, es sich vorstellen. Viele von ihnen kämpften gern und taten Dinge, die alles andere als moralisch waren. Sie nahmen ihren Tod und den ihres Gegners in Kauf. Oft war es in ihrer Nähe gefährlich, denn sie zogen die Gewalt förmlich an. Dazu kommt, dass sich die Meister häufig im kriminellen Milieu bewegten oder selbst kriminell waren. Teilweise waren es überempfindliche Menschen, die oft schlecht gelaunt waren. Nicht selten führten sie ein einsames Leben und wollten sich nichts und niemandem unterordnen. Man sollte also genau überlegen, ob die Personen, deren Bilder man sich an die Wand hängt und die man verehrt, auch wirklich dem entsprechen, was man in sie hineinprojiziert.

Die Kampfkunstmeister kamen in der menschlichen Gesellschaft oft nicht zurecht. Das weiß ich unter anderem aus einigen authentischen Erzählungen meines Lehrers, Li Zhenghua, und des 85-jährigen Großvaters Li aus Guangzhou, der bereits Ende der 1920er Jahre bei einem erstklassigen alten *Nanquan*-Meister in Foshan trainierte (siehe Kapitel »Ein Wushu-Großvater« auf S. 324). Jener *Nanquan*-Meister war ein unnahbarer und arroganter Mann, der die Menschen verachtete und dem das Reden zuwider war.

Über mein Leben bei Li Zhenghua habe ich bereits erzählt. Wenn er sich mit dem *Majiang*-Spiel beschäftigt, vergisst er sämtlich Abmachungen. Verliert er beim Spiel Geld, ist er nicht zu genießen und benimmt sich alles andere als meisterlich. Gewinnt er, wird er regelrecht kindisch und schwatzt aus Freude allen möglichen Unsinn.

Vor nicht allzu langer Zeit gab es großen Ärger in Wuhan. Der jüngere Bruder meines Lehrers hatte Streit mit einer skrupellosen Mafiaorganisation. Es kam zu einer brutalen Schlägerei. Meister Li brach zwei Schlägern den Arm und prügelte rücksichtslos auf sie ein. Von meisterlicher Zurückhaltung war dabei nichts zu bemerken. Aber immer wieder offenbaren sich in den Dingen, die er tut, in der Art, wie er sein Wissen vermittelt, größte Fähigkeiten und meisterliches Können. Solch eine Widersprüchlichkeit ist typisch für die extreme Art und die extremen Gefühle, die in einem Meister der Kampfkunst stecken.

Eine andere Begebenheit, deren Zeuge ich wurde, verdeutlicht den ambivalenten Charakter mancher Meister sehr gut. – In Wuhan leben viele Franzosen, die für eine französische Automobilfirma arbeiten. Einmal

besuchte einer dieser Franzosen einen Meister der chinesischen Kampfkunst. Der Mann war selbst kein Kampfkünstler. Er hatte sich weder in
östlichen noch in westlichen Schulen geübt. Als er zu dem Meister kam,
forderte ihn dieser zum *tuishou* heraus. *Tuishou* ist eine Kontaktübung,
die schnell in einen Ringkampf ausarten kann. Der Meister wollte den
Franzosen zu Boden werfen, was ihm jedoch nicht gelang. Kenner der
Kampfkünste wissen, warum. Ein Laie reagiert völlig unkonventionell und
überraschend. Somit ist er einer der gefährlichsten und am schwersten zu
beherrschenden Übungspartner und Gegner. Der Meister wurde jedenfalls
übellaunig, weil seine Techniken nicht einmal gegen einen ausländischen
Laien funktionierten. Er begann damit, die Halsschlagadern des Franzosen
zu attackieren, was im Rahmen eines Trainings wirklich bösartig ist, und er
fügte ihm auf diese Weise Verletzungen zu.

Dieser chinesische Meister gehört zu einer guten Klasse und beherrscht
ein hohes Niveau der Kampfkunst. Dennoch empfand er den Widerstand
seines Übungspartners als Gesichtsverlust, so dass er sich gezwungen sah,
sich zu rächen. Ihm kam offensichtlich nicht einmal der Gedanke, sich
freundlich lächelnd für die neue Erfahrung zu bedanken.

Diese Anekdote verdeutlicht sehr gut, wie es in der wirklichen Welt der
Kampfkünste zugeht. Menschen, die sich mit Kampfkunst befassen – mit
dem Kampf an sich, der nichts weiter als ein Akt der Gewalt ist – tun dies
oft aus einem übergroßen Geltungsbedürfnis heraus. Sie folgen ihren Instinkten, und sie streben danach, der Stärkste sein zu wollen. Meister der
Kampfkunst sind meistens extreme Menschen. Bei fast allen Menschen
definieren sich Ehre und Selbstachtung durch das, was andere über sie
denken. Bei Meistern des Kampfes ist dies ganz besonders der Fall. Obwohl sie sich nach außen hin völlig desinteressiert an der Meinung anderer
geben und scheinbar nur gefürchtet werden wollen, geschehen viele ihrer
Handlungen gerade aus dem Wunsch heraus, dass man achtungsvoll über
sie denkt. Sie möchten als Männer mit Ehre gesehen werden, und keiner
sollte es wagen, dieses Ehrgefühl zu verletzen, weder im Zweikampf ohne
Zeugen noch vor anderen.

Den meisten Kämpfern ist es unerträglich, gedemütigt zu werden. Erleben sie eine Demütigung, prägt sich diese Erinnerung tief in sie ein. Mit
der Zeit wächst ein schmerzhaftes Gefühl in ihnen heran, das sie quält

und das immer stärker wird. Sie fragen sich, wie es kommen konnte, dass man sie demütigen konnte, und betrachten es als eigene Schwäche. Schon eine Kleinigkeit kann ausreichen, dass sich ein solch überempfindlicher Mensch, wie viele Kampfkünstler es sind, gedemütigt fühlt. Das heißt, es geht hier nicht unbedingt darum, dass er physisch von jemandem besiegt wurde, sondern eher darum, dass er einer Situation ausgeliefert war, die von anderen und nicht von ihm selbst kontrolliert wurde. Dieses »nicht Herr der Lage sein« verletzt das Ehrgefühl und die Selbstachtung vieler Kämpfer und Kampfkunstmeister, denn Herr aller Lagen zu sein und mit allen Situationen zurechtzukommen, ist das große Ziel der Kampfkunst. Besonders schlimm ist die Situation, wenn die Demütigung von jemandem kommt, den der Kämpfer nicht respektiert. Und das wird so ziemlich jeder sein, der nicht den gleichen qualvollen Weg gegangen ist wie er selbst. All das bedeutet, dass die meisten Kämpfer alles dafür tun werden, um nie in eine Lage zu kommen, die sie nicht kontrollieren können. Dadurch entstehen extreme Verhaltensweisen, die »normalen« Menschen unserer Zeit als bizarr oder mitunter auch als hoffnungslos antiquiert erscheinen werden.

Lu Zhishen

Am Ende des Kapitels über die Meisterschaft in den Kampfkünsten möchte ich einen historischen Meister aus der chinesischen Geschichte etwas genauer darstellen, über den es leider wenig mehr als literarische Informationen gibt. Er handelt sich um Lu Zhishen (魯智深), der das realistische Bild eines wahren Meisters abgibt, selbst wenn er vielleicht in Wirklichkeit nur eine literarische Gestalt ist.

Lu Zhishen lebte vor etwa 900 Jahren, während der Song-Dynastie, und er ist einer der 108 *xiake* aus dem chinesischen Klassiker »Die Räuber vom Liangshan-Moor« von Shi Nai'an. Der Grund, weshalb ich diesen klassischen chinesischen Meister anführe, ist folgender: Von allen 108 Kriegern dieser Geschichte war er derjenige, der das Leben an sich am besten meisterte. Während seine Gefährten Yue Fei, Lin Chong oder der Tigertöter Wu Song zu Schaden kamen oder gar getötet wurden, geschah Lu Zhishen nichts dergleichen. Er ließ sich weder von den Umständen noch von der

Gesellschaft brechen. Es ist auch ein Aspekt der Kampfkunst, dass man sich stets einen freien, ungebrochenen Geist bewahrt. Das bezieht sich nicht nur auf das Kämpferische.

Nachdem er einen brutalen und rücksichtslosen Schlachter mit drei Schlägen getötet hatte, floh er aus seiner Heimat und ließ sein altes Leben hinter sich. Lu hatte einen starken Gerechtigkeitssinn. Er hatte dem Schlachter nur eine Lektion erteilen wollen, nachdem dieser einen alten Mann und dessen Tochter gedemütigt hatte. Doch er schlug zu hart zu und brachte den Mann, ohne es gewollt zu haben, um.

Nach dieser Tat zog er sich in ein Kloster zurück und wurde Mönch. Der Abt gab ihm den Namen Zhishen, was »scharfsinnig« bedeutet. Ursprünglich hatte er Lu Da geheißen. Die Mönche nannten ihn wegen seines leichtfertigen Verhaltens allerdings bald Hua Heshang (Blumenmönch).

Da Lu nichts und niemanden respektierte, zudem Fleisch aß und gern trank, wollte ihn die Klostergemeinschaft wieder loswerden. Während der heiligsten Zeremonien urinierte er vor den Buddhastatuen, unmittelbar hinter dem obersten Abt stehend. Während der Meditationen machte er es sich gemütlich und schlief laut schnarchend. Der Abt war anfangs nachsichtig. Doch als sich das Benehmen nicht besserte, hatten die Mönche genug von ihm und sperrten Lu aus. Dieser war daraufhin so erbost, dass er das ganze Kloster kurz und klein schlug.

Lu Zhishen verfügte über ein enormes Können, und er besaß eine unglaubliche Kampfstärke. Er hatte sich bei einem Schmied einen Mönchsspaten (»Mondsichelspaten«, *yueyachan*, 月牙鏟) von 31 Kilogramm anfertigen lassen. Ursprünglich sollte die Waffe sogar 50 Kilogramm wiegen. Doch als der Schmied Lu darauf verwies, dass nicht einmal die Hellebarde des berühmten Guan Yu[88] soviel wog, beließ es Lu bei diesem Gewicht.

Während er einmal den klösterlichen Gemüsegarten bewachte, fing er ein paar Diebe. Er bestrafte sie nicht, sondern schwor sie auf sich ein. Er liebte es, vor ihnen mit unerhörten Kraftakten zu glänzen. So riss er einmal

---

[88] Guan Yu (關羽, ca. 160-219) war ein General aus der Zeit der Drei Reiche. Seine Hauptwaffe, die Hellebarde (*guandao*), hatte ein Gewicht von 41 Kilogramm. Während der Sui-Dynastie (581-618) wurde Guan Yu der Status eines Gottes zuerkannt. Er wurde zum Kriegsgott ernannt.

vor ihren Augen einen Weidenbaum aus dem Boden. Oft demonstrierte er ihnen auch sein Geschick im Umgang mit dem Mönchsspaten. Bei einer dieser Vorführungen kam zufällig auch Lin Chong vorbei, der militärische Ausbilder der kaiserlichen Garde. Es kam natürlich zu einem Vergleichskampf zwischen ihnen, in dem beide ihr ganzes Können demonstrierten. Anschließend schlossen sie eine Schwurbrüderschaft. Allerdings war Lu Zhishen auch ein Schüler von Lin Chongs Vater und somit sein älterer *Gongfu*-Bruder.

Lu Zhishen reißt eine Weide aus. Gemälde aus dem Wandelgang des Neuen Palastes in Peking (erbaut 1751-1764).

Während Yue Fei und Lin Chong in der typischen konfuzianischen Gesellschaftsordnung gefangen blieben, sich den Machthabern unterordneten, obwohl sie wesentlich stärker waren als diese, dachte Lu gar nicht an ein derartiges Verhalten. Yue Fei und Lin Chong waren sogar bereit, für dieses ihnen von außen aufgeprägte Ideal ihr Leben zu opfern. Lu Zhishen hätte so etwas unter keinen Umständen getan. Er ordnete sich niemandem unter. Für ihn gab es nichts auf der Welt, das es wert war, respektiert zu werden. Lu Zhishen war sich bewusst, wie unwichtig und unbedeutend all die von Menschen geschaffenen Dinge sind, ihre Angewohnheiten, Regeln und Glaubensangelegenheiten. All das macht sie angreifbar und verletzlich. Dem wollte Lu entgehen. Er blieb frei in jeglicher Hinsicht, und dadurch zeichnete er sich als wahrer Meister aus.

tianxia wushu shi yi jia

Alle Kampfkünste unter dem Himmel sind eine Familie.

Die Schätze der chinesischen Kampfkunst
Die Stile des Wushu – Legende und Wahrheit

Das Gebiet des *wushu* ist so groß, dass niemand genau weiß, wie viele Methoden, Stile und Schulen es eigentlich gibt. Man spricht oft von 400 Richtungen, aber wie diese Zahl zustande gekommen ist, bleibt ein Rätsel.

Die Meister kennen sich untereinander und sind oft eng befreundet. Trotzdem tauchen bis heute manchmal unbekannte oder verschollene Künste des *wushu* auf. Ein gutes Beispiel ist das *lusiquan*, der Stil, den mein *shifu* von Meister Zeng lernte. Es ist daher so gut wie unmöglich, alle Stile zu erforschen.

Ich befasse mich seit nahezu zehn Jahren tagein, tagaus mit dem *wushu* und seiner Kultur. Doch obgleich ich mich heute innerhalb der chinesischen Kampfkünste gut auskenne und mit etlichen Meistern vertraut bin, glaube ich kaum, dass es möglich ist, ein Werk zu schreiben, das die wichtigsten Informationen über jeden Stil enthält. Dafür gibt es viele Gründe. Einer ist, dass es für einige Schulen immer noch kaum verlässliche Informationen gibt. Ein anderer Grund sind die Meister selbst. Viele von ihnen sind bis heute sehr konservativ und wollen ihr Wissen nicht preisgeben. Teilweise, weil sie es nicht anders kennengelernt haben, meist jedoch, weil sie von der Gesellschaft und der Welt enttäuscht sind. Diese Meister nehmen ihr Wissen lieber mit ins Grab. Es gibt aber auch Lehrer, die Lernwillige bewusst hinters Licht führen und sie Falsches lehren.

Will man sich einer so komplexen Thematik wie den Stilrichtungen der chinesischen Kampfkünste nähern, so scheint es sinnvoll zu sein, mit deren Ursprung zu beginnen. Doch hier liegt bereits das nächste Problem. Die Ursprünge des *wushu* liegen vollkommen im Dunkeln. Zwar wird gern erzählt, die chinesischen Kampfkünste seien in einem bestimmten Kloster oder Tempel erfunden worden, aber das sind nichts als schöne Legenden. Dies zu akzeptieren fällt nicht leicht.

Räuber gab es schon, ehe der Name Shaolin bekannt war, und verteidigen musste man sich nicht nur in den Bergen von Wudang. Kein Gebiet im Reich der Mitte kann für sich in Anspruch nehmen, der einzige und wahre Ursprungsort des *wushu* zu sein. Ebenso wenig gibt es ein bestimmtes Jahr für den Beginn dieser Tradition. Der Ursprung liegt tief im chinesischen Volk und seiner Geschichte. Und wohl nicht nur dort – vielleicht ist er auch in der indischen Kultur oder gar im Hellenismus zu finden. Es gibt Anhaltspunkte dafür, dass sich die antiken Kampfkünste der Griechen durch Alexanders Indienfeldzug verbreitet haben. Ähnliches vermuten einige Forscher ja auch für das *khukuri*, das schwere Hiebmesser der nepalesischen Gurkhas, das sich vielleicht aus dem griechischen *kopis* oder *makhaira* entwickelt hat.

Es könnte durchaus sinnvoll sein, die westlichen Kampfkünste gründlich zu erforschen, um die chinesischen besser verstehen zu können. Denn es gibt in Europa eine lange und sehr vielfältige Kampfkunsttradition. Die Chinesen hatten ihre *xiake*, die mehr oder weniger realen Helden, die mit ihren Fäusten oder edlen Waffen für Gerechtigkeit und Ehre kämpften, die für alles stehen, was die Kampfkünste für die Menschen so attraktiv erscheinen lässt – Tapferkeit, Stärke, Edelmut und Freiheitswille. In Europa stand das Rittertum für genau die gleichen Ideale. Ähnlich verhält sich bei allen Kriegern und zu allen Zeiten, seien es die Zulu in Südafrika, die Indianer Nordamerikas und teilweise, wenn auch auf sehr eigenwillige Art, die Revolvermänner des Wilden Westens. Überall entstanden ähnliche Traditionen des Kampfes. Und all diese Traditionen hängen mehr oder weniger zusammen und haben sich manchmal erheblich gegenseitig beeinflusst, denn die Völker der Welt waren schon in ferner Vergangenheit enger miteinander verbunden, als viele es sich vorstellen können.

Während meines langen Aufenthaltes in China habe ich natürlich viel über die Kultur, das Land und die Menschen gelernt. Tatsächlich unterscheidet sich die chinesische Kultur in vielen Dingen von unserer westlichen, aber die Chinesen sind natürlich keine anderen Menschen als wir. Die Menschen und damit die Grundlagen der Gesellschaft sind stets die gleichen. Auf das *wushu* bezogen heißt das, auch wenn die Stile sich voneinander unterscheiden, ist das Wesen des Kampfes doch überall das gleiche. Die Unterschiede der Stilrichtungen entsprechen oft dem Bedürfnis der Menschen, sich von anderen abzuheben. Nicht immer geschah dies aus der Not heraus. Die Stile der chinesischen Kampfkunst sind teilweise sehr effektiv, andere wirken eher pittoresk. Ihre Bewegungsformen sind manchmal so sehr voneinander verschieden, wie es die menschliche Anatomie nur erlaubt. Dabei sind die Entstehungsgeschichten meist recht stereotyp.

Eine Unzahl von Schulen nennt als Ursprung Shaolin oder Wudang, oder die Ahnen werden direkt mit den fünf halbmythischen Meistern[89] von Shaolin in Verbindung gebracht. Die Legenden sind mitunter so ähnlich, dass es oft zu Verwechslungen kommt. Das trifft auch auf den anderen Block zu, den der Tiervorbilder. Eine ganze Reihe von Stilgründern gelangte angeblich durch Beobachtung von Tieren zur Idee ihres Stils. Manchmal waren es die Bewegungen allein, die sie inspirierten, manchmal waren es kämpfende Tiere. Besonders beliebt waren der Kranich, der Affe und der Tiger. Es gibt es eine ganze Reihe von Schulen, Unterschulen und Mischformen, die sich auf diese Tiere beziehen. Interessanterweise sind auch hier einige Legenden über die Anfänge einander verblüffend ähnlich. So gibt es die Geschichte von Zhang Sanfeng, dem die Idee für das spätere *taiji* durch die Beobachtung eines Kampfes zwischen einer Schlange und einem Kranich kam. Die Nonne Wu Mei[90] bezog eine ihrer Ideen für die Gründung einer neuen Richtung des *wushu* ebenfalls aus der Beobachtung zweier kämpfender Tiere; in ihrem Fall waren es Kranich und Fuchs.

Man sollte meinen, dass zumindest die Geschichte der neueren Stile Chinas genauer und auf verlässlichere Weise bekannt sein sollte. Das stimmt jedoch nur bedingt. Durch die Tradition der Überlieferungen schleicht sich unmerklich überall derselbe Ton ein, der den Pinsel der Schreiber zu führen scheint. Es gibt bis heute erstaunlich wenig gute Bücher über die chinesische Kampfkunst. Einige Bücher verlieren viel bei ihrer Übersetzung, andere wurden so oft kopiert, dass sie voller Fehler sind.

Im folgenden Kapitel gehe ich auf einige Stile des *wushu* näher ein. Ich gebe das wieder, was ich selbst erlebt habe und was ich von den Meistern des authentischen *wushu* persönlich erfahren habe. Meist waren dies alte Menschen, die die wahre Geschichte ihres Landes und ihrer Kunst zweifelsohne besser kennen, als die staatlichen Repräsentanten des touristischen *wushu*. Natürlich muss man sich, wenn man über die chinesischen Stile der Kampfkunst spricht, trotz allem immer auch auf Legenden verlassen.

---

[89] Die fünf Meister sind: Zhi Shan Chanshi (至善禪師), Wu Mei Dashi (吳梅大師), Bai Mei Daoren (白眉道人), Feng Daode (馮道德) und Miao Xian (苗顯).

[90] Wu Mei (kant. Ng Mui) gilt als die Begründerin eines weichen Kampfstiles, der später unter dem Namen ihrer Schülerin, Yim Wingchun, bekannt wurde.

Zhou Tong und Yue Fei

Das alte *wushu* ist untrennbar mit zwei Meistern verbunden, Zhou Tong (周侗) und Yue Fei (岳飞).[91] Während man über General Yue Fei einiges weiß, ist sein Mentor und Meister, Zhou Tong, schon schwerer greifbar. Shi Nai'an hat ihm durch sein bereits erwähntes Werk »Die Räuber vom Liangshan-Moor« ein Denkmal gesetzt. Mit der zweiten Yue-Fei-Biographie, die während der Qing-Dynastie von Qian Cai (錢彩) veröffentlicht wurde, entstand aber ein differenzierteres Bild des alten Zhou Tong. Heute ist ziemlich schwer zu unterscheiden, was Fiktion und was historisch belegbar ist. Einige Details können aber als sicher gelten.

Zhou Tong war ein typischer Meister des Volkes. Er kümmerte sich weder um gesellschaftliche noch um politische Belange. Er hatte kein Interesse am Staat. Es heißt zwar, dass sein Lehrer ein buddhistischer Mönch war, doch pflegte Zhou eher die Lebensweise der Daoisten. Er lebte zurückgezogen und in sich gekehrt. Ihn interessierten nur sein Training und seine Forschungen in den Kampfkünsten und der Medizin (*wugong*). Er bildete einige Schüler in der Kunst des beidhändigen Bogenschießens aus, d. h., sie lernten mit dem Bogen in der linken Hand ebensogut zu schießen wie mit dem Bogen in der rechten. Sein bekanntester und beliebtester Schüler war Yue Fei. Später hieß es, dass Yue Fei der Adoptivsohn Meister Zhongs gewesen sei, aber in den ältesten Aufzeichnungen steht darüber nichts.

Oft heißt es, dass Zhou Tong den jungen Yue Fei nicht allein in der Kunst des Bogenschießens, sondern auch im Umgang mit der Lanze unterwiesen habe. Viel wahrscheinlicher aber ist, dass Yue Fei diese Kunst von Chen Guang (陈广) lernte. Yues Großvater mütterlicherseits hatte diesen Meister gebeten, seinen Enkel auszubilden. Yue lernte rasch. Er hatte eine natürliche Begabung für alles Militärische. Bereits nach zwei Jahren beherrschte der Junge die schwierigen Techniken. Außerdem studierte er sowohl die Geschichten der legendären Meister als auch die Klassiker der Militärgeschichte, und er verstand es, das Gelesene zu verinnerlichen.

Yue Fei wird als Ahnherr oder Weiterentwickler verschiedener Stile an-

---

[91] Zhou Tong: Meister des Bogenschießens (gest. 1121). Yue Fei (1103-1142): Chinesischer Heerführer und Volksheld in der Zeit der Südlichen Song-Dynastie (1126-1279).

Foto 72

Foto 73

Foto 74

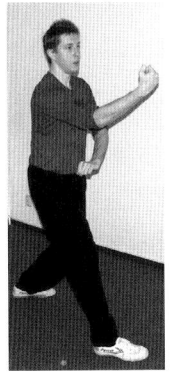
Foto 75

Foto 76

Foto 77

Fotos 72 bis 77: Die verschiedenen *Xingyi*-Positionen (Fotos 74 bis 77) zeigen eine Verwandtschaft zwischen *xingyi* und der Lanzentechnik, wie sie auf Fotos 72 und 73 zu sehen ist. In den Kampfkünsten unterscheidet man an sich nicht zwischen dem Umgang mit Waffen und waffenlosen Bewegungen und Techniken.

gesehen. So berufen sich vor allem Meister unterschiedlicher Lanzentechniken (*qiangshu*, 枪术) auf ihn, aber auch die Kämpfer der *Xingyi*-Schule, der Adlerfaust und des *baduanjin*.

Die Grundbewegung der Lanze ist das *lannaza* (拦拿扎). Dieses wird nicht mehr in seiner ursprünglichen Form trainiert. Während man heute effekthascherisch mit der Lanze rudert wie mit einem Paddel, wird das ursprüngliche *lannaza* ganz kurz, knapp und effektiv eingesetzt. *Lan* ist das Versperren, *na* das Holen oder Nehmen und *za* das Stechen. Betrachtet man die Abfolge genau, kann man von den kreisförmigen Bewegungen, die mit einem Stoß nach vorn enden, auf die *Xingyi*-Grundtechnik schließen. So ist es sehr wahrscheinlich, dass das *xingyi quan* von Yue Fei oder vielleicht schon von Zhou Tong aus der Lanzentechnik entwickelt wurde.

Durch derartige Überlegungen kann man mittels Analyse einzelner Techniken der verschiedenen Stile auf ihre Geschichte und Abstammung schließen. Aber selbst auf diese Weise bleibt es sehr schwer, die Herkunft, Abstammung und ursprüngliche Technik eines Stils zu erkennen.

Ein Streifzug durch die Welt des Wushu

Bekannte Stile

Adlerfaust und Acht Brokate
Ying Quan und Baduanjin
鷹拳 – 八段锦

Ich will über das *baduanjin* und die Adlerfaust in einer Einheit schreiben, und das hat folgenden Grund. Beide Disziplinen gehen laut Legende auf Yue Fei zurück. *Baduanjin* ist ein *gong*, eine Übung also, die Kraftzuwachs durch isometrisches Training erreicht. Die heute allgemein übliche Technik hat damit nichts mehr zu tun. In den traditionellen Acht Brokaten steht man in einer sehr tiefen Stellung und baut im ganzen Körper eine Spannung auf, die für eine gewisse Zeit gehalten wird. Danach entspannt man sich. Dieses An- und Entspannen wird abwechselnd betrieben, so dass man durch regelmäßiges Training im *baduanjin* eine große Kraft aufbaut, vor allem Spannkraft. Man ist dadurch in der Lage, jeden Teil des Körpers außerordentlich fest werden zu lassen, selbst der Griff der Finger wird nahezu unlösbar.

Meister Yao, der erste Lehrer meines Meisters, hat das *baduanjin* und die Adlerfaust trainiert. Jeden Morgen stellte er sich in einer tiefen Reiterstellung auf eine Treppenstufe, wobei er nur seine Fußballen aufsetzte und die Fersen über den Rand ragen ließ. In dieser Haltung hielt er seinen Körper eine Weile unter Spannung. Danach entspannte er sich wieder. Durch diese jahrelange

Foto 78   Foto 79

Fotos 78 und 79: Bei der *Gong*-Übung des *baduanjin* geht es darum, durch statische Stellungen eine starke Innenspannung des Körpers zu entwickeln. Die Stellungen werden lange gehalten, dadurch beginnt man sehr stark von innen heraus zu schwitzen, aber man kommt dabei nicht außer Atem.

Praxis wurde Meister Yao zu dem kampfstarken Meister, als der er bekannt wurde. Er war zweifelsohne der letzte Vertreter der echten Adlerfaust.

Ich bin in diesem Buch schon mehrmals auf den Adlerstil eingegangen. Nicht nur, weil ich über meinen Lehrer in der Tradition des *yingzhaoquan* stehe, sondern auch, weil durch das Training dieses Boxstils eine explosive Kraft erworben wird, wie sie die Kampfkünstler früherer Tage immer besaßen.

Es ist erstaunlich, dass das *baduanjin* oft in Gesellschaft der Adlerfaust anzutreffen ist. Das lässt darauf schließen, dass die Acht Brokate von jeher als Grundlage für diesen Kampfstil dienten. Dies wiederum scheint für die These zu sprechen, dass beide Übungen von Yue Fei stammen. Meister Yao hätte vielleicht etwas Licht ins Dunkel bringen können, doch der wortkarge Mann war eines Tages plötzlich spurlos verschwunden.

Spricht man über einen Stil, dann muss man natürlich die Umstände betrachten, unter denen er entwickelt wurde. Yue Fei war General in einer Zeit

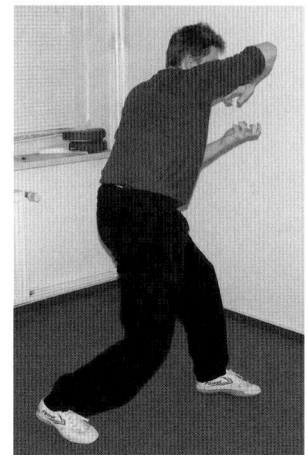

Foto 80   Foto 81

Foto 82   Foto 83

Fotos 80 bis 86: Nachdem man mit den *Baduanjin*-Übungen die innere Spannung aufgebaut hat, führt man die wuchtigen und kraftvollen Adlerbewegungen aus und lässt die gesamte aufgebaute Kraft wieder frei werden.

des Chaos und des Krieges. So wird er mit Sicherheit keinen ästhetischen Stil geschaffen haben, der zur reinen Gesunderhaltung des Körpers und für die Verteidigung gegenüber ein paar Wegelagerern dienen sollte. Tatsächlich ist die Technik des *yingzhaoquan* im Grunde genommen unkompliziert. Will man ihn richtig ausführen, muss man natürlich lange üben. Dieser Stil erfordert Kraft und Ausdauer. Aber die Stoß- und Reißtechniken lassen sich relativ schnell erlernen. Die Adlerfaust ist nicht für Vorführungen gedacht;

222

Foto 84   Foto 85

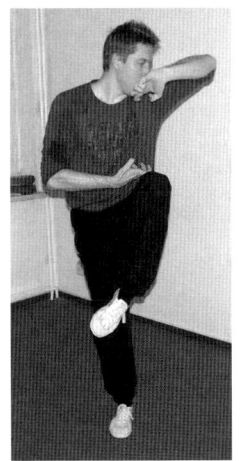

Foto 86

der Stil zeichnet sich durch eine Wildheit aus, die auf Chinesisch *xiongmeng* genannt wird.

Vielleicht fragt sich nun manch Kundiger, warum ich hier hauptsächlich den Begriff Adlerfaust (*yingquan*) und nicht Adlerkralle (*yingzhao*) verwende, obwohl es in diesem Stil gar keine Fausthaltung gibt. Der Begriff Faust (*quan*) steht hier jedoch für den Stil.

Es gibt bei dieser Schule außer der Handhaltung der Adlerkralle auch noch die Adlerschnabeltechnik (*yingzui*). Im Vergleich zur Tatze des Tigers ist die Adlerkralle enger. Ein Tiger läuft stets auf seinen Tatzen, während ein Adler kaum auf seinen Krallen läuft. Die Meister haben das gut nachgeahmt. Der Handinnenraum, das Herz der Hand, ist hohl, Zeige- und Mittelfinger stehen etwas nach oben, während Ringfinger und kleiner Finger nach innen gezogen sind. Die Kraft liegt auf der Handwurzel; mit dieser trifft man auf. Dann wird die Kralle in Weichteile des Körpers eingehakt und daran gerissen. Es gibt keine offenen Handflächen, wie man es von der Langfaust kennt. Beim Adlerstil wird das Tier Adler so genau wie möglich imitiert. Ein Adler kann seine Krallen nicht durchstrecken.

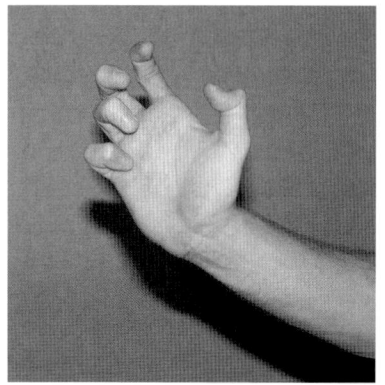

Foto 87

Foto 88

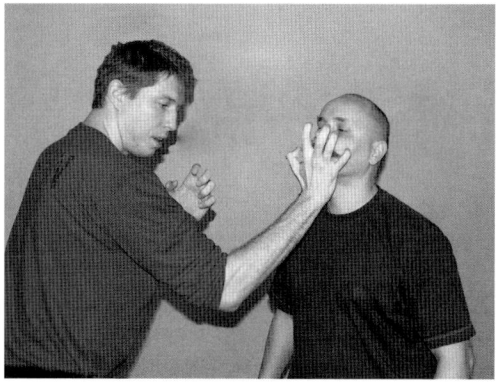

Foto 89

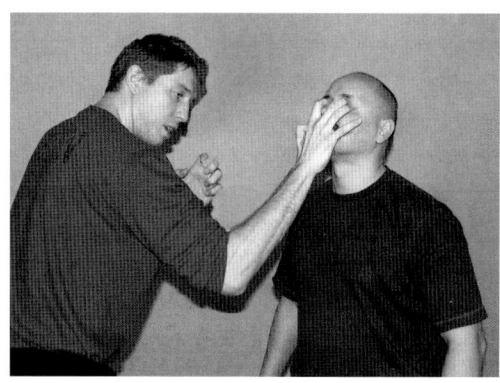

Foto 90

Fotos 87 bis 90: Die Handhaltung der Adlerkralle ist sehr nützlich und effektiv. Mit dem Handballen schlägt man zu und greift dann nach dem Gegner, um sich an diesen heranzuziehen. Man kann in Weichteile (Augen, Hals etc.) des Gegners greifen oder in dessen Kleidung, oder was immer man zu fassen bekommt.

Foto 91

Foto 92

Foto 93

Fotos 91 bis 96: Zwei mögliche Anwendungsbeispiele der Adlerfaust (Bildfolgen 91 bis 93 und 94 bis 96).

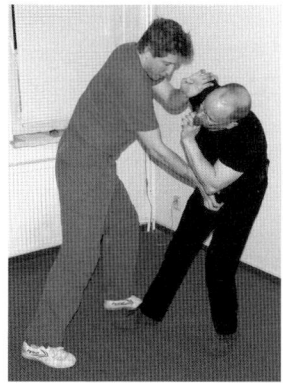

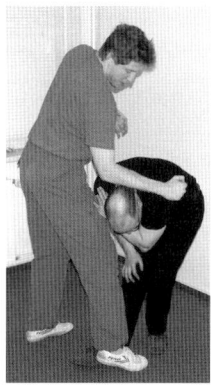

Foto 94

Foto 95

Foto 96

Foto 97: Eine typische Position des neuen »Adlerstils«, der erst in jüngster Vergangenheit von geschäftstüchtigen Leuten erfunden wurde. Diese Art der Bewegung ist sehr theatralisch und dient vorrangig für Showzwecke.

Foto 97

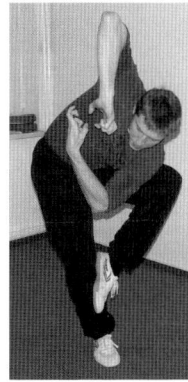

Foto 98   Foto 99   Foto 100

Fotos 98 bis 102: Dies ist eine Bewegungsfolge des authentischen Adlerstils. Bei diesem Stil geht es nicht darum, elegante Bewegungen zu machen. Die Techniken werden eng am Körper durchgeführt, sie sind wuchtig und erfolgen plötzlich. Beim Training der Adlerform kommt es nicht so sehr darauf an, Bewegungen oder Techniken einzuüben, die man dann unverändert in einem realen Kampf einsetzen kann, sondern es geht darum, die Flexibilität des Körpers zu schulen und zu wuchtigen Schlägen fähig zu sein. – Das Ziel in allen Kampfkünsten besteht darin, den Körper und den Geist auf eine Weise zu entwickeln, dass man in bedrohlichen Situationen jederzeit auf angemessene Weise und effektiv handeln kann.

Bei jedem Stil muss man genau überlegen, wie man die Bewegungen eines Tieres für einen Menschen passend machen kann. Und nicht nur das, man muss die Bewegung so anlegen, dass sich der Anwender effektiv bewegen und das für den Kampf nutzen kann. Ein Adler hat seine Füße

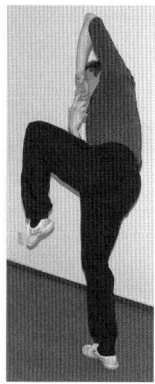 

Foto 101   Foto 102

(Krallen), er hat Flügel, einen Schnabel und einen Körper. Die Hände und die Füße eines Menschen können zu Krallen geformt werden. Bei den Händen habe ich das schon beschrieben, aber auch die Füße krallen sich regelrecht in den Boden. Die Hände können sich auch in einen Adlerschnabel verwandeln. Dabei werden die Finger zu einer Spitze geformt, indem man die Fingerspitzen aneinanderlegt. Mit dieser Spitze sticht und hackt man dann auf empfindliche Stellen des Körpers.

Ein weiteres Merkmal ist die Bewegung von Brust und Schultern. Diese müssen sich tatsächlich wie die Flügel eines Adlers bewegen. Beim Schlagen oder Reißen fungiert die Brust so als Verstärker. Dabei ist zu beachten, dass man eine hin- und herschwingende Bewegung vollführt, die in Einklang mit Brust und Schultern steht. Diese Bewegung heißt im Chinesischen *dangjin* (荡劲). Zum Beispiel schwingt man mit der Handwurzel zum Gegner, hakt sich ein (vor allem am Schlüsselbein) und reißt beim Zurückschwingen heftig am Knochen.

Wer die Adlerfaust ausführen möchte, braucht enorme Kraft und einen robusten Körper. Wenn man diese Voraussetzungen nicht erfüllt, dann betreibt man keine Adlerfaust. In China spricht man übrigens nicht leichtfertig von der Adlerfaust, denn der ursprüngliche Stil gilt als ausgestorben. Jeder echte Meister ist beim Verwenden dieses Wortes sehr vorsichtig.

227

Acht Trigramme, Acht betrunkene Unsterbliche und Boxen des Höchsten
Baguazhang, Zuibaxian und Taijiquan
八卦掌 – 醉八仙 – 太极拳

Das »Handflächenboxen der acht Trigramme«, so die genaue Bedeutung des Begriffs *baguazhang*, ist einer der am schwersten zu verstehenden Stile, obgleich er zu den einfachsten und natürlichsten zählt. Der Ursprung des *baguazhang* ist wesentlich mühsamer zu erforschen als bei anderen Stilen. So kann man beim *baguazhang* nicht von einem Gründer sprechen, genauso wenig, wie man beim Daoismus von einem Erfinder sprechen kann.

Das *baguazhang* ist tief verwurzelt in der Philosophie des Daoismus. Wenn man die *Wushu*-Stile erforscht, besonders die, deren ursprüngliche Formen verlorengegangen sind, muss man einige Dinge berücksichtigen. Es reicht nicht, die Techniken zu kopieren, da viele Bewegungen verschlüsselt sind oder auf mehrere Arten interpretiert werden können. Will man verstehen, wie der Stil entstanden ist und was sich der oder die Gründer dabei dachten, muss man das Umfeld des jeweiligen Meisters studieren. Welcher Philosophie oder Religion gab er den Vorzug, woher stammte er, woran glaubte er? Diese Dinge sind vielleicht nicht wichtig, wenn es um die reine Kampfkraft geht, doch sie sind es für das tiefere Verständnis. Ein großer Teil der Stile stammt aus dem geistigen Umfeld des Buddhismus oder Daoismus. Eine Kampfkunst wie das *baguazhang* zu trainieren, ohne den spirituellen Hintergrund zu berücksichtigen, wird keine guten Ergebnisse liefern. *Bagua* und Daoismus sind untrennbar miteinander verbunden.

Laut Überlieferung war Dong Haichuan[92] der erste, der das Wort *bagua* benutzt hat. Die Technik gab es jedoch schon viel früher. Er hat also den Stil nicht erfunden, wie so oft behauptet wird. Dong war ursprünglich Leiter einer Polizeistation. Er soll sich selbst entmannt und danach von allen weltlichen Dingen losgesagt haben. Als Eunuch (*taijian*, 太监) lebte er

---

[92] Dong Haichuan (董海川, 1797-1882) wird oft als Begründer des *baguazhang* genannt. Tatsächlich trainierte Dong einige Kampfkünste, ehe er sich verschiedenen daoistischen Übungen hingab. Aus der Synthese dieser Techniken soll er eine Kunst namens *zhuan zhang* (drehende Hände) entwickelt haben, woraus später *bagua* entstand, besagt die Legende.

im kaiserlichen Palast und war dort Diener und Beamter. Es gibt eine interessante Anekdote aus dieser Zeit, die einige Parallelen zur Namensgebung des okinawanischen *goju-ryu*[93] aufweist. Immer wenn Dong Haichuan dem Kaiser auf einem Tablett Tee brachte, lief er so schnell, dass sogar sein Zopf anfing zu flattern. Und immer wenn ihm etwas in den Weg kam, wich er blitzschnell aus, ohne auch nur einen Tropfen Tee zu verschütten. Als der Kaiser davon hörte, bestellte er Dong zu sich und wollte von ihm wissen, was für eine Art *gongfu* er beherrsche. Dong Haichuan demonstrierte ihm die Technik, und als der Kaiser nach

Dong Haichuan. Zeitgenössisches Bild.

dem Namen fragte, sagte Dong Haichuan ganz spontan *bagua*. Das war das erste Mal, dass *bagua* als Name für diese Kampfkunst benutzt wurde. Man fragt sich natürlich, weshalb Meister Dong der Kunst diesen Namen gab. Vermutlich trug sie zuvor einen anderen. Es ist jedoch sehr unüblich, den Namen eines Stils zu ändern, ohne dass der alte wenigstens bekannt bliebe. Sollte diese Begebenheit tatsächlich wahr sein, so muss man annehmen, dass Dong Haichuan, selbst wenn er das *bagua* nicht erfunden hatte, diese Schule zumindest beeinflusst hat und sie aus diesem Grunde umbenannte.

Tatsache ist jedenfalls, dass es im *baguazhang* die Technik *mei nü duan ping* (美女端品, die schöne Frau trägt die Gegenstände) gibt, die so aussieht, als ob man zwei Tabletts auf seinen Händen balancieren würde. Au-

---

[93] Das *goju-ryu* (剛柔流, hart-weicher Stil) ist eine von Miyagi Chojun entwickelte Kampfmethode Okinawas, die stark vom alten *wushu* Chinas beeinflusst wurde. Während einer Demonstration 1930 in Tokio wurde Jin'an Shinzato, ein Schüler Miyagi Chojuns, gefragt, wie sein Stil heiße. Er wusste darauf keine Antwort. Als er Meister Miyagi diese Geschichte erzählte, wählte dieser ohne zu zögern den Namen *goju-ryu*.

Foto 103

Foto 104

Foto 105

Foto 106

Fotos 103 bis 106: Eine mögliche Anwendung von *Baguazhang*-Techniken.

ßerdem gibt es die Trainingsmethode des Laufens auf den Pflaumenblüten (*meihua zhuang*, 梅花桩), wobei nur die Fußballen aufgesetzt werden. Aus diesem Grund kann man vielleicht auch auf Gemeinsamkeiten mit der Pflaumenblütenfaust (*meihua quan*, 梅花拳) schließen. Aber das sind zunächst nur Forschungsansätze.

Im Westen werden normalerweise *baguazhang*, *zuibaxian* und *taijiquan* nicht zusammengefasst. Meist ordnet man lediglich *bagua* und *taiji* einer Gruppe zu. Doch alle drei Künste sind tief mit dem daoistischen Denken verbunden. Alle drei haben die gleichen Prinzipien. Das *zuibaxian* bezieht sich auf die acht Wesenheiten aus der daoistischen Mythologie und Philo-

Foto 107

Foto 108

Foto 109

Foto 110

Foto 111

Fotos 107 bis 111: Einige Beispiele für Bewegungen des *baguazhang*. Charakteristisch für den Stil ist der ununterbrochene Fluss der Bewegungen.

sophie, die als die »acht (betrunkenen) Unsterblichen« bekannt sind.[94]

Das einheitliche Merkmal der genannten drei Stile ist die in ununterbrochenem Fluss wirkende Kraft. Auf Chinesisch nennt man das *jin bu neng duan* (劲不能断). Bei all diesen Techniken soll ein Beobachter beim Trainierenden diese Kraft jedoch nicht wahrnehmen, im Gegensatz zur Adlerfaust, wo man erkennen soll, dass die ganze Kraft des Körpers in die zur

---

[94] Die »acht Unsterblichen« sind: Lü Dongbin (呂洞賓), Zhang Guo Lao (張果老), Li Tieguai (李鐵拐), Han Xiang Zi (韓湘子), Han Zhongli (漢鐘離), Cao Guojiu (曹國舅), die Frau He Xiangu (何仙姑) und Lan Caihe (藍采和). Diese Gestalten sind keine Götter, sondern Menschen, die im Laufe der Jahre zu Heroen wurden.

Die »acht Unsterblichen« überqueren das Meer. – Unbekannter Künstler, um 1920.

Hand geformten Kralle fließt, und auch im Gegensatz zur Südfaust, wo man bemerken soll, wie sich die gesamte Kraft aus dem stabilen Stand heraus im Körper ausbreitet und ihn durchzieht.

Dass man die Kraft beim *taiji*, *bagua* und *zuibaxian* nicht wahrnehmen soll, bedeutet natürlich nicht, dass sie nicht vorhanden ist. Ich möchte dieses scheinbare Paradoxon anhand des japanischen *judo* verdeutlichen. Jeder Judoka kennt die Techniken der Gleichgewichtsbrechung, bei denen man den Gegner zu einer Gewichtsverlagerung zwingt und ihm dann das belastete Bein wegfegt. Um einen Menschen aus dem Gleichgewicht zu bringen, muss man die Stelle des Körpers angreifen, an der sein Schwerpunkt liegt bzw. wo er seine Kraft einsetzt. Zeigt der Gegner jedoch keinen Kraftansatz und kann man nicht erkennen, wo sein Schwerpunkt liegt, kann man ihn nur schwer aus dem Gleichgewicht bringen. Genau das ist das Ziel der drei Künste, von denen hier die Rede ist.

Beim *baguazhang* erfolgen die Bewegungen nahtlos, ohne Unterbrechung (*lian lian bu duan*, 连连不断). So, wie man beim Wasser eines Flusses kein »Zentrum« erkennen kann, so sollte man beim *bagua* weder Kraft noch Zentrum erkennen können. Das *yanyu* hierzu lautet: »*Bagua zhang da ren bu xiang*« (八卦掌打人不响). – »Wenn man mit *baguazhang* schlägt, gibt es keine Geräusche.« *Baguazhang* ist eine passive Kunst. Es ist das sich Entfernen vom Gegner. Verfolgt einen dieser, ändert man blitzschnell die Richtung und lässt den Gegner in seine Techniken hineinlaufen. Ähnlich wie beim *taiji* wird die Brust nach innen gewölbt. Die Schritte beim *bagua* gleiten über den Boden, wobei der ganze Fuß, beim Ballen angefangen bis zur Ferse (ohne dass jedoch die Ferse fest auf den Boden auftritt), gleitet. Der Vorteil dieses Schrittes ist, dass man den Boden nach seiner Beschaffenheit abtasten kann. Dadurch vermeidet man es zu stolpern, und Unterbrechungen im natürlichen Fluss werden ebenfalls vermieden. Die Knie bewegen sich wie eine Schere *(bagua zhang jianzi gang*, 八卦掌剪子杠*)*. Bei Wendungen haken sich die Füße gleichzeitig ein, wodurch man eine Kniespannung erhält, die jener der Stellung vom *yongchunquan* (*wingchun*) sehr ähnelt.

Foto 112: *Taiji*-Bewegung.

Während *baguazhang* Gehen ist, so ist *taiji* Berühren. Beim *taiji* gibt es die Trainingmethode des *tuishou*, wobei man erst körperlichen Kontakt zum Gegner aufnimmt und dann entsprechend der Kraftrichtung handelt. Das heißt, man manipuliert das Gleichgewicht und den Schwerpunkt des Gegners, indem man ihn zieht, schiebt und all seine Bewegungen neutralisiert. Gleichzeitig verhindert man, dass der Gegner im wahrsten Sinne des Wortes seinerseits zum Zuge kommt.

Wie gesagt, sind diese drei Stile eng mit dem Daoismus verbunden. Der echte Daoismus hat keinen Glauben, keine Regeln und Vorschriften. Er ist eine Lehre, ohne eine Lehre zu sein. Im Daoismus handelt man nicht aktiv. Man richtet sich nach den Veränderungen in der Natur. Alles entsteht aus Relativität. Auch der Glaube an eine Sache wird als sinnlos angesehen, da es kein Richtig oder Falsch gibt. Das eine entsteht erst im Gegensatz zum anderen und umgekehrt, wobei sich beide Dinge gegenseitig beinhalten. Genau diese Philosophie spiegelt sich in den Techniken und Bewegungen dieser drei Stile wieder. Es gibt keine Vorgaben und keine Strategien der Verteidigung. Der Gegner wird genutzt, nicht behindert. Er entscheidet, wie wir uns mit unserer Verteidigung anpassen werden. Die Kraft bei diesen drei Stilen liegt, für den Außenstehenden unsichtbar, im *dantian*.

Foto 113

Foto 116

Foto 114

Foto 117

Foto 115

Fotos 113 bis 117: Zwei Techniken des *zuibaxian* (113 und 116) und ihre Anwendungen.

Fotos 118 bis 121: Ein Anwendungsbeispiel für das *zuibaxian*.

Fotos 122 und 123: Zwei Bewegungen aus dem *zuibaxian*.

Foto 118

Foto 119

Foto 120

Foto 121

Гoto 122

Foto 123

Was unter der Kunst des *zuibaxian* zu verstehen ist, beschreibt die folgende Parabel von Zhuangzi sehr gut:

Der Betrunkene fällt vom Wagen

Ein stark betrunkener Mann saß hinten auf einem Pferdewagen. Während der rasanten Fahrt stürzte er herunter. Obwohl er sehr hart fiel, wurde er nicht getötet. Er blieb sogar vollkommen unverletzt.

Er hatte dieses Glück, weil er weder wusste, dass er auf einem Pferdewagen gesessen hatte, noch dass er schließlich heruntergefallen war. In seinem Herzen war keine Angst um sein Leben. Deshalb konnte er sich nicht zu Tode stürzen.

Betrunkene Menschen sind wie Menschen, die ihr eigenes Ich vergessen haben. Menschen, die sich selbst vergessen haben, werden den Schutz der Natur bekommen.

Foto 124: Maik Albrecht bei einer großen öffentlichen *Wushu*-Vorführung in China mit *zuibaxian*.

Der Weg der abfangenden Faust
Das daoistische Jeet Kune Do (Jie Quan Dao)
截拳道

Jeetkunedo war die Kampfkunstauffassung von Bruce Lee, dem »Kleinen Drachen«. Er selbst war immer der Ansicht, dass Stile die Menschen mehr trennen als vereinen und wollte daher seine Sicht der Kampfkunst nicht als Stil verstanden wissen. Dem soll nicht widersprochen werden. Dennoch will ich seine Methode des Kämpfens hier nicht unerwähnt lassen.

Jeetkunedo ist vielleicht mit einem Maßanzug zu vergleichen, den sich Bruce Lee schneiderte. Jedem, der ihn sich anziehen möchte, wird er entweder zu klein oder zu groß sein.

Bruce Lee war zweifelsohne ein Genie der Kampfkünste, doch nicht zuletzt sein früher Tod führte dazu, dass er oft missverstanden wird. Bis heute wird seine Philosophie nicht richtig interpretiert und seine Kampfkunst sehr ungenau ausgeführt.

Die Lehren, die durch Bruce Lee entweder schriftlich oder audiovisuell überliefert wurden, sind ohne Frage daoistisch beeinflusst. Bruce Lee durchbrach jedoch die Barrieren zwischen Ost und West, Nord und Süd. Er studierte an einer amerikanischen Universität Philosophie. Er war mit dem Denken des Westens und des Ostens gleichermaßen vertraut. Das *jeetkunedo* ist genauso wie der Daoismus eine Lehre, ohne eine Lehre zu sein, ein Kampfstil, ohne ein Kampfstil zu sein. Bruce Lee wollte die Grenzenlosigkeit in seiner Technik, er wollte nicht auf einen Stil festgeschrieben werden. Um das *jeetkunedo* zu verstehen, muss man sich mit dem Daoismus beschäftigen. Versteht man den Daoismus, versteht man auch das, was der »Kleine Drache« mit dem *jeetkunedo* ausdrücken wollte. So kann man auch keine spezifischen technischen Merkmale des *jeetkunedo* festlegen, da eben genau dieses Festlegen zu Einschränkungen führen würde, und Bruce Lee wollte keine Einschränkungen. Sein bekanntes Motto lautet: »Kein Weg als Weg, keine Grenze als Grenze.«

Im Mittelpunkt des Daoismus steht das Dao, und das Dao kann man nicht definieren; man kann es allenfalls umschreiben. Fragte man einen Fisch, wo sich das Wasser befindet, was sollte dieser darauf antworten?

Tongbei und Lianhuan Zhang
通背 – 连环掌

Tongbei und *lianhuanzhang* sind zwei Stile, die ich hier aufgrund ihres identischen Prinzips und Krafteinsatzes zusammenfasse. Ob sie tatsächlich eine geschichtliche Verwandtschaft haben, ist nicht sicher, doch sie ähneln einander sehr. Man kann beide Schulen zu den inneren Stilen zählen.

Das *tongbei* kommt aus dem Norden Chinas. Auch bei diesem Stil stan-

Foto 125

Foto 126

Foto 127

Foto 128

Fotos 125 bis 128: *Lianhuanzhang* dient der vollkommenen Kraftausgabe. In Schultern und Armen ist keinerlei
Spannung, und die Arme werden wie »weggeworfen« vom
Körper. Man bekommt beim Üben rote Hände, da das
Blut regelrecht in die Hände »geschüttet« wird. Der Blutfluss im ganzen Körper wird gefördert, das Blut kann stö-
rungsfrei fließen. Dies ist eine Wirkung der Kampfkunst
als Heilkunst. Ein Zweck der chinesischen Akupunktur
– eine sekundäre Behandlungsmethode der chinesischen
Medizin – besteht darin, Verstopfungen im Blutkreislauf
zu lösen. *Wushu*-Formen wie die des *lianhuanzhang* stellen demgegenüber gewissermaßen eine »primäre Behandlungsmethode« dar, um den Blutkreislauf ständig frei laufen zu lassen.

den Tiere Pate – die Menschenaffen. Übersetzt heißt *tong* (通) durchdringen, *bei* (背) bedeutet Rücken. Die Kraft kommt also aus dem Rücken.
Die Schläge haben eine durchdringende Wirkung. Sehr viele Schulen,
chinesische wie japanische, benutzen einen Fauststoß, bei dem die Faust
sehr schnell in entspanntem Zustand beschleunigt wird. Beim Auftreffen
wird der gesamte Körper einen Augenblick lang gespannt und die Kraft
über die Faust in das Ziel übertragen. Während des Beschleunigens muss
jedoch jegliche Muskelspannung verhindert werden.

Im *tongbei* und im *lianhuanzhang* wird hingegen zu keinem Zeitpunkt
eine Muskelspannung aufgebaut. Die Hände werden sozusagen »von sich
geworfen« und auch im Moment des Auftreffens nicht angespannt. Dar-

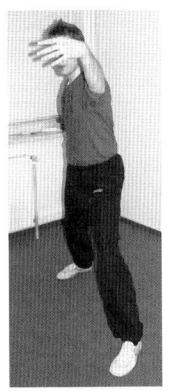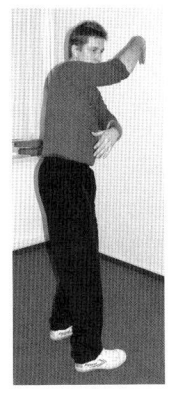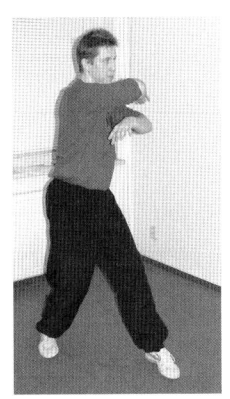

Foto 129   Foto 130   Foto 131   Foto 132

Fotos 129 bis 132: Bewegungsfolge des *lianhuanzhang*.

aus resultiert ein Effekt, wie er beim Schlagen mit einem nassen Handtuch auftritt. Es entsteht eine durchdringende Peitschenwirkung. Diese Wirkung erhält man, wenn man den ganzen Körper vollkommen locker und entspannt hält. Die gesamte Kraft beim *tongbei* geht vom Rückgrat aus und fließt weiter über die Gelenke. Die durchdringende Wirkung wird durch das selbständige Zurückschnappen der Gelenke verursacht. Das erscheint kompliziert, wird aber schnell klarer, wenn man kämpfende oder angreifende Menschenaffen beobachtet. Man versteht dann auch leicht, weshalb diese Tiere als Vorbild für diese Schule gedient haben.

Das *lianhuanzhang* ist ein heute fast unbekannter Stil in China. Oftmals wird von *bagua lianhuanzhang* gesprochen, was nicht richtig ist, da diese Technik eigenständig ist. *Lianhuan* bedeutet »zusammenhängend« (wie Kettenglieder), und auch die Technik des *baguazhang* ist zusammenhängend, was die Ursache des Irrtums ist. Aber es gibt den reinen Stil *lianhuanzhang*, der dem *tongbei* sehr ähnelt. Die Techniken folgen ohne Unterbrechung aufeinander. Das deutet im übrigen auf einen daoistischen Ursprung hin. Der Unterschied zum *tongbei* ist, dass beim *lianhuanzhang* die Kraft aus den Beinen geholt und durch die Gelenke des Körpers bis in die Fingerspitzen übertragen wird. Das Prinzip der vollkommenen Entspanntheit ist das gleiche wie beim *tongbei*. Während man beim *tongbei* das Rückgrat und die Schultern als Kraftquelle nutzt, beginnt die Kraftentwicklung beim *lianhuanzhang* bereits in den Beinen.

Der Boxstil der Fangheuschrecke
Tanglang Quan
螳螂拳

Einer der effektivsten und interessantesten Stile des chinesischen *wushu* ist das *tanglangquan*. Im Laufe der Jahre habe ich diese Kunst schon in mehreren Gegenden Chinas und in den unterschiedlichsten Arten gesehen (unter anderem auch von meinem *shifu* Li Zhenghua).

Wie ich schon mehrfach zum Ausdruck gebracht habe, stehe ich klischeehaften und mystisch-verklärten Geschichten über die Welt der Kampfkünste sehr kritisch gegenüber. Dazu zählen auch die vielen Berichte, nach denen Europäer oder Amerikaner auf hochdramatische Art in China einem Meister begegnet sind, der sie dann in einem geheimnisvollen Kampfstil unterwies. Ich hielt ursprünglich diese Art von Geschichten allesamt für unsinnig. Tatsächlich ist mir im Zusammenhang mit dem *tanglang* vor nicht allzu langer Zeit etwas ähnliches selbst widerfahren, wenn auch nicht am Anfang meines Weges.

Als ich mich in der südlichen Provinz Guangdong aufhielt, begegnete ich einem älteren Herrn namens Xiu (秀). Mit seinem schäbigen Trainingsanzug und den alten Schuhen wirkte er wie ein Meister aus einem billigen Kungfu-Film. Er erzählte mir, dass er aus der nördlichen Provinz Liaoning stamme. Er ist offenkundig ein Experte des *wushu*, aber nie habe ich jemanden seinen Namen erwähnen hören. Keinem meiner Lehrer ist er bekannt. Er ist ein schwer zu fassender Mensch. Manchmal schien er einfach ein Wirrkopf zu sein, manchmal verblüffte er mich mit seinem umfassenden Wissen über die Kampftechniken und mit großer Weisheit. Dieser ungewöhnliche Mann lehrte mich eine nicht weniger ungewöhnliche Art des *tanglang*. Seine Techniken sind flexibel, sehr direkt und rein praktisch orientiert. »Das heutige moderne *wushu* ist kein *wushu*. Es hat überhaupt nichts mit Kampfkunst zu tun. Die Bewegungen, die man dort sieht, sind frei erfunden. Es gab sie früher überhaupt nicht«, sagte mir Herr Xiu eines Tages beim Training. Ähnliches haben mir alle alten Meistern aus ganz China gesagt. An solchen Worten erkennt man oft den wahren Könner.

Die »traditionellen« Formen (*taolu*) in den chinesischen Kampfkünsten gibt es noch nicht so lange, wie oft geglaubt wird. Manch ein Meister ist bis heute nicht von ihrem Sinn überzeugt. So sagte mir Meister Zhang Kejian kurz vor seinem Tod: »Ich beherrsche keine Formen, ich trainiere *boji* (搏击, Kampf, freier Kampf).« Formen wurden entwickelt, wenn ein Meister beispielsweise verschiedene Elemente in komplexer Gestalt an seine Schüler weitergeben wollte. Dadurch entwickelten sich festgelegte Bewegungsabläufe, die immer unflexibler wurden und schließlich in bestimmten Formen endeten. Herr Xiu erklärte und verdeutlichte mir das anhand der *Tanglang*-Faust sehr gut.

Foto 133: Mit Meister Xiu.

Meistens bestanden die Formen aus Elementen, die von den alten Meistern selbst mehrfach im Kampf mit Erfolg eingesetzt worden waren. Diese ursprünglichen Formen wurden keineswegs auf so unflexible Weise ausgeführt, wie man das heute bei Formenwettkämpfen sieht. Sie waren wesentlich freier, ähnlich den Kombinationen eines westlichen Faustkämpfers beim Schattenboxen. Bruce Lee hat dieses Problem auf den Punkt gebracht: »Wir müssen das fließend machen, was einst fließend war!« Er wusste genau, dass die alten Krieger, die wirklich etwas vom Kampf verstanden, niemals nach festgelegten Bewegungsmustern trainierten. Die Bewegungen, die sie benutzten, waren nicht gebunden an Traditionen und starre Vorgaben, nur die anatomischen Bedingungen des menschlichen Körpers und die Gesetze der Physik bestimmten die Grenzen.

Am *tanglangquan* kann man diese freie Art noch gut erkennen. Laut Legende wurde das *tanglang* von einem Mann namens Wang Lang (王朗) entwickelt. Dieser lebte gegen Ende der Ming-Dynastie. Er war ein Meister des *tongbeiquan* (通背拳) und, wie es heißt, einiger anderer Stile. Eines Tages hatte Meister Wang ein Aufeinandertreffen mit einem *siseng* (寺僧), einem Mönch aus Shaolin. Es kam zu mehreren Vergleichskämpfen zwischen ihnen, die Wang Lang allesamt verlor. Geschlagen und vom Mönch verspottet, zog sich Wang Lang enttäuscht in die Wälder zurück. Dabei sah er eine *tanglang* (螳螂, Gottesanbeterin bzw. Fangheuschrecke) gegen eine *chanming* (蝉鸣, Zikadenart) kämpfen. Obwohl die Gottesanbeterin körperlich deutlich unterlegen war, gewann sie durch ihre überragende Technik. Dies inspirierte Meister Wang zu einer neuen Kampfart. Zwei Jahre verbrachte er damit, die Techniken der Gottesanbeterin und ihre Methode des Krafteinsatzes, so weit das möglich war, auf die menschliche Anatomie so zu übertragen, dass man damit effektiv kämpfen konnte. Außerdem fügte er noch die Fußarbeit des Affen-Stils hinzu. Danach forderte er den *siseng* erneut heraus und errang einen überragenden Sieg. Seinem Sohn gab Wang Lang zwei Formen des *tanglang* weiter: *bazhou* (扒肘拳) und *bengbu* (蹦补拳). Der Sohn entwickelte später noch zwei neue Formen, die heute kaum noch bekannt sind.

Ob Meister Wang seine Kampfkunst auch im Shaolin weitergegeben hat, ist fraglich. Tatsache ist, dass das *tanglangquan* in anderen Gegenden wesentlich bekannter ist. Besonders die Stadt Yantai in der nördlichen Provinz Shandong ist hier zu nennen. Im Film »Shaolin-Tempel« gab es einen kahlköpfigen Mönch, der von dem erstklassigen Meister Yu Hai (于海) gespielt wurde. Dieser Meister stammt aus jener Gegend in Shandong und ist ein sehr bekannter Meister im *tanglangquan*.

Zwar ist das aus Shaolin stammende *shiba lohan gong* (十八罗汉功) ein Grundlagentraining im *tanglang*, ähnlich dem *baduanjin* im Adlerstil, doch sagt das nichts über den Ursprung der Kampfkunst aus. Ein *yanyu* besagt: »*Wan bian bu li qi zong*« (万变不离其宗). – »Etwas wird hundertmal abgewandelt, ohne wesentliche Veränderungen.« Dieses *yanyu* trifft ganz besonders auf die Kampfkünste zu, da es das Gemeinsame, das sie alle vereint, betont.

In der Geschichte des *tanglangquan* spielt noch eine andere Persönlichkeit eine Rolle, die während der Qing-Dynastie lebte und nicht direkt mit dem Shaolin verbunden war: Li Bingxiao (李炳霄). Er war ein begnadeter Mediziner und besaß gewiß auch einige Grundkenntnisse in den Kampfkünsten. Eines Tages rettete Li einem schwerkranken Räuber, den er auf der Straße liegend fand, das Leben. Später revanchierte sich dieser Räuber, indem er den Arzt zu Hause aufsuchte und ihn zum Dank in das *tanglangquan* einweihte. Der Na

Foto 134: Fangheuschrecke.

me des Räubers ist nicht bekannt. Ob er ein Schüler von Wang oder von einem von dessen Schülern war, ist ungewiss. In einer anderen Version der Legende traf Li nicht auf einen Räuber, sondern auf Wang Langs Sohn, der ihn, nachdem er ihn geheilt hatte, den neuen Kampfstil lehrte. Allerdings muss die eine Version die andere nicht zwangsläufig ausschließen.

Zuletzt möchte ich noch einen Mann aus der jüngeren Vergangenheit erwähnen, der sich mit der Anwendung des *tanglang* besondere Verdien-

Foto 135   Foto 136

Foto 137   Foto 138

Fotos 135 bis 140: Bewegungsfolge aus dem *tanglangquan*,
dem Stil der Fangheuschrecke.

Foto 139   Foto 140

244

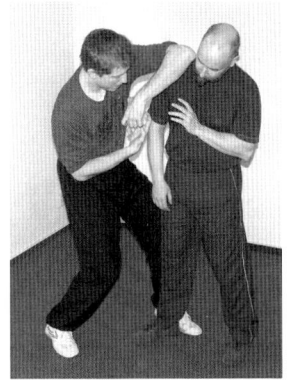

Foto 141   Foto 142

Fotos 141 und 142: Beispiel für eine Anwendung von *Tanglang*-Techniken.

ste erworben hatte, General Song Zheyuan (宋哲元) aus der Stadt Yantai Laiyang. Song zeichnete sich im Krieg gegen Japan auf ähnliche Weise aus wie General Xu Shiyou[95]. Im Gegensatz zu seinem berühmten Kollegen unterlag er aber in einem Gefecht einer allzu großen Überzahl an Gegnern und wurde getötet.

Wie in den meisten Kampfkünsten hat sich auch im *tanglang* eine Vielzahl von Formen entwickelt. Die meisten davon wurden inzwischen so stark verändert, dass sie nichts mehr mit der ursprünglichen Kunst zu tun haben. Es fällt sehr schwer, zwischen den verschiedenen Varianten der Formen zu unterscheiden. Die beiden üblichsten Formen sind die oben erwähnten *bazhouquan* (*ba* – festhalten/abreißen, *zhou* – Ellenbogen) und *bengbuquan* (*beng* – springen, *bu* – flicken). Es gibt noch drei weitere Formen, die heute jedoch nahezu unbekannt sind. Eine davon ähnelt sehr dem *tongbei*.

Im *tanglang* wird besonderes Augenmerk auf das *bengjin* (蹦劲) gelegt. *Bengjin* ist eine springende, federnde Verwendung der Kraft, die schwer zu trainieren und noch schwerer zu beherrschen ist. Es ist nicht ganz einfach, sie zu erklären. Am ehesten verstehen kann man diese dynamische Kraft, wenn man beispielsweise eine kleine Feder, wie man sie in Kugelschrei-

---

[95] Siehe Abschnitt »Xu Shiyou – Berater des Großen Vorsitzenden«, S. 144 ff.

bern verwendet, zwischen den Fingern zusammenpresst und diese dann urplötzlich herausspringt. So in etwa sollten die Techniken der *Tanglang*-Faust wirken. Man muss dafür durch das Training ein Gefühl entwickeln.

Im chinesischen *wushu* gibt es sehr viele »Gestaltenstile« (*xingxiang quan* 形象拳), wo es darum geht, bestimmte Gestalten, meist Tiere, zu imitieren. Dabei sollen die Vorteile der Tierbewegungen auf den menschlichen Körper übertragen werden, damit man selbst besser und effektiver kämpfen kann. Bei Stilen wie dem *tanglangquan* sind es nicht so sehr die Bewegungen selbst, die man sich anzueignen versucht, sondern man will in erster Linie den Krafteinsatz und die Prinzipien der Bewegungen der Fangheuschrecke verstehen. Beispielsweise lautet ein wichtiges Prinzip im *tanglang*: »*Shou bu kong hui*« (手不空回). – »Die Hand kommt niemals leer zurück.« Das bedeutet, egal ob man angreift oder abwehrt, man greift immer nach etwas vom Gegner. Sei es der Arm, ein anderer Körperteil oder die Kleidung. Ein weiteres Prinzip des Stils lautet: »*Fang jiushi da – da jiushi fang*« (防就是打 – 打就是防). – »Abwehren ist Schlagen bzw. Angreifen – Schlagen bzw. Angreifen ist Abwehren.« Die Bewegungen im *tanglang* sind so beschaffen, dass sie sowohl der Abwehr als auch dem Angriff dienen. Interessanterweise finden sich in der Schule der Gottesanbeterin Elemente aus dem *tongbei*. Laut Legende rührt das von Wang Langs Kenntnissen her, die er in dieser Kunst besaß. Des weiteren enthält das *tanglang* Elemente des *taiji* und *xingyi*.

In China wird der Kampfstil der Fangheuschrecke auch als *heiquan* (黑拳, Schwarze Faust) bezeichnet, was besagen soll, dass dieser Stil mit sehr unsauberen und hinterlistigen Methoden arbeitet. Das mag sich abwertend anhören, ist aber eher als Anerkennung gemeint, denn es bedeutet, dass der Stil in der Praxis einsetzbar ist. Jemand, der das *tanglang* beherrscht, wird sich in den Gegner einhaken und ihn nicht mehr loslassen. Und die schnellen Knie- und Ellenbogenschläge stehen denen des Thaiboxens in nichts nach.

Die Effektivität des *tanglangquan* wird in der chinesischen Geschichte dadurch belegt, dass im alten China viele *biaoshi* (Experten im Geleitschutz) diesen Stil trainierten, neben dem *baji* und auch dem *xingyi*.

Ein *yanyu* soll diesen Abschnitt beschließen: »*Tang bi dang che*« (螳臂挡车). – »Die Fangheuschrecke stoppt ein Fuhrwerk.« Sinngemäß bedeutet der

Spruch: Mit dem Kopf durch die Wand wollen, d. h., man versucht ein Problem mit brachialer Gewalt zu lösen. Natürlich kann eine Fangheuschrecke kein Fuhrwerk stoppen. Aber es geht hier um eine geistige Einstellung. Auf der einen Seite geht es bei den Kampfkünsten darum, zu Ruhe und Gelassenheit zu gelangen. Aber man braucht auf der anderen Seite eben auch diesen Willen, »mit dem Kopf durch die Wand« zu kommen. Beides muss in Einklang gebracht werden.

Südfaust
Nanquan
南拳

Nanquan ist nicht nur ein chinesischer Kampfstil, es ist auch ein Oberbegriff für alle Stile, die im Süden des Landes entstanden sind. Als Trennungslinie zwischen dem Norden und dem Süden gilt von jeher der Changjiang (Langer Fluss, auch Jangtsekiang). Zu den Provinzen, in denen die verschiedenen Stile des *nanquan pai* hauptsächlich angesiedelt sind, gehören Fujian (*wuzuquan, hequan, yongchunquan*), Guangdong (*cailifo, yongchunquan*) und Guangxi (*zhoujiaquan*). Aufgrund ihrer Merkmale gehören auch südchinesische Stile zum *nanquan pai*, die in folgenden Provinzen praktiziert werden: Hubei (*hongmen*), Zhejiang (*heihuquan*, Schwarzer Tiger) und Hunan (*wujiaquan, bijiaquan*).

Im Süden trifft man auf eine Vielzahl an Familienstilen. Hier ist die Weitergabe eines Kampfstils innerhalb der Familie feste Tradition. Zu den bekanntesten dieser Familienstile zählen *lijiaquan, mojiaquan, hongjiaquan,* und *caijiaquan*.

Der Südshaolin-Tempel

Das in der nördlichen Provinz Henan gelegene Shaolin-Kloster ist heute weltberühmt, und jedes Kind hat heutzutage schon von ihm gehört. Aber laut einer Legende gab es noch ein Shaolin-Kloster in der südlichen Provinz Fujian, welches kurz als Südshaolin bezeichnet wurde und einen großen

Einfluss auf die südlichen Stile gehabt haben soll. So soll beispielsweise Wu Mei, jene Nonne, die das *yongchunquan* (*wingchun*) entwickelte, aus diesem Tempel stammen. Später soll das Kloster durch die Qing-Regierung zerstört worden sein. Tatsache ist, dass es keine verlässlichen Fakten und Anhaltspunkte über die Existenz dieses südlichen Shaolin-Tempels gibt. Auch über den genauen Standort herrscht Uneinigkeit. Einige sagen, er stand in dem Ort Putian in Fujian, andere meinen, er stand in Quanzhou, und es gibt auch die Meinung, das Kloster habe in der Provinz Guangdong, in Lianping, gestanden. Ob es tatsächlich jemals existierte, bleibt unserem Glauben überlassen.

Merkmale des Nanquan

Der Stil, der am besten das typische *nanquan* vertritt, ist *cailifo* (蔡李佛, kant. *choylifut*). Gegründet während der Qing-Dynastie durch Meister Chen Xiang (陈享), wurde der Stil nach den drei Lehrern Meister Chens benannt. Seine Lehrer waren jeweils Vertreter der Familienstile *caijiaquan* (蔡家拳), *lijiaquan* (李家拳) und *fojiaquan* (佛家拳). Chen Xiang war ein Rebell gegen die Qing-Regierung und brachte das sowohl in seinen Schriften über das *cailifo* als auch durch seinen Handgruß (*gongshouli*, 拱手礼) versteckt zum Ausdruck. Diese ablehnende Haltung der mandschurischen Dynastie gegenüber nennt sich *fan qing fu ming* (反清复明).

Das typische Merkmal des *nanquan* in all seinen Ausprägungen sind die Stände. Der wichtigste Stand ist der Pferdestand *mabu*. Er nimmt den größten Teil des Grundlagentrainings ein. Dieses Stehen im *mabu* wird *za mabu* (扎马步) oder *mabu zhuang* (马步桩) genannt. *Nanquan* ohne *mabu* ist nicht nur nicht denkbar, es wäre einfach kein *nanquan* mehr. Auf Chinesisch sagt man: »*Bu mabu, bu nanquan*« (不马步, 不南拳). – »Kein *mabu*, kein *nanquan*.« Der *mabu* im *nanquan* wird mit nach innen gedrehten Fußspitzen eingenommen, so, wie man das vom *yongchunquan* (*wingchun*) kennt, einem besonders interessanten Stil des *nanquan*, der als »innerer« Südfauststil angesehen wird.

In der Grundübung des *mabu* richtet sich die Kniespannung allerdings nach außen. Der Stand ist so tief, dass die Oberschenkel nahezu parallel

Foto 143   Foto 144

Fotos 143 und 144: Zwei Arten des *mabu*.

Foto 145: Stehen im *mabu*.   Foto 146: *Nanquan*-Technik im *mabu*.

zum Boden sind und Kopf, Rücken und Gesäß eine gerade Linie bilden.
Die Kraft des Oberkörpers wird nach oben gezogen, daher trägt man beim
Training auch einen engen Gürtel um die Hüften. Dieser Stand ist äußerst
anstrengend und erfordert eine große Willenskraft. Wer nicht in der Lage ist,
in diesem Stand mindestens eine Stunde auszuharren, hat nicht die nötigen
Grundlagen für das *nanquan* erreicht, egal um welchen Stil es sich handelt.
Die früheren Meister trainierten keinen Schüler in den fortgeschrittenen
Übungen, der nicht den *mabu* auf diesem Niveau gemeistert hatte. Diese
heute gerne übergangene Tatsache wurde mir von dem bereits erwähnten
85-jährigen Li aus Guangzhou bestätigt, den ich im Süden kennenlernte

und der bereits in der Zeit um 1930 trainierte und demzufolge noch eine alte Generation von *Nanquan*-Meistern erleben konnte. In der praktischen Anwendung des *mabu* steht man natürlich höher, und die Knie werden nicht nach außen, sondern nach innen gedreht.

Die *Nanquan*-Stile sind geprägt durch kurze, schnelle und kraftvolle Fausttechniken, die aus soliden Ständen heraus ausgeführt werden (siehe z. B. Foto 146). Die Kraft kommt dabei aus dem stabilen »Untergestell« des Körpers (*dipan*, 底盘) und wird dann in die schlagenden Hände bzw. Fäuste übertragen. Der Stand im *yongchunquan* macht dies deutlich. Der »Unterbau« des Körpers ist kräftig gespannt wie ein Bogen, während die Hände locker und entspannt (wie der Pfeil) sind. Dies ist das grundlegende Merkmal aller *Nanquan*-Stile. In den Techniken der verschiedenen Stile gibt es selbstverständlich Unterschiede. Während einige sich mehr zur Kraft hin orientieren und als Vorbild vielleicht den Tiger wählen, legen andere Stile Wert auf Flexibilität und Weichheit. In dem Fall imitiert man die Schlange oder den Kranich.

Einige kaum bekannte Stile

Hier möchte ich auf einige Stile zu sprechen kommen, die selbst in China weitgehend unbekannt sind und deren Herkunft unklar ist. Soweit mir bekannt ist, lassen sich diese Stile in keinem chinesischen oder westlichen Buch über das *wushu* finden.

Im chinesischen *wushu* gibt es mehr Kampfkunststile als in jedem anderen Land. Viele der traditionellen Stile sind bereits durch Bücher oder Videos bekannt. Andere sind aus den verschiedensten Gründen ausgestorben oder zu reinen Showformen deformiert worden und haben somit ihre ursprünglichen Prinzipien verloren. Einige Stile sind jedoch für die Allgemeinheit bis heute völlig unbekannt geblieben. Auch diesen Schulen haftet nichts Mysteriöses an. Sie sind hinsichtlich ihrer Effektivität nicht besser oder schlechter als andere traditionell ausgeübte Kampfkünste. Aber sie sind Teil der Vielfalt des chinesischen *wushu*.

Alle in diesem Abschnitt beschriebenen Formen werden als *yuanshi dongxi* (原始东西) bezeichnet, das heißt als alte und ursprüngliche Stile.

Seidenreiherfaust
Lusi Quan
鹭鸳拳

Die Herkunft des *lusiquan* ist vollkommen unbekannt. Das scheint erstaunlich, aber tatsächlich fühlen sich bis heute viele Meister nur ihrer Kampfkunst gegenüber verpflichtet und haben kein Interesse daran, damit in die Öffentlichkeit zu gehen. So wurde beispielsweise das okinawanische *ryuei-ryu*[96] erst 1971 bekannt, als das damalige Stiloberhaupt, Nakaima Kenko, beschloss, die Verschwiegenheit aufzugeben.

Das *lusiquan* wurde vom letzten *Dalei*-Meister, Zeng Tianyuan, überliefert, vielleicht sogar erschaffen. Seine Lebensgeschichte steht weiter vorn im Buch beschrieben. Wenn man sie liest, wird einem klar, warum nichts Genaueres über diese Faust und über andere sehr gute alte Stile, die er mit Sicherheit ebenfalls beherrschte, überliefert ist.

Gewisse Ähnlichkeiten gibt es zwischen dem *lusiquan* und der *Emei-Dianyi*-Faust aus Sichuan. Bei der *Emei*-Faust geht man in den gegnerischen Angriff hinein und greift bevorzugt den unteren Teil des Körpers an. Die Bewohner der Gegend haben ihren Kampfstil ihrem relativ kleinen Wuchs angepasst. Auch im *lusiquan* wird oft die untere Körperpartie angegriffen. Die Angriffe werden in für den Gegner nicht vorhersehbaren Höhen ausgeführt. Erst oben, dann wieder unten und umgekehrt, und alles in rascher Folge.

Es gibt aber noch eine andere Möglichkeit, die auf den ersten Blick vielleicht ein wenig weit hergeholt klingt. Zeng Tianyuan ist weit herumgekommen, er kannte viele Ausländer. Es ist daher nicht unwahrscheinlich, dass diese besondere Technik auch fremde Einflüsse hat, ähnlich dem muslimischen *chaquan* (查拳)[97]. Ein Mann wie er war am Kampf an sich inter-

---

[96] Das *ryuei-ryu* (劉衛流) wurde etwa 1875 von Nakaima Norisato aus Südchina nach Okinawa gebracht. Er hielt diesen Stil geheim und unterrichtete nur Mitglieder der Familie. Das führte dazu, dass die Öffentlichkeit sehr überrascht war, als Nakaima Kenko diesen Stil schließlich vorstellte.

[97] *Chaquan* ist eine Kampfkunst, die mit den Hui-Chinesen assoziiert wird, einer muslimischen Volksgruppe, die teils von arabischen Händlern abstammt, die seit dem 9. Jahrhundert in China siedelten, und teils von mongolischen, türkischen und anderen zentralasiatischen Siedlern. – Anm. d. Lektors.

Foto 147: Seidenreiher.

essiert und sich somit nicht zu schade, effektive Techniken zu lernen, woher auch immer sie stammen mochten. Aber das sind nur Spekulationen.

Bekannt ist jedoch einiges über das Tier, das den Stil inspiriert hat. Der Seidenreiher (*lusi*) ist ein eleganter und zugleich aggressiver Vogel. Er fängt während des Fluges Fische aus dem Wasser. Seine Bewegungen sind jäh und unberechenbar. Wenn man das Verhalten des Tieres beobachtet und sich dann das *lusiquan* anschaut, erkennt man deutliche Gemeinsamkeiten.

Die Arme werden wie Flügel eingesetzt. Die Bewegungen sind wild und flexibel zugleich. Urplötzlich greift man »tief in den Gegner hinein« an, um dann genauso plötzlich wieder nach oben zu gehen und dabei dem Gegner weitere Schläge zu versetzen, so, wie ein *lusi*, der kurz ins Wasser eintaucht, um dann blitzschnell wieder mit dem Fisch im Schnabel nach oben zu fliegen. Bevorzugt wird die offene Hand eingesetzt, speziell die Handkante (*daokou*, 刀口). Diese wird durch raumgreifende Rotationsbewegungen des ganzen Körpers beschleunigt, um sie vorzugsweise in die Weichteile des Gegners zu schlagen.

Ich habe schon mehrmals darauf verwiesen, dass man bei den verschiedenen Tierstilen genau verstehen muss, wie die Bewegungen des entsprechenden Tieres auf den menschlichen Körper übertragen werden. Wenige

252

Foto 148   Foto 149

Foto 150

Fotos 148 bis 150: Bewe-
gungen aus dem *lusiquan*.
Die Bewegungen dieses Stils
bestehen aus überfallartigen
Attacken, die durch plötzliche Höhen- und Richtungs-
wechsel geprägt sind.

Tiere sind uns ähnlich, doch gibt es Schulen, die den Adler, den Tiger, die
Gottesanbeterin und auch den Fisch zum Vorbild nahmen. Nicht immer
lässt sich auf den ersten oder zweiten Blick eine Übertragung erkennen.
Aber es geht in den wenigsten Fällen um eine Technik. Die Anwender eines
Tierstils übernehmen bestimmte Eigenschaften ihres Vorbildes oder aber
ein bestimmtes Grundprinzip. Beim Tiger ist man bemüht, sein Wesen zu
adoptieren, seine Stärke und Entschlossenheit, beim Adler und auch beim

253

 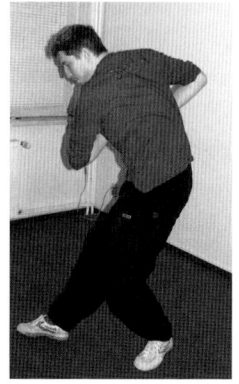 

Foto 151   Foto 152   Foto 153

Foto 154

Fotos 151 bis 154: Bei der Schutzbewegung des *yinyangchui* zieht man sich eng zusammen. Dadurch baut man Spannung auf, um explosiv schlagen zu können. Der Fuß ist bei dieser Technik der Drehpunkt, der wie ein Kraftkolben funktioniert.

Fotos 155 und 156: Beispiel für die praktische Anwendung des Yin-Yang-Prinzips in den Kampfkünsten. Mit weichen Körperteilen wie der Handfläche schlägt man auf harte Körperteile des Gegners wie die Stirn – weich auf hart ist Harmonie. Mit harten Körperteilen wie den Fingerknöcheln schlägt man auf weiche Teile des Gegners wie den Hals – hart auf weich ist Harmonie.

Foto 155   Foto 156

Seidenreiher überträgt man die Bewegungen der Flügel und des Schnabels auf die menschlichen Gliedmaßen, aber mehr vielleicht noch das gesamte Bewegungsmuster der Vögel. Beim *tanglangquan* übernimmt man das Angriffsmuster und die feurige Aggressivität der unerbittlichen Gottesanbeterin, und beim *yumen*, dem Fischstil, werden die weichen, wellenförmigen Bewegungen der menschlichen Anatomie angepasst.

Bei aller Eleganz mancher Stile ist Schönheit doch stets zweitrangig. Ein Tiger bewegt sich selbst im Angriff mit Eleganz und Grazie. Aber er tut das nicht aus Freude am Posieren, sondern einzig und allein, um zu überleben. Und gleiches gilt für die Bewegungen des *wushu*. Sie haben einen praktischen Nutzen und sind für die Anwendung gedacht. Um so besser, wenn sie dabei schön anzusehen sind, aber Schönheit ist hier niemals Selbstzweck.

Yin-Yang-Hammer
Yin Yang Chui
阴阳锤

Auch die ungewöhnliche und sehr explosive Technik des *yinyangchui* wurde durch Zeng Tianyuan überliefert. *Chui* bedeutet Hammer bzw. hämmern. Man hämmert mit den Fäusten. Bei dieser Schule wird gleichzeitig abgewehrt und angegriffen. Die Hände verkörpern also Yin und Yang; sie stehen in ihrer Funktion immer ergänzend und doch verschieden zueinander. Es wird in alle Richtungen angegriffen, wobei der Körper immer mit eingedreht wird. Dadurch werden die Bewegungen bogenförmig, woraus auch die große Kraft entsteht. Siehe Fotos 151 bis 156.

Auf hundert Arten schlagen
Bai Se Chui
百色锤

Baise bedeutet »die einhundert Sorten bzw. Arten«. Das *se* von *baise* könnte man auch mit dem Schriftzeichen 涩 schreiben, was dann soviel wie angenehmer und betäubender Geschmack bedeutet. Das *chui* bezeich-

Foto 157   Foto 158   Foto 159   Foto 160

Fotos 157 bis 160: Bewegungsfolge des *baisechui*.

net hier wieder den Hammer und weist auf die schnelle Schlagfolge hin. Wie beim *yinyangchui* werden die Fäuste wie Hämmer benutzt, schnell und durchdringend, als ob man einen Nagel in die Wand schlüge. Die Techniken und Bewegungen sind hier jedoch gemischt. Schnell aufeinanderfolgende Faustschläge, weiche Handkanten- und Handrückenschläge wie beim *tongbei* oder *lianhuanzhang* wechseln sich ab. Es gibt aber auch tiefe Handkantenangriffe, ähnlich wie beim *lusiquan*. Der ganze Körper wird benutzt. Man nutzt Knie- und Ellenbogenschläge, Kopfstöße, das Anspringen des Gegners, Angriffe mit den Schultern und sogar mit dem Gesäß. Man schlägt und tritt in alle Richtungen, zur Seite, nach hinten und nach vorn. Auch die bekannte Technik des *yunshou* (云手) aus dem *taijiquan* ist in einer ähnlichen Form enthalten. Das gleiche gilt für das schnelle Vorwärtsschlagen mit der Handfläche mit eingedrehtem Körper, wie es beim alten *xingyi* existiert.

Dieser Stil lässt sich nirgendwo einordnen. Überliefert wurde diese Faust durch Xiong Daoming, dem jüngsten Schüler des *xiake* Yang Zuankui. Xiong Daoming reiste mit seinem Lehrer durch das ganze Land, war sowohl im Shaolinsi als auch auf dem Wudangshan. Xiong Daoming hatte den Ruf eines »Diebes«, allerdings nur in der Hinsicht, dass er andere Meister heimlich beobachtete oder hinters Licht führte, um an ihr Wissen zu gelangen. Er stellte sich z. B. gern als ahnungsloser Nichtskönner dar, um

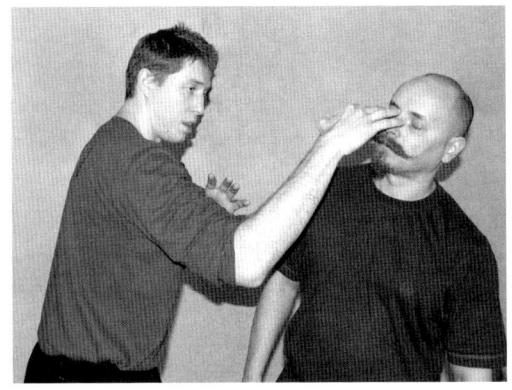

Foto 161: Diese sehr effektive und gefährliche Technik wird in China als »durch die Augen wischen« bezeichnet.

Foto 161

dadurch an die Technik der verschiedenen alten Meister zu gelangen. Die Technik und das ganze Wesen von Xiong Daoming waren so undurchsichtig und unberechenbar wie die Herkunft des *baisechui*.

Außerdem trainierte Xiong Daoming noch eine alte *Taiji*-Form, die sich völlig von anderen bekannten Formen des *taiji* unterschied. Leider nahm er diese Technik mit ins Grab.

Herb stechende Faust
Za Se Chui
扎涩锤

Das *zasechui* wurde durch Chen Biezi überliefert, der ebenfalls ein Schüler von Yang Zuankui war. Es ist bei dieser Technik fast unmöglich, eine verständliche Übersetzung abzugeben, da es mit der Wiedergabe der einzelnen Begriffe nicht getan ist. *Za* (扎) bedeutet pieksen oder stechen. Die Wirkung der Faust ist also wie eine stechende Nadel. Das Zeichen *se* (涩) bedeutet herb und bezeichnet eine recht »herbe« Technik. *Chui* (锤) bedeutet im klassischen Chinesisch »Streitkolben«. Es kann aber auch einfach nur »Hammer« bedeuten oder auch als »Klöppel« übersetzt werden. Dies würde sich auf die kleinen Holzklöppel beziehen, wie sie von Mönchen zum Trommeln benutzt werden. Mit den drei Zeichen wird hier nur die Eigenschaft dieser Technik oder Form erklärt. Der Körper ist wie ein

257

   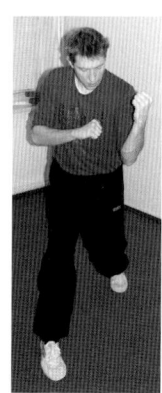

Foto 162   Foto 163   Foto 164   Foto 165

Fotos 162 bis 165: Bewegungsfolge des *zasechui*.

Hammerstiel; durch diesen werden die Hände dann flexibel bewegt. Die Techniken haben eine stechende Wirkung, wie es der Name besagt.

Zasechui ist eine *Duanjin*-Technik. *Duanjin* (短劲) bedeutet »kurze Kraft«. Die Techniken, ob nun Abwehr oder Angriff, werden ganz knapp vor dem Körper ausgeführt. *Zasechui* ist für den Kampf in unmittelbarer Nähe gedacht. Die Faustschläge erfolgen auf kürzeste Distanz, die Fäuste werden durch kurze Impulse angespannt. Optisch kann man sich die Technik dieses Stils vielleicht als Synthese aus einem Boxer, der aus einer Doppeldeckung heraus ganz kurz und schnell schlägt, und einem Karateka, der Angriffe blitzartig und mit engen Bewegungen beiseite lenkt und gleichzeitig kontert, vorstellen.

Wenn man schlägt, verlässt der Ellenbogen bei praktisch allen Kampfstilen immer den Körper. In manchen Stilen streckt man den Ellenbogen vollkommen durch, weil so die Kraft vollständig übertragen wird. In einigen Stilen benutzt man nur Haken oder gewinkelte Ellenbogen und streckt den Ellenbogen nie durch, weil der Arm sonst anfällig für Hebel ist. Im *zasechui* verlässt der Ellenbogen niemals den Körper. In dieser Technik wird davon ausgegangen, dass es keinen Platz mehr zum Schlagen gibt, so dass der Ellenbogen nicht mehr seine übliche Arbeit tun kann. Es gibt hier daher auch keine Tritte. Man ist ganz eng am Gegner. Körper, Schultern und Kopf werden als Einheit bewegt. Natürlich gibt es dabei auch Kopfstöße.

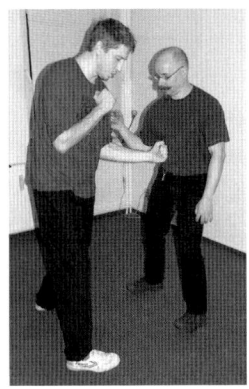 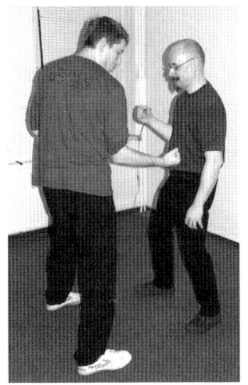 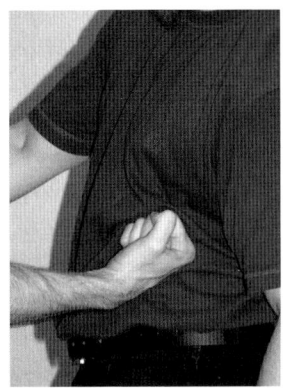

Foto 166   Foto 167   Foto 168

Fotos 166 bis 168: Der Körper erzeugt die gesamte Kraft – wie die Hand am Hammerstiel –, während die Faust, die in einer festen Position bleibt, als Hammerkopf fungiert.
Fotos 167 und 168: Man schlägt von unten nach oben, unter die Rippen. Bricht man
die kleine Rippe zuerst, so brechen auch die darüberliegenden Rippen durch die Kraftübertragung relativ leicht.

Diese Form des *wushu* gibt es heute praktisch nicht mehr, nicht zuletzt
deswegen, weil sie für öffentliche Vorführungen gänzlich ungeeignet ist.
Sie wirkt nicht im mindesten ästhetisch.

Alles andere, Herkunft, Gründer und Entwicklung, ist unbekannt.

Handflächentechnik des goldenen Hähnchens
Jin Ji Zhang
金鸡掌

Der Stil des goldenen Hähnchens ist sehr einfach. Unkompliziert in der
Technik und mit direkten Bewegungen. Er besteht aus kurzen Faust-
schlägen, Fußtritten, Ellenbogentechniken und Fingerstichen. Die Form
verläuft auf einer Linie und hat dadurch ein wenig Ähnlichkeit mit der
okinawanischen *naihanchin* des Karate. Siehe Fotos 169 bis 178 auf den
folgenden zwei Seiten.

Auch hier ist über die Herkunft und die Entwicklung nichts bekannt.

Foto 169

Foto 170

Foto 171

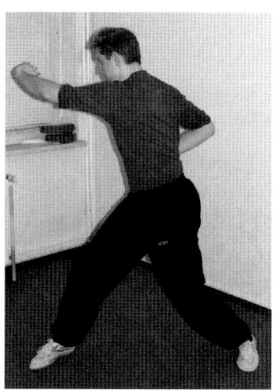

Foto 172

Foto 173

Foto 174

Foto 175

Fotos 169 bis 175: Bewegungsfolge aus dem *jinjizhang*.

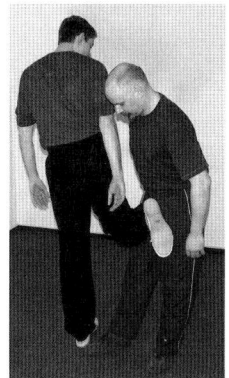

Foto 176   Foto 177

Fotos 176 und 177: Anwendung des *jinjizhang*. Vor einem gegnerischen Angriff dreht man sich weg, als hätte man den Kampfgeist verloren. Dann tritt man überraschend in den Unterleib des Gegners.

Stile aus der Provinz Hubei

Da ich den Großteil meiner bisherigen Zeit in China in Hubei verbracht habe, möchte ich einige typische Stile aus dieser Provinz vorstellen. Auch hier gibt es einige Schulen, die im Westen weniger bekannt sind, wie die Fischfaust oder das Boxen des verborgenen Unsterblichen.

Boxschule der Wudang-Berge
Wudang Quan
武当拳

Das *wudangquan* bzw. *wudangpai* (武当派) vertritt die innere Lehre und ist tief mit dem Daoismus verwurzelt. *Wudangquan* ist nicht nur als *ein* Stil zu verstehen. Es gibt das *wudang taiji*, das *wudang bagua* und das *wudang xingyi*. Zur Wudang-Schule gehörten aber ursprünglich noch wesentlich mehr, heute allerdings meist ausgestorbene Stile. Auch gibt es noch das *taiyi wuxing qinpu quan* (太乙五行擒扑拳), dessen Quellen ins 15. Jahrhundert zurückreichen. Einzelheiten über diesen Stil sind mir jedoch nicht bekannt.

Ein weiterer Stil des Wudang ist das *wudang dunyang quan* (武当纯阳拳). Diese Technik ähnelt dem *baguazhang*.

Hongmen Quan
洪门拳

Spricht man über das *wushu* aus Hubei, darf das *hongmen* natürlich nicht fehlen. Das *hongmen* von Hubei lässt sich bis in die Song-Dynastie zurückverfolgen (Kaiser Song Taizu[98], 宋太祖). Zum *hongmen* gehören z. B. das *hongmenshou* und das *jingangshou*.

Bei dieser Schule finden Angriff und Verteidigung gleichzeitig statt. Die Techniken sind wild und kraftvoll. Ein altes *yanyu* zum *hongmen* lautet: »*Hongmen yitou niu, dasi bu huitou*« (洪门一头牛，打死不回头). – »Das *hongmen* ist wie die Hörner eines Stiers – nachdem man mit ihnen etwas totgeschlagen hat, dreht man sich nicht mehr danach um.« *Hongmen* verkörpert das typische harte *gongfu*, es ist direkt, schnell und ohne Schnörkel. Die Technik ist nicht kompliziert. Aber es ist ein hartes Training (*jibengong*) notwendig, um die nötige Explosivkraft zu entwickeln.

Kongmen Quan
孔门拳

Auch das *kongmen* ist ein charakteristischer Hubei-Stil. Die Geschichte dieses Stils kann mindestens 300 Jahre weit zurückverfolgt werden. Er entstand in der Übergangszeit vom Ende der Ming-Dynastie zum Beginn der Qing-Dynastie. Ursprünglich wurde *kong* mit dem Schriftzeichen für »leer« (空) geschrieben.

Die Hände und Schultern werden seitlich zum Gegner gehalten. Das

---

[98] Siehe Habersetzer, R.: Bubishi. An der Quelle des Karatedo. Mit den 32 Formen des Kaisers Song Taizu. Chemnitz: Palisander Verlag 2009. Mit einer kommentierten Übersetzung des Kapitels »Quan Jing Bian« aus dem Werk »Ji Xiao Xin Shu« General Qi Jiguangs (veröffentlicht 1561 oder 1564) von Maik Albrecht.

bedeutet, dass man sich sowohl bei der Position als auch den Techniken immer seitlich zum Gegner dreht. In diesem Punkt ist der Stil das genaue Gegenteil zum *yongchunquan*, bei dem man ausschließlich frontal agiert. Beim *kongmen* dreht man sich immer seitlich weg vom Gegner, weicht dadurch aus und schlägt gleichzeitig.

Wie jede Kampfkunst besteht auch das *kongmen* aus weichen und harten Elementen, wobei die Hände sehr hart eingesetzt werden.[99] Vielleicht kann man das mit einer Kette vergleichen, an der eine Eisenkugel hängt. Die Eisenkugel ist sehr hart und fest, die Kette ist beweglich und flexibel. Die Hände sind die Eisenkugel, der Körper funktioniert wie die Kette. Also ganz so, wie Bruce Lee es immer wieder beschrieben hat. Die daraus entstehende Dynamik kann vernichtend sein. Die Hände werden beim Training so abgehärtet, dass ihre Wirkung denen von Eisenkugeln tatsächlich kaum nachsteht.

Die Techniken des *kongmen*, mit denen Tiger, Phönix, Drache und Bär imitiert werden, werden weit, entspannt und vollkommen ausgedehnt ausgeführt. Dabei ist der Körper während der Durchführung der Technik, genau wie die besagte Kette, entspannt. Man kann das ein wenig mit dem *lianhuanzhang* oder dem *tongbei* vergleichen. Aus einer eng zusammengezogenen seitlichen Stellung schießen die Techniken weit hervor. Ein Vorbild für diese Technik ist der Tiger, der sich vor dem Angriff zusammenkauert und sich dann mit einem weiten Sprung auf seine Beute stürzt. Das ist mit »ausgedehnt« und »weit« gemeint.

Fischfaust
Yumen Quan
鱼门拳

Zu den seltsamsten Stilen des chinesischen *wushu* gehört ohne Zweifel das *yumenquan*. Wie der Name besagt, waren Fische die Inspiration für diese Faust.

---

[99] Auch bei den inneren Stilen gibt es Härte. Hier entsteht die Härte allerdings erst am Körper des Gegners.

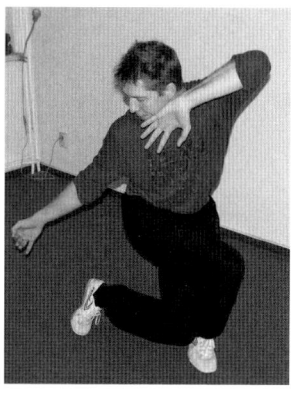
Foto 178

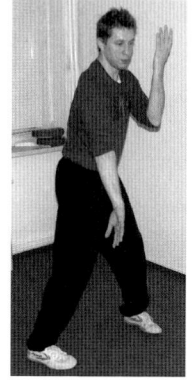
Foto 179

Foto 180

Fotos 178 bis 181: Bewegungsfolge des *yumenquan*.

Foto 181

Die Technik entstand etwa zur gleichen Zeit wie das *kongmen* und wurde von fünf Meistern der Kampfkünste entwickelt. Sie waren allesamt Männer, die sich aus dem weltlichen Leben zurückgezogen hatten und sich zu diesem Zweck in Xian Ning, einer kleinen Stadt in Hubei, niedergelassen hatten. Dort, in der Abgeschiedenheit, beobachteten die Männer Fische in ihrem Element und waren von den weichen, gleitenden Bewegungen fasziniert. Sie studierten aber auch die Fischer, wie sie ihrer Arbeit nachgingen. Über all dem kam ihnen der Gedanke, diese ungewöhnliche Faust zu entwickeln.

Um das Wesen dieser Technik zu verstehen, sollte man so oft wie möglich Fische im Wasser beobachten. Es geht aber nicht darum, einen Fisch nachzuahmen. Dafür sind die Gegebenheiten zu ungleich. Es ist vor allem das Prinzip der Bewegungen, welches auf den Menschen übertragen wird, das geschmeidige, flüssige Bewegen des Körpers als Einheit. Die Empfehlung, Fische in ihrem natürlichen Umfeld zu studieren, ist durchaus wörtlich zu nehmen. Besonders gilt das, wenn man bereits andere Kampfarten studiert hat, deren Bewegungsmuster grundsätzlich anders sind als die des *yumenquan*.

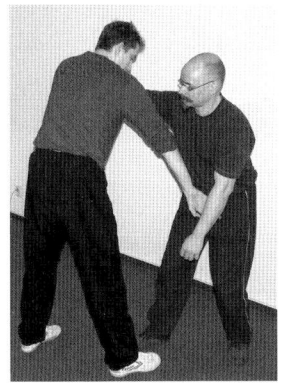  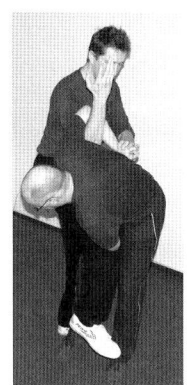

Foto 182   Foto 183   Foto 184

Fotos 182 bis 184: Anwendungsbeispiel für das *yumenquan*.

Faust des verborgenen Unsterblichen
Yinxian Men
隐仙门

Das *yinxianmen* wurde von Hu Fengting (胡风庭) aus Hanchuan (Hubei) geschaffen. Er lebte während der Ming-Dynastie. Von klein auf trainierte Hu die verschiedenen Formen des *wushu*. Es ist aber nicht bekannt, ob der junge Mann diese Faust selbst entwickelt oder sie von einem Meister gelernt hat.

Im *yinxianmen* wird Wert auf die sogenannten »drei Schätze« (*sanbao*, 三寶) gelegt: Der erste Schatz ist das *wai lian si xing* (外练四形), das äußere Training der vier Formen. Der zweite Schatz wird *li guan wu ding* (力贯, 五顶) genannt. Das bedeutet, die Kraft muss sich auf die »fünf Spitzen des Körpers« richten. Diese fünf Spitzen sind das Zentrum des Schädeldachs und die Enden der vier Gliedmaßen. Dorthin muss die ganze Kraft des Körpers gelenkt werden können.

Der dritte Schatz sind die »vier Regeln« (*zhu zhong sifa*, 注重四法). Die erste dieser Regeln lautet, dass die Bewegungen kompakt, kurz und bündig zu sein haben (*shoushi jin cou*, 手势紧凑). Die zweite besagt, dass der Stand »niedergedrückt« sein soll, d.h., eine Art Pfahlstand (*zhuang bu dichen*, 桩步低沉). Die dritte Regel verlangt, dass Beine und Arme gleichermaßen eingesetzt werden (*shou tui bingyong*, 手腿并用), und die

265

vierte schließlich, dass die Bewegungen sehr feinfühlig zu erfolgen haben (*dongzuo lingmin*, 动作灵敏).

Bei den Techniken neigt sich der Körper in eine Schräglage. Der ganze Körper wird in die Technik mit eingedreht. Die Bewegungen gehen auf und ab und sind sehr flexibel.

Eine Faustform des *yinxianmen* nennt sich *juhua zhan* (菊花钻). *Juhua* ist eine Chrysantheme und *zhan* bedeutet durchbohren oder durchdringen.

Boxen der Familie Yue
Yuejia Quan
岳家拳

Das *yuejiaquan* ist ein sehr alter Stil, der in Hubei, Guangji und Huangmei durch das Volk überliefert wurde. Es ist also kein Gründer bekannt. Später entwickelten sich viele verschiedene Formen dieser Faust. Der Stand ist tief, die Techniken der Hand entstammen der Schlangentechnik, und der Körper hat die Bewegungen der Kranichtechnik.

Die Handtechniken sind sehr flexibel. Sie sind sehr kurz und knapp und gut geeignet für den Nahkampf. Wenn die Hand oder der Fuß den Gegner trifft, erfolgt gleichzeitig ein Schrei.

Gehende Hand
Zouyou Shou
走游手

Die »gehende Hand« ist kein Stil im üblichen Sinne. Es ist eine in Hubei überlieferte Trainingsmethode. *Zouyoushou* ist eine Kampfübung zwischen zwei Kämpfern. Der grundlegende Schritt ist der *xubu* (虚步), der leere Stand. Man bewegt sich bei dieser Übung im Kreis umeinander, was ein wenig an das *bagua* erinnert. Aus diesem Im-Kreis-Gehen heraus erfolgt ein Angriff und geht ins freie Sparring über. Nach jeder Trennung beginnt man wieder damit, im Kreis zu gehen. Bei dieser Technik ist im Grunde alles erlaubt, Schlagen, Treten, Griffe und auch Würfe.

單刀看手雙刀看走大刀看口

dan dao kan shou, shuang dao kan zou, da dao kan kou

Beim Einzelmesser muss man auf die Hand achten,
beim Doppelmesser ist das Bewegen sehr wichtig
und man muss auf seine Beinarbeit achten,
beim großen Messer muss man
auf die Bewegungen der Kerbe achten.

Die Waffen des Wushu

Vorbemerkung

Es gibt mittlerweile verschiedene Bücher über das chinesische *wushu* auf dem europäischen und amerikanischen Markt, in denen zahlreiche Informationen zu finden sind, allerdings auch viele unsichere Aussagen. Daher kann es sein, dass der eine oder andere Leser über manches, was hier berichtet wird, abweichende oder detailliertere Informationen besitzt. Ich möchte jedoch darauf hinweisen, dass die Meister Chinas die im Westen verbreiteten Meinungen über ihre Kampfkunst nicht immer teilen und unterstützen. Viele Dinge, die im Ausland über das *wushu* – und auch über die Waffen in den chinesischen Kampfkünsten – verbreitet werden, sind den Meistern Chinas unbekannt oder werden von ihnen als falsch angesehen. Ich gebe in diesem Buch das wieder, was ich von meinen Meistern und Lehrern gehört, was ich selbst erfahren oder empfunden habe und was in China unter den Kampfkünstlern allgemein bekannt ist.

Die Waffen des Volkes

Um die Waffen zu erforschen, muss man sich die Umstände ansehen, unter denen sie entstanden sind. Viele waren ursprünglich Arbeitsgeräte. So gibt es im *emeiquan* eine Waffe, bei der es sich im Grunde um nichts anderes als um einen langen Stock mit einer Peitsche daran handelt. Ursprünglich war das ein Gerät, mit dem man das Vieh durchs Gebirge trieb, aber man verwendete es auch als einfachen Wanderstock. Heute kennt diese Waffe kaum noch jemand, und es wird damit kaum mehr trainiert. Man sieht diese Stockpeitsche auf manchen alten Fotografien, nicht nur aus China.

Die Menschen haben sich nie sonderlich wählerisch gezeigt, wenn sie in der Not eines Hilfsmittels bedurften. Während der deutschen Bauernkriege im frühen 16. Jahrhundert waren echte Kriegswaffen bei der Landbevölkerung selten; sie waren dem Adel vorbehalten. Die Menschen wussten sich aber zu helfen. Aus dem Dreschflegel wurde ein Kriegsflegel, aus der Sense wurde eine Kriegssense, aus der Hippe eine Kriegshippe. Ähnliches gilt auch für die Bauern von Fujian und Okinawa. Die südchinesische Provinz und die heute japanische Insel liegen sich, nur einige Seemeilen voneinander getrennt, gegenüber. Im Laufe der Jahrhunderte beeinflussten sich die Kampfkünste und damit auch die Waffen beider Regionen wechselseitig. Fast alle Waffen, die in Fujian verwendet werden, finden sich heute im traditionellen *kobudo* der Ryukyu-Inseln wieder.

So passte man überall auf der Erde die Arbeitsgeräte an die Erfordernisse an und schuf so eine Unmenge von Arbeitsgeräte-Waffen. Eine Einteilung der Waffen in Waffen der Oberschicht, geheime Waffen und Waffen der unteren Stände könnte unter diesen Aspekten mitunter sinnvoller sein als die allgemein gebräuchlichen Klassifizierungen.

Waffenlose und Waffentechniken

Waffentechniken und waffenlose Techniken sind in ihrer Bedeutung nahezu identisch. Eine Waffe, gleichgültig welcher Art, ist immer als Bestandteil des Körpers anzusehen. Das vermittelten die europäischen Fechter genauso wie die amerikanischen Revolvermänner. Sobald man eine Waffe in die Hand nimmt, wird sie Teil des Körpers. Die Waffe verlängert die eigene Reichweite und verstärkt die körperliche Kraft.

Bei den Bewegungsabläufen der meisten Schulen macht es keinen Unterschied, ob man bewaffnet oder unbewaffnet ist. Die Techniken lassen sich unbewaffnet fast genauso ausführen, als ob die Hände Waffen trügen. Manche Kampfstile sind so angelegt, dass man ihre Techniken mit nahezu jeder Waffe ausführen kann. Dazu gehören das *baguazhang*, das *lianhuanzhang* und das *tongbei*.

Die Waffen des *wushu* lassen sich – von Ausnahmen abgesehen – nicht den einzelnen Stilen zuordnen. Üblicherweise kann man nicht sagen, dass diese und jene Waffe genau und ausschließlich zu einem bestimmten Stil gehört.

In der chinesischen Kampfkunst gibt es zwei alte, traditionelle Waffenarten, den Bogen (*gong*, 弓) und die Armbrust (*nugong*, 弩弓). Selbst die Chinesen sind sich heute nicht mehr bewusst, dass diese beiden Waffen einst die grundlegendsten Kriegsgeräte der chinesischen Kampfkünste waren. Dabei kann man in einigen Bewegungen der Faustformen die Verbindung noch sehr gut wahrnehmen. In einer älteren Form des *bajiquan* ist die Bewegung des Bogenspannens gut erkennbar. Die Haltung, die man in China beim Bogenschießen einnimmt, ist eine Stellung mit gekreuzten Beinen in der Hocke. Diese Haltung findet sich aber auch in manch anderem Stil des *wushu*. Solche Ähnlichkeiten deuten immer wieder auf die Verwandtschaft der Techniken innerhalb der großen Familie der chinesischen Kampfkünste hin.

Die Einteilung der chinesischen Waffen

Die Chinesen waren bei der Erfindung neuer Waffen ebenso kreativ wie alle anderen Völker. Es muss uns daher nicht wundern, dass es mindestens so viele Waffen wie *Wushu*-Stile gibt. Einige dieser Waffen unterscheiden sich so gut wie überhaupt nicht von denen anderer Länder. Es gibt jedoch auch exotisch wirkende Gegenstände, die auf den ersten Blick gar nicht als Waffen zu erkennen sind. Besonders die versteckten Waffen (*anqi*, 暗器), die viele Krieger als Zweitwaffe bei sich trugen, konnten sehr sonderbar aussehen.

Im Laufe der Zeit etablierten sich 18 der chinesischen Waffen als Standardwaffen des *wushu*. Aber es sind nicht immer dieselben geblieben. Und auch die Meister sahen und sehen das nicht immer auf die gleiche Weise. Heute zählen zu den 18 Waffen die Peitsche (*bian*, 鞭), der Wurfpfeil (*feibiao*, 飞镖), die Gabel (*cha*, 叉), die Schaufel (*chan*, 鏟), die Rute (*gan*, 竿), die Keule (*chui*, 锤), der Säbel (*dao*, 刀), die Axt (*fu*, 斧), der Dreizack (*sanchaji*, 三叉戟)[100], das Hakenschwert (*goujian*, 钩剑), die Hellebarde (*guandao*, 关刀), der Stock (*gun*, 棍), der Flegel (*lianjia*, 连枷), das Schwert (*jian*), das Dolchpaar (*shuang bishou*, 双匕首), die Lanze (*qiang*, 枪), der Fächer (*shan*, 扇) und die Kette (*tie*, 铁).

Zu einer Zeit, in der man mit den Waffen noch auf reale Bedrohungen reagierte und sie auch tatsächlich im Krieg anwendete, war die Einteilung

---

[100] Der Dreizack ist eher eine Schaftaxt mit zwei Dolchklingen und einer Spitze. Der alte Name lautet *ge* (戈).

Der General und Kriegsgott Guan Yu mit seiner Hellebarde (*guandao*). Gemälde aus dem Wandelgang des Neuen Palastes in Peking.

eine andere. Beispielsweise waren damals natürlich Fernwaffen wie der Bogen (*gong*) und die Armbrust (*nugong*) Bestandteil des Standardarsenals.

Regionale Waffen wie die oben erwähnte Stockpeitsche, Spezialwaffen wie die Wurfkralle (*feidan zhua*, 飞弹爪) oder auch Alltagsgegenstände, wie beispielsweise das Essbesteck (*kuaizi*, 筷子), werden im allgemeinen nicht zu den Standardwaffen des *wushu* gerechnet. Noch vor hundert Jahren waren diese Kampfgeräte jedoch Teil des täglichen Lebens der Krieger. Man betrachtete sie keineswegs als exotische Waffen, da sie in den Alltag der *xiake* und Soldaten integriert waren.

Oft werden die Waffen auch nach ihrem Typus kategorisiert. Das heißt, man unterteilt sie in starre, flexible, geheime oder Fernwaffen. Aber nicht einmal hierbei waren und sind sich alle Meister einig. Dennoch besteht ein relativ breiter Konsens hinsichtlich der Einteilung der Waffen des *wushu* in weiche bzw. flexible und harte bzw. starre. Zu den starren Waffen zählen alle Arten von Stangen-, Stab-, oder Klingenwaffen. Dazu gehören der einfache Stock (*gun*), der Speer (*qiang*), die Hellebarde (*guandao*) oder die früher sehr populäre Wolfsbürste[101] (*langxian*, 狼筅 oder *langshua*, 狼刷).

---

[101] Die Wolfsbürste war eine Stangenwaffe der Ming-Zeit mit vielen nach vorn abstehenden flammenartigen Dornen. Mit dieser Waffe konnte nicht nur jede andere Waffe abgefangen werden, sondern man konnte damit auch Pferd und Reiter zu Fall bringen.

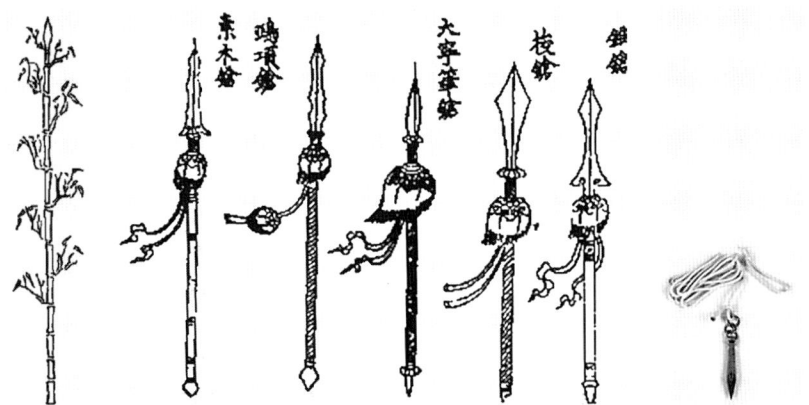

Wolfsbürste (*langxian*, links), verschiedene Arten der Lanze (*qiang*) und Schnurpfeil (*shengbiao*).

Die Klingenwaffen sind hauptsächlich der chinesische Säbel (*dao*) und das zweischneidige Schwert (*jian*). Zu den bekanntesten weichen Waffen gehören kettenförmige und flexible Waffen ohne solide Form, zum Beispiel die neungliedrige Peitsche (*jiujiebian*, 九節鞭 oder 九节鞭) und der Schnurpfeil (*shengbiao*, 绳镖).

Diese Einteilung ist zwar sehr allgemein gehalten, doch besitzt sie, wie gesagt, breite Anerkennung. Trotzdem kann diese Kategorisierung leicht zu Missverständnissen führen, vor allem für unser westliches analytisches Denken. Denn die Einteilung in harte und weiche Waffen richtet sich nicht nur nach den Materialien oder den Beschaffenheiten. Sie richtet sich auch nach der schwerer zu fassenden »Wesensart« der Waffen. Ich will dies am Beispiel des zweischneidigen Schwertes verdeutlichen. Das gerade, zweischneidige *jian* ist das Attribut des chinesischen Kampfkünstlers schlechthin. Es wird meist zu den harten Waffen gerechnet, selbst wenn die Klinge sehr flexibel ist. Und doch liegt im Wesen dieses Schwertes Weichheit und Eleganz. Das haben viele Meister so empfunden und ihren Umgang mit der Waffe mit dieser Auffassung in Einklang gebracht. Es ist allerdings immer schwer einzuschätzen, ob dabei der ursprüngliche Stil der Meister die Sichtweise auf das Schwert prägte, oder ob das Schwert sich prägend auf den Stil ausgewirkt hat. In jedem Fall hat es aber über die Jahrhunderte hinweg solch eine wechselseitige Beziehung zwischen dem *jian* und den Kampfkunststilen gegeben.

Aus diesem Grund werden in China das *jian* und noch einige andere Waffen unter Umständen zu den weichen Waffen gezählt, je nach ihrer Anwendung und der Schule, in die sie integriert sind.

Für die sogenannten inneren Stile (*neijia*) ist das Schwert ein wesentliches Instrument, um sich auszudrücken, um das Wesen der Technik zu verdeutlichen. So sieht man es im *taiji*, für das es charakteristisch geworden ist, im *baguazhang*, aber auch im *tongbei*.

Säbel und Schwert

Bei aller Vielfalt sind in den chinesischen Kampfkünsten der Säbel (oder langes Messer, *dao*), der Stock (*gun*), die Lanze (*qiang*) und das Schwert (*jian*) sicher die grundlegendsten Waffen. Jeder, der mit dem *wushu* in Berührung kommt, wird sie zwangsläufig kennenlernen. Der Säbel und der Stock haben einheitliche Anwendungsprinzipien; diese Waffen gehören in eine Gruppe. Das heißt, *dao* und *gun* werden so benutzt, dass man mit den Bewegungen den ganzen Körper abdeckt. Auf der anderen Seite stehen die Lanze und das Schwert. Auch diese beiden Waffen werden nach ähnlichen Prinzipien gehandhabt.

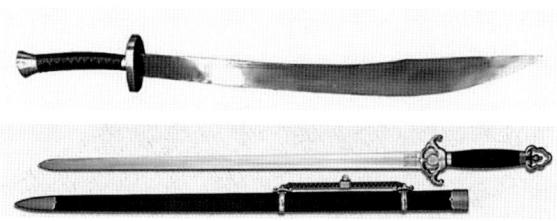

Säbel (*dao*, oben) und Schwert (*jian*).

In China sagt man: »Um ein Schwert zu führen braucht man tausend Tage, für einen Säbel hundert Tage.« Das erklärt gut, weshalb der Säbel, *dao*, eine reine Soldatenwaffe war, während das Schwert, *jian*, dem Adel und den Gelehrten, das heißt, den Zivilisten, vorbehalten blieb.

Die heutigen Schwertformen wurden zum großen Teil der chinesischen Oper entlehnt. Sie sind verspielt und besitzen nur noch wenig von ihrem ursprünglichen Geist. Bei den Meistern der alten Lehren sah das anders aus. Sie verglichen das *jian* mit einem Drachen. Es heißt, ein Stock wird benutzt, doch das Schwert ist man selbst. Es wird Teil des Körpers und in die Bewegungen auf natürliche Weise integriert. Die Bewegungen der Waffe erziehen den Körper zu Sensibilität und Anmut. Gleichzeitig lassen sie keinen Zweifel daran, dass diese Eleganz tödlich ist. Bei dem Vergleich mit einem Drachen sollte man nicht den etwas plumpen Lindwurm der europäischen Sagen vor Augen haben, sondern die lebendigen, agilen Tänze der chinesischen Drachen, die den Himmel und die Meere bewachen. Die weiche Führung des *jian* rührt von den schrägen Schnitttechniken her, die fast alle Bewegungen auszeichnen. Das Schwert ist zu leicht und zerbrechlich, um der direkten Konfrontation mit einer harten Waffe standhalten zu können. Daher dreht und windet man sich, schneidet, sticht, zieht sich zurück und bewegt sich ähnlich dem Drachen, jenem mächtigen Symbol der chinesischen Mythologie.

Das chinesische Wort *dao* dient als Oberbegriff für alle Schneidwerkzeuge. *Dao* wird oft mit Säbel übersetzt, ähnelt jedoch sowohl vom Aussehen als auch von der Anwendung her mehr dem europäischen Falchion[102]. Heute ist das *dao* ein lächerliches Blechinstrument, das bei der Anwendung Geräusche von schwingendem Wellblech verursacht. Das war nicht immer so. Die gebogene Klinge war natürlich elastisch. Doch gleichzeitig war sie stabil und hervorragend für kräftige Schnitte und Hiebe geeignet. Laut einer chinesischen Legende besaß ein gewisser Wen Renshao einst einen kostbaren Säbel. Um die Qualität seiner Waffe zu demonstrieren, schlug er zehn große Eisennägel halb in einen Pfahl und hieb anschließend mit seinem Säbel am Pfahl entlang. Dabei schnitt er alle zehn Nägel glatt ab, ohne dass die Schneide seiner Waffe beschädigt wurde. Dies gelang ihm, weil sein Säbel zugleich elastisch und fest war. Wenn man Druck auf die Klinge ausübte, bog sie sich weich zurück. Nahm man den Druck weg, federte sie sofort in ihre Ausgangsstellung zurück. Soweit die Legende.

---

[102] Das Falchion (engl.), auch Fauchon (frz.) ist eine einschneidige Hiebwaffe, die vom Hochmittelalter über das Spätmittelalter bis in die frühe Renaissance vor allem bei Fußtruppen in Gebrauch war. Im deutschen Sprachraum wurde sie als Malchus bezeichnet. Die Klinge dieser Waffe wird vom Heft zum Ort (Spitze) breiter und ist im Ortbereich bauchig. – Anm. d. Lektors.

Oft befanden sich seitlich an der Klinge eines *dao* Haken oder Kerben. Wenn man sich die Grundbewegungen mit der Waffe ansieht, erkennt man die Rotationsbewegung, mit der die Klinge in den Körper des Gegners eindringt. Die abstehenden Kerben zerstörten dabei sehr effektiv die inneren Organe, besonders bei den kraftvollen Stichen und deren Rückzugsbewegungen. Meist verursachte das Herausziehen der Klinge mehr Schaden als das Eindringen.

Fransen und Blut

Was bei den chinesischen Waffen besonders hervorsticht, sind die auffälligen Verzierungen. Heute finden sich an fast jeder Waffe irgendwelche bunten Fransen oder Stofffetzen, die den dramatischen Effekt unterstreichen sollen. Außerdem gibt es bei einigen Waffen kleine Kügelchen innerhalb des Griffes, die bei jeder Bewegung Geräusche erzeugen. Das ist zum Beispiel bei der Lanze oder dem Schwert der Fall. Ursprünglich war das, was heute Spielerei ist, zur Ablenkung im Kampf gedacht.

Aber es gibt auch andere Gründe für die Verzierungen. Ich möchte das anhand der Lanze erklären, an deren Kopfteil rote Fransen (*qiangying*, 枪缨) angebracht sind. Das sieht bei schnellen Bewegungen recht hübsch aus, war aber ursprünglich nichts weiter als ein Blutfänger. Die Krieger früherer Tage haben die Erfahrung gemacht, dass die Lanzenschäfte (*qiangba*, 枪把, oder *qianggan*, 枪杆) während des Gefechts durch heralaufendes Blut glitschig wurden. Es war dann schwierig, damit zu kämpfen. Außerdem konnte all das Blut an den Händen einen unerfahrenen Kämpfer verunsichern. Irgendwann kam jemand auf die Idee, hinter der Spitze (*qiangtou*, 枪头) die Blutfänger zu befestigen, was sich bis in die Neuzeit hinein bewährt hat.

Die Technik des Yue Fei

Abschließend möchte ich noch etwas zu den Bewegungen mit den verschiedenen Waffen erläutern. Als Beispiel sollen die Lanze (*qiang*) und der Schnurpfeil (*shengbiao*) dienen. Die heutigen wirkungslosen Lanzentechniken sind hier nicht gemeint. Meister Zhang Kejian bezeichnete sie sehr treffend als »neumodischen Quatsch«, und ich will ihm nicht widersprechen.

In den ursprünglichen Lanzentechniken erkennt man noch sehr gut Bewegungen, mit denen man gegen Berittene vorgeht. Ebenfalls sehr bekannt ist das sich Abwenden und Zurücklaufen mit der Lanze, mit plötzlicher Drehung und Angriff. Das ist das *huimaqiang* (回马枪), die berühmte Technik Yue Feis, der diese Bewegung im Reiten durchführte. *Huimaqiang* ist in China sprichwörtlich geworden. Es beschreibt die vorgetäuschte Flucht oder den Rückzug, um dem Gegner die eigene Schwäche zu signalisieren. Der Gegner soll zu unüberlegter Verfolgung verleitet werden, bei der man ihn mit einem unverhofften Angriff überrascht.

Interessant ist in diesem Zusammenhang auch der Schnurpfeil, *shengbiao*. Heute trainiert man kaum noch mit ihm, da er für Wettkämpfe ungeeignet ist. In der Zeit, als man damit noch sein Leben verteidigte, wurde der *shengbiao* nach einem Prinzip, das dem des *huimaqiang* ähnelte, eingesetzt. Die Soldaten trugen den Schnurpfeil unter ihrer Kleidung versteckt. Bei den Kämpfen zu Fuß oder zu Pferd kam er dann zum Einsatz. Im Gegensatz zum Wurfpfeil (*feibiao*) konnte der *shengbiao* immer wieder eingeholt werden.

Bewahrenswerte Vielfalt

Die Vielfalt der chinesischen Waffen ist faszinierend. Dennoch gilt für jede Kultur, dass die Mannigfaltigkeit an kriegerischen Werkzeugen sehr ausgeprägt ist. Sammlungen afrikanischer oder europäischer Waffen lassen eine vergleichbare Vielfalt erkennen, wie dies in China der Fall ist. Das ist auch nicht weiter verwunderlich, denn jedes Volk verdankt einen Teil seiner Souveränität seinen kriegerischen Fähigkeiten und Mitteln.

Die Chinesen halten ihre Heimat für den Geburtsort der Kampfkünste. Ihre Kampfkunst wird für die umfangreichste Schule gehalten, die allen anderen überlegen ist. Die Chinesen sind stolz auf ihre heldenhaften *xiake* und die *Leitai*-Kämpfer. Es gibt jedoch zwei Künste, die selbst von den chinesischen Meistern als ebenbürtig akzeptiert und sogar als lohnenswert zum Erlernen betrachtet werden.

Die erste ist der japanische Schwertkampf. Die hohe Qualität der Schwertklingen und die äußerst praktischen Techniken finden auch im Reich der Mitte Anerkennung. Die zweite Kunst ist das westliche Boxen. Auch hier werden die effektiven Techniken und der ökonomische Kampfstil von chinesischen Meistern anerkannt. Aber ungeachtet dessen haben die Chinesen eines der reichhaltigsten Repertoires an Kampfformen mit und ohne Waffen auf unserem Planeten, einen Schatz, der erhalten werden sollte.

nei lian jing qi shen, wai lain shou yan shen

Das innere Training ist Essenz, Atmung und Energie sowie Seele,
äußeres Training ist Hand, Auge und Körper.

Trainingsprinzipien im Wushu

Vorbemerkung

Grundsätzlich geht es beim Training immer darum, sich alle Fähigkeiten anzutrainieren, die für die Kampfkünste notwendig sind. Im Chinesischen sagt man dazu beispielsweise *jibengong*. Man könnte einwenden, dass es für die unterschiedlichen Kampfkünste auch verschiedene Trainingsprinzipien geben muss, da die Künste selbst sich voneinander unterscheiden. Aber worauf es in diesem Zusammenhang tatsächlich ankommt, ist der Gegenstand der Kampfkünste, und dieser ist stets der gleiche: der Kampf.

Natürlich geht es beim Training auch um die Gesunderhaltung des Körpers. Doch das ist zum Teil ein wenig in Vergessenheit geraten – es gibt auch Trainingsprinzipien, die den Körper sehr schnell kampffähig machen, aber dafür auch körperliche Schäden verursachen können. Hier soll ausschließlich die Rede von solchen Trainingsgrundsätzen sein, die für den Aufbau eines optimal funktionierenden Körpers gedacht sind, ohne ihn zu schädigen.

Der Vorzug der Jugend

Alle Menschen werden flexibel, weich und entspannt geboren. Niemand ist flexibler und weicher als ein Neugeborenes. Mit zunehmendem Alter verliert man nach und nach diese Eigenschaften. Aus diesem Grund fängt man in China schon sehr früh mit dem Training an, denn die Weichheit und Flexibilität eines Kindes lassen sich sehr gut nutzen und mit dem richtigen Training weiterentwickeln. Ohne Training wird jeder Körper nach und nach steif und unflexibel. Das Training im Kindesalter nennt sich *tongzigong* (童子功), was bedeutet, dass man die Fähigkeiten und Vorteile eines Kindes fördert und weiterentwickelt. Nur so kann man ein solides Fundament aufbauen.

In Europa ist es üblich, in der Jugend oder sogar erst im Erwachsenenalter mit dem asiatischen Kampfsporttraining zu beginnen. Selbst wenn man hierbei die Fortschritte in Gürtelprüfungen bestätigt bekommt, muss man sich bewusst sein, dass man gewisse Fähigkeiten nie mehr erlangen kann. Der Meisterstatus kann zwar pro forma erreicht werden, die oberste Klasse der technischen Möglichkeiten und Fähigkeiten ist jedoch denen vorbehalten, die von Kindesbeinen an trainiert haben. Frühes und richtiges Training ist deshalb ein Prinzip für die Kampfkünste.

In der westlichen Kampfkunstwelt ist es mit dem Training des Boxens oder Ringens eigentlich genauso. Wer dort etwas erreichen will, muss ebenfalls sehr früh beginnen. Kaum jemand wird im fortgeschrittenen Alter auf den Gedanken kommen, mit dem Ringen anzufangen. Das ganze Grundlagentraining, allein schon die Brückengymnastik, kann man nur richtig meistern, wenn man die kindliche Weichheit und Flexibilität besitzt. Fragt man einen echten Ringer nach dem Alter, in dem er sein Training begann, erhält man mit Sicherheit eine einstellige Jahreszahl als Antwort.

Ich möchte betonen, dass man durchaus auch gute Leistungen in der Kampfkunst erbringen kann, wenn man im fortgeschrittenen Alter damit beginnt, vom Nutzen für die Gesundheit ganz abgesehen. Aber ich spreche hier vom Meisterstatus in der ursprünglichen Bedeutung, wie ich ihn weiter oben beschrieben habe. Es ist natürlich auch möglich, andere Sportarten oder Aktivitäten in der Kindheit zu betreiben, um sich eine gute Grundlage für späteres Kampfkunsttraining zu schaffen. Die Hauptsache ist, dass man sich seine Geschmeidigkeit bewahrt und den Körper nachhaltig kräftigt.

Auch in China gibt es viele Leute, die erst im Alter mit dem Training anfangen. Meist wählen sie eine Art *taiji*, um sich gesundzuerhalten. Aber kein halbwegs seriöser Mensch würde hier auf die Idee kommen, sich nach ein paar Jahren als Meister zu bezeichnen. Die Chinesen akzeptieren einen Kampfkünstler nur dann als Meister, wenn er von Kindheit an trainiert hat.

Weichheit durch Härte

Eine andere Möglichkeit, Entspannung, Flexibilität und Weichheit zu erlangen, geht über die Härte. Dies mag mancher anzweifeln, vielleicht sogar zu Recht. Wer zu hart trainiert, wird nicht weich, sondern brüchig, heißt es oft. So wie ein Messer, das man übertrieben stark schleift. Es wird nicht scharf, sondern spröde. Dennoch bin ich der Ansicht, dass auch Härte zur Weichheit führen kann. Eigentlich lässt einem der Körper gar keine andere Wahl. Ein Beispiel: Unaufhörliches hartes Schlagen auf einen Sandsack ermüdet die Arme, und die Schultern werden automatisch weich. Wiederholt man das immer und immer wieder, stellen sich wie von selbst Geschmeidigkeit und Entspanntheit ein. Das ist eigentlich das »Geheimnis«, warum Boxer so flexibel und geschmeidig in ihren Fausttechniken sind. Die Fausttechniken des westlichen Boxens gelten ja zu Recht als die besten in den Kampfkünsten. Obwohl das Boxtraining sehr hart ist, sind die Boxer geschmeidig und flexibel. Auf Okinawa wird zum Training das *makiwara* benutzt. Das stetige harte Schlagen gegen den mit festem Stroh gepolsterten Pfahl lässt die Fausttechniken sehr flexibel und schnell werden. Die Demonstrationen der alten Meister Okinawas beweisen das eindrucksvoll.

Eine weitere Möglichkeit, entspannt und flexibel zu werden, ist das ständige Wiederholen von Übungen, wobei man sich dabei seines Körpers vollkommen bewusst sein soll. Das mag ein wenig esoterisch klingen, ist es aber keinesfalls. Es bedeutet, dass man die Übungen, so oft man sie auch wiederholt, nicht automatisch ausführt und dabei an irgend etwas anderes denkt, sondern sich während jedes einzelnen Schlages oder Trittes seines ganzen Körpers bewusst ist. Nur durch ausdauerndes und konzentriertes Training kann man zum Ziel kommen. Jeder ernsthafte Kampfkünstler weiß das. Wie für alle Facetten der Kampfkunst gibt es auch hier ein chinesisches *yanyu*. Es lautet: »*Gong hui ziran dao*« (功会自然到). – »Die Fähigkeiten kommen bei ausdauerndem Training von ganz allein.« Dieser Spruch ist sehr alt. Man kann ihn durchaus als Prinzip bezeichnen, weil er alle Neuerungen und Umbrüche überlebt hat.

Das Training des Jin

Im 17. Jahrhundert entdeckte Isaac Newton, dass die Kraft gleich dem Produkt aus Masse und Beschleunigung ist. Dieses Gesetz steht hinter jedem Schlag. Man benötigt eine gewisse Masse und eine gewisse Geschwindigkcit, um die Kraft zu entwickeln, die dann beim Aufschlag, also

Foto 185   Foto 186   Foto 187

Fotos 185 bis 188: Der Körper wird auf extreme Weise angespannt. Nur so kann man die für die Techniken des *wushu* erforderliche Entspanntheit und Flexibilität erreichen.

Foto 188

beim jähen Abbremsen, freigesetzt wird. Um aber die für wirksame Schläge und Tritte erforderlichen Geschwindigkeiten zu erreichen, sind Entspanntheit und Flexibilität erforderlich. Diese erreicht man wiederum durch die Anwendung von Trainingsprinzipien, die mit reinem Krafttraining, wie man es beispielsweise aus dem Bodybuilding kennt, nur wenig gemein haben.

Zwischen den östlichen und westlichen Kampfkünsten gibt es eigentlich keine wesentlichen Unterschiede im Krafttraining. Man will in jedem Fall etwas erreichen, das sehr gut durch den chinesischen Begriff *jin* (劲) umschrieben wird. *Jin* ist eine gespannte und explosionsartige Kraft, die man bei den Techniken freisetzen muss. *Jin* trainiert man am besten durch isometrische Übungen. Ich werde im nächsten Kapitel noch ausführlich auf die Methode des *zhanzhuang*, des langen Verharrens in statischen Stellungen, eingehen, die dazu dient, diese Kraft aufzubauen. Die Stellungen müssen tief sein, um den Körper und die Muskeln wirklich zu ermüden. Erst so wächst *jin*, welches in diesem Fall *zhangjin* (涨劲) genannt wird.

284

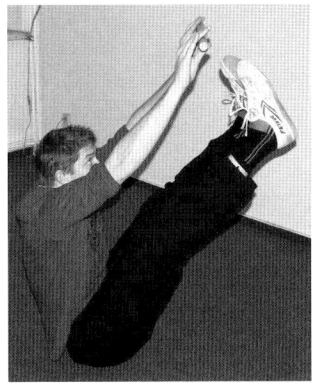

Foto 189   Foto 190   Foto 191

Fotos 189 und 190: Auch einfache Hilfsmittel wie ein Stock werden für das Training des *jin* genutzt.

Foto 191: Je größer und langandauernder die Innenspannung des Körpers, desto größer ist der Aufbau von *jin*.

Dieses Training ist sehr hart, aber so, wie man es heute meistens in China sieht, ist es nicht korrekt. Wenn man eine ungefähre Ahnung davon bekommen möchte, wie es richtig ausgeführt wird, sollte man sich die frühen Jackie-Chan-Filme ansehen. Diese vermitteln ein besseres Bild als das, was man für gewöhnlich morgens in den chinesischen Parks erleben kann.

In China gibt es für diese Art des Trainings verschiedene *Gong*-Übungen, die sich in ihren Prinzipien aber durchaus ähneln. Auch das Training in den westlichen Kampfkünsten verläuft nach einem ähnlichen Prinzip. Wer Erfahrung mit dem Ringen hat, weiß, dass Ringertraining ebenfalls einen isometrischen Krafttrainingseffekt hat. Das Ringen allgemein, vor allem aber das Brückentraining, baut eine sehr gute funktionelle Kraft auf.

Jin baut sich ebenfalls gut durch verschiedene Arten der körperlichen Arbeit auf. Jeder hart arbeitende Mensch, der zusätzlich auf gutem Niveau Boxen trainiert, ist ein sehr unangenehmer Gegner. Bringt so jemand noch entschlossenen Kampfgeist mit, dann sollte man mit ihm lieber keinen Streit beginnen. Körperliche Arbeit kann tatsächlich manchmal einen besseren Trainingseffekt haben als das Training der Kampfübungen selbst.

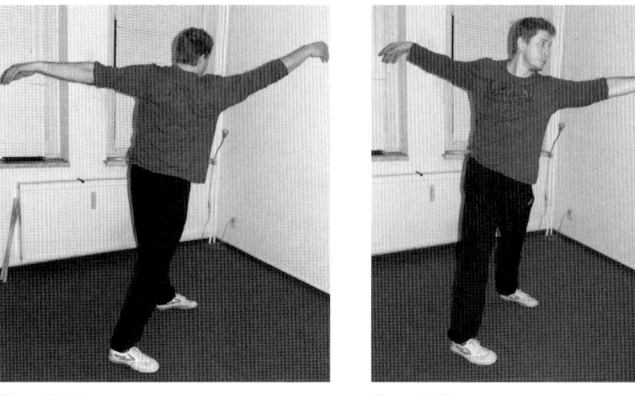

Foto 192   Foto 193

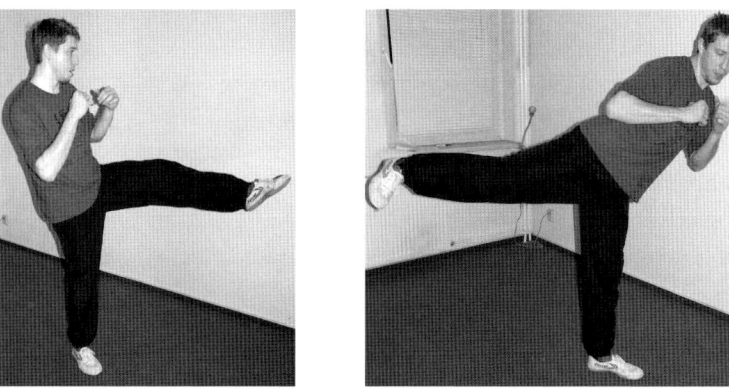

Foto 194   Foto 195

Fotos 192 bis 195: Beim »Verdauen« der Kraft macht man das genaue Gegenteil der Übungen zum Aufbau des *jin*. Vollkommen locker und ohne Anspannung wird die Kraft freigesetzt und so »verdaut«.

Das Verdauen der Kraft

Beim Wort »verdauen« denkt jeder sicherlich an die Tätigkeit des Körpers nach der Nahrungsaufnahme. Der Begriff wurde nicht zufällig gewählt, denn die Kraft wird nach dem gleichen Prinzip verarbeitet. Auch sie muss »verdaut« werden. Essen ohne Verdauung bringt den Körper aus dem Gleichgewicht, man würde sogar sterben, wenn man die Nahrung nicht verdaute. Betreibt

Foto 196   Foto 197

Foto 198   Foto 199   Foto 200   Foto 201

Fotos 196 bis 201: Durch flexible Bewegung ohne jede Spannung lässt man die Kraft frei und flexibel werden (Bewegungsserie *baguazhang*).

man Kraftaufbautraining, ohne die Kraft wieder auszugeben, führt das zu Steifheit und Krankheit. Mit »Kraft ausgeben« bzw. »Verdauen der Kraft« ist gemeint, dass man nach dem Ansammeln der Kraft, beispielsweise, nachdem man eine halbe Stunde im Handstand bzw. eine Stunde oder gar mehrere Stunden im tiefen *mabu* gestanden hat, diese Energie sofort wieder freigeben muss. Dies tut man in den Kampfkünsten durch Schlag- und Trittkombinationen oder indem man eine Form läuft. Die Arme sollten hierbei ganz entspannt vom Körper »weggeworfen« werden. Dieser Wechsel sorgt dafür, dass die Kraft »verdaut« wird. Sie wird auf diese Weise flexibel einsetzbar.

Kraftaufbau und Kraftausgabe

Mit der Dehnung ist es ganz ähnlich wie mit dem »Verdauen« der Kraft. Nachdem man sich ausgiebig gedehnt hat, muss man treten. In der chinesischen Trainingslehre heißt es, Dehnung und Treten sollten im Verhältnis 3 zu 7 stehen.

In vielen Übungen ist dieses Prinzip bereits integriert, so dass Kraftaufbau und Kraftausgabe kombiniert ablaufen. Ähnlich geschieht es ja teilweise beim Ringen auch. Man ringt einerseits mit Kraft, andererseits bewegt man sich schnell und flexibel. Ringer haben nicht umsonst den Ruf, gefährlich zu sein. Boxen und Ringen waren früher eine Einheit. Die Kraft, die man beim Ringen trainiert, kann man sehr gut durch Boxtechniken wieder ausgeben. So hat man eine sehr effektive Trainingsmethode. In China gibt es solche Trainingsmethoden ebenfalls. Leider werden sie heute eher selten angewandt.

Foto 202

Foto 204

Foto 203

Fotos 202 bis 204: Eine Art von Situps, um sich effektiv einsetzbare Kraft anzutrainieren. Explosiv zieht man den Körper hoch und schlägt wuchtig zu (203) oder man zieht das Bein eng an den Kopf (204).

lian quan wu zhuang bu, fang wu wu li zhuang

Trainiert man die Faust, ohne jedoch den Stand auf dem Pfahl zu üben, dann ist es, als baute man ein Haus ohne Pfeiler.

Trainingsmethoden des Wushu

Vorbemerkung

Die alten Trainingsmethoden des chinesischen *wushu* sind sehr speziell. Während man im leistungsorientierten Sport-*Wushu* ganz ähnlich wie in anderen Disziplinen trainiert, erscheinen die klassischen Methoden auf den ersten Blick eher antiquiert. Tatsache ist jedoch, dass sich die echten Meister stets dieser Methoden bedienten und dies noch immer tun, weil sich deren Wirksamkeit immer wieder bestätigt hat. Letzteres weiß ich auch aus eigener Erfahrung. Es geht nicht darum, die heutigen wissenschaftlich fundierten Trainingsmethoden zu kritisieren. Es ist alles eine Frage der Zielstellung. Leistungssportler sind gut beraten, sich auf die neuesten Erkenntnisse aus Medizin und Wissenschaft zu verlassen. Doch die alten Methoden, von denen ich hier berichte, stammen aus einer anderen Zeit und dienen einem anderen Zweck. Sie dienen dem Aufbau einer flexiblen

Foto 205: In der Anfangszeit erschien mir als Europäer die chinesische Trainingsmethode des Dehnens sehr ungewöhnlich. In der Wohnung von Meister Li trainierte ich täglich längere Zeit am Türrahmen. Im Laufe der Zeit zogen sich die Sehnen immer länger, und aus dem anfänglichen Dehnungsschmerz wurde ein sehr angenehmes Gefühl.

Kraft, die zu einer jederzeit abrufbaren Kampffähigkeit gehört.

Interessanterweise finden sich einige dieser »antiken« Trainingsmethoden und -geräte auch in anderen Gegenden der Welt. Besonders die Okinawaner haben viel aus China übernommen. Das dortige Training ermöglicht noch heute einen Einblick in frühere Tage der Kampfkunst.

In den letzten Jahren haben verschiedene experimentelle Archäologen und andere Forscher die Trainingsmethoden antiker Sportler und auch antiker Kämpfer, hier insbesondere die der Gladiatoren, rekonstruiert. Sie ließen Freiwillige eine Zeitlang nach diesen Methoden trainieren. In Vergleichskämpfen erwiesen sich die nach den alten Methoden trainierten Männer den nach modernen Methoden trainierten als überlegen.

Ich will in der Folge einige alte chinesische Übungen und Geräte näher vorstellen, so z. B. die traditionelle Dehnung, die Pflaumenblütenpfähle (*meihua zhuang*, 梅花桩) und den *guntong* (滚筒). Speziell letzteres Gerät halte ich nach meiner Erfahrung für das effektivste Mittel, sich eine flexible, in der Kampfpraxis anwendbare Kraft anzutrainieren.

Die Dehnung in den chinesischen Kampfkünsten

Die chinesische Art sich zu dehnen unterscheidet sich von der Dehnung in allen anderen Kampfkünsten. Vermutlich gibt es nirgends sonst eine entsprechende Technik, vielleicht abgesehen vom Ballett. Im Westen hält man jemanden, der den Spagat beherrscht, für überdurchschnittlich sportlich. Aber der normale Spagat hat mit echter Beweglichkeit kaum etwas zu tun. Im Reich der Mitte gilt er als selbstverständliche Grundvoraussetzung.

In den chinesischen Kampfkünsten werden die Beine und der Rumpf fast ausschließlich bei eingezogener Hüfte gedehnt, wobei die Sehnen im Körper mit maximaler Spannung zusammengezogen werden. Die Füße müssen bei gestreckten Beinen die Kinnspitze berühren. Das geht nur, wenn man die Hüfte zurücknimmt. Einige Techniken des *wushu* können überhaupt nur dann ausgeführt werden, wenn man diese Art Dehnung geübt hat. Es handelt sich hier beispielsweise um Tritte in der Nahdistanz, die, korrekt ausgeführt, keine größere Reichweite als die des gestreckten Arms besitzen.

 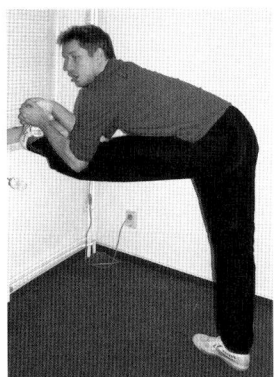 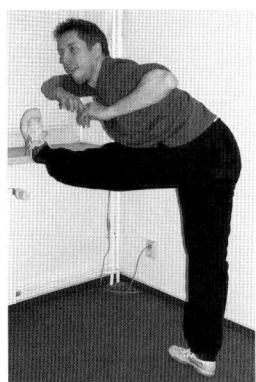

Foto 206   Foto 207   Foto 208

Foto 209   Foto 210

Fotos 206 bis 210: Die Bänder werden beim Dehnen so weit es geht gezogen, damit der Körper flexibel und schnell wird. Sich auf diese Art zu dehnen erfordert auch einen großen Kraftaufwand und ist somit ein hervorragendes Krafttraining.

Foto 211: Nach dem Dehnen muss getreten werden, damit die Sehnen flexibel werden.

Foto 211

293

Im westlichen Sport bevorzugt man ein weites und langes Dehnen. Damit kann man aber nur bedingt seine Sehnen strecken. Besonders bei kurzen, reißenden Bewegungen können die auf solche Belastungen unzureichend vorbereiteten Sehnen verletzt werden. Bei der engen Dehnung zieht man den Körper zusammen, und die Sehnen werden am effektivsten gestreckt. Nach eigenen Erfahrungen in beiden Arten plädiere ich heute uneingeschränkt für die chinesische.

Gong-Übungen

Die verschiedenen *Gong*-Übungen habe ich im Verlauf des Buches bereits beschrieben. Sie basieren auf dem Prinzip des isometrischen Kraftaufbaus. Von besonderer Bedeutung ist im Zusammenhang mit den Kampfkünsten das *yanchigong*, welches weiter vorn im Buch ausführlich vorgestellt wurde. Im nächsten Abschnitt wird das *zhanzhuang*, eine grundlegende Methode für den Aufbau der inneren Stärke, vorgestellt.

Foto 212: *Gong*-Übung

An dieser Stelle sei noch erwähnt, dass viele der asiatischen Formen (*kata, hyong, taolu*) genau genommen *Gong*-Übungen sind und mit dem eigentlichen Kampftraining wenig zu tun haben.

Die Trainingsmethode Zhan Zhuang

Das *zhanzhuang* (站桩) ist eine essentielle Trainingsmethode in den chinesischen Kampfkünsten. *Zhanzhuang* bedeutet sinngemäß »stehender Pfahl« bzw. »Pfeiler«. Das bedeutet, dass man sich durch statisches Stehen in bestimmten Haltungen innerlich kräftigt, wobei dies nichts mit dem nach außen gerichteten Muskelkrafttraining durch Gewichtheben und Bodybuilding zu tun hat. Es geht um eine innere Stärke, die oftmals als geheimnisvoll verstanden wird, es jedoch keineswegs ist. Beim *zhanzhuang* wird über sehr lange Zeit eine Innenspannung aufrechterhalten. In der Sportwissenschaft nennt man das isometrisches Training.

Es ist erwiesen, dass man einen höheren Kraftzuwachs hat, wenn man über lange Zeit eine ununterbrochene Spannung aufrechterhält, anstatt häufige Wiederholungen mit einem schweren Gewicht zu machen. In der westlichen Welt entdeckte man dieses Prinzip Anfang des 20. Jahrhunderts, als man Versuche an Fröschen machte, bei denen man ein Bein des Frosches festband und das andere frei ließ. Dadurch, das die Frösche, ihrem natürlichen Instinkt folgend, mit den Beinen strampeln und flüchten wollen, übten sie einen ununterbrochenen Druck auf das festgebundene Bein aus, wodurch eine ständige Innenspannung der Muskulatur des Frosches vorhanden war. Als man das Bein des Frosches entfesselte, stellte sich heraus, dass es einen erstaunlichen Zuwachs an effektiver Kraft in dem festgebundenen Bein gab. Dies waren die ersten sportwissenschaftlichen Forschungen auf dem Gebiet des isometrischen Trainings.

In der chinesischen Kampfkunst wird das Grundprinzip bereits seit Jahrhunderten angewandt. Das *zhanzhuang* im *wushu* besteht hauptsächlich aus zwei grundlegenden Übungen, dem reglosen Stehen im *mabu* (马步, Pferdestand) und im *daoli* (倒立, Handstand).

Neben dem enormen und effektiven Kraftzuwachs hat diese Trainingsmethode noch andere Auswirkungen. Zunächst einmal beginnt bei dieser Übung aufgrund der inneren Muskelspannung und ununterbrochenen Belastung der Körper sehr stark von innen heraus zu schwitzen; dadurch werden körperliche Schadstoffe in großer Menge ausgeschieden. Allerdings kommt man dabei nicht außer Atem wie im Sport, das Herz schlägt gleichmäßig und ruhig. Man bewegt sich ja schließlich nicht, und dennoch

Foto 213　　　　　　　Foto 214　　　　　　　　Foto 215

Fotos 213 bis 215: Langes Stehen im *daoli* zum Aufbau der inneren Kraft.

ist der Körper angespannt. Dadurch wird der Kreislauf des Körpers gleichmäßig gestärkt. Etwas Gesünderes und Wirkungsvolleres gibt es nicht. Da diese Übungen wirklich extrem anstrengend sind, bedeutet das auch ein außerordentliches Training für den Willen und das Durchhaltevermögen.

Ebenfalls erlangt man durch diese Art des Trainings ein ganz besonderes Zeitgefühl. Bruce Lee sagte einst: »Zeit ist das wichtigste im Leben. Leben heißt, mit der Zeit richtig umzugehen.« Das Verstehen der Zeit – und der richtige Umgang damit – stellt eine große Herausforderung dar. Der mordernde Mensch hastet in immer größerer Eile durchs Leben. Im Sport geht es nur noch darum, immer wieder Rekorde zu brechen, bestehende Zeitlimits zu unterbieten. Das wird als Erfolg gezählt. In der Kampfkunst sieht man das anders, hier versucht man, durch Langsamkeit bis hin zur völligen Reglosigkeit ein besseres Verständnis der Zeit zu erlangen, um dadurch das eigene Leben besser verstehen zu lernen. Kampfkunst hat sehr viel mit Zeitgefühl und zeitlicher Wahrnehmung zu tun.

Tatsächlich ist die Zeit keine absolute, sondern eine relative Größe, das gilt für die Naturwissenschaften wie für das subjektive Empfinden. Albert Einstein erklärte einmal die Relativität der Zeit auf humorvolle Weise: Für einen Mann hat eine Stunde, die er in der Gesellschaft einer hässlichen alten Frau verbringt, eine ganz andere Dauer als eine Stunde, verbracht mit einer attraktiven jungen Frau.

 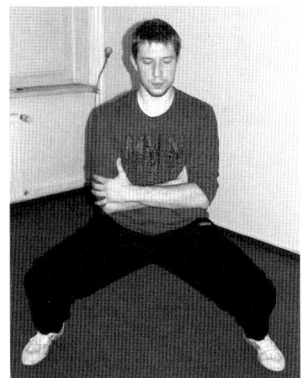

Foto 216   Foto 217

Fotos 216 und 217: Stehen im *mabu*.

Die Übungen des *zhanzhuang* verändern die Wahrnehmung der Zeit. Man muss sie über einen langen Zeitraum durchführen, mindestens eine Stunde lang. Am Beginn dieser Stunde ist die Qual besonders groß, und man denkt schnell ans Aufgeben. Aber wenn man einen eisernen Willen zeigt und durchhält, wird man nach einer halben Stunde ein Gefühl haben, wie es auch der Ausdauerläufer kennt, wenn er den »toten Punkt« überwindet und dabei Zeit und Raum vergisst und ein unglaubliches Glücksgefühl erfährt. Aber beim *zhanzhuang* ist dies noch extremer. Überwindet man hier die Grenze des Durchhaltevermögens, so kann das zu einem intensiven spirituellen Erlebnis führen. Nach besagter halben Stunde verschwindet der Schmerz in den Gliedern; Kreislauf und Herzschlag sind harmonisch, die Muskeln haben sich an die Innenspannung gewöhnt, und die Beine sind im wahrsten Sinne des Wortes zu einem »stehenden Pfahl« geworden. Durch das Überschreiten dieser Grenze erfährt man ein völlig neues Gefühl für Raum und Zeit, man vergisst die Zeit, fühlt sich frei und glücklich. Dieses Ergebnis ist nur durch Langsamkeit und Stillstehen zu erreichen, nicht durch Hast und Schnelligkeit, eine Tatsache, die sich zweifelsohne auch auf andere Lebensbereiche übertragen lässt.

Das *zhanzhuang* beinhaltet somit nicht nur ein sehr effektives und wissenschaftlich begründbares Training auf körperlicher Ebene, sondern auch ein geistiges Training.

Foto 218   Foto 219

Fotos 218 bis 221: Auf eine weiche und flexible Hüfte wird im *wushu* besonderer Wert gelegt. Das Körperzentrum ist die Steuer- und Kontrollstelle für alle Bewegungen und muss
deshalb kräftig und flexibel sein.

Weichheit als Ziel

Es ist ein Irrtum, anzunehmen, dass das Training für die Kampfkunst darauf abzielt, möglichst voluminöse Muskeln aufzubauen. Schwellende Muskeln sind keinewegs von Vorteil, wenn es um das Kämpfen geht. Das mag
sich für manch einen befremdlich anhören, aber jeder, der ein langes und
gutes Training absolviert hat, wird dies bestätigen. Es ist natürlich wahr,
dass Kraft ein ganz wichtiger Bestandteil der allgemeinen Kampffähigkeit
ist. Es trifft gleichfalls zu, dass ein Großteil der bekannten Kampfsport-
athleten mit starken Muskelpaketen ausgestattet ist und nicht im mindesten dem Bild des drahtigen asiatischen Meisters entspricht. Aber sichtbare
Muskeln sind kein Zeichen für tatsächliche Stärke.

Meister Xiong Daoming sagte einst: »Ein guter Kampfkünstler ist wie
eine keusche Frau. Er lässt sich von niemandem anfassen. Fängt er aber
an, sich zu bewegen, ist er wie ein wilder Tiger.« Möchte man diesen Satz
begreifen, muss man erst einmal die Sicht der Chinesen auf die Frau verstehen. Im alten China war es Frauen nicht erlaubt, sich zu zeigen. Sie
durften das Haus nicht verlassen. Sie durften auch nicht berührt werden,
nicht einmal im Krankheitsfall. Der Arzt fühlte ihren Puls mittels einer

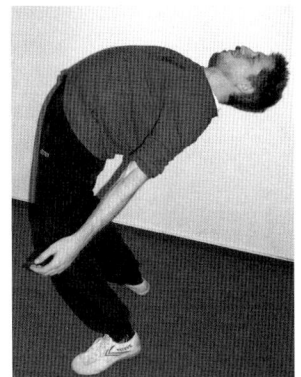

Foto 220   Foto 221

Schnur, die am Handgelenk der Frau festgebunden war. Frauen galten als zarte, schwache Geschöpfe, deren Tugend sich eben auch durch Schwäche und Weichheit ausdrückte. Xiong Daoming meinte daher mit seinem Ausspruch, dass ein Kampfkünstler ebenso weich und zart sein sollte wie eine Frau. Das heißt, dass im Gegensatz zum heutigen Ideal die Muskeln des Kämpfers nicht groß und hart sein sollten, sondern weich und geschmeidig. Erst dadurch kann man Geschwindigkeit und Flexibilität in seinen Bewegungen erreichen. Das Training der Kampfkünste zielt daher auf einen weichen, geschmeidigen Kraftaufbau ab. Beim Angriff aber verwandelt sich diese Weichheit in die aggressive Explosivkraft eines wütenden Tigers.

Trainingsgeräte

Es gibt im *wushu* nicht wenige Trainingsmittel und -methoden. Aber die hier beschriebenen sind nach meiner Erfahrung vollkommen ausreichend, um die innere Stärke und Geschmeidigkeit zu erlangen, auf die es in den chinesischen Kampfkünsten ankommt. Ich habe oft erlebt, dass innerhalb eines Kampfkunsttrainings mehr Zeit mit Etikette und mit Aufwärmübungen zugebracht wurde, als mit der eigentlichen Materie. Man sollte nie vergessen, dass alle zusätzlichen Übungen nur Hilfsmittel sind. Sie sollen unterstützen und ergänzen, nicht aber das Kampftraining ersetzen.

Im Folgenden will ich vier sehr effektive Trainingsmethoden mit Hilfsmitteln vorstellen:

Gun Tong
滾筒

Das Üben mit dem *guntong* ist eine wirklich alte Trainingmethode und wird heute kaum noch benutzt. Vor einer Weile sah ich einen Film über Kampfkunsttraining auf Okinawa. Dort wird ebenfalls eine Art des *guntong* verwendet, wenngleich nicht in variabler Ausführung. Der Dokumentarfilmer hatte von der Materie leider wenig Ahnung und ließ den Sprecher sagen, »dass diese archaischen Übungsgeräte heute keinen Wert mehr haben, da sie leicht durch moderne Maschinen abgelöst werden können«. Das ist falsch, schon allein deshalb, weil die Zielsetzung beim *Guntong*-Training viel differenzierter ist und man die Feinheiten, die damit möglich sind, mit einer Maschine nicht erreichen kann.

Der *tong* ist im Grunde von sehr schlichtem Aufbau. Es ist ein dickes hohles Bambusrohr, das innen mit Gewichten gefüllt wird. Dieses Rohr lässt man auf den Armen auf und ab rollen, dann über den Kopf und den Rücken hinunter, schließlich fängt man es wieder mit den Armen auf und rollt es zurück. Dann benutzt man eine Hand, rollt das Bambusrohr an der Seite auf den Fuß hinab und tritt es anschließend auf die Schulter.

Das klingt alles etwas schlicht, ist jedoch ein wirklicher Kraftakt, wenn das Rohr vollgefüllt ist. Das Gewicht des *guntong* kann man sich selbst vorgeben. Das Ideal ist dabei das eigene Körpergewicht.

Die Übungen mit dem *guntong* trainieren im Gegensatz zum Bodybuilding eine flexible, anwendbare Kraft, denn der *guntong* ist mit unflexibler Kraft nicht zu bewältigen. Man muss es ebenfalls verstehen, diese flexible Kraft auszunutzen. Ein Gewichtheber, der einige Hundert Kilogramm heben kann, hätte wahrscheinlich schon mit der Handhabung eines 40 Kilogramm schweren *guntong* Schwierigkeiten, denn beide Arten des Trainings könnten verschiedener nicht sein.

Foto 222

Foto 223

Foto 224

Fotos 222 bis 224: Übungen mit dem *guntong*.

Die Pflaumenblütenpfähle
Meihua Zhuang
梅花桩

Die Pflaumenblütenpfähle werden heute gern zu Showzwecken verwendet. Doch das, was man da bestaunt, ist nur noch ein Schatten der alten Übungen.

Es gibt verschiedene Möglichkeiten, die Pfähle anzuordnen. Üblicherweise bilden sie drei »Kreise«, wobei der innere Kreis von drei Pfählen, der mittlere von fünf und der äußere von sieben oder acht Pfählen gebildet wird. Die Pfähle haben einen so kleinen Durchmesser, dass man nur mit den Fußballen darauf stehen kann. Heutzutage verwendet man lieber Stämme mit großem Durchmesser, damit der ganze Fuß darauf Platz hat. Aber das ist gerade das, was vermieden werden soll. Ein großer Durchmesser degradiert die Übung zu einem durchschnittlichen Balanceakt und geht völlig an der eigentlichen Zielsetzung vorbei. Gerade der geringe Durchmesser der ursprünglich verwendeten Pfähle bewirkt aber unter anderem einen weichen und sehr flexiblen Gang. Man speichert eine explosive Energie im Körper, vor allem natürlich in den Beinen, und nach dem Training verspürt man das Bedürfnis, diese Kraft herauszulassen.

Es gibt einige chinesische Stile, die das *meihuazhuang* in ihrem Trainingsprogramm haben. Einer der bekanntesten ist hierfür sicher das *baguazhang*.

Shuai Sha Dai
摔沙袋

Dies ist eine klassische Trainingsmethode aus dem chinesischen Ringen (*shuaijiao*), die üblicherweise mit einem Trainingspartner ausgeführt wird. Dabei steht man sich gegenüber, und einer der Partner wirft dem anderen einen Sandsack zu. Dieser wird nicht starr gefangen, sondern die Kraft wird weich aufgenommen und weitergeleitet. Aus der Drehung wird der Sack dann sofort wieder zurückgeschleudert.

Diese Methode hat viele nützliche Effekte. Natürlich lernt man auch hierbei den Aufbau von und den Umgang mit einer flexiblen Kraft. Gleichzeitig trainiert man sein Reaktionsvermögen und schult sich in der effektiven Distanz. Das ist auch anderen Kampfkünstlern nicht verborgen geblieben, denn ich habe diese Übung in einigen alten Lehrbüchern über das westliche Boxen gesehen. Dort verwendete man entweder ebenfalls einen Sandsack oder einen Medizinball.

Sha Dai
沙袋

Shadai steht für ein Paar Sandsäcke. Sie entsprechen unseren Gewichts-
manschetten. Die *shadai* werden an die Beine gehängt oder gebunden.
Dabei ist es wichtig, dass sie an den Muskeln, außen an den Waden, anlie-
gen. Man kann damit sein tägliches Training absolvieren oder sie einfach
in den Tagesablauf integrieren. Nach einer Weile nimmt man das Gewicht
nicht mehr wahr, doch die Beine kräftigen sich sehr schnell. Auch diese
Hilfsmittel fanden schon früh in den verschiedensten Kampfkünsten Verbreitung.

gen yu jiao, fa yu tui, zhu zai yu yao

Mit den Füßen ist man verwurzelt,
mit den Beinen entwickelt man die Technik,
der Herrscher ist die Hüfte.

Der Ursprung der Kraft im Wushu

Dantian – das Zinnoberfeld

Jeder, der sich mit den Kampfkünsten befasst, muss sich seines Körpers bewusst sein. Er muss wissen, was sein Körper zu leisten vermag, wie er sich bei Stress verhält und auch, wie die Anatomie funktioniert. Kampfkunst heißt auch, sich der eigenen Möglichkeiten und Grenzen bewusst zu sein, Vorteile zu nutzen und Nachteile auszugleichen. Viele Kämpfer können das intuitiv oder sie lernen es aus der Erfahrung. Doch die Feinheiten lassen sich ohne Studium kaum meistern. Der »Kleine Drache« (Bruce Lee) war in diesem Punkt in gewisser Weise ein Vordenker. So paradox das klingt, wenn man das Alter der Kampfkünste berücksichtigt, ist es doch wahr. Denn Meister Lee befreite das Kämpfen von festgefahrenen Strukturen und brachte neues Bewusstsein in diese Materie. Daher wurde er für viele ein Vorbild.

Der »Kleine Drache« stand der »mystischen Kraft« aus der unteren Bauchregion skeptisch gegenüber. Die Energie des Zinnoberfeldes (*dantian*) wurde zu sehr als Wundermittel glorifiziert. Dabei ist überhaupt nichts Geheimnisvolles daran. Der *dantian* ist die Schaltstelle der Energie unseres Körpers. Seine Lage und seine Eigenschaften ergeben sich auf natürliche Weise aus unserer Anatomie. Das wusste auch Meister Lee sehr genau.

Wer einige Erfahrung im Ringen, im *judo* oder in ähnlichen Disziplinen hat, weiß, dass kleinere Leute oftmals einen Vorteil haben. Sie haben die Gesetze der Mechanik auf ihrer Seite. Größere Menschen können kleine Gegner schwer werfen, werden aber selbst oft leicht von ihnen unterlaufen. Der *dantian* sitzt bei kleineren Leuten naturgemäß tiefer. Im chinesischen Ringen wird darauf hingewiesen, dass man das Körperzentrum des Gegners kontrollieren muss, erst dann kann man ihn werfen. Meister des *judo* oder *aikido* erzählen dasselbe. Im Grunde gilt das natürlich für alle Kampfkünste. Ich will dies an einigen Beispielen aus dem *wushu* verdeutlichen.

In der inneren Kampfkunst *baguazhang* ist das Zentrum unaufhörlich in Bewegung, da der Kämpfer nie stillsteht. Ein Angreifer hat somit keinen

Ansatzpunkt, auf den er seine Kraft effektiv wirken lassen kann. Es ist sehr schwer, jemanden zu werfen, der nicht zu fassen ist. Die ganze Kraft wird im *dantian* konzentriert. Der restliche Körper bleibt spannungsfrei. Beim Schlagen wird diese Kraft aus dem Unterbauch in die Auftrefffläche verlagert und punktgenau auf den Gegner übertragen. In den sogenannten inneren Stilen ist es überall ähnlich. Man will damit jene Energie, die beim Schlagen oder Treten im Normalfall verlorengeht, nutzen. Das ist eines der schwierig zu beherrschenden Dinge in den inneren Künsten.

Ähnliches gilt für alle Schulen, die Weichheit und Nachgiebigkeit lehren, wie beispielsweise das *zuibaxian*. Bei dieser Kunst verhält sich der Kämpfer unberechenbar, da er Trunkenheit imitiert. Dabei ist er im wahrsten Sinne weich und schwammig. Gleichzeitig baut jeder, der diesen Stil übt, eine große Kraft auf, was die Gegner im Falle eines Angriffs zu spüren bekommen. Meister des *zuibaxian* gehören zu den besten Beherrschern des *dantian*.

Die beiden schon erwähnten Stile des *wushu*, *tongbei* und *lianhuanzhang*, werden heute kaum noch trainiert. Letzterer praktisch überhaupt nicht mehr. Das ist sehr bedauerlich, denn diese Schulen eignen sich hervorragend zum Kämpfen. Wie im Abschnitt über diese Kampfkunst erklärt wurde, wirft man buchstäblich die Arme von sich. Vor einigen Jahren hat ein »Meister des Karate« einen illegalen Kampf mit einem Orang-Utan gewagt. Er reizte das Tier und griff es schließlich an. Der Affe hätte diesen Ignoranten beinahe getötet. Das Ergebnis war vorhersehbar, wie jeder wissen wird, der Menschenaffen schon einmal in Aktion erlebt hat. Diese starken Tiere bedienen sich beim Schlagen ebenfalls ihrer lockeren Arme. Im *lianhuanzhang* greift man dieses Prinzip der Lockerheit auf und wendet es im Kampf an. Man sagt hier, der ganze Körper soll wie ein Strick sein, von den Füßen bis zum Kopf. Die gesamte Kraft fließt dabei durch den Körper, vom Zentrum in die fünf Spitzen. Wie bereits erwähnt, sind mit den Spitzen des Körpers die Fingerspitzen, die Zehen und die Mitte des Schädeldachs gemeint. Die Kraft muss, abgesehen vom *dantian*, immer auf diese Punkte gelegt werden. Spannungen in den Armen, in der Brust und im Rücken, die üblicherweise wie eine Bremse wirken, sollen hier vermieden werden. All das ist sehr schwer zu verwirklichen. Ich habe bisher nur eine Handvoll Leute gesehen, die das beherrschen.

Dipan – der Unterbau

Der zweite Punkt, der für die Kampfkünste von Bedeutung ist, nennt sich *dipan*. Alles auf der Welt hat einen *dipan*, einen »Unterbau«. Bäume haben Wurzeln, Bauwerke ein Fundament und Menschen haben ihre Beine und Hüften. Der Unterbau des Körpers muss in den Kampfkünsten fest und funktionsfähig sein, denn ein Großteil der Erdenergie wird über den *dipan* kontrolliert. Muhammad Ali[103] hatte einen hervorragend ausgeprägten *dipan*, ebenso Elvis Presley[104]. Sicher, es gibt einige starke Menschen, die trotz der Lähmung ihrer Beine kraftvoll und gut trainiert sind. So sind die deutschen Rollstuhlfechter vielseitige Athleten mit einem bewundernswerten Kampfgeist. Doch die Kampfkunst an sich ist in solch einem Fall nicht mehr in vollem Maße zu meistern. Das möge man keinesfalls abwertend auffassen. Wer trotz körperlicher Handicaps eine Kampfkunst übt, muss einen sehr starken Willen besitzen.

Nach chinesischer Auffassung ist der untere Teil des Körpers von grundsätzlicher Bedeutung für die Gesundheit des Menschen. Mein Großvater väterlicherseits erfreute sich bis kurz vor seinem 80sten Lebensjahr einer außerordentlich guten Gesundheit. Er besaß einen riesigen Garten und war durch die nötige Arbeit ständig in Bewegung. Eines Winters rutschte er auf Glatteis aus und brach sich ein Bein. Obwohl es relativ gut verheilte, gewöhnte er sich in dieser Zeit an das Liegen und Sitzen. Sein *dipan* verkümmerte, und der Körper baute rapide ab. Wenig später starb er. Dies ist gewiss kein Einzelfall. Viele kennen wahrscheinlich eine ähnliche Geschichte.

Die gesamte Region von den Hüften und dem Unterleib bis hin zu den Füßen ist wichtig für die körperliche Gesundheit. Im *taiji* und *xingyi* kann man gut sehen, wie der *dipan* des menschlichen Körper trainiert werden kann. Beim Fechten gibt es das »tiefe Sitzen«, das einen ähnlichen Trainingseffekt hat. Der Unterbau beim Menschen ist wie die Wurzel eines

---

[103] Muhammad Ali (geb.1942) war einer der größten Boxer der Geschichte. Mit zwölf Jahren begann er mit dem Training. Sechs Jahre später gewann er olympisches Gold im Halbschwergewicht und danach drei Weltmeistertitel im Schwergewicht.
[104] Elvis Presley (1935-1977) war nicht nur einer der erfolgreichsten Musiker und Schauspieler des 20. Jahrhunderts, sondern auch ein begabter Kampfkünstler mit Graduierungen im *chito ryu* und im *American Kenpo*.

Baumes. Sie muss gesunderhalten werden, wenn der Baum sicher stehen soll. Menschen, die viel im Sitzen arbeiten, sollten unbedingt ihre Beine trainieren. Sonst werden ihre »Wurzeln« verkümmern, und der Körper wird anfällig für Krankheiten.

Das Training des *dipan* und in gewisser Weise auch des *dantian* sollte man am besten ins tägliche Leben integrieren. Der »Kleine Drache« war jemand, der dies perfektioniert hatte. Er trennte die Kampfkunst so gut wie überhaupt nicht von seinem Alltag. Das hat nicht nur den Vorteil, dass sich die Trainingszeit erhöht, sondern man ist auch dauerhaft kampfbereit. Während der Dreharbeiten für seine Filme wurde Meister Lee öfter herausgefordert, ohne dass man je bei ihm punkten konnte. Der Körper gewöhnt sich eine stete Bereitschaft an, was sich wiederum positiv auf die Kampfkunst auswirkt. Auch ist das der wahrscheinlich deutlichste Unterschied zwischen einem Kampfsportler und einem Kampfkünstler. Ein durchschnittlicher Kampfsportler trainiert nach festgelegten Trainingszeiten auf einen Wettkampf hin. Ein Kampfkünstler ist bestrebt, eins mit seiner Kunst zu werden, so dass diese vollkommen in sein tägliches Leben übergeht. Er wird sich selbst immer wieder neu herausfordern, weil das für ihn »am Leben sein« bedeutet. Wer sich heute ernsthaft mit den Kampfkünsten beschäftigt, wird zwangsläufig auch auf manchen Genuss und manche Bequemlichkeit, wie unsere Zeit sie den Menschen bieten, verzichten müssen. Immer wird ein Kampfkünstler darauf achten, sein wichtigstes Arbeitsmittel, den Körper, gesundzuerhalten. Daher kräftigt er seinen *dipan*, damit er sich auch im Alter noch auf ihn verlassen kann. Leistungsorientierte Sportler sehen oft nur, was sie aus ihrem Körper herausholen können, ohne Rücksicht auf Verluste. Die Folge sind kaputte Gelenke und oft auch eine unausgeglichene Persönlichkeit.

tang bi dang che

Die Fangheuschrecke stoppt ein Fuhrwerk.

Gesund durch Kampfkunst

Gesunder Körper, gesunder Geist

Der wichtigste Aspekt der Kampfkunst ist die Gesunderhaltung des Körpers. Das lässt sich einfach begründen. Zuerst einmal bedroht jeder Angriff unsere Gesundheit. Ich schütze meinen Körper mittels Kampfkunst also vor einer Gefährdung. Damit sind aber nicht nur menschliche Aggressoren gemeint. Dazu gehören zum Beispiel auch Tiere, Bakterien oder Gifte. Es geht um die Gesunderhaltung im Ganzen. Habe ich meinen Körper erst einmal ruiniert, was will ich dann noch verteidigen? Selbstschutz fängt immer im Kleinen an.

In der chinesischen Kultur allgemein und im *wushu* speziell steht die Gesundheit des Menschen im Vordergrund. Wenn man gefragt wird, was der Zweck von Kampfkunst ist, so kann man drei wichtige Aspekte nennen: den realistischen Kampf, die Philosophie und die Gesunderhaltung des Körpers. Letztere sahen die Chinesen schon immer als am wichtigsten an.

In der griechischen Antike legten die Trainer zwar Wert auf gesunde Athleten, doch in erster Linie nur unter dem Hinblick, dass sie die Wettkämpfe erfolgreich überstanden. Juvenals allgemein bekannter Spruch *»mens sana in corpore sano«*, der suggeriert, dass nur in einem gesunden Körper auch ein gesunder Geist stecke, ist tatsächlich eine sinnentstellende Verkürzung des Gedankens des römischen Satirikers. Vollständig lautet er: *»Orandum est, ut sit mens sana in corpore sano.«* – »Beten sollte man darum, dass in einem gesunden Körper ein gesunder Geist sei.« Nur ein gesunder Geist wird dafür Sorge tragen, dass auch der Körper, in dem er wohnt, gesund bleibt. In diesem Sinne haben uns die Chinesen einiges voraus.

Heute ist man klüger geworden – auch die westliche Kultur legt nun auf die Pflege des Geistes und des Körpers großen Wert, möchte beides in Einklang bringen. Auf Kampfkunst bezogen bedeutet das, dass es völlig widersinnig wäre, den Selbstschutz der eigenen Person auf Kosten der Gesundheit zu erlernen. Das Kämpfen hat den Zweck, die eigene Unversehrtheit im weitesten Sinne zu schützen.

Im Leistungssport und in den heutigen Kampfsportarten kann man jedoch deutlich erkennen, wie die Gesundheit auf Kosten von Wettkampf-erfolgen und Kampfstärke systematisch zerstört wird. Besonders das thai-ländische Boxen, aber auch der westliche Faust- und Ringkampf sind heu-te dafür bekannt, dass man sich in diesen Disziplinen eine respektable Kampfstärke antrainieren kann. Aber durch das Training dieser Künste wird oft der Körper nachhaltig geschädigt. Besonders die Gelenke leiden unter dem druckvollen, auf Wettkämpfe ausgerichteten Training. Aus mei-ner Zeit beim *Shotokan*-Karate weiß ich aus eigener Erfahrung, wie sehr die Gelenke unter den unnatürlichen Stellungen zu leiden haben, die zudem oftmals ohne Sachverstand einfach verändert wurden, weil einige Trainer meinen, alles verändern zu müssen, was nicht ästhetisch genug aussieht. Mir sind verschiedene Meister des modernen Karate bekannt, die mehrere Operationen an ihren Gelenken hinter sich haben. Im Sport-*Wushu* sieht es noch schlimmer aus. Hier trainiert man sich nicht nur seinen Körper kaputt, man erreicht zudem kaum eine nennenswerte Kampfstärke.

Es gibt auch auf anderen Gebieten Parallelen, die gut belegen, wie weit der Ehrgeiz die Menschen treiben kann und wie erfindungsreich er sie werden lässt, und sei es zum Schaden des eigenen Körpers.

Der bekannte Musiker Robert Schumann (1810-1856) wollte einer der größten Pianisten seiner Zeit werden. Er trainierte wie besessen, konn-te aber eine gewisse Stufe der Virtuosität nicht überschreiten. Schumann erkannte, dass die Finger einer Hand in wechselseitiger Abhängigkeit zu-einander stehen, wobei die kleinen Finger die schwächsten Glieder wa-ren. Daraufhin ersann er ein mechanisches Werkzeug, das jeden einzelnen Finger eigenständig trainieren sollte. Schumann trainierte nächtelang sei-ne rechte Hand, bis er sich schließlich eine Sehnenscheidenentzündung zuzog, die seine Finger vorübergehend bewegungsunfähig machte. Als die Entzündung wieder abgeklungen war, waren Schumanns Finger für das professionelle Klavierspiel unbrauchbar geworden.

In den ursprünglichen chinesischen Kampfkunstkreisen waren medizini-sche Kenntnisse allgemein verbreitet. Viele Meister waren entweder Apothe-ker oder Ärzte. Kampfkunst und Medizin gehörten einfach zusammen. Da-bei ist das Heilen einer Krankheit in der chinesischen Medizin sekundär. Pri-mär geht es um die Gesunderhaltung und das Verhindern von Krankheiten. Mehrere chinesische Meister der Kampfkunst – unter ihnen auch Meister

Li und auch Meister Tian Haisheng[105] – pflegen zu sagen: »Ob man seinen Körper auf gesunde Weise trainiert hat, erkennt man erst ab dem 60sten Lebensjahr. Davor ist der Körper von Natur aus gesund.« Ich muss dabei darauf hinweisen, dass diese Sätze von Meistern der Kampfkunst kommen. Diese Leute sind schon über 50 Jahre alt und in erstaunlich guter körperlicher Verfassung. Ernste Krankheiten und Beschwerden sind ihnen unbekannt. Wenn man bereits vor dem 60sten Lebensjahr unter diversen Beschwerden leidet, ist nach Ansicht vieler chinesischer Meister alles verloren.

In China gibt es folgendes Sprichwort: *»Xi yi zhi biao, zhong yi zhi gen«* (西医治表，中医治根). – »Die Westmedizin behandelt die Krankheit, die chinesische Medizin behandelt die Wurzel (ihre Ursache).« Das primäre Ziel der chinesischen Medizin ist und bleibt, das Entstehen einer Krankheit zu verhindern. Ist eine Krankheit ausgebrochen, versucht man in China die Ursache dieser Krankheit zu beseitigen. Im Westen zweifelt man heute noch oft an der Wirksamkeit der chinesischen Medizin. In vielen Fällen zu Recht, wie ich zugeben muss, denn es mangelt oft an qualifizierten Fachleuten. Auch weiß ich, dass man den Europäern gegenüber skeptisch ist und vieles gar nicht preisgibt. Im Grunde haben die Kampfkünste und die chinesische Medizin nur mit natürlichem Training zu tun. Die wenigen noch lebenden alten Meister können durchaus die Zusammenhänge genau erklären und begründen, warum ihre Techniken funktionieren. Der Körper ist ein sehr komplexes System, in dem alles miteinander verbunden ist. Doch die Anatomie des Körpers ist heute kein Geheimnis mehr. Mit ein wenig Offenheit und Verständnis für altes Wissen kann man zum Beispiel erkennen, warum es an einer Stelle des Körpers zu einer Reaktion kommen kann, obwohl man beispielsweise auf eine ganz andere Stelle des Körpers Druck ausübt.

Dipan und Gesundheit

Wenn ich mit Meister Li unterwegs bin, beobachtet mein Lehrer die Menschen sehr genau. Begegnen wir alten Menschen, die sich ganz offensichtlich keiner guten Gesundheit erfreuen, weist er mich auf ihren schlechten

---

[105] Ich berichtete über ihn in einem früheren Kapitel – siehe S. 136 ff.

Unterbau hin. Ist der *dipan* instabil, werden Körper und Geist darunter leiden. So könnte man es kurz und bündig sagen. Die Bewegungsmöglichkeiten sind eingeschränkt, und andere Teile des Körpers werden wie in einer Kettenreaktion sehr wahrscheinlich nach und nach auch davon betroffen sein. Denn die Bewegung ist es, die den Körper frisch erhält. Viele Leiden lassen sich durch regelmäßige Bewegung heilen oder lindern, bzw. sie entstehen erst gar nicht. Herz und Kreislauf, Muskulatur, Knochenstärke, einfach alles ist von der Bewegung abhängig.

Viele Krankheiten können überhaupt erst entstehen, weil es dem Menschen an Bewegung und richtiger körperlicher Pflege fehlt. Ich kann nicht oft genug betonen, wie wichtig die Meister des *wushu* diesen Punkt stets nahmen.

Die Chinesen achten insgesamt wesentlich mehr auf ihre Gesundheit als die Europäer. Zum einen ist das Bewusstsein ein anderes, zum anderen haben die meisten Chinesen keine Absicherung für den Krankheitsfall und können sich keine langwierigen Arztbehandlungen leisten. Das erklärt die starke Betonung auf einen stabilen *dipan* sowohl in der chinesischen Medizin als auch in der Kampfkunst.

Mehrere Meister haben mich schon darauf hingewiesen, dass der gesamte Hüftbereich extrem wichtig sei. Hier ist ein wichtiges Kontrollzentrum des Körpers. Ich bin immer wieder erschrocken über die vielen Menschen mit Hüftproblemen, die durch falsche oder durch zu wenig Bewegung (die Hüfte »rostet ein«) entstanden sind. Ebenfalls eine Erscheinung, die man immer häufiger bei Menschen über 50 sieht, ist Wasser in den Knien oder Muskelschwund in den Beinen. In der Folge geht der ganze Körper nach und nach kaputt.

Dass man in den chinesischen Kampfkünsten so großen Wert auf den richtigen Stand legt, liegt an dem Bestreben, den *dipan* zu stärken. Die wahrscheinlich bekannteste chinesische Kampfkunst im Westen nach dem *shaolin-wushu* ist das *yongchunquan* (*wingchun*). In den beiden Grundstellungen des *yongchun* werden die Knie nach innen gedreht. Dadurch entsteht eine natürliche Kniespannung. Diese Art des Stehens ist nicht nur eine Kampfstellung, diese Übung ist ebenso ein *gong*, das den Unterkörper sehr gut trainiert.

Der *mabu* (Pferdestand) im *nanquan*, bei dem die Kniespannung ähnlich wie beim *Yongchun*-Stand wirkt, wird sehr tief gestanden. Durch dieses einfache, aber sehr mühsame Stehen trainiert man sich eine körperliche Gesundheit an, wie es kaum durch eine andere physische Aktivität möglich ist. Auch im *taijiquan* bewegt man sich sehr tief, um sich einen starken *dipan* anzutrainieren.

Die Stände und Stellungen, wie man sie heute im *wushu* sieht, sind stark verändert worden. Ursprünglich hatten die Stände alle eine natürlich Kniespannung, was die Gelenke kräftigte und nicht schädigte. Die große Vielfalt an Kampfstilen legt eigentlich nahe, dass es kein Richtig und kein Falsch geben kann. Tatsächlich gibt es viele Möglichkeiten, zum Ziel zu gelangen. Eine große Menge darf aber nicht darüber hinwegtäuschen, dass immer die Qualität im Vordergrund stehen muss. Und diese wird durch einige wenige Übungen gewährleistet, die in allen Stilen recht ähnlich sind. Die Ausprägung eines kräftigen Unterbaus mit starken Gelenken und flexibler Hüfte ist in allen tauglichen Methoden eine wichtige Grundlage. Das ist der Grund, weshalb man die Güte eines Kämpfers oft bereits an seinem Gang feststellen kann.

So ist es nicht verwunderlich, dass man den Beinen bzw. dem Gang im *wushu* größte Aufmerksamkeit schenkt. Beim Training wird darauf geachtet, dass man sein Gewicht hauptsächlich auf die Fußballen legt. Die alten Meister des *baguazhang* verlagerten stets sogar ihr gesamtes Gewicht auf die Ballen. Zur Kontrolle klebten sie sich ein Stück weißes Papier auf die Fersen, und selbst nach zweistündigem Training hatte dieses Papier niemals Kontakt mit dem Boden. Die Chinesen wussten, wie gesund das Laufen auf den Ballen ist. Zum einen ist man flexibler, zum anderen verhindert der Ballengang Stauchungen der Gelenke, einschließlich der Wirbelsäule. Die Erschütterungen beim »falschen Gehen«, d. h. vor allem, wenn man mit den Fersen zu fest auf den Boden auftritt, breiten sich bis zum Hinterkopf aus und können auf Dauer allerlei Beschwerden verursachen. Wir brauchen keine besseren Luftpolster und Dämpfungskeile in den Schuhen, wir müssen uns nur auf unsere natürliche Fortbewegungsart besinnen.

Die chinesische Kampfkunst ist anhand solcher Beobachtungen über Jahrhunderte entwickelt worden. Dieses Wissen sollte genutzt werden, um Kampf- und Heilkunst für die Zukunft noch besser zu machen. Dabei möchte ich vor einer Dogmatisierung warnen. So sehr ich mich den chinesischen Traditionen verbunden fühle, so sehr weiß ich auch den Wert der westlichen Medizin zu schätzen. Viele Krankheiten lassen sich mit europäischem Wissen besser behandeln. Es gibt kein Allheilmittel, weder im Osten noch im Westen. Jeder kann und sollte von jedem lernen.

Die Bewegung Oyu

Die im folgenden vorgestellte Bewegung ist eine Technik, die im *yanchigong* enthalten ist. Umgangssprachlich wird diese Bewegung als *oyu*[106] bezeichnet. Sie ist schwierig auszuführen, dient jedoch der allgemeinen Gesunderhaltung und Kräftigung des Körpers. Einen praktischen Nutzen im Kampf hat sie nicht. Allerdings trainiert sie sehr gut den *dipan*, was sich in der Kampfkunst immer bewähren wird.

Diese Bewegung wird aus dem natürlichen Stand heraus eingenommen, ohne die Hände zur Hilfe zu nehmen. Nachdem man die Beine gekreuzt hat und einen (möglichst langen) Moment in dieser Stellung verharrt hat, geht man wieder zurück in den Ausgangsstand, ohne die Hände zu benutzen. Der »leere« Fuß sollte dabei nicht den Boden berühren. All das vollführt man so langsam wie möglich. Bei *Gong*-Übungen muss man es schaffen, sein Zeitgefühl zu ändern und den Stundenzeiger der Uhr als Minutenzeiger zu betrachten. Laut den Ausführungen meines Lehrers Li Zhenghua und dessen Lehrers Xiong Daoming hat diese Bewegung eine positive Wirkung auf die inneren Organe, besonders auf die Nieren.

Meister Xiong war nicht nur ein hervorragender Kampfkünstler, sondern auch ein ebensolcher Arzt. Die chinesische Medizin war fester Bestandteil der Ausbildung bei seinem Lehrer, dem *xiake* Yang, gewesen.

---

[106] *Oyu*, auf Hochchinesisch *e yu* (饿鱼) gesprochen, heißt wörtlich übersetzt hungriger Fisch; die Form der Haltung soll einem aus dem Wasser gezogenen Fisch ähneln. Man zieht sich ganz eng zusammen, die inneren Organe werden in eine »ernährende und pflegende Position« gebracht. Es ist eine Bewegung für die Gesundheit, ebenfalls für einen kräftigen und gleichzeitig flexiblen Unterbau. Denn die Anforderungen an den Unterbau sind im Kampf besonders groß, er muss standsicher und stabil, dabei jedoch gleichzeitig flexibel sein. Hier liegt auch der Trainingszweck dieser Übung, denn der menschliche Unterbau muss tatsächlich sehr stark und flexibel sein, um diese Bewegung ausführen zu können.

Foto 225: Xiong Daoming mit *oyu*.   Foto 226: Li Zhenghua mit *oyu*.

Die folgende Episode mag auf einen Europäer befremdlich wirken, sie verdeutlich das Gesagte aber sehr gut.

Einmal rief Meister Xiong meinen *shifu*, als dieser bei ihm zu Hause im Hinterhof trainierte. Als Li das Haus betrat, war Xiong Daoming gerade dabei, ein Huhn zu schlachten (in China macht man so etwas auch heute noch in der Wohnung.) Meister Xiong zerlegte das Huhn und holte dann die inneren Organe des Tieres heraus. »Schau einmal«, sagte er zu Li, »die inneren Organe des Huhnes sind sehr gut und frisch, und sie sind in eine Schutzschicht gehüllt – diese dünne Haut hier. Das liegt daran, dass sich das Huhn den ganzen Tag bewegt und einen flexiblen Unterbau hat. Bei einem Schwein jedoch, das den ganzen Tag fast bewegungslos im Stall steht und gemästet wird, sind die inneren Organe in einer fürchterlichen Verfassung. Für uns Menschen gilt das gleiche. Deshalb sollte es unser Ziel sein, einen flexiblen *dipan* zu haben, wie dieses Huhn hier. So, jetzt geh zurück zum Training.«

Die Bewegung *oyu* ist eine Bewegung, die man heute auch im Wettkampf-*Taiji* verwendet. Allerdings wird diese Bewegung nun verändert ausgeführt und der Sinn wird ebenfalls nicht verstanden. Baut man sie in eine Wettkampf-Vorführung ein, bekommt man Zusatzpunkte. Was man dort aber vorführt, ist eine artistische, vielleicht sogar eine künstlerische Leistung, aber gewiss keine Technik aus der Kampfkunst. Kurioserweise ist es wahrscheinlich gerade dem Mann zu verdanken, der eines

Foto 227: Maik Albrecht mit *oyu*.

der größten Bollwerke der alte Kampflehre darstellt, dass die Bewegung *oyu* heute sinnentstellt trainiert wird – meinem Lehrer Li Zhenghua. Denn diese Technik aus dem *yanchigong* entstammt der Linie Yang Zuankui – Xiong Daoming – Li Zhenghua, und letzterer hat sie an meinen älteren *Wushu*-Bruder Cheng Jianping und mich weitergegeben. Auch ein anderer Schüler Lis, ein früherer *Sanda*-Champion und ein sehr starker Kämpfer, Huang Junying, lernte diese Bewegung. Vor Xiong Daoming war *oyu* in der Welt des *wushu* fast vollkommen unbekannt.

In den 80er Jahren besuchte Meister Li des öfteren Meister Yuan Linlin (den damaligen *Wushu*-Staatstrainer), der zu jener Zeit das *Wushu*-Profiteam von Hubei trainierte. In diesem Team waren sehr gute *Wushu*-Sportler wie Luo Jing (der derzeitige *Wushu*-Staatstrainer in Japan) und Xiao Hanbing (mehrfacher All China Wushu Champion im Formenwettkampf). Mein Lehrer war ein mehr als respektierter Gast, schon deshalb, weil er ein praktischer Kampfkunstmeister und Polizeitrainer war. Da die jungen Sportler natürlich etwas Gutes lernen wollten, demonstrierte Meister Li unter anderem die Bewegung *oyu*. Er wusste natürlich, dass es keine Kampftechnik war, sondern eine Trainingsmethode für den Unterbau. Mit dieser Vorführung gab er aber sein Wissen aus der Hand, und so etwas entwickelt sofort eine Eigendynamik. Alle staatlichen *Wushu*-Verbände der einzelnen Provinzen hängen zusammen und unterliegen der Leitung der Zentrale in Beijing. Das gilt auch für Orte wie Shaolin oder Wudang. In Windeseile verbreitete sich diese Technik, bis jemand auf die Idee kam, *oyu* in die neuen Formen zu integrieren. Schließlich wurde sie nationales Kulturgut, und man zeigte sie sogar bei der Eröffnungsfeier der Olympischen Spiele in Beijing 2008 im Rahmen der *Taiji*-Vorführung.

All meine Nachforschungen haben ergeben, dass die Verbreitung dieser Bewegung mit größter Wahrscheinlichkeit tatsächlich durch Meister Li Zhenghua ausgelöst wurde. Das älteste Foto, das ich ausfindig machen konnte und auf dem *oyu* zu sehen ist, zeigt niemand anderen als Xiong Daoming, den Lehrer Lis.

hua quan jin men, cuo le yi sheng

Wenn die »Blumenfaust« einmal durch die Tür eintritt,
wird man das ganze Leben einen falschen Weg gehen.

Kampfkunst für die Massen

Eine vertane Chance

Die Entwicklung lässt sich auf keinem Gebiet aufhalten, auch nicht in den chinesischen Kampfkünsten. Ob das gleichzeitig immer auch Fortschritt bedeutet, steht auf einem ganz anderen Blatt. Für das chinesische *wushu* ist dieser Punkt sehr ambivalent. Natürlich steht es außer Frage, dass ohne eine Weiterentwicklung viele Stile nicht mehr existieren würden. Es ist aber offenkundig, dass eine Reihe dieser alten Stile nicht wiederzuerkennen und eigentlich nur noch dem Namen nach vorhanden sind. Das *wushu* ist zu einer Art Einheitsbrei geworden, der die meisten Schulen erfasst hat. Es war für einen Nicht-Chinesen von jeher ziemlich schwer, sich im Gewirr der klassischen Kampfkünste zurechtzufinden. Heute ist es selbst für die Chinesen nicht viel anders. Die Schulen werden durch die moderne Entwicklung so sehr vereinheitlicht, dass sie ihr altes Wesen verlieren. Ich könnte auch sagen, sie haben keine Individualität mehr, keine Seele.

Während der Eröffnungsfeier zu den Olympischen Spielen 2008 sollte die mehrtausendjährige Geschichte und Kultur Chinas dargestellt werden. In einer viel zu kurzen Präsentation wurde selbstverständlich auch die alte Kampfkunst vorgestellt. Für diese Vorführung wählte man Wang Erping (王二平) mit einer *Taiji*-Demonstration. Wang Erping ist der Haupttrainer des staatlichen Verbandes in Kanton. Er gehört zur zweiten Schülergeneration von Meister Yuan Linlin. Nach chinesischer Sitte müsste er mich als *shishu*, Lehrer-Onkel, anreden. Wie dem auch sei – die Kampfkunstvorführung war ein Desaster. Was man dort vor den Augen der Welt präsentierte, war ein neuer Höhepunkt in der sogenannten Weiterentwicklung der chinesischen Kampfkunst. Viele der älteren Meister waren sehr enttäuscht und betrachteten das ganze als »lächerliches Gehampel«. Es wäre vielleicht noch begreiflich, wenn man eine solche Show im Ausland veranstaltet hätte. Doch tatsächlich ist es heute oft so, dass chinesische Funktionäre, die von der Kampfkunst nichts verstehen, ihre eigenen Klischeevorstellungen ausleben, während man sich im Westen mühsam um Authentizität bemüht. Für China war es *die* Chance, seine prachtvolle Kampfkunstkultur darzustellen. Diese Chance ist vertan. Noch gibt es

einige gute Meister, die *nanquan, tanglang, yingquan* oder *baguazhang* vorführen können. Aber es werden immer weniger. Von einem dieser Meister
werde ich im folgenden Abschnitt erzählen.

Ein Wushu-Großvater

Eine Zeitlang lebte und trainierte ich in Guangdong (Kanton). Ich war
Meister Li dorthin gefolgt, als dieser in den Süden, nach Panyu, gegangen
war. Guangdong ist die reichste Gegend Chinas. Sie liegt am Meer, gleich
in der Nachbarschaft von Hongkong und Macao. Mein Lehrer wurde von
einer wohlhabenden Familie dorthin eingeladen, um die Kinder zu trainieren. Was ich dort erlebte, war eine völlig andere Kultur, als ich sie zuvor
in China kennengelernt hatte. Der Großvater der Familie, ein 85-jähriger
dünner, doch gesunder und für sein Alter starker Mann namens Li, der
auch die kleinsten Schriftzeichen ohne Brille lesen kann, fing bereits Ende
der 20er Jahre als kleiner Junge mit dem Training der Kampfkünste an.
Im Süden war das natürlich *nanquan*, die Südfaust. Einige seiner jüngeren
Wushu-Brüder gingen später nach Macao (damals noch portugiesische Ko-
lonie) und eröffneten dort Kampfkunstschulen. Er blieb im Mutterland.
Während der Kulturrevolution waren die alten Kampfkünste nicht mehr
erlaubt. Daher hörte er weitestgehend damit auf und trainierte nur noch
für sich allein die Dinge, die er von seinem Lehrer gelernt hatte. Er ist im
übrigen auch Fachmann des im Westen immer beliebter werdenden *fengshui* (wörtl. Wind und Wasser, 风水). *Fengshui* ist wissenschaftlich kaum
erschlossen, aber in Kanton glaubt man fest daran.

Später wollte er, dass auch seine Familienangehörigen die Kampfkunst
trainierten. Besonders im Süden ist es üblich, die Kampfkünste nur innerhalb des Klans weiterzugeben – so entstanden die Familienstile –, doch
niemand aus seiner Familie wollte sich durch die alte Schule quälen. Meister Li lernte seinen Enkel in Wuhan kennen und folgte dessen Einladung
nach Kanton.

Der Enkel bezeichnet das Training seines Großvaters als nutzlos und
viel zu anstrengend. Das wirft ein bezeichnendes Licht auf die Situation
des modernen *wushu*. Als ich nach Panyu kam, lernte ich den alten Herrn

kennen. Mein Meister war überzeugt von den Fähigkeiten des Großvaters und ließ ihn mich unterrichten. Ich trainierte bei ihm hauptsächlich einen extremen *mabu* (Pferdestand). Damit allein habe ich schon mehr *gong-fu* gelernt, als man es beim sportlichen Verband oder in irgendwelchen Schulen lernen könnte! Es ist jedoch wahr – diese Art des Trainings ist völlig unspektakulär und so anstrengend, dass kaum jemand in der heutigen Gesellschaft gewillt ist, es auf sich zu nehmen. Darauf kann man auch als Trainer nicht seinen Lebensunterhalt aufbauen. Würde ich so etwas in Deutschland unterrichten, würde vermutlich kaum jemand länger als eine Trainingseinheit bei mir bleiben.

Aber trotz allem: Die Grundlage des *nanquan* ist der *mabu*. »Bevor die Sonne aufgeht, fängt man an zu stehen. Während des Sonnenaufgangs schaut man die Sonne an, bis sie aufgegangen ist. Dadurch bekommt man gute Augen«, sagt der alte Herr. Dieses Training benötigt mindestens drei Jahre, natürlich täglich. Und auch hier kann ich ein Merkmal für den Verfall des *wushu* aufzeigen. Ich habe wirklich schon viele Meister in ihrem *mabu* gesehen. Das war nichts Besonderes mehr. Doch jetzt, wo ich den Großvater kenne, muss ich sagen, dass kaum jemand diese Haltung richtig ausführt. Und auch ich habe den Unterschied erst hier in Kanton kennengelernt. Wie will da die junge Generation die alte Kampfkunst beurteilen? Das ist nicht möglich. Die Art des *Mabu*-Trainings von Meister Li unterscheidet sich ein wenig von der des Großvaters; beides ist gut. Wie gesagt, niemand aus der Familie des Großvaters möchte diese Techniken trainieren, und auch kein anderer. Meister Li erkannte jedoch die Ursprünglichkeit dieser Sache. Es spricht natürlich auch für die Qualität meines Lehrers, dass der alte Mann ihn hier in der Familie akzeptierte. Jemandem mit über 70 Jahren Trainingserfahrung macht man nichts mehr vor. Der Großvater ist ruhig und redet nicht viel. Aber er kann auch sehr zornig werden. Ein »Hampelmann« würde ihm nicht ins Haus kommen.

Auch in Panyu trainierte ich hauptsächlich bei Meister Li. Doch beim abendlichen Training kam der Großvater der Familie und lehrte mich *nanquan*. Er band sich seinen Gürtel um, und dann ging es los. Dieser Gürtel gehört dazu. Er ist im *nanquan* ein Trainingsmittel, um die richtige Körperhaltung zu fördern. Er soll den Bauch stabil halten und die Kraft nach oben und unten lenken. In fast allen Kulturen waren die Gürtel oder Schärpen ursprünglich breit und wurden fest um den Körper gewickelt. Auch in Japan war das nicht anders. Das ursprüngliche *nanquan* des alten Herrn ist nicht schön anzusehen. Es ist schnörkellos, puristisch, könnte man sagen. Es ist geprägt von Stärke und Direktheit. Blocken, Greifen, Schlagen sind eine Einheit. Das erinnert sehr an das alte *uchinadi* (*okinawa-te*) der Ryukyu-Inseln.

Anmerken möchte ich noch, dass das Training des *mabu* natürlich ein *gong* ist. Die Techniken sind nicht neu, jeder kann sie üben. Das richtige Training des *mabu* ist der Treibstoff, der den Motor in Bewegung bringt.

Der Großvater hat eine sehr robuste Gesundheit. Für einen alten Mann geht er relativ spät zu Bett, doch mittags schließt er für ein paar Minuten die Augen. Obwohl er wirklich sehr dünn ist, beeindruckt seine Kraft, besonders seine Sehkraft, die ich noch nicht einmal bei wesentlich jüngeren Menschen so ausgeprägt fand. Er schläft auf einem Holzbett. Jeden Tag trinkt er Suppe, und er isst viel Reis. Frühmorgens, kurz vor Sonnenaufgang, steht er auf und trainiert. Dann spielt er gewöhnlich mit ein paar Leuten *xiaqi* (chinesisches Schach). Beim Essen sitzt er immer mit dicht herangezogen Beinen da.

Diese Haltung ist ebenfalls eine Art des *Gong*-Trainings. Es ist ganz typisch chinesisch, in der Hocke zu sitzen. Man wird in China oft sehen, dass Menschen, wenn sie auf etwas warten, in einer Hockstellung verharren, bei der die ganze Fußsohle auf dem Boden bleibt. Diese Haltung ist in vielen alten *Gong*-Übungen enthalten und ähnelt der Embryohaltung eines Ungeborenen. Sie hat nicht nur eine beruhigende Wirkung auf den Körper, sie trainiert auch eine flexible Kraft. Ziel ist es dabei, mit dem Gesäß die Fersen zu berühren, ohne diese vom Boden anzuheben. In den chinesischen Kampfkünsten wird generell mit diesen beiden Extremen, den Körper entweder eng zusammenzuziehen oder weit auszustrecken (zu entfalten) gearbeitet. Allerdings ist der Großvater einer von wenigen Menschen, denen ich begegnet bin, die das wirklich konsequent vollbringen. Er sitzt täglich beim Essen in dieser Position; stundenlang kann er so auf einem winzig kleinen Stuhl hocken. Aus diesem Grund hat er einen starken Unterbau.

Bei seinem Meister trainierte der Großvater früher Dinge, die heute niemand mehr in die Ausbildung integrieren würde. Beispielsweise lehrte sein Meister ihn, wie man effektiver beißt. Die Kaumuskeln wurden trainiert. Die Kampfkünste waren früher tatsächlich martialisch. Heute sieht man schon aus Gründen der Infektionsgefahr vom Beißen ab.

Der alte Mann trainiert bereits über 70 Jahre. Obwohl er nicht den Weg eines Kämpfers ging, hat er sich doch sein Leben lang in den Kampfkünsten geübt. Man darf dabei auch nicht vergessen, dass er eine Zeit des Chaos durchlebt hat, und das in einer der ärmsten Provinzen des Landes. Kanton zählte früher zu den notleidendsten Gegenden Chinas, so wie es heute eine der reichsten ist. Ob die robuste Gesundheit des alten Herrn auf richtiges *Nanquan*-Training zurückzuführen ist, bleibt unserer Spekulation überlassen.

Für den Großvater gibt es nur *das* richtige *gong* oder *wushu*. Gewiss kann jemand seine Übungen aus Unvollkommenheit schlecht ausführen, aber er befindet sich dabei aus Sicht des Großvaters stets auf dem rechten Weg. Wie bei vielen Meistern ist es bei ihm so, dass die falsche Kampfkunst solange als nicht existent angesehen wird, bis ein Scharlatan ihm über den Weg läuft. Menschen wie er, mit seinem Können, seinem Wissen und seinen Erfahrungen stehen einfach über den Dingen. Vertreter der »modernen« Methoden werden allenfalls höflich belächelt, nicht jedoch ernst genommen. Das ist manchmal schade, denn wäre es anders, hätte sich die jüngste Geschichte des *wushu* vielleicht anders gestalten lassen.

Yip Man und die Vermarktung des Wingchun

Yongchunquan (*wingchun*) gehört zum *nanpai* (南派), den südlichen Stilen. Es gibt zu diesem Stil, wie bei allen anderen Stilen, eine Legende, die seine Entstehung beschreibt. Das *yongchun* soll von einer Frau entwickelt worden sein, einer Nonne, die einen Kampf zwischen Schlange und Fuchs (in einer anderen Version der Legende ist von einem Kranich die Rede) beobachtete.

Aber abgesehen von derartigen Legenden – möge man sie nun für wahr halten oder nicht – kann man einen Stil immer an ganz konkreten Dingen erkennen und einschätzen. Am Stand im *yongchunquan* kann man beispielsweise sehr gut sehen, dass dieser Stil zur südlichen Familie gehört.

Der in der westlichen Welt und Hongkong bekannte, in China jedoch bis vor kurzem relativ unbekannte *Yongchun*-Meister Ye Wen (Yip Man)[107] kam ursprünglich aus Foshan, einer Stadt in der Provinz Kanton. Foshan liegt in der Nähe meines langzeitigen Wohnortes Panyu. Dieses Gebiet wurde damals als Ort der Kampfkünste bezeichnet (*wushu zhixiang*, 武术之乡). Hier trainierte jeder irgend etwas, wobei *yongchunquan*, *nanquan* und *cailifo* die bekanntesten Stilrichtungen waren.

Das *yongchun* wurde und wird besonders aggressiv vermarktet und als absolut überlegener Kampfstil dargestellt. *Yongchun* ist tatsächlich eine wunderbar effektive Kampfkunst. Doch im Reich der Mitte selbst ist es nur eine Kampfkunst unter vielen. Ye Wen war keineswegs der »Übermeister« von Foshan. Er hat sich auch selbst nie so gesehen. Im Gegenteil, der viele Rummel um ihn war ihm lästig. Meister Ye war Teil einer großen Kampfkunstgemeinschaft, einer unter vielen, doch ein ausgezeichneter Meister seines Kampfstils. Dies alles weiß ich von dem Großvater, der als Jugendlicher in dieser Gegend ansässig war und die Meister kannte. Er trainierte früher in Shunde, was heute ein Stadtbezirk von Foshan ist.

Heute ist das *yongchunquan* die weltweit wohl am meisten verbreitete chinesische Kampfkunstart. Durch die Einführung des Massenunterrichts und der Graduierungen nach japanischem Vorbild, nicht zu vergessen das damit verbundene Geschäftsgebaren, hat diese Kampfkunst viel von ihrem wirklichen Wert verloren, was sehr bedauerlich ist.

Es gibt heute zwar viele verschiedene Schulen des *yongchunquan*, doch hat der Stil genau genommen nur zwei Richtungen, die äußere und die innere. Die öffentliche äußere bekommt man überall vorgeführt, die innere Richtung dieses Stils wird jedoch nach wie vor nicht öffentlich gelehrt.

---

[107] Ye Wen (kant. Yip Man bzw. Ip Man, 叶问, 1893-1972) war ein Meister des *yongchunquan*. Er lernte diese Kunst von Chan Wahshun und Leung Bik. Aufgrund seiner ruhigen und bescheidenen Art blieb seine Bekanntheit hauptsächlich auf den Süden beschränkt. Vor kurzem erschien in China allerdings seine Lebensgeschichte als Film. Diese Geschichte ist größtenteils erfunden und hat mit dem wirklichen Yip Man nicht viel gemein.

Vom Sinn und Unsinn der Graduierungen

Für die Generation des Großvaters und vielleicht noch für die seiner Kinder sind Dinge wie Gürtelprüfungen schlicht und einfach Unfug. Niemals zuvor in der mehrtausendjährigen Geschichte des *wushu* gab es etwas wie *Duan*-Grade. Die alten Prinzipien haben sich über Jahrhunderte als richtig erwiesen. Und es heißt nicht umsonst: »Wenn etwas nicht kaputt ist, repariere es nicht.«

Ich will mich dennoch nicht grundsätzlich gegen Graduierungen aussprechen. Vielleicht kann man sagen, dass die Grundidee, Graduierungen einzuführen, gar nicht so schlecht war und man die Schüler dadurch motiviert bzw. die Kampfkünste übersichtlicher werden lässt. Um den Lernerfolg zu symbolisieren, sind Graduierungen gut geeignet. Doch für ein Kampfsystem, das einzig auf Praxis und Anwendbarkeit ausgelegt ist, sind Graduierungen der falsche Weg. Der Fortschritt in den für den Kampf essentiellen Dingen wie das Zeitgefühl kann in solchen Prüfungen nicht gemessen und schon gar nicht bewertet werden. So entstehen keine Kämpfer. Die authentischen Kampfstile eignen sich nicht für die Masse, Graduierungen nicht für die Kampfstile.

Die *Duan*-Grade und die dazugehörigen farbigen Gürtel gehen ursprünglich auf das *Kyu*- und *Dan*-System von Kano Jigoro[108] zurück. Kano führte diese Unterscheidungsmerkmale ein. Er wollte damit sein *Kodokan-Judo* schneller verbreiten, nachdem der Sport bekannt geworden war. Aber in erster Linie dienten die Gürtel dazu, den zuvor ungekannten Massenansturm von Schülern zu kanalisieren, denn ursprünglich hatten die Lehrer überall auf der Welt nur eine überschaubare Anzahl an Lernwilligen in ihrer Obhut. Die Meister widmeten sich jedem einzelnen ganz individuell, was durch die neuartige Situation unmöglich wurde. Um einen gleichmäßigen Standard zu erzielen, waren die farbigen Gürtel und die damit verbundenen Prüfungen die beste Lösung. Viele Schulen kopierten diese Methode, so dass sie

---

[108] Kano Jigoro (嘉納治五郎, 1860-1938) war der Gründer des modernen *judo*. Kano begann recht spät, im Alter von 17 Jahren, mit dem Training. Interessanterweise soll er erst durch den deutschen Mediziner Erwin von Baelz (1849-1913) zum *jiujitsu* gekommen sein. 1882 gründete Kano das berühmte *Kodokan* und setzte damit das Signal zum Beginn des Massenunterrichts.

sich auf der ganzen Welt verbreitete. In Japan und den japanischen Stilen ohnehin, dann aber auch in einigen Schulen des Silat in Südasien und sogar im brasilianischen Capoeira. Zuletzt brach diese Idee leider auch ins traditionelle *Wushu*-Bollwerk Chinas ein und ist hier jetzt allgemein üblich.

Das klingt alles sehr vernünftig. Doch der Masse von Lernwilligen ist nicht bewusst, dass dieses System heute besonders gut für diejenigen funktioniert, die das Geschäft dahinter entdeckt haben. Jeder Gürtel und jede Prüfung kostet Geld. Und ohne eine gewisse Anzahl kostenpflichtiger Lehrgänge bekommt man keine Zulassung zur nächsten Prüfung. In vielen Kampfsport- oder Kampfkunstverbänden wird dadurch eine Menge Geld verdient. Auch die Bekleidungsindustrie verdient mit. Anzüge, Gürtel und Zubehör müssen schließlich hergestellt und dann gewinnbringend verkauft werden. Es geht hier um nichts anderes als einen Massensport. Man darf sich diesbezüglich keinerlei Illusionen hingeben. – Jegliche Individualität wird ausgeschaltet, und eine Einschätzung der Stärken und Schwächen des einzelnen ist zumindest in großen Vereinen kaum noch möglich. Für die Kampfkunst ist das das pure Gift.

Man kann hier natürlich einwenden, dass dies der Preis für den Fortschritt sei. Doch es gibt hier keinen solchen. Ein Meister kann einen anderen Meister an seiner Körperhaltung erkennen, da die alte grundlegende Ausbildung des *gongfu* bestimmte Merkmale hervorbringt. Wenn ein alter Meister heute in eines der Leistungszentren der *Wushu*-Elite Chinas geht, sieht er dort keinen einzigen Kampfkünstler. Wäre ein solcher klassisch ausgebildeter Meister in einer Prüfungskommission, er müsste jeden einzelnen Teilnehmer durchfallen lassen, da das, was ihm präsentiert wird, nichts mehr mit Kampfkunst zu tun hat. Das ist keine Ansichtssache, sondern überprüfbare Realität.

Durch die Einführung der *Duan*-Grade im *wushu* wurden die Standards an die der anderen Leistungssportler angeglichen, die Maßstäbe der Kampfkunst wurden jedoch noch weiter in den Hintergrund gedrängt. Kampfkunst und Kampfsport sind zwei völlig verschiedene Welten. Viele Prüfer sollen durch einmaliges Betrachten irgendeines Schülers dessen Fähigkeiten ablesen und bewerten. Prüfer, die ihr Handwerk womöglich selbst nicht richtig gelernt haben oder es nur auf theoretischer Ebene verstehen.

Ich selbst bin im stolzen Besitz eines *Duan*-Grades im *wushu*, bestätigt durch eine Urkunde mit Stempel. Das hat ebenso wenig Wert für mich wie die Meisterurkunde für meinen Lehrer. Was zählen schon ein Stück Papier oder flüchtige Wettkampferfolge?

Wie wenig Meister Li Urkunden gelten, zeigt sich daran, dass er mir sogar seine eigene, die er vom Staat bekommen hat, schenken wollte. Er schlug vor, sie einfach zu fälschen und mit meinem Passbild zu versehen. Damit wäre ich in der westlichen Welt der höchstgraduierte *Wushu*-Meister gewesen und einer der höchstgraduierten in China. Aber ich wäre ein schlechter Schüler gewesen. Ich habe dies abgelehnt.

Wie ich im Abschnitt über das *gongfu* schrieb, ist *gongfu* die Essenz der Kampfkünste und des ganzen Lebens. Ein nicht endender Weg voll täglicher Arbeit und Hingabe bis ans Ende des Lebens. Im *wushu*, in der Kalligraphie und in jeder anderen klassischen Kunst gibt es keine fixierbare höchste Stufe. *Gongfu* ist ohne zeitliche Begrenzung und ohne Stufeneinteilung. Deshalb ist es ein Widerspruch, zu denken, man könne *wushu* oder *gongfu* in Etappen einteilen oder durch Meistergrade bewerten.

Die Zergliederung der Kampfkünste

In einigen Verbänden wurde die ursprüngliche Kampfkunst mehrfach unterteilt. Man gliederte das System in traditionelle und moderne Elemente (manchmal als Wettkampfsport, manchmal als moderne Selbstverteidigung), dann noch in *qigong* für die Gesundheit, natürlich in eine Waffenlehre und vielleicht noch in einen Esoterikteil. So hat man aus einer Kampfkunst verschiedene Teilgebiete gemacht und vermittelt diese seinen Schülern bzw. Kunden selbstverständlich separat. Auf den ersten Blick scheint dies sehr vernünftig zu sein. Der Schüler wird hier mit jedem Teilaspekt der Kampfkunst einzeln vertraut gemacht, so dass er jedes Gebiet einzeln verstehen lernt. Dies ist aber nur eine Seite der Medaille. Die andere Seite ist der Gewinnaspekt der Dienstleistenden, denn nun muss man für jedes Teilgebiet Prüfungen absolvieren. Und jede einzelne Prüfung muss man bezahlen. Dazu kommt der Monats- bzw. der Jahresbeitrag, der ebenfalls oft separat pro Gebiet bezahlt werden muss.

Natürlich wird dem Schüler auch erklärt, dass alle Teilgebiete zusammengehören, und da man das eine ohne das andere nicht verstehen kann, müssen auch alle trainiert werden. Das heißt, es besteht eine gute Chance, dass man finanziell ruiniert ist, bevor man auch nur in die Nähe eines Meistergrades gelangt. Das Paradoxe daran ist, dass viele der besten Kämpfer der Welt aus armen Verhältnissen stammen und oft gerade deshalb so gut wurden, weil sie keine Kampfschule besuchen konnten.

Es ist natürlich völliger Unsinn, eine Kampfkunst derart aufzuteilen und zu unterrichten. Das wurde wahrscheinlich auch niemals in der Geschichte der Kampfkünste so gehandhabt. Ein Meister wird immer den talentiertesten Schüler fördern, der sich am besten (zu ihm) verhält und Verständnis für die Lehre aufbringt. Natürlich besteht die Kampfkunst aus mehren Teilaspekten, aber diese lassen sich nicht voneinander trennen. Alles ist miteinander verbunden. Begriffe wie Tradition und Moderne gibt es nicht für die Kampfkunst. Es gibt nur das Wissen, die Prinzipien und Strategien, die man in der Kampfkunst gelehrt bekommt. Dieses Wissen muss man sich aneignen, es auf sich abstimmen, so dass es zu Können wird. Das ist der Weg, der sich über Jahrtausende bewährt hat.

Was kostet ein Meistergrad?

An dieser Stelle möchte ich noch etwas zur Situation in China sagen. Ausländer oder auch Chinesen, die glauben, dass eine Graduierung üblicherweise mit realer Leistungsfähigkeit zusammenhängt, sind Träumer. Es geht um ziemlich viel Geld, gerade bei Ausländern. Viele von ihnen versuchen durch einen in China gekauften Titel ihren Status als Kampfkunstexperte in ihrer Heimat aufzuwerten. Um mehr geht es oft nicht. Solchen Dingen hat man in China schon immer sehr pragmatisch gegenübergestanden. Für jene, die nach Wissen und Können streben, hat es einfach keinen Wert, sich mit solchen Meistergraden zu schmücken. Sie werden ganz prosaisch mit Geld erworben. Das ist in ganz China so.

Besonders bedenklich finde ich es, wenn ein Ausländer sich zudem noch damit brüstet, irgendwelche höheren Techniken oder geheimnisvollen Stile von irgend einem unbekannten Meister gelernt zu haben. Ich habe bereits erklärt, weshalb dies in den allermeisten Fällen höchst unrealistisch ist. Welcher echte Meister würde sich für so etwas hergeben? Man muss schon mehrere Jahre in China gelebt haben und tagtäglichen Umgang mit einheimischen Meistern haben, um etwas Nennenswertes zu lernen. Hinzu kommt noch das Folgende: Noch vor wenigen Jahren war es Ausländern nicht gestattet, direkt unter Chinesen zu leben. Es gab und gibt bestimmte Wohnzonen, welche Ausländern zur Verfügung stehen. Bis vor kurzem durfte man als Ausländer in Beijing nur in bestimmten Hotels wohnen.

Ich selbst hatte schon Probleme mit der Verlängerung meines Visums, obwohl ich eingetragener Student an der Universität von Wuhan war. Ich kann von Glück reden, dass mein Lehrer als Polizeitrainer und Beamter die richtigen Leute kennt und ich deshalb in Ruhe bei seiner Familie leben und lernen konnte. Meister Li wies mich mehrmals darauf hin, dass dies vor 20 Jahren oder noch früher undenkbar gewesen wäre. Deshalb kann ich viele Geschichten, die ich von Leuten hörte, die angeblich in den 70er Jahren oder 80er Jahren irgendwo in Chinas in die Geheimnisse des *wushu* eingewiesen wurden, einfach nicht nachvollziehen. Es bleiben zu viele Fragen, allein schon die des Visums.

Die Zeit der Karrieristen

Zum Abschluss möchte ich noch anhand von zwei Beispielen darlegen, dass Meisterurkunden nicht unbedingt diejenigen erhalten, die über das höchste Wissen und Können verfügen, sondern diejenigen, die Glück, gute Kontakte und ein Gespür für Vermarktung besitzen. Das erste Beispiel ist Nakayama Masatoshi. Er gehörte mit dem 10. Dan zu den höchstgraduierten Meistern des *Shotokan*-Karate. Tatsächlich war er bei weitem nicht derjenige mit dem größten Können und Wissen. Er war auch nur relativ kurze Zeit direkter Schüler von Meister Funakoshi Gichin. Nakayama besaß allerdings ein Gespür fürs Geschäft und schaffte es, die Macht in der Welt des *shotokan* an sich zu reißen. Er vermarktete das Karate und strukturierte es völlig um. Was wir heute unter Karate verstehen, geht hauptsächlich auf ihn zurück.

Das zweite Beispiel ist Herr Wu Bin[109]. Mit dem 9. *Duan* ist er einer der höchstgraduierten *Wushu*-»Meister« Chinas. Vor allem wurde er als Lehrer des international bekannten Schauspielers Jet Li bekannt. Tatsache ist jedoch, dass Herr Wu erst mit Mitte Zwanzig begonnen hat, Kampfkunst zu trainieren. Vorher war er ein erfolgloser Gewichtheber an der Beijing-Sportuniversität. In den 70er Jahren wechselte er zum *wushu*, das damals gerade umstrukturiert wurde. Da viele echte Meister sich entweder nicht an der Umstrukturierung beteiligten oder unterdrückt wurden, schaffte es Herr Wu, sich hier an die Spitze zu setzen. Unter den damaligen *Wushu*-Schülern war auch Jet Li, der für das neue *Wushu*-Team aufgrund seiner geringen Körpergröße ausgesucht wurde. – Im modernen *wushu* ist es wie beim Turnen wichtig, dass man nicht zu groß ist. – Obwohl Wu Bin der Leiter des neuen *wushu* war, wurden Jet Li und die neuen *Wushu*-Sportler von anderen trainiert. Als Jet Li später berühmt wurde, nutzte Herr Wu diesen Erfolg für sich. So genießt er bis heute den Ruf eines Könners. Die Geschichte wird später entscheiden, ob dieser Ruf überdauern wird oder ob Männer wie Nakayama und Wu Bin nicht doch eher als Karrieristen in Erinnerung bleiben werden, anstatt als Meister der Kampfkunst.

---

[109] Wu Bin (吴彬, geb. 1937) hat neben Jet Li noch einige andere Sportchampions hervorgebracht. Er gilt als der erfolgreichste Trainer im Sport-*Wushu*.

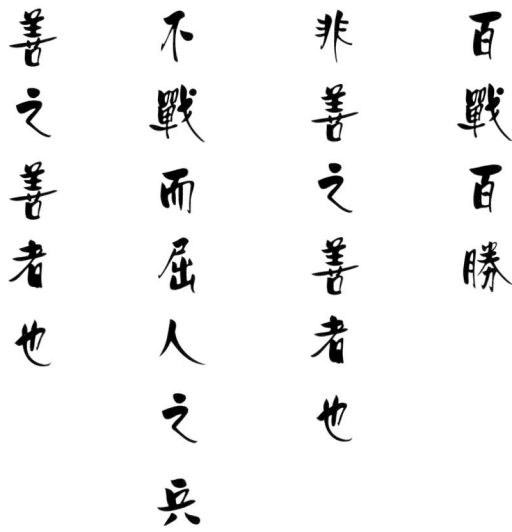

bai zhan bai sheng, fei shan zhi shan zhe ye;
bu zhan er qu ren zhi bing, shan zhi shan zhe ye

In allen Schlachten zu siegen ist nicht die größte Leistung;
die größte Leistung besteht darin, den Widerstand des Feindes
ohne Kampf zu brechen, zu siegen, ohne zu kämpfen.

Anhang

Die Kulturrevolution

Auf den ersten Blick mag es etwas befremdlich wirken, einem Buch über die chinesischen Kampfkünste ein Kapitel über die Kulturrevolution (*wuchanjieji wenhua dageming*, 无产阶级文化大革命) anzufügen. Beide Themen sind aber so sehr miteinander verquickt, dass hier zumindest mit einigen Worten darauf eingegangen werden muss. Die Entwicklung des *wushu* und die Veränderung der Lehrinhalte lassen sich nur verstehen, wenn man die zehn Jahre inneren Chaos berücksichtigt.

China hatte bis dahin schon viele Krisen gemeistert. Aus jedem dieser Zeitabschnitte ging die Kampfkunst relativ unbeschadet oder sogar gestärkt hervor. Das sieht man gut an den Entstehungsgeschichten der einzelnen Stile. Doch innerhalb der unglückseligen Dekade des Kulturzorns geschah etwas nie Dagewesenes. Die Meister des *wushu*, bis dahin als Heroen oder Volkshelden angesehen und verehrt, verloren über Nacht ihren alten Status. Man bemühte sich nach Kräften, ihren Ruf und ihr Ansehen zu zerstören. Erfolgreich, wie sich bald herausstellte. Es gab für die Meister nur den Weg der Anpassung und Unterordnung. Wer diesem Weg folgte, war einerseits gezwungen, seine Kunst in den Dienst der Machthaber zu stellen, und andererseits das Urteil völlig Unerfahrener zu akzeptieren, die von da an über das Schicksal des *wushu* bestimmten. Wer sich diesem Diktat entzog, musste entweder seine Kampfkunst aufgeben oder wurde derart geächtet, dass kaum eine Möglichkeit bestand, die alte Kunst weiterzugeben. Nur ganz wenigen Meistern gelang es trotz allem. Diese Entwicklung sorgte für das Aussterben vieler authentischer Stile. Was heute noch an chinesischen Systemen existiert, hat oft mit dem Ursprung nur noch den Namen gemein. Aus diesen Gründen ist es notwendig, einige Zeilen über die »Große Proletarische Kulturrevolution« zu schreiben.

Wir im Westen sehen diese Kulturevolution viel differenzierter als die Chinesen. Für uns stellt diese unzivilisierte Zerstörung alter Kulturgüter gewissermaßen einen Tabubruch dar. Zehn Jahre des Wahnsinns mit dem Ziel des endgültigen Bruchs mit der Vergangenheit. In China beginnt man erst allmählich die Auswirkungen der Kulturrevolution zu begreifen. Man betrachtet es aber eher als einen missglückten Abschnitt innerhalb der 5 000-jährigen Geschichte, der nicht von Dauer war, und der im Ganzen betrachtet von untergeordneter Bedeutung ist. Diese Denkweise ist charakteristisch für die Chinesen. In China werden traditionell geschichtliche Ereignisse öffentlich niemals als Fehler bezeichnet, mögen sie auch noch so verheerend gewesen sein. Unfähigen Politikern oder Kaisern, Regenten, die wir vielleicht sogar als Kriegsverbrecher ansehen würden, vergibt man ihr Handeln, indem man einem einfachen Gedanken folgt: »*Zhe ge huang di gong dayu guo* oder *guo dayu gong*« (这个皇帝功大于过, 或者过大于功). Das bedeutet: »Die verdienstvollen Leistungen dieses Herrschers sind größer als seine Schuld.« Handelte es sich um einen besonders schlechten Herrscher, so sagte man: »Die Schuld ist größer als seine verdienstvolle Leistung.« Immer wird auch auf die Verdienste hingewiesen.

Foto 228: Mao Zedong im Jahre 1938.

Mao Zedong folgte mit seiner radikalen Idee, ein völlig neues China zu schaffen, ausgetretenen Pfaden. Auch in China gab es zu allen Zeiten Denker und Reformer, die eine neue Welt herbeisehnten. Manchmal war dieses Denken religiös begründet, meist jedoch politisch motiviert.

Der Unterschied zu ihnen besteht darin, dass Mao mit seiner radikalen Vorgehensweise längerfristig erfolgreich war. Sein Wirken ist bis heute spürbar.

Am Anfang seiner Laufbahn sah der »Große Vorsitzende« die Lage realistisch und mit pragmatischem Blick. Dem Land ging es nicht gut. Es war Krieg, und es herrschten Not und Armut. Es ging ihm auch deshalb nicht gut, weil zu viele alte Werte und Ideen existierten, die mit den Anforderungen der modernen Zeit in Konflikt standen. Wenn anstelle der alten Kultur eine neue, bessere träte, dann müsste es dem Land und seinen Bewohnern wieder besser gehen. Einfache Rechnung, einfache Lösung. Nach dieser Maxime strukturierte Mao die ganze Gesellschaft um. Nach dem Ende des Bürgerkriegs und der Gründung der Volksrepublik China im Jahre 1949 stabilisierte sich die Gesellschaft. Die Landreform und diverse industrielle Großprojekte führten zu einem Aufschwung und damit zu einer Verbesserung des Lebensstandards der Bevölkerung. Noch 1956 sprach sich Mao für eine gewisse Pluralität des Denkens aus, um den Fortschritt zu beflügeln: *Bai hua quifang, bai jia zhengming*« (百花齊放, 百家爭鳴). – »Lasst hundert Blumen blühen, lasst hundert Schulen miteinander wetteifern.«

Nachdem die Verhältnisse im Land sich umgewälzt hatten und die Rolle des »Großen Vorsitzenden« eigentlich erfüllt war, tat Mao sich, ähnlich wie einst Churchill, schwer, seinen Platz an einen jüngeren Nachfolger abzutreten. Doch anders als der britische Premier sah er die Notwendigkeit eines Wechsels nicht ein. Im Gegenteil, Mao verfolgte eine zunehmend aggressivere und verworrenere Politik, sehr zum Schaden seines Landes. Das Alte und alles was damit zusammenhing wurde zu einem Feindbild stilisiert, an dem sich die treue Mao-Jugend schlagkräftig erproben sollte. Das betraf selbst die eigenen Eltern und Großeltern. Dieser Machtwahn des »Großen Vorsitzenden« wurde hinter vorgehaltener Hand kritisiert, denn er hatte mit sozialistischer Demokratie nichts gemein. Aber wer die Geschichte Chinas einigermaßen kennt, weiß auch, dass dieses Land mit seiner uralten Kultur, seiner Philosophie und seinem Denken wohl nie völlig demokratisch regiert werden kann. China war und ist deshalb immer auf einen Herrscher angewiesen, der nach chinesischen Maßstäben gerecht regiert – so wie es bei einigen Kaisern in der Blütezeit Chinas der Fall war[110] –, und der nicht allein auf seine Person bedacht ist.

Während der Kulturrevolution, die im Mai 1966 begann, kamen die »dunkle Seite« des Menschen und die Anfälligkeit für geistige Manipulation deutlich zum Vorschein. Absolute Niedertracht ersetzte die Menschlichkeit, der Neid auf alles und jeden, der in irgendeiner Hinsicht besser war als die eigene Person, trat an die Stelle des Miteinanders. Jedes Land und jede Kultur hat seine dunklen Punkte in der Geschichte, doch es ist glücklicherweise eine große Ausnahme, dass ein Volk sich so manipulieren lässt, dass es jeden vernichtet wissen möchte, der es kulturell auf eine höhere Stufe heben könnte, d. h., Intellektuelle, Ärzte und Künstler. Die Elite des Landes wurde verfolgt und einzig auf Grund ihres Könnens und Wissens zugrunde gerichtet. Das betraf selbstverständlich auch die Kampfkunstmeister, von denen viele ein hohes Bildungsniveau besaßen. Das Volk wurde zu Neid und Missgunst regelrecht ermuntert. Alle Menschen mit irgendwelchen Fähigkeiten wurden unterdrückt und geschädigt. Auch deren Angehörige waren nicht sicher.

In China entwickelte sich eine Art umgekehrtes Status-Denken. Je ärmlicher die Verhältnisse waren, aus denen jemand stammte, desto angesehener war seine Stellung. Natürlich bildete sich schon bald eine Elite aus Pseudo-Armen heraus, die innerhalb der Partei Karriere machten und ihren tatsächlichen Lebensstandard deutlich zu verbessern wussten.

Interessanterweise gerieten viele der Wegbereiter dieses Terrors später selbst in die Schusslinie und wurden Opfer ihrer eigenen Zöglinge. Ganz ähnlich, wie seinerzeit die Initiatoren der Französischen Revolution oder die einstigen Kampfgefährten Stalins in der Sowjetunion.

In den Jahren der Kulturrevolution wurden keine Türen verschlossen oder gar verriegelt; sie blieben Tag und Nacht offen. Hätte irgend jemand die Haustür nachts abgeschlossen, wäre sofort der Verdacht entstanden, dieser Jemand habe etwas zu verbergen, z. B. Reichtum oder Besitz. Es

---

[110] So z. B. Kaiser Tang Taizong (唐太宗, ursprünglicher Name Li Shimin, 李世民, 599-649), ein Herrscher der Tang-Dynastie (618-907). Er galt als gerecht, weitblickend und weltoffen. Er führte ein strenges Prüfungssystem für Staatsbeamte ein und war sowohl offen gegenüber dem Buddhismus als auch gegenüber dem Christentum, dessen Verbreitung in China er aktiv unterstützte, und welches in der Folge eine 200-jährige Blütezeit in China erlebte.

hätte nicht einmal eines Beweises bedurft, der Verdacht allein war ausreichend. So wie jeder zu jeder Zeit in jede Wohnung durfte, so wenig gab es das Wort Dieb in jenen Tagen. Es war ja nichts da, das man hätte stehlen können. Nicht einmal Uhren gab es in den Familien. Um zu erfahren, wie spät es war, musste der Vater meines Meisters jedesmal eine halbe Stunde zu einer Turmuhr, die damals in Wuhan stand, laufen.

Maos Wort war Gesetz, und dieses Gesetz fand willige Vollstrecker, wie z. B. Marschall Lin Biao (林彪), der Initiator des Aufrufs »Krieg gegen die alte Welt« (was den Kampf gegen alles Kapitalistische und Feudalistische zum Inhalt hatte). Tatsächlich war Lin Biao die treibende Kraft hinter der Kulturrevolution gewesen. Die Dekade der Verwüstung war zum großen Teil durch ihn angezettelt worden. Er verbreitete Maos Denken und Maos Maximen auf eine solch aggressive Weise, dass sich sogar der »Große Vorsitzende« davon distanzierte. Bei einem Treffen der beiden Größen sagte Mao: »Propagiere mich nicht in dieser Weise.«

1968 gebot Mao dem Treiben der »Roten Garden« endlich Einhalt, nachdem diese radikalisierten Jugendlichen auf sein Geheiß zwei Jahre lang die Häuser ehemaliger Kapitalisten und Großgrundbesitzer, religiöse Einrichtungen und altes Kulturgut jeglicher Art verwüstet und unzähligen Menschen, vor allem Intellektuellen, das Leben so zur Hölle gemacht hatten, dass viele von ihnen in der Folge Selbstmord begingen. 1969 wurde offiziell das Ende der Kulturrevolution erklärt. Aber im selben Jahr stieg Lin Bao zur Nummer Zwei in der Parteihierarchie auf und wurde als Nachfolger Maos designiert. Er und auch die berüchtigte Viererbande, angeführt von Maos Ehefrau Jiang Qing, hielten das Prinzip von Maos »ständiger Revolution« weiterhin aufrecht.

Maos Frau tat das ihrige, um das Chaos zu vergrößern. Sie war sehr machtgierig und verfolgte systematisch alle Menschen, die auf einer höheren sozialen oder intellektuellen Stufe als sie selbst standen. Jiang Qing strebte selbst die Herrschaft über China an. Sie gedachte, sich als eine Art Kaiserin zu verwirklichen, wenn Mao erst gestorben sein würde. Mit ihren drei engsten Vertrauten, Zhang Chunqiao, Yao Wenyuan und Wang Hongwen, die gemeinsam mit ihr als die »Viererbande« zu zweifelhaftem Ruhm gelangten, war Jiang Qing maßgeblich am Beginn der Kulturrevolution und deren grausamer Durchführung beteiligt.

Auch General Lin Biao wollte die Herrschaft über das Land. Er verstand es, durch List und Tücke mehrere politische Konkurrenten aus dem Weg zu schaffen. Loyalität spielte für ihn nur eine untergeordnete Rolle. Doch Lin konnte es nicht abwarten, bis Mao Zedong an Altersschwäche starb. Der General war ebenso krank, wie der »Große Vorsitzende« vital. Er befürchtete, den Tag seiner Herrschaft über China nicht mehr zu erleben. So plante der bereits zum Verteidigungsminister und stellvertretenden Präsidenten aufgestiegene Lin Biao eine Teilung Chinas. Zuerst wollte er den Süden des Landes als eigenständigen Staat abtrennen und dort die Herrschaft übernehmen. Später gedachte er, das Land unter seiner Herrschaft wiederzuvereinen.

Lins Sohn, Lin Liguo, der den Spitznamen Tiger trug, wollte den »Großen Vorsitzenden« ermorden lassen. Er sandte einen Attentäter zum Bahnhof von Shanghai, wo Mao erwartet wurde. Als dieser eintraf, nahm ihn der Schütze ins Visier. Doch dessen Hände fingen so sehr zu zittern an, dass er nicht abdrücken konnte. Als die Verschwörung aufflog, wollte Lin Biao mit seiner Familie flüchten, vermutlich in die Sowjetunion. Aber seine Maschine stürzte ab. Einige sagen, das Flugzeug wurde auf Befehl des Premierministers Zhou Enlai abgeschossen. Zhou und Lin standen sich von jeher feindlich gegenüber.

Wie die Geschichte sich wirklich abgespielt hat, ist ebenso unklar wie der Mord an Kennedy. Nachdem das Flugzeug mit Lin Biao an Bord abgehoben hatte, rief Zhou Enlai den »Großen Vorsitzenden« Mao an und teilte ihm mit, dass Lin Biao mit einem Flugzeug in Richtung Sowjetunion flüchte. Trocken erwiderte Mao: »*Tian yao xia yu, niang you jia ren, you ta qu ba!*« (天要下雨，娘要嫁人，由他去吧!) – »Der Regen fällt vom Himmel, die Mutter ist verheiratet, lasst ihn gehen!« Dieser Satz Maos wird bis heute in China diskutiert und enthält so viele philosophische Deutungsmöglichkeiten, dass es an dieser Stelle den Rahmen sprengen würde, sie im einzelnen zu diskutieren. Der Ausspruch ist teilweise daoistisch geprägt, da er besagt, dass die Dinge so sind, wie sie sind, und alles so kommt, wie es kommt. Ist etwas geschehen, muss man es einfach akzeptieren. Man kann nicht beeinflussen, ob es regnet, man kann nichts daran ändern, dass die Mutter verheiratet ist. Mao war ein Meister darin, sich auf solche Weise auszudrücken. Ob er damit meinte, dass man Lin

Foto 229: Deng Xiaoping.

Biao laufen lassen oder sein Flugzeug abschießen solle, wird wohl für immer ein Geheimnis bleiben.

Dennoch war auch Mao ein Mensch mit Gefühlen; er wusste, dass Lin ihn, den »Großen Vorsitzenden«, hintergangen hatte, und dieser Verrat hat ihn tief getroffen. Mao hatte sich bis zu diesem Zeitpunkt einer außerordentlich robusten Gesundheit erfreut. Nach dem Schlag, den er von einem seiner engsten Vertrauten erhalten hatte, verschlechterte sich sein Gesundheitszustand rapide, und fünf Jahre später starb er.

War die Kulturrevolution 1969 auch für beendet erklärt worden, so endete sie tatsächlich erst nach Maos Tod 1976. Nun wurde auch die Viererbande um Jiang Qing verurteilt, und Deng Xiaoping übernahm die Macht in China. Die Zahl der Todesopfer dieser zehn Jahre wird in einer zweistelligen Millionenzahl vermutet.

Deng Xiaoping brachte das Land langsam wieder auf Kurs. Er öffnete China allmählich wieder für die Welt, und er beendete die Verdammung alles Alten. Traditionelle Meister wie eben mein Lehrer Li Zhenghua wurden nun als Trainer für die chinesische Elitepolizei eingestellt, damit ein neues starkes China aufgebaut werden konnte.

Dass in China so etwas wie die Kulturrevolution stattfinden konnte, lässt sich an einem sehr verbreiteten Charaktermerkmal der Chinesen beschreiben. Diese Eigenschaft erklärt auch die viele Brutalität, die Dummheit und die Zerstörungswut, mit der die Menschen aufeinander losgingen. Bei jedem Volk gibt es bestimmte Charaktereigenschaften, die aufgrund der vorherrschenden Sozialisation besonders stark verbreitet sind. In China ist das vor allem der Neid. Für einen Chinesen ist es oft wichtiger, dass es anderen Chinesen schlechter geht als ihm, als dass es ihm persönlich gut geht. Das heißt, es macht einem Chinesen nichts aus, arm zu sein, wenn andere Chinesen nur noch viel ärmer sind. Ist ein Chinese hingegen reich, so wird er jedem anderen, der noch reicher ist, das Geld neiden.

In der Kulturrevolution konnte dieser negative Charakterzug sich frei entfalten. Um so etwas unter Kontrolle zu halten, benötigt man für China eine zentrale Herrschaftsform. Eine überstürzt eingeführte Demokratie würde wahrscheinlich zu purem Chaos führen. Und der Leser kann mir glauben, China im Chaos möchte heute niemand mehr erleben müssen.

Die Präfektur Hong'an und ihre Kinder

Der Landkreis der Generäle

Hong'an spielt eine besondere Rolle in der chinesischen Geschichte. Durch meinen Lehrer Li Zhenghua habe ich zudem eine persönliche Beziehung zu diesem Landstrich aufgebaut. Aus diesem Grund will ich hier über die historischen Persönlichkeiten wie auch über eigene Erlebnisse in dieser Präfektur berichten.

Ich habe schon vom Vater Meister Lis erzählt, der sich aus ärmlichsten Verhältnissen emporgearbeitet hatte und zu einem der reichsten Männer, selbst über die Grenzen Hubeis hinaus, geworden war. An ihm kann man die typischen Charaktereigenschaften der Leute, die ich gleich näher vorstellen werde, gut erkennen. Die Familie Li hat in Hong'an eine Geschichte von 600 Jahren. Die Vorfahren sind von der Provinz Jiangxi nach Hong'an umgesiedelt. Aus dem Li-Klan ist einer der späteren chinesischen Präsidenten hervorgegangen, Li Xiannian (李先念, 1909-1992), über den ich noch berichten werde.

Hong'an liegt in der Provinz Hubei. Mehr als 400 Armeegeneräle Chinas wurden hier oder in der unmittelbaren Umgebung geboren. Das ist weit mehr als in irgendeiner anderen Region des Landes. Aus diesem Grund wird die Präfektur auch als *Jiangjunxian* (蒋军县), Landkreis der Generäle, bezeichnet. Vielleicht sind es die Armut der Provinz und die daraus resultierende Ausweglosigkeit, die den Menschen dieser Gegend die Angst vor dem Tod nimmt und sie so furchtlos werden lässt. Denn Furchtlosigkeit ist es, was die chinesischen Generäle auszeichnet.

Hong'an liegt ganz in der Nähe der Provinzhauptstadt Wuhan. Früher hieß die Präfektur Huang'an (黄安), aber 1952 wurde sie umbenannt. Hong bedeutet Rot. Hong'an war einer der wichtigsten Revolutionsorte Chinas. Besonders muss in diesem Zusammenhang auf die *Huangma*-Revolution (黄麻起义) von 1927 hingewiesen werden.[111]

In Hong'an gibt es ein Sprichwort, das bezeichnend ist für das Denken der Menschen in diesem Gebiet. Es lautet: »Männer kämpfen im Krieg, Frauen kochen.« Hong'aner sind starrköpfig und zum größten Teil sehr einfachen Gemüts. Die Armut bringt bei ihnen eine ausgeprägte Todesverachtung hervor. Fühlen sie sich herausgefordert, werden sie unglaublich aggressiv. Wenn sich ein Hong'aner hintergangen fühlt, wenn er verhöhnt wird oder vor anderen sein Gesicht verliert, dann wird er zuschlagen. Und wenn er den Kampf nicht auf faire Weise gewinnen kann, wird er zu unfairen Mitteln greifen; vielleicht wird er auch erst einmal fliehen und dann heimtückisch über einen herfallen. Auf diese Art haben einfache Hong'aner Bauern sich zu harten Kämpfern entwickelt. Hong'aner wollen immer mit dem Kopf durch die Wand. Hierin liegt wohl die Hauptursache begründet, dass so viele Generäle aus dieser Gegend stammen. Diese Menschen haben sich immer nach oben kämpfen müssen.

Hong'an spielt eine zentrale Rolle, wenn es um die Entstehung der kommunistischen Volksrepublik China geht. Ein alter Hong'aner sagte einmal zu mir: »Ohne Hong'an gäbe es das neue China nicht.« Ich glaube, niemand in China würde dem widersprechen. Wer möchte sich schon mit diesen sturen, allzeit zum Kampf bereiten Leuten anlegen?

---

[111] Die im Landkreis Hong'an gelegene Stadt Qiliping war während des zweiten revolutionären Bürgerkriegs (1927-1937) eine wichtige revolutionäre Basis. Die Kommunistische Partei Chinas etablierte sich hier 1924. Nachdem Chiang Kai-shek im April 1927 revolutionäre Aufstände [in Shanghai – Anm. d. Lekt.] blutig niedergeschlagen hatte, wurden hier revolutionäre Strategien für den Huangma-Bezirk entwickelt. Im November 1927 brach der Huangma-Aufstand aus. Die revolutionären Truppen sammelten sich in Qiliping und eroberten nach schweren Kämpfen den Landkreis Huang'an [Hong'an]. Auf diese Weise wurden die politische Macht der revolutionären Bauern vom Landkreis Huang'an etabliert und die Ost-Hubei-Abteilung der Roten Arbeiter- und Bauernarmee Chinas gegründet. (Quelle: www.chinaculture.org). – Anm. d. Lektors.

Marschall Lin Biao

Der aus der Gegend um Hong'an (aus Huanggang) stammende Lin Biao (林彪, 1907-1971) war einer der begabtesten Generäle der Neuzeit. Nachdem ich mich mit seiner Lebensgeschichte befasst habe, muss ich zugeben, dass ich trotz seiner negativen Rolle während der Kulturrevolution zu seinem Bewunderer geworden bin. Der Anziehungskraft dieses Mannes konnten sich zu seinen Lebzeiten auch hohe Politiker nicht entziehen. Der »Große Vorsitzende« Mao Zedong hatte ihn zu seinem Nachfolger bestimmt. Auch Stalin

Foto 230: Lin Biao.

schätzte die Fähigkeiten dieses Mannes. So soll Lin den russischen Führer während des Zweiten Weltkriegs im Kampf gegen Deutschland beraten haben. Er gab der Sowjetarmee taktische Ratschläge für ihre Kriegsführung gegen den Angreifer, und dies mit großem Erfolg. Lin Biao sagte den Blitzkrieg Deutschlands gegen Frankreich voraus und auch die Art und Weise des Angriffs, und er erklärte, wie man die Angriffspläne der Deutschen vereiteln könnte.

Bei solchen Fähigkeiten ist es nicht verwunderlich, dass er solch eine Macht erlangte. Stalin bezeichnete ihn als einen der besten Generäle des Jahrhunderts und als »Feldherr, dem kein Gegner gewachsen ist«. Er war sogar bereit, mehrere russische Experten für Lin Biao einzutauschen, aber Mao war, wie man leicht verstehen wird, nicht damit einverstanden.

Lin Biao stieg bereits sehr jung zum General auf. 1923 trat er in die Jugendgruppe der KP Chinas (中国社会主义青年团) ein, und 1925 bestand er den Aufnahmetest für die beste Armeeuniversität Chinas – Hung Pu (黄埔军校). Diese Schule wurde 1924 vom Landesvater Chinas, Sun Zhongshan[112], unter der Mitwirkung der KP und sowje-

---

[112] Sun Zhongshan (孫中山, kant. Sun Yatsen, 孫逸仙, 1866-1925) war nach dem Sturz des Kaiserhauses der erste Präsident Chinas und Gründer der Guomindang.

tischer Berater in Kanton gegründet. Während Lin Biao dort studierte, war Chiang Kai-shek Direktor der Militärakademie und Zhou Enlai (周恩来) der Verantwortliche für die politische Abteilung. Lin Biaos Karriere konnte ihren Lauf nehmen. Er bewies sein militärisches Genie sowohl im Krieg gegen Japan als auch im chinesischen Bürgerkrieg. Selbst seine Gegner mussten dies anerkennen. In einem Alter, in dem andere studieren oder eine Familie gründen, wurde er die Nummer Drei hinter den alten, mächtigen Generälen Zhu De (朱德) und Peng Dehuai (彭德怀). Solch ein Aufstieg ist nicht nur in China höchst ungewöhnlich. Der Mann hatte eine natürliche Begabung für alles Militärische. Man sagt von solchen Menschen auch, dass sie mit einem Schwert geboren wurden.

Mein *shifu* riet mir des öfteren, in der Öffentlichkeit nicht allzu viel über den General zu sprechen. Das zeigt deutlich, wie ambivalent die Meinungen über ihn waren und sind. Das rührt zum großen Teil von Lin Biaos Rolle während der Kulturrevolution her. In jenen Jahren hat er wirklich am Untergang seines eigenen Ruhmes gearbeitet. – Ich will seine schlechten Taten während der Kulturrevolution keineswegs gutheißen, aber wenn man sich mit Kampfkunst im weitesten Sinne befasst, kommt man wohl nicht umhin, diesen General zu bewundern.

Über den Menschen hinter dem militärischen Genie habe ich leider nichts in Erfahrung bringen können, obgleich ich einmal mit einem Mann zusammengetroffen bin, der früher unter Lin gearbeitet hat. Lin Biao beschäftigte sich offenbar mit nichts anderem als mit Strategie und Taktik. Galt es, ein militärisches Problem zu lösen, konnte er stundenlang reglos wie eine Schlange auf seinem Sofa in einem dunklen Raum sitzen und über die Lösung meditieren. Seine Kriegsführung war flexibel. Er gewann seine Schlachten mit geringstmöglichen Verlusten an Soldaten.

Heute ist seine Position in der chinesischen Geschichte äußerst umstritten. Als Verbrecher und Landesverräter wurde er kurz nach seinem Tod symbolisch aus der Kommunistischen Partei ausgeschlossen. Allerdings betont man in China bis heute ebenfalls seine militärischen Leistungen und seine entsprechenden Verdienste für die Volksrepublik.

Dong Biwu – der Anführer der Huangma-Revolution

Dong Biwu (董必武, 1886-1975) ist vielleicht die neben Lin Biao interessanteste Gestalt der neueren Geschichte Chinas. Er war
einer der Gründerväter der Kommunistischen
Partei Chinas. Dong Biwu war Absolvent der
Kreisbeamtenprüfung in der Qing-Dynastie.
Er war jemand, den man in China als *wenjiang* (文将) bezeichnet, als geistigen General,
während der »normale« Hong'aner als Feldherr eigentlich ein *wujiang* (武将), ein kämpfender General, ist. Dong Biwu ist also nicht
unbedingt ein typischer Hong'aner.

Foto 231: Dong Biwu.

Mao Zedong schätzte Dong Biwu außerordentlich. Mao nannte ihn
Dong *lao* (董老), alter Dong, was in China eine sehr respektvolle Anrede
ist. So hoch wie ihn schätzte Mao wohl nur noch Zhu De (朱德), den
alten und mächtigen General aus der Provinz Sichuan.

Dong nahm an der *Xinghai*-Revolution (辛亥革命) teil, die zum Sturz
der Kaiserherrschaft in China führte. Später studierte er in Japan und trat
in die *Zhonghua Gemingdang* (中华革命党), die Partei Sun Zhongshans
ein. Nach der *Wusiyundong* (五四运动, 4.-Mai-Bewegung)[113] im Jahre
1919 gründete er die Kommunistische Partei Wuhans. 1921 hatte Dong
Biwu den Vorsitz der ersten Kommunistischen Versammlung des Volks-
kongresses von ganz China inne. Er übernahm später wichtige Positionen,
wie z.B. das Amt des Vizepremiers, des obersten Richters, des Finanzmi-
nisters, des Vizepräsidenten und des Präsidenten.

Während der Kulturrevolution blieb Dong Biwu unangetastet. Niemand,
auch nicht Lin Biao oder Jiang Qing, wagte es, Dong Biwu zu stürzen oder
zu schädigen zu versuchen, wie das mit den meisten hohen Parteifunktionä-
ren geschah. Fragt man die Hong'aner heute, wer denn der größte politische
Führer aus ihrer Gegend sei, werden sie voll Stolz Dong Biwu nennen.

---

[113] An diesem Tag protestierten vor allem in Beijing zahllose Studenten, aber auch Arbeiter
gegen den aus chinesischer Sicht ungerechten Versailler Vertrag.

Li Xiannian – vom Zimmermann zum Präsidenten

Foto 232: Li Xiannian.

Li Xiannian (李先念, 1909-1992) trat 1927 in die KP Chinas ein. Er war der Anführer der *Huangma*-Revolution, einem für die Partei bedeutenden Aufstand (siehe S. 345). Auch später, im Krieg gegen Japan, zeichnete er sich im Kampf aus. Er führte die rote Bauernarmee im Guerillakrieg, der das Markenzeichen der Kommunisten wurde. Li Xiannian war ein typischer Hong'an-Kämpfer, der es bis zum General brachte. Doch als er den Aufstand in Hong'an gegen die verhassten Grundbesitzer und die korrupten Beamten anführte, war er noch ein einfacher Zimmermann.

Als Mao Zedong dem jungen Li Xiannian das erste Mal begegnete, war er tief beeindruckt von ihm und sagte: »Du bist so jung und führst schon eine ganze Armee. Du bist ein Beispiel für den Ausspruch: ›Wir verstehen nichts vom Krieg, also lernen wir im Krieg über den Krieg.‹«

Zu diesem Thema äußerte sich Mao Zedong auch in einer seiner Schriften:

Lesen ist Lernen, aber die praktische Anwendung ist auch Lernen, und zwar eine noch wichtigere Art des Lernens. Das Kriegführen durch den Krieg selbst erlernen – das ist unsere Hauptmethode. Wer keine Gelegenheit hatte, eine Schule zu besuchen, kann gleichfalls das Kriegführen erlernen, nämlich im Krieg selbst. Ein revolutionärer Krieg ist Sache der Volksmassen; meistens ist es so, daß man nicht zuerst lernt, um dann zu handeln, sondern zuerst handelt und dabei lernt; Handeln heißt eben schon Lernen. Zwischen einem Zivilisten und einem Soldaten besteht ein Abstand, doch ist dieser nicht die Große Mauer, er kann rasch überwunden werden, und die Methode zur Überwindung dieses Abstands ist die Teilnahme an der Revolution, am Krieg. Wenn wir sagen, daß Lernen und Anwenden des Gelernten nicht leicht sei, so meinen wir, daß es schwer ist, etwas gründlich zu lernen und das Erlernte mit Geschick anzuwenden. Wenn wir sagen, daß Zivilisten rasch Soldaten werden können, so meinen wir, daß es nicht schwer ist, die Schwelle zu überschreiten. Um die beiden Aussagen zusammenzufügen, könnte man das alte chinesische

Sprichwort heranziehen: »Für Menschen starken Willens gibt es auf der Welt nichts Schwieriges.« Die Schwelle zu überschreiten ist also nicht schwer, und auch Meisterschaft zu erlangen ist möglich, wenn man einen starken Willen hat und zu lernen versteht.[114]

Diese Gedanken haben für viele Dinge Gültigkeit. Besonders gut treffen sie auf die Hong'aner Generäle zu. Diese studierten sich nicht zu Generälen, wie das heute der Fall ist, sondern sie kämpften sich im wahrsten Sinne des Wortes in diesen Rang. So gut wie alle von ihnen hatten noch nie eine Armeeakademie von innen gesehen und ihr Wissen direkt im Krieg erworben.

Li Xiannian kämpfte jedenfalls erfolgreich, ohne jemals eine Militärakademie besucht zu haben, gegen die Republikaner und gegen die japanischen Streitkräfte. Beim »Langen Marsch« war er als Armeehauptmann und politischer Kommissar dabei. 1954 wurde er Vizekanzler und Finanzminister. Li Xiannian gehörte zur ersten Führungsgeneration der VR China. Während der Kulturrevolution half er Zhou Enlai bei der Wirtschaftsarbeit. Sie wollten den totalen Zusammenbruch der Wirtschaft verhindern und leisteten ihr Möglichstes während der chaotischen Jahre der Kulturrevolution. Nach dem Tod von Zhou Enlai, Zhu Du und schließlich Mao Zedong, die alle drei im Jahre 1976 starben, war Li Xiannian faktisch der mächtigste Mann in China. Denn nur diese drei hatten in der Rangordnung vor ihm gestanden. Er war der letzte der ersten Führungsgeneration der KP Chinas.

Li Xiannian war wesentlich an der Verhaftung der Viererbande beteiligt, zusammen mit Ye Jianying, der damals der mächtigste Mann der Roten Armee war. Nach dem Tod Maos waren die Machtverhältnisse sehr unsicher. Offiziell soll Mao seinen Weggefährten Hua Guofeng (华国锋) als seinen Nachfolger bestimmt haben. Aber dieser hatte weder Macht noch Status innerhalb der Parteiführung. Als Maos Frau die Macht an sich reißen wollte, entstand eine prekäre Situation, das Schicksal der Partei und des Landes stand auf Messers Schneide. Man kann die Lage nach Maos Tod ein wenig mit der Situation unmittelbar nach dem Stauffenberg-

---

[114] Mao Tse-Tung: Strategische Probleme des revolutionären Krieges in China. In: Ausgewählte Werke Band I. Peking: Verlag für fremdsprachige Literatur 1968, S.209.

Attentat vergleichen. Genauso wie das damalige Regierungsviertel in Berlin von einer eigenen Schutzarmee bewacht wurde, so war und ist es auch in Beijing. Die Machtzentren Chinas befinden sich in der Volkskongresshalle und vor allem im Zhongnan Hai, zwei Orten direkt im Zentrum der Hauptstadt. Wer diese kontrolliert, kontrolliert China. Der Kommandeur dieser Schutzarmee hatte unter direktem Kommando Maos gestanden. So war dieser Kommandeur der entscheidende Mann. Der, dem er gehorchte, würde die Macht bekommen.

Li Xiannian rief den Befehlshaber an und befahl die Verhaftung von Jiang Qing und der Viererbande. Nachdem er den Hörer aufgelegt hatte, bemerkte er trocken: »Wenn das nicht klappt und sie (Jiang Qing) die Macht ergreift, packe ich meine Sachen und gehe zurück in die Berge zum Guerillakrieg. Dann fängt alles wieder von vorn an.« Nun, letztendlich ging alles gut; der Kommandeur der Schutzarmee gehorchte Li Xiannians Befehl.

1983 wurde Li Xiannian der dritte Präsident der Volksrepublik China nach Mao Zedong und Liu Shaoqi. Er hatte einen bedeutenden Anteil daran, dass Deng Xiaoping der neue Führer von China werden konnte. Später, als Deng Xiaoping einen neuen Weg der Politik einschlug, der am Anfang auf große Ablehnung in der kommunistischen Partei stieß, war es unter anderem Li Xiannian, der diesen neuen Weg für China möglich machte. Bei einer entscheidenden Versammlung setzte sich Li Xiannian neben Deng. Jeder verstand den Wink, und niemand wagte mehr, Einwände zu erheben.

Später wollte Deng Xiaoping dem gealterten Li Xiannian einen untergeordneten Rang geben. Zum einen war Li Xiannian schon in fortgeschrittenem Alter, zum anderen war er ein alter Kommunist, mit dem es schwer möglich war, eine neue Politik zu machen. Li Xiannian war jedenfalls sehr unzufrieden über die Tatsache, dass er 1988 sein Präsidentenamt abgeben sollte. So wie es sich für einen starrköpfigen Hong'aner gehört, schimpfte er auf alles und jeden und zog sich eine Zeitlang gekränkt nach Hong'an zurück.

Li Xiannian konnte sehr klug und trickreich sein. Er war einer von wenigen, die nicht von der Viererbande oder von den radikalen Roten Garden angegriffen wurden. Selbst Zhou Enlai und der mächtige Armeegeneral

Zhu De wurden während der Kulturrevolution öffentlich kritisiert. Li Xiannian hielt sich aber im Hintergrund. Auf Volkskongressen sagte er meist nicht ein Wort. Er kam mit seiner Tasche unter dem Arm, setzte sich hin und hörte einfach nur zu. Er hasste es, bei Versammlungen Anzüge und Lederschuhe zu tragen. Er liebte seine alten Strohpantoffeln, so wie er es aus Hong'an gewohnt war. Immer erst in letzter Sekunde tauschte er seine geliebten Strohlatschen gegen die modernen Schuhe.

Foto 233: Maik Albrecht mit Li Xiaolin, der Tochter von Li Xiannian.

Als Li Xiannian Präsident war und im Zhong Nanhai (das ist sozusagen das Weiße Haus Chinas) lebte, kam einmal ein alter Bauer vor den Eingang gelaufen. Dieser Bauer sagte im typischen Hong'aner Dialekt zu einer der Wachen, er suche nach einem gewissen Li Xiannian, weil er gehört habe, dass dieser kleine Hosenscheißer jetzt hier Präsident sei. Die Wachen waren schockiert und wussten nicht, was sie sagen sollten. Niemand wagte es, so über den Präsidenten zu reden. Es stellte sich aber heraus, dass der Bauer ein älterer Cousin von Li Xiannian war. Li Xiannian empfing ihn in seinem Büro, und die beiden plauderten angeregt über alte Zeiten.

Eine Liste ohne Ende

Es gab noch weitere mächtige Militärs, die aus Hong'an stammten. Stellvertretend für die vielen will ich noch einige von ihnen kurz erwähnen.

Qin Jiwei (秦基伟, 1914-1997) war von 1988 bis 1993 Verteidigungsminister der VR China.

Chen Xilian (陈锡联, 1915-1999) war von 1975 bis 1980 Vizekanzler der VR China und Mitglied im zentralen Militärrat.

Han Xianchu (韩先楚, 1913-1986) war ein hoher General der Volksbefreiungsarmee. Im Jahre 1930, als 17-jähriger, trat er der Roten Armee und der KP bei. Anfangs kommandierte er eine kleine Guerillaeinheit, doch er kämpfte sich zu einem angesehenen General hoch. Auch für ihn gilt: »Er lernte Krieg im Krieg.« Han Xianchu kämpfte auch erfolgreich im Koreakrieg und wurde von der nordkoreanischen Regierung ausgezeichnet.

Fang Heming (方和明, 1908-1986), ist ein wahrer Vorzeige-Hong'aner. Als kleines Kind verlor er beide Eltern und musste sich zunächst als Bettler durchschlagen. Früh schon begann er für reiche Feldbesitzer schwere körperliche Arbeiten zu verrichten. Später nahm er an der *Huangma*-Revolution gegen die verhassten Grundbesitzer teil. Er hatte keine Bildung, niemals hat er eine Schule, geschweige denn eine Militärakademie von innen gesehen. In der heutigen Gesellschaft kann man sagen, dass das tatsächliche Wissen und Können weniger wichtig sind, als die Zeugnisse darüber. In Hong'an jedoch galten seit jeher andere Gesetze. »Handeln heißt lernen!« heißt es hier. Fang Heming hatte keine Zeugnisse oder Schulabschlüsse, seine praktische Reputation ist jedoch beachtlich – er war vom ersten Moment des Krieges gegen die Japaner und Republikaner bis zur letzten Schlacht dabei, was ihn auf über 200 geschlagene Kriegsschlachten bringt, immer an vorderster Front, ohne Rücksicht auf sein Leben. Das macht ihn zu einem der kampferprobtesten Männer in der modernen Geschichte Chinas. Dabei wurde er siebenmal lebensgefährlich verletzt, wobei er mehrmals dem Tod näher stand als dem Leben. Dreizehnmal wurde er für besondere Tapferkeit ausgezeichnet. Er wurde der erste Gruppenführer der Roten Armee.

Nach dem Krieg und der Gründung der Volksrepublik China hätte er eine der mächtigsten Positionen in der Regierung bekommen können, direkt an der Seite Mao Zedongs. Aber er lehnte ab und zog sich nach Hong'an zurück. Dort züchtete er Rinder. Fang Huoming hasste es, Anzüge und Lederschuhe zu tragen und an irgendwelchen Versammlungen teilzunehmen. Die feine sterile Welt von Beijing gefiel ihm erst recht nicht. Er hatte den Anzug noch nicht einmal richtig an, schon machte er seinem Unmut Luft. In Hong'an mit seinen alten Strohschuhen an den Füßen fühlte er sich wohl. An diesem Mann wird eine Sache ganz deutlich: Man muss keine Kampfkunst trainieren, um ein Meister des Kampfes bzw. des Krieges zu werden! Handeln ist eben das beste Lernen.

Auf dem Lande

Seit mehreren Jahren schon zieht es mich alljährlich nach Hong'an. Der Grund liegt im traditionellen Besuch der Ahnengräber während des chinesischen Neujahrsfestes im Januar oder Februar und zum chinesischen Totenfest im April. Das ist eine chinesische Sitte seit Urzeiten. Da der Vater meines Lehrers aus diesem Gebiet stammt, ist auch sein Grab dort zu finden.

Der Landkreis Hong'an besteht aus mehreren Dörfern. Diese Dörfer bestehen aus verschiedenen »Ecken«. Auf Chinesisch sagt man beispielsweise: Lin Jia Da Wan (林家大湾). Das wäre die Ecke der Familie Lin. Lin Jia Da Wan ist der Heimatort Lin Biaos. Des weiteren gibt es Dong Jia Da Wan, die Ecke der Familie Dong, oder eben Li Jia Da Wan, die Ecke der Familie Li. Nicht immer leben die Familien in friedlicher Nachbarschaft miteinander.

In Hong'an gibt es bis heute in weiten Abschnitten noch keine ausgebauten Straßen. Nach Regenfällen sind die Wege schlammig und nur schwer mit dem Auto zu passieren. Bei einem meiner Besuche im Dorf blieb unser Auto im Schlamm stecken. Um es wieder freizubekommen, zogen mein Lehrer und ich einfach mehrere Grasbüschel vom Wegrand aus dem Boden und legten diese unter das festgefahrene Rad. In diesem Augenblick kamen mehrere aufgebrachte Bauern angelaufen. Wir hätten ihr Gras herausgezogen und sollten nun dafür zahlen. 100 Yuan (ca. 10 Euro) für einen Grashalm.

Foto 234: Typisches Hong'aner Haus.   Foto 235: Ahnengrab in Hong'an.

Es war natürlich wildes Gras vom Wegesrand, das offiziell niemandem gehört. Dennoch wollten die Bauern nun Geld haben. Sie hatten auch ihre Arbeitsgeräte dabei, die in diesem Fall wohl eher Kampfgeräte waren. Ein Bauer fing bereits an, die Grashalme zu zählen. Man muss sich vorstellen, wie viele Grashalme das gewesen sein mochten. Büschelweise hatten wir das Gras hinausgezogen, es waren Hunderte, wenn nicht gar Tausende von Halmen. Das Bußgeld, das die Bauern forderten, war also unglaublich hoch. Erst nachdem die Bauern begriffen, dass mein Lehrer aus dieser Gegend stammt und das Grab seines Vaters besuchte, übten sie Nachsicht. Wären wir Fremde gewesen, hätten wir zahlen müssen, oder wir wären nicht unverletzt geblieben.

In abgelegenen ländlichen Gebieten Chinas kann so etwas schnell passieren. In solchen Gegenden geht es teilweise sehr gesetzlos zu. Sollte man beispielsweise ein Huhn totfahren, kann es geschehen, dass man gleich sein Auto als eine Art Strafgeld dort lassen darf.

Eine zweite Heimat

China ist für mich zu einer zweiten Heimat geworden. Auch wenn es viele Dinge gibt, an die ich mich nur schwer gewöhnen kann, so liebe ich dennoch mein neues Heimatland mit seinen so unterschiedlichen Bewohnern. Ich betrachte heute die Chinesen als meine Landsleute, nicht anders als die Deutschen.

Während der letzten drei Jahren habe ich in verschiedenen Landesteilen gelebt. Ich konnte dabei abermals viele Erfahrungen sammeln, auf die ich nicht immer vorbereitet war. So lernte ich die Chinesen als ein sehr gefühlsbetontes Volk kennen. In der Tat denke ich heute, dass sie vielleicht zu den emotionalsten Völkern der Erde gehören. Das wird allein schon durch ihre gefühlvolle und melodische Sprache deutlich. Auf Chinesisch sagt man dazu: *»Zhongguo (shi yige) qinggan (de) shehui«* (中国(是一个)情感(的)社会), was bedeutet, dass China eine »Gefühlsgesellschaft« ist. Die Chinesen sind keine Gesellschaft, in der alles streng nach auf dem Papier festgeschriebenen Regeln und Gesetzen abläuft, so wie das in Deutschland oft der Fall ist. Die Menschen entscheiden hier oftmals nach ihrem Gefühl und handeln entsprechend. Das wirkt auf Außenstehende mitunter chaotisch.

Da sie einander benötigen, schließen Menschen sich grundsätzlich immer zu Zweckgemeinschaften zusammen, sei es in der Familie, der Stadt oder im ganzen Land, aber sie dürfen einander dabei auch nicht zu nahe kommen. Schopenhauer hat das sehr treffend mit seiner Stachelschweinparabel beschrieben.[115] So ist es überall auf der Welt, und natürlich bilden auch die Chinesen hier keine Ausnahme. Gerade in einem solch großen und komplizierten Land mit einer so tiefgründigen und hochentwickelten Kultur mussten sich, durch den enormen Konkurrenzdruck verursacht, solche Zweckgemeinschaften bilden. Je mehr Menschen auf begrenztem

---

[115] Arthur Schopenhauer (1788-1860) war ein deutscher Philosoph und Schriftsteller. In jener Parabel, die Schopenhauer 1851 veröffentlichte, geht es darum, dass sich eines kalten Tages eine Gruppe Stachelschweine zusammendrängte, um sich gegenseitig wärmen zu können. Da sich die Tiere dabei zu nahe kamen, stachen sie sich immer wieder. Nach einer Weile hatte sie aber den optimalen Abstand zueinander gefunden. Sie konnten sich nun aneinander wärmen, ohne sich dabei zu verletzen.

Raum leben müssen, desto wichtiger ist eine Regelung, von der alle profitieren. Trägt einer nicht zum Nutzen aller bei, wird diese »unnütze« Person aus der Gemeinschaft ausgeschlossen. So hart ist die Gesellschaft.

Auch in den Zweckgemeinschaften der chinesischen Gesellschaft sucht jeder nach seinem Vorteil, aber die treibende Kraft sind immer Gefühle. Das lässt aus diesen Zweckgemeinschaften Gefühlsbeziehungen werden. Nur wer das versteht und berücksichtigt, kann in der chinesischen Gesellschaft langfristig bestehen. Wer hier leben, lernen, arbeiten oder Geschäfte machen möchte, muss wissen, dass in China einfach alles mit gefühlsbestimmten Beziehungen zusammenhängt. Andernfalls wird man in China nicht existieren können.

Westliche Ausländer – besonders Deutsche – werden feststellen, dass die Chinesen sehr gastfreundlich sind.[115] Dieses Verhalten kann und wird sich allerdings verkehren, wenn Chinesen beginnen, einen Fremden als ihresgleichen anzusehen. Dann kommt ein starkes Konkurrenzdenken zum Tragen. Das habe ich selbst schon mehrmals erleben müssen. So haben, nachdem sich einige Meister davon überzeugt hatten, dass ich es ernst mit dem Training meinte, diese meinen Lehrer angerufen und ihn gedrängt, meine Ausbildung abzubrechen, was glücklicherweise nicht geschehen ist.

Kann man Chinesen nützlich sein, so werden sie das auch ausnutzen. Aber sie haben eine wunderbare Eigenschaft: Tritt man ihnen offen und ehrlichen Herzens entgegen, dann werden sie einem das entgelten. Sie legen – von Ausnahmen abgesehen – großen Wert darauf, erwiesene Gefälligkeiten und entgegengebrachte Freundlichkeit noch stärker zu erwidern. Hat man erst einmal die Freundschaft eines Chinesen gewonnen, so wird er diese stets in Ehren halten.

---

[115] Wenn Ausländer jedoch feindselig gegen Chinesen vorgehen, schließen sich diese vorbehaltlos zusammen. Deswegen ist es nicht ratsam, sich in China mit einem Chinesen anzulegen oder gar eine Schlägerei mit ihm zu beginnen.

Die Yanyu

Es ist in vielen Künsten von jeher üblich, bestimmte Inhalte oder die voll-
ständige Lehre in Gestalt von Gedichten und Sprüchen zu bewahren. Auf
diese Weise kann man sich alles Wissenswerte leicht merken. Im Chinesischen bezeichnet man diese Sinnsprüche als *yanyu* (谚语). Man könnte
auch sagen, so wie man sich durch die Formen (*taolu*, 套路) die praktischen
Aspekte einprägen kann, so nutzt man die *yanyu* für die theoretischen.

Durch die *yanyu* wurden die Inhalte des *wushu* mündlich oder schriftlich
von Generation zu Generation überliefert. Es gibt *yanyu*, die die Prinzipi-
en eines Stiles erklären können, manche erläutern eine bestimmte Technik
und wieder andere erklären allgemein, was *wushu* ist. Früher wurden die
einzelnen Stile immer auch durch die *yanyu* überliefert. Diese Sinnsprüche
können anhand weniger Zeichen eine tiefschürfende Erklärung bieten,
während wir im Westen für denselben Zweck viele Wörter schreiben müssten. Im Chinesischen kann man viele Dinge auf einfache Weise genau
auf den Punkt bringen. Allerdings sind viele *yanyu* in der alten Sprache
und auch mit teils anderen Zeichen als heute üblich geschrieben worden,
so dass es selbst Sprachprofessoren oft nicht leicht fällt, den genauen Sinn
zu verstehen. Will man heute einen Stil des *wushu* »entschlüsseln« – technisch, geschichtlich und philosophisch – muss man dessen *yanyu* genau
verstehen.

Das *yanyu*, das die beste Antwort auf die Frage, was *wushu* ist, gibt, ist
das folgende:

> *quan jiang san shu, ji, yi, yi shu. ji shu, yi shu,*
> *yi shu shi wushu san da xing neng.*
> 拳讲三术，技，医，艺术。技术，医术，
> 艺术是武术三大性能

Um diesen Satz für einen Europäer möglichst genau zu übertragen, sollte
man nicht Schriftzeichen für Schriftzeichen übersetzen. Das würde wenig
Klarheit bringen. Um Chinesisch zu verstehen, reicht es nicht, nur die
Schriftzeichen und das Sprechen zu lernen. Man muss auch ein Verständnis für die Kultur und die Geschichte haben. Ich möchte folgende Übersetzung bzw. Interpretation dieses Satzes anbieten:

Die chinesische Kampfkunst beinhaltet drei wesentliche Künste:

1. Die Technik, mit Fäusten, Füßen, mit seinem gesamten Körper umgehen zu können, außerdem mit Waffen jeglicher Art.

2. Ärztliches Können und Fertigkeit. – Dies betrifft die traditionelle chinesische Medizin, die heute von vielen Heilpraktikern angeboten wird. Ich bin zu der Überzeugung gelangt, dass fast alle dieser Heilpraktiker, in Europa wie auch in China, entweder nicht seriös sind oder sich selbst etwas vormachen, denn diese Kunst ist in Wirklichkeit so gut wie ausgestorben. Sicher gibt es auch in Europa Ärzte, die Praktika in Kliniken für chinesische Medizin absolviert haben, andere haben bei einigen mehr oder weniger seriösen chinesischen Meistern etwas gelernt und dadurch zweifellos ihr Wissen erweitert. Aber um die traditionelle chinesische Medizin zu beherrschen, muss man sowohl die chinesische Sprache vollendet beherrschen als auch die dahinterstehende Kultur vollkommen verstehen, und man sollte wenigstens an die 50 Jahre alt sein, um über die nötige Lebenserfahrung zu verfügen.

   Meine Lehrer und chinesischen Freunde haben mir erklärt, dass ich noch mindestens zehn Jahre Chinesisch lernen müsse, um die Kampfkunst tiefgründig zu verstehen, und dazu gehört traditionell auch die chinesische Medizin. Dies wurde mir gesagt, als ich bereits sechs Jahre lang in China lebte, einen Hochschulabschluss in Sinologie an einer chinesischen Universität hatte und Chinesisch schon zu einer Art zweiter Muttersprache für mich geworden war. Das glaubte ich zumindest, muss aber aus heutiger Sicht zugeben, dass ich alles in allem noch immer am Anfang stehe.

3. Die Geschicklichkeit und Kunst des *wushu*. – Dies bezieht sich auf das Kunstverständnis des Zuschauers, wenn er einem Kampfkünstler zusieht, der Techniken oder Formen ausführt. Mit Show hat das jedoch nichts zu tun; authentische *Wushu*-Techniken sind oft nicht spektakulärer als ein Boxer, der gegen einen Sandsack schlägt. Aber auch der Laie kann erkennen, ob ein Kämpfer geschickt ist im Umgang mit seinen Fäusten. Während der Gladiatorenkämpfe in der römischen Antike waren die Zuschauer unter diesem Aspekt gute Kunstkenner. Sie befassten sich ausgiebig mit ihren Favoriten und deren Techniken, mit der Gladiatur allgemein. Auf diese Weise konnten sie genau beurteilen, wie gut

ein Kämpfer war. Sie hatten ein Gespür für die Kunst und drückten dies durch Zustimmung oder Ablehnung aus. In letzterem Fall konnte es den Gladiator freilich das Leben kosten. Dieses Beispiel aus der westlichen Kampfkunstgeschichte trifft ebenso auf den Kunstgeschmack hinsichtlich des chinesischen *wushu* zu.

Die Kunst kann hier mit einem wilden Tiger verglichen werden. Ein Tiger erscheint immer kraftvoll, geschmeidig und anmutig, egal, ob er einfach geht oder ob er kämpft. Diese faszinierende Geschmeidigkeit hat der Tiger jedoch nicht zum Selbstzweck oder weil er auf irgend jemanden Eindruck machen will. Ein Tiger bewegt sich immer auf für ihn natürliche Weise. Er verkörpert sozusagen eine natürliche Kunst im Kampf ums Überleben.

Im *wushu* haben wir Europäer besondere Schwierigkeiten, das Kunstvolle in der Kampfkunst auszudrücken. Das liegt einerseits daran, dass der Körperbau sich von dem der Chinesen unterscheidet, andererseits aber auch am fehlenden Verständnis für die dahinterstehende Kultur. Gewiss sind auch die chinesischen Lehrer daran nicht unschuldig, die ihre westlichen Schüler oft ohne Herz und Wärme unterrichten. Es ist kein abendländisches Privileg, vor allem den Gewinn im Auge zu haben.

Der Hauptgrund, weshalb wir Europäer oftmals kein höheres Niveau erreichen, ist aber das fehlende *jibengong*. Jede Kampfkunst hat ihre eigenen, teils sehr speziellen Trainingsgrundlagen, die sowohl die Kampfkraft stärken als auch besondere Schwächen ausmerzen sollen. Im Boxen übt man sich im Seilspringen, an der Maisbirne, am Sandsack und im Sparring. Im Ringen führt man die Brückengymnastik und ähnliche Übungen durch. Und natürlich kennt auch das *wushu* viele dieser Grundlagenübungen, die sich teils erheblich von den westlichen Methoden unterscheiden. Innerhalb der verschiedenen Stile des chinesischen Boxens sind diese Übungen einander recht ähnlich. Dazu gehören zum Beispiel die spezielle Dehnung mit eingezogener Hüfte, um die Sehnen mit maximaler Spannung zu dehnen, *zhanzhuang*, isometrische Kraftübungen, sehr langes Im-Pferdestand-Stehen, Handstand usw. Und schließlich gibt es noch spezielle *Gong*-Übungen. Das alles ist für das *jibengong* erforderlich.

Ich will zum Abschluss noch einige *yanyu* sowie deren Übersetzung und Interpretation anbringen. Es sind teilweise bekannte Sprüche, teilweise auch ausgefeilte Beschreibungen. Immer aber dienen sie Schülern und Meistern als Inspiration und zur Verdeutlichung der Inhalte des *wushu*:

lian quan wu zhuang bu, fang wu wu li zhuang

练拳无桩步, 房屋无立柱

Trainiert man die Faust, ohne jedoch den Stand auf dem Pfahl
zu trainieren, dann ist es, als baute man ein Haus ohne Pfeiler.

Dieses *yanyu* zielt auf das Grundlagentraining im *wushu* – das Training des Standes und der Beinarbeit. Diese Elemente sind von äußerster Wichtigkeit, nicht anders als beispielsweise im Boxen. Nur verwendet das *wushu* andere Trainingsmethoden, da natürlich auch die Beine anders benutzt werden. Das Gehen und Trainieren auf dem Pfahl ist im alten *wushu* eine beliebte Trainingsmethode, die heute leider so gut wie ausgestorben ist.

nei lian jing qi shen, wai lain shou yan shen

内练精气神, 外练 手 眼 身

Das innere Training ist Essenz, Atmung und Energie sowie
Seele, äußeres Training ist Hand, Auge und Körper.

Hände, Augen und Körper werden in harmonischer Einheit eingesetzt. Im Verhältnis dazu werden natürlich auch die inneren Komponenten des menschlichen Körpers trainiert. *Jing* (精) ist die Essenz, das Wesen des Menschen; *qi* (气) ist Atem und Lebensenergie; der Begriff *shen* (神) ist schwierig zu übersetzen – »Seele« ist eher eine Notlösung. *Shen* steht für die höchste menschliche Form, wie auch immer man diese deuten will.

Jing qi shen (精气神) umschreibt eines der wichtigsten Elemente im *wushu*, die Harmonie von Wille, Gedanken, Bedeutung und Weisheit. Eigentlich sollte man so etwas nicht zu erklären versuchen, genauso wenig, wie man das Dao erklären sollte. Jemand, der sich intensiv mit *wushu* beschäftigt, wird es eines Tages von ganz allein verstehen.

Bei jeder Bewegung in der Kampfkunst ist es wichtig, alle Körperteile richtig miteinander zu koordinieren. – Auf Chinesisch sagt man auch: »Shou, yan, shen, fa, bu« (手眼身法步). – »Hand, Auge, Körper, Ausgeben der Kraft, Schritt.« All diese Elemente müssen in Harmonie miteinander sein, wenn man Bewegungen ausführt.

dan dao kan shou, shuang dao kan zou, da dao kan kou

单刀看手, 双刀看走, 大刀看口

*Beim Einzelmesser muss man auf die Hand achten, beim
Doppelmesser ist das Bewegen sehr wichtig und man muss auf
seine Beinarbeit achten, beim großen Messer muss man auf die
Bewegungen der Kerbe achten.*

Dieses *yanyu* bezieht sich auf technische Prinzipien im Umgang mit den
verschiedenen Messerarten.

Beim Einzelmesser muss man auf die Hand achten. Dabei ist vor allem
die Hand ohne Messer gemeint. Diese Hand muss mit den Bewegungen
der bewaffneten Hand koordiniert werden. Im europäischen Fechten ist
dies ähnlich.

gen yu jiao, fa yu tui, zhu zai yu yao

根于脚, 发于腿, 主宰于腰

*Mit den Füßen ist man verwurzelt, mit den Beinen entwickelt
man die Technik, der Herrscher ist die Hüfte.*

Alle Kraft (z. B. beim Schlagen) geht von den Beinen aus. Beim Boxen,
bei dem man immer die Füße bei den Schlägen anhebt, sieht man das sehr
deutlich. Die Hüfte als das Zentrum des Körpers wiederum kontrolliert
und steuert alle Techniken.

liu he

六合

*Sechs zusammenschließende Eigenschaften,
drei innere und drei äußere.*

Die inneren Eigenschaften sind: Das Herz und der Wille sind eins. Der
Wille und die Energie sind eins. Die Energie (*qi*) und die Kraft sind Eins
(*qi* steht auch für die Atmung). Die inneren Elemente sind Herz, Wille
und *qi*.

Die äußeren Eigenschaften sind: Die Fäuste und die Beinarbeit sind
Eins. Ellenbogen und Knie sind Eins. Schulter und Hüfte sind in einer
Einheit.

Außerdem zählen als sechs Dinge, die koordiniert werden müssen, Augen, Herz, Wille, Energie, Geschicklichkeit und Kraft.

ji dei yi, bi shi di

既得艺，比试敌

Die Kunst muss am Gegner erprobt werden.

Dieses *yanyu* geht auf den in der Ming-Dynastie lebenden General und Kampfkunstmeister Qi Jiguang (戚继光) zurück. Er schrieb dieses *yanyu* in seinem Handbuch zur Ausbildung der Soldaten »*ji xiao xin shu*« nieder. Die (Kampf)kunst muss an einem realen Gegner erprobt werden, um festzustellen, ob sie wirklich tauglich ist. Theorie und Praxis gehen Hand in Hand; das eine ist ohne das andere unvollständig.

hua quan jin men, cuo le yi sheng

花拳进门，错了一生

Wenn die »Blumenfaust« einmal durch die Tür eintritt,
wird man das ganze Leben einen falschen Weg gehen.

Dieses *yanyu* stammt ebenfalls aus der Zeit der Ming-Dynastie. In dieser Epoche entwickelten sich die ersten Arten von Formen, die lediglich zu Vorführungszwecken, nicht jedoch für den praktischen Kampf gedacht waren. Es gibt dabei mehrere Geschichten, darunter eine, bei der sich ein Kampfkunst-Liebhaber jahrelang in Showformen übte und schließlich auf einen Mönch trifft, der ihm bei einem praktischen Vergleich die Nutzlosigkeit der Showformen begreiflich macht. Aus seinem spontanen Seufzer entstand dieses *yanyu*.

Der Begriff *huaquan* (Blumenfaust) für lediglich schön anzusehende Kampfkunst, kommt auch in dem Werk »Die Räuber vom Liangshan-Moor« vor.

Schreibweise und Aussprache der chinesischen Begriffe

Im Buch wird für die chinesischen Laute die übliche Pinyin-Umschrift verwendet, allerdings in vereinfachter Form, d. h. ohne Tonzeichen über den Buchstaben (das Chinesische ist eine tonale Sprache, d. h., die Änderung der Tonhöhe innerhalb einer Silbe verändert auch deren Bedeutung). Die Ausspracheregeln sind sehr umfangreich und komplex. Eine gute Zusammenstellung findet sich beispielsweise unter dem Stichwort »Pinyin« auf Wikipedia.

Einige wenige wichtige Ausspracheregeln aus dieser Quelle sollen an dieser Stelle angegeben werden:

h	wie in la**ch**en
j	ähnlich wie in Mä**dch**en, aber viel weicher
q	ähnlich wie in Mä**dch**en, aber stark behaucht
x	wie ch in ich und ß in weiß gleichzeitig
zh	ähnlich wie in **Dsch**ungel, aber stimmlos sowie retroflex (mit zurückgebogener Zungespitze)
ch	wie *zh*, aber stark behaucht
sh	ähnlich wie deutsches sch, aber retroflex
r	ähnlich wie französisches j (bon**j**our), aber retroflex
z	wie in Lan**ds**mann
c	wie *z* aber stark behaucht
s	wie in wei**ß**
e	Zungenstellung wie bei o in rot, aber ohne Rundung der Lippen.
u, wu	wie in B**u**ch, außer nach *j, q* und *x* wie bei *ü*
ao	ähnlich wie in H**au**s, das u wird ganz schwach artikuliert und tendiert zu o
ian, yan	wie in Amb**ien**te
un, wen	wie in Individ**uen,** außer nach *j, q* und *x* wie bei *un, yun*
un, yun	nach *j, q* und *x*: wie in französisch l**un**e
iang, yang	wie in italienisch b**ian**ca
uang, wang	wie bei *ang* dem ein unsilbisches u vorausgeht
ong	wie in H**ung**er
iong, yong	wie **jung**
eng	offenes o wie in doch, aber ohne Lippenrundung, gefolgt von ng
weng	wie bei *eng* dem ein unsilbisches u vorausgeht

Bubishi – 3. Auflage: Mit den 32 Formen des Kaisers Song Taizu

Die Bibel der Kampfkunst mit leerer Hand

In der südchinesischen Provinz Fujian (Fukien) entstand vor Jahrhunderten der Kampfstil des Weißen Kranichs, als Fang Jin Jang, Tochter eines Shaolinmeisters, die Kampfkunst ihres Vaters mit Haltungen und Bewegungen des Kranichs verknüpfte. Dieser Stil wird im Bubishi beschrieben, einem illustrierten Manuskript, das für jene bestimmt war, die Meister im Kampf ohne Waffen werden wollten. Es zeigt sich, daß die im Bubishi beschriebenen Techniken nichts weniger darstellen als jene Urformen, aus denen sich so unterschiedliche moderne Kampfkünste wie Karate, Jûjutsu, Jûdô, Aikidô oder Wingchun entwickelt haben. Alle Geheimnisse der waffenlosen Kampfkünste sind hier bereits offenbart.

In diesem Werk werden die 48 Nahkampftechniken des Bubishi (ergänzt durch ausführliche Kommentare und detaillierte Zeichnungen des Autors), die Kunst des Dianxue (die geheimnisumwitterten Vitalpunkttechniken der »vergifteten Hand«), die Geschichte des Kampfstils des »Weißen Kranichs« sowie Geschichte und Technik der Kata Hakufa und Happoren vorgestellt.

Die vorliegende Neuauflage des Bubishi enthält zudem eine umfassende Darstellung der »32 Formen des Boxens des Kaisers Song Taizu«. Hierbei handelt es sich um ein vollständiges Kapitel des chinesischen Klassikers Ji Xiao Xin Shu von General Qi Jiguang, der 1564 erschien.

Der japanische Karatemeister Ôtsuka Tadahiko, Lehrer und Freund Roland Habersetzers, analysiert die darin vorgestellten 32 Kampfpositionen.

Der Wushu-Experte Maik Albrecht übersetzte und kommentierte die Einleitung des Ji Xiao Xin Shu, das erstmals einer nichtasiatischen Leserschaft zugänglich gemacht wird. Maik Albrecht, der bei einigen der größten lebenden Meister des Wushu in die Lehre gegangen ist und chinesische Sprache und Kultur studiert hat, hat es vollbracht, den klassischen Text auf eine Weise zu übertragen und zu erläutern, daß der Leser tiefe Einblicke in die faszinierende Welt der waffenlosen Kampfkünste im alten China gewinnt.

Roland Habersetzer
Bubishi – *An der Quelle des Karatedô*
Mit den 32 Formen des Kaisers Song Taizu
Aus dem Französischen von Frank Elstner
320 Seiten mit zahlreichen Abbildungen
4. Auflage 2014
ISBN 978-3-938305-00-3
25,90 €

Mabuni Kenei: Leere Hand – Vom Wesen des Budô-Karate

Das Lebenswerk eines Großmeisters des Karatedô

Budô ist der Weg der traditionellen japanischen Kampfkünste. Mabuni Kenei ist diesem Weg bis heute durch nahezu acht Jahrzehnte gefolgt. Er gehört zu den letzten Meistern, die bei den Gründervätern des modernen Karatedô in die Lehre gegangen sind. Der Sohn und Erbe Mabuni Kenwas, des Gründers des Shitô-ryû, ist im Lauf seines Lebens zu einem tiefen Verständnis vom Wesen des Karate als Budô-Kampfkunst gelangt. Auf lebendige, fesselnde Weise versteht er es, dem Leser dieses außerordentlich komplexe und vielschichtige Wissen nahezubringen. Dies geschieht in Form von Lebenserinnerungen, technischen Erläuterungen, historischen und philosophischen Ausführungen, Legenden und anekdotischen Begebenheiten aus dem Leben berühmter Samurai und Budôka (u. a. Meister des Schwertkampfes, des Aikidô, des Okinawa-te und des Karate).

Mabuni Kenei, Träger des 10. Dan, wurde 1918 auf Okinawa, dem Ursprungsort des Karatedô, geboren. Als Sohn eines der bedeutendsten Karateexperten in der Geschichte der Kampfkünste lernte er in seiner Jugend viele der großen Meister des Budô kennen, so z. B. Miyagi Chôjun, Motobu Chôki, Konishi Yasuhiro, Fujita Seiko und Funakoshi Gichin. Im Alter von 34 Jahren übernahm er den Vorsitz des Shitô-ryû. Noch heute, im hohen Alter, hält er regelmäßig Lehrgänge in verschiedenen Teilen der Welt ab, in denen er authentisches Karatedô vermittelt.

Dieses Werk, aus dem eine ebenso vergessene wie wertvolle Vergangenheit zu uns spricht, ist eine Einladung, dem Weg des »vollendeten Menschen« zu folgen, welcher der wahre Weg des Karatedô ist. Sôke Mabuni geht sogar über diesen Weg hinaus, indem er Verbindungen zu buddhistischer, taoistischer und konfuzianischer Spiritualität knüpft. Möge seine Botschaft gelesen und verstanden werden.

Roland Habersetzer

Mabuni Kenei
Leere Hand – *Vom Wesen des Budô-Karate*
Aus dem Japanischen von Bernd Winter
Herausgegeben von Carlos Molina
256 Seiten mit 100 Abbildungen
3. Auflage 2014
ISBN 978-3-938305-05-8
19,80 €
Auch als eBook erhältlich!

Roland Czerni und Klaus Konrad: Shaolin Kempo

Chinesisches Karate im Drachenstil

Der 1928 in der Mongolei als Sproß eines uralten Adelsgeschlechts geborene und heute in den Niederlanden lebende Dschero Khan Chen Tao (Adoptivname Gerald Karel Meijers) entwickelte auf Grundlage seiner Erfahrungen mit chinesischen und japanischen Kampfkünsten ein eigenes Kampfkunstsystem, das Shaolin Kempo. Zu seinen Lehrern zählten chinesische Mönche, und er pflegte Kontakte zu japanischen Meister wie Gogen Yamaguchi (Goju Ryu) und Nakano Michiomi (»So Doshin«), Gründer des Shorinji Kempo.

Zum ersten Mal in der Geschichte des Shaolin Kempo werden sämtliche Techniken bis zum 1. Meistergrad dargestellt, einschließlich der Blocktechniken bzw. Blockformen, die erst in jüngerer Vergangenheit Eingang in diesen Stil gefunden haben. Damit ist es ein wichtiges Nachschlagewerk für all jene, die sich auf eine Gürtelprüfung vorbereiten wollen. Die in Wort und Bild dargestellten Techniken sind Bestandteil des Unterrichts- und Prüfungsstoffes für die Graduierungsprüfungen der Fachschaft Shaolin Kempo innerhalb der Wushu Federation Deutschland.

Darüber hinaus bietet das Buch aufgrund der effektiven und praxisnahen Techniken interessante Anregungen für Kampfsportler anderer japanischer und chinesischer Stilrichtungen.

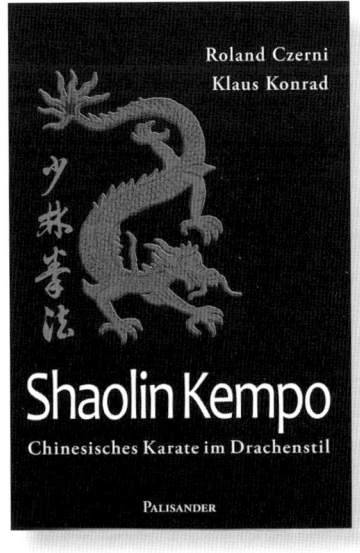

Das Buch ist die vollständig überarbeitete Neuauflage des erstmals 1977 im Falken Verlag erschienenen Werkes (zuletzt aufgelegt 1998).

Roland Czerni, 3. Dan Shaolin Kempo und 5. Dan Shaolin Tempelboxen/Jiu Jitsu, betreibt Shaolin Kempo seit 1973.

Klaus Konrad, 5. Dan Shaolin Kempo und 8. Dan Shaolin Tempelboxen/Jiu Jitsu, praktiziert seit 1969 Kampfkünste.

R. Czerni und K. Konrad
Shaolin Kempo
Chinesisches Karate im Drachenstil
224 Seiten mit 700 Fotografien
Überarbeitete Neuauflage 2011
ISBN 978-3-938305-17-1
22,90 €
Auch als eBook erhältlich!

Maik Albrecht und Frank Rudolph: Selbstschutz

Das Dilemma der modernen Zeit

Eine Biene sticht nur, wenn sie sich bedroht fühlt. Dass sie dafür sterben muss, ist der Preis, den sie dafür zahlt. Dieses Verhalten ist wirklich interessant, da die meisten wehrfähigen Insekten keinen so hohen Preis für ihre Verteidigung zahlen.

Auf den Menschen übertragen heißt das, wir sind friedlich, solange wir nicht bedroht werden. Aber falls man uns angreift, nutzen wir jedes zur Verfügung stehende Mittel zu unserem Schutz, wenn es sein muss, unter Einsatz des eigenen Lebens.

Um sich selbst zu schützen, benötigt man eigentlich keine gezielte Ausbildung. Jeder Mensch hat das Rüstzeug für die Verteidigung und den Angriff von der Natur mitbekommen. Aber aufgrund der vielen Bequemlichkeiten im Alltag hat sich der moderne Mensch vom »Normalfall« weit entfernt. In diversen Selbstverteidigungskursen wird suggeriert, dass jeder, wenn er nur ein paar einfache Tricks lernt, sich wirksam verteidigen könne. Das ist leider ein Wunschtraum.

In diesem Buch geht es darum, den Leser darauf vorzubereiten, Gefahrensituationen zu erkennen und ihm Möglichkeiten zu vermitteln, angemessen zu reagieren. Die vorgestellten Techniken und Übungen sind Beispiele für den Selbstschutz und dienen dazu, den Körper zu trainieren, damit er einem Angriff erfolgreich begegnen kann. Großer Wert wird auf die mentale Vorbereitung gelegt. Diesem Zweck dienen auch die zahlreichen Beispiele von Situationen, die sich tatsächlich ereignet haben.

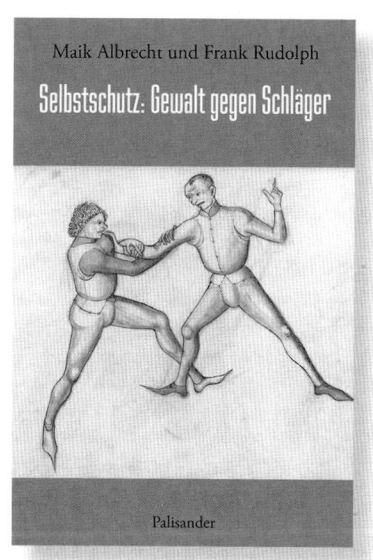

Maik Albrecht und Frank Rudolph
Selbstschutz: Gewalt gegen Schläger
Palisander

M. Albrecht und F. Rudolph
Selbstschutz
Gewalt gegen Schläger
Neuerscheinung Frühjahr 2014
Zahlreiche Abbildungen
ISBN 978-3-938305-58-4
ca. 24,90 €

Ebenfalls für 2014 sind zwei weitere Werke von M. Albrecht und F. Rudolph geplant:

Tigersturz und Ringerbrücke
Effektive Trainingsmethoden der authentischen Kampfkünste

Yanchigong
Eine fast vergessene Shaolin-Tradition

www.palisander-verlag.de